李伯森◎主编

# 中国殡葬史

## 第四卷
## 隋唐五代

闵祥鹏 著

社会科学文献出版社
SOCIAL SCIENCES ACADEMIC PRESS (CHINA)

本书出版受中央财政重大专项资助

# 《中国殡葬史》编撰委员会

**总顾问** 刘庆柱

**主　任** 李伯森

**副主任** 袁　德　　张齐安　　肖成龙（常务）

**委　员** 刘魁立　陈高华　史金波　宋德金　徐兆仁　刘一皋　刘　军
　　　　　宋大川　杨　群　徐思彦　王贵领　于海广　余新忠　徐吉军
　　　　　陈华文　张国庆　闵祥鹏　路则权　宋亚芬　徐福全　钮则诚
　　　　　尉迟淦　刘易斋　杨国柱　丁新豹　邓开颂　闫志壮　左永仁
　　　　　王　琦　孟　浩　王　玮　李　欣　光焕竹　姜海龙　冯志阳
　　　　　王瑞芳　裴春悦　马金生（常务）

# 《中国殡葬史》审定委员会

**主　任** 刘庆柱

**委　员** 刘魁立　徐兆仁　杨　群　徐思彦　刘　军　刘一皋　宋大川
　　　　　王贵领

# 《中国殡葬史》编审办公室

**主　任** 李伯森

**副主任** 肖成龙（常务）　马金生（常务）

**成　员** 刘　娟　胡道庆　景力生　周传航　王颖超　刘　杨　张　楠
　　　　　曾寒柳

# 主编简介

**李伯森** 1965年生，山东诸城人，中国民主建国会会员，1988年毕业于上海财经大学财政专业，现任民政部一零一研究所所长、民政部生态安葬重点实验室主任。主要科研成果：2003年以来，组织完成91个国家科研项目（课题）；组织制修订32项国家和行业殡葬标准；组织完成"十一五"国家科技支撑计划项目"殡葬领域污染物减排和遗体处理无害化公益技术研究与应用"，其中作为课题第一责任人，主持完成"殡葬园区生态规划与生态建设关键技术研究"课题；主持完成科技部下达的"建立善后保证金制度、完善社会保障体系"国家软科学课题；组织完成国家环保公益"殡葬行业污染控制与环境技术体系研究"重大专项；组织开展"十二五"国家科技支撑计划"殡葬行业节能减排技术与规范"项目、"中国殡葬文化与科技公共服务网络平台建设"（2014～2017）、"殡葬文化建设"等国家财政重大专项等科研工作。在着力加强殡葬自然科学和软科学的并重研究，着力开展殡葬标准化体系建设，着力进一步推动科技成果转化和推广应用，着力搭建多功能、宽领域的科技创新平台建设，着力抓殡仪场所环境监测和产品质检工作，着力开展殡葬文化建设、拓宽殡葬研究新领域等方面，为提升我国殡葬科研的整体水平做出了突出贡献。

# 本卷作者简介

**闵祥鹏** 1977年生，山东诸城人，教育部人文社科重点研究基地河南大学黄河文明与可持续发展研究中心、黄河文明传承与现代文明建设协同中心专职研究员，历史学博士，博士后，硕士生导师，河南省高等学校青年骨干教师，北京大学、武汉大学、剑桥李约瑟研究所访问学者。研究方向主要为文化史与环境史，近年来主持完成国家社科基金项目、中国博士后基金、国家财政专项重大课题等10余项，参与完成国家社科基金、教育部重大招标课题等课题20余项，研究成果获得河南省社科优秀成果奖10余项。出版个人专著1部，合著及参编3部。在《社会科学》、《史学月刊》、《民俗研究》等期刊发表学术论文40余篇。

# 目 录

导 论 …………………………………………………………………… 001

第一章　殡葬理念 ………………………………………………………… 018
　　第一节　死亡观 ……………………………………………………… 018
　　第二节　厚薄葬观念 ………………………………………………… 028
　　第三节　殡葬思想的发展 …………………………………………… 038
　　第四节　地域观念 …………………………………………………… 052

第二章　殡葬礼法 ………………………………………………………… 064
　　第一节　殡葬礼制与法令 …………………………………………… 064
　　第二节　唐礼丧服制度的演变 ……………………………………… 073
　　第三节　职掌殡葬的相关机构与使职 ……………………………… 077

第三章　殡葬习俗 ………………………………………………………… 093
　　第一节　殡葬方式 …………………………………………………… 093
　　第二节　殡葬程序 …………………………………………………… 107
　　第三节　葬仪葬法 …………………………………………………… 119

第四节　相墓与风水 …… 133
　　第五节　占卜与择地 …… 138
　　第六节　其他习俗 …… 142

第四章　墓葬形制 …… 155
　　第一节　帝王陵墓 …… 155
　　第二节　贵族大臣墓葬 …… 188
　　第三节　平民与下级官员墓葬 …… 205

第五章　葬具与随葬品 …… 212
　　第一节　凶肆 …… 212
　　第二节　棺椁 …… 215
　　第三节　随葬品 …… 217

第六章　殡葬文化的交流 …… 234
　　第一节　墓葬中的异域文明 …… 234
　　第二节　中原周边地区的丧葬文化 …… 266
　　第三节　异域丧葬中的中原文化 …… 289

结　语 …… 298

参考文献 …… 301

索　引 …… 311

后　记 …… 316

# 导　论

隋唐五代是继秦汉之后中国古代社会发展的又一重要阶段，也是一个承前启后的历史时期。中央王朝出现了长达 300 多年的统一格局，政治制度逐步完善，经济文化较为繁荣，东西方交流日渐频繁，多民族国家进一步发展。这种文化的持续发展与多元融合也对殡葬观念、丧葬习俗、墓葬形制等产生了深远影响，这一时期的殡葬不仅体现出多元化、等级化、宗教化等历代共有特点，而且形成了独特的时代特征，尤其是不同宗教与文化间的交融、殡葬等级制度背后的法礼化等，这些成为审视隋唐五代殡葬演变的重要视角。

## 一　历史背景

隋唐五代起自开皇元年（581），讫于显德六年（960），共 380 年。隋唐结束了西晋以来三百多年的战乱纷争，建立起统一的中央王朝。随着政治、经济、文化发展，这一阶段成为中国古代社会的鼎盛时期之一。以下简要介绍隋唐五代时期的历史背景。

### （一）隋朝

隋朝是短命王朝，但是在中国古代历史上却占有十分重要的地位。中国中古时代的鼎盛与隋朝密切相关，国家的各类典章制度创建于此时，大运河的开凿使中国东西南北连在一起，奠定了中古以后中国的"大政治"格局。

公元 581 年，北周外戚杨坚代周自立，定都长安，建立隋朝。杨坚登基后，对内实行改革，对外推动南北统一。开皇九年（589），杨坚命其子杨广等人攻克建康，平定江南，结束了魏晋三百余年以来的离乱纷争。隋文帝杨坚在位二十余年，"薄赋敛，轻刑罚，内修制度，外抚戎夷。每旦听朝，日昃忘倦，居处服玩，务存节俭，令行禁止，上下化之"。① 开创了一个政治安定、经济繁荣、百姓生活相对富足的时期，史称"开皇之治"。仁寿四年（604），杨坚在仁寿宫大宝殿驾崩，死后与独孤皇后合葬于泰陵（陕西省杨陵五泉镇王上村）。杨坚死后，次子杨广即位。杨广即位之初，雄心勃勃，营建洛阳，颁行《大业律》，开凿大运河，西征吐谷浑，东讨高丽，不惜民力，大兴徭役，致使民疲国弊、天下大乱。大业十二年（616）七月，杨广南巡江都。大业十四年（618）三月，部将宇文化及等在江都发动兵变，缢杀杨广。杨广死后先被葬在江都宫的流珠堂下，后改葬于吴公台下。唐贞观五年（631），再以帝礼改葬于雷塘。杨广被弑后，洛阳群臣拥立杨广之孙越王杨侗为帝。不久，权臣王世充逼杨侗禅位，隋朝灭亡。

隋朝在政治、经济和文化制度方面上承南北朝，下启唐朝，在政治方面实行三省六部制、州县两级制，在法律方面编修颁行《开皇律》、《大业律》，在经济方面推行均田制、设立义仓，在人才选拔方面首创开科取士的科举制度，开凿大运河、兴建洛阳城，这些措施都极大地推动了南北政治联系与经济文化交流。

**（二）唐朝**

隋末战乱，民变四起，太原留守李渊乘势起兵晋阳。不久攻入长安，拥立杨广之孙杨侑为帝。大业十四年（618），李渊逼杨侑禅位，建立唐朝，追谥杨广为炀皇帝，定都长安。之后，唐高祖李渊逐步削平各地割据势力，一统天下。武德九年（626），李渊之子秦王李世民发动玄武门之变，射杀太子李建成、齐王李元吉，又迫使唐高祖李渊退位。李世民即位后，改年号为贞观。他勤于政事、虚心纳谏，劝课农桑、轻徭薄赋、与民休息，对内励精图治，对外开疆拓土，开创了中国历史上少有的盛世，史称"贞观之治"。贞观二十三年（649）五月，李世民因病驾崩，葬于昭陵，昭陵不仅是关中"唐十八陵"中规模最大的一座，也开创了唐陵"依山为陵"的先例。

高宗李治即位之初，继承贞观遗风，在长孙无忌等大臣的辅佐下，勤勉执政、知人善任，开创了"永徽之治"。显庆末年，因唐高宗李治患病，政事多由皇后武氏处理，武后逐渐掌握大权，与高宗李治并称"二圣"。弘道元年（683），李治驾崩，留下遗诏："七日而殡，皇太子即位于柩前。园陵制度，务从节俭。"② 文明元年

---

① 魏徵：《隋书》卷2《高祖纪》，中华书局，1973，第54页。
② 刘昫等：《旧唐书》卷5《高宗纪》，中华书局，1975，第112页。

（684），李治被安葬于乾陵。高宗在位期间，一举扫平漠北，再灭高句丽、西突厥，使唐朝成为当时世界最强大的帝国之一。高宗死后，中宗李显、睿宗李旦相继即位，武后则临朝称制。公元690年，武后自立为帝，改国号为周，成为中国历史上唯一的女皇帝。她一方面尊崇佛教、重用酷吏，另一方面打击门阀、选贤任能，一定程度上提高了女性在社会中的地位。武周后期，她耽于享乐，不理政事。神龙元年（705），宰相张柬之等人趁机发动兵变，迫其退位，拥立太子李显执政，史称"神龙革命"。不久，武氏崩于上阳宫之仙居殿，后与高宗合葬乾陵。

中宗李显复位之后，皇后韦氏与武三思专权擅政。太子李重俊联合左羽林将军李多祚诛杀武三思，但不幸兵败，韦后势力更盛。景龙四年（710）中宗李显暴卒，韦后秘不发丧，立温王李重茂为帝，临朝称制。同年，临淄王李隆基与太平公主等人发动政变，诛杀韦后、安乐公主等，迫少帝李重茂让位，拥立相王李旦为帝，追贬韦后为庶人，葬以一品之礼。

睿宗李旦在位不足三年，无法调和李隆基与太平公主的权力之争，便将帝位传于太子李隆基。李隆基乘势剪除了太平公主及其党羽，巩固了皇权，并以"开元"为年号，励精图治，开创了经济繁荣、四夷宾服、万邦来朝的"开元盛世"。开元盛世也是中国古代社会的鼎盛时期。唐玄宗在位时期，均田制和府兵制逐渐破坏，但他自恃王朝强盛，锐意开疆拓土。为保证兵源，玄宗转而实行募兵制，自此边镇募集了大量士卒。天宝年间，又在"缘边御戎之地，置八节度使"。①边镇节帅权力膨胀，"得以军事专杀，行则建节，府树六纛"，②造成"外重内轻"的军事格局。加之，李林甫、杨国忠等宠臣相继辅政，政局日益腐败。天宝十四年（755），范阳、平卢、河东三镇节度使安禄山与部下史思明等人以奉密诏讨杨国忠为由发动叛乱。由于唐玄宗沉迷享乐，百姓承平日久、多不识战，因此安史叛军兵锋所指，州县望风披靡，洛阳、长安相继陷落。

唐玄宗仓皇奔蜀，太子李亨北上灵武继承皇位，是为肃宗。肃宗在将领郭子仪、李光弼等人支持下收复洛阳、长安。宝应元年（762），玄宗与肃宗在长安相继病逝。皇后张氏等企图谋杀太子李豫，被宦官李辅国等人除掉，李辅国等拥立李豫于柩前即位，并以拥立之功，专权擅政。宦官势力愈发嚣张，并开始掌控皇帝废立。宝应二年（763）春，安史之乱历经八年终被平定，为安抚投唐的安史旧将田承嗣、李宝臣、李

---

① 刘昫等：《旧唐书》卷44《职官志》，第1922页。
② 杜佑：《通典》卷32《职官典》，中华书局，1988，第895页。

怀仙、薛嵩等人，唐廷"瓜分河北地，付授叛将"。① 其中成德、魏博、卢龙三镇势力较强，他们割据一方、擅自署吏、不受朝命、不输贡赋，史称河朔三镇。藩镇割据的局面逐步形成。因唐政府抽调陇西等地精锐军队入关平叛，致使西北空虚，吐蕃乘虚而入。广德元年（763），吐蕃陷泾州、寇邠州，又陷奉天县。最后占据京师长安，唐代宗仓皇逃往陕州，不久吐蕃被郭子仪率军击退。

虽然安史之乱被平定，但随着宦官专权、藩镇割据以及少数民族入侵，唐朝国力由盛转衰。大历十四年（779），代宗驾崩。德宗即位后，下诏厚葬代宗，"竭币藏奉用度"，② 此议遭到朝臣反对，最后送终之制较为节俭。德宗李适在位前期，试图除弊立新，推行两税法，打击藩镇割据，信用文武百官，严禁宦官干政。但因筹划失当，德宗未能彻底平定"四镇之乱"，反而使幽州节度使朱滔、淮西节度使李希烈等相继反叛，加之平叛的泾原士卒在途经长安时发生"泾师之变"，拥立太尉朱泚为帝，使得德宗出逃奉天，后叛乱被李晟等平定。德宗转而猜忌武将朝臣，委任宦官统帅禁军，纵容姑息藩镇，并加收杂税，政局败坏。

贞元二十一年（805）正月，太子李诵即位，重用东宫旧臣王叔文、王伾等人推行改革，任命韦执谊为宰相，革除前朝弊政，收夺宦官兵权，史称"永贞革新"。革新遭到了俱文珍、刘光琦等宦官以及韦皋、裴钧、严绶等地方重臣的反对，顺宗被迫禅位太子李纯。王叔文、王伾遭贬官，韩泰、陈谏、柳宗元、刘禹锡、韩晔、凌准、程异及韦执谊等核心成员亦被贬为边州司马，史书称为"二王八司马"事件。宪宗李纯精明强干，即位后先后平定了西川节度副使刘辟、镇海节度使李琦的叛乱，整顿了江淮财赋，魏博节度使田兴归降，任用名将李愬雪夜下蔡州、消灭淮西节度使吴元济，其他藩镇亦相继归顺朝廷，实现了唐中后期的短暂统一，史称"元和中兴"。但他信任宦官，崇仙佞佛，最终被宦官王守澄等谋杀。穆宗李恒与敬宗李湛相继即位，他们纵情游宴，导致朝政由宦官把持。

唐朝中期以后，以枢密使、神策军护军中尉为核心的宦官权力日盛，与以宰相为中心的决策机构产生矛盾，由于朝臣的衙署在南部，宦官的机构在宫城北部，因此又被称为"南衙北司之争"。

文宗李昂即位后，李训、郑注合谋以观露为名诛杀宦官，但遭失败，李训、王涯、贾餗等重要的朝臣被杀，史称"甘露之变"。此后，"天下事皆决于北司，宰相行

---

① 欧阳修：《新唐书》卷210《藩镇魏博传》，中华书局，1975，第5921页。
② 欧阳修：《新唐书》卷120《令狐德棻传》，第3986页。

文书而已"。① 朝臣亦依附于宦官，彼此争斗，其中以牛僧孺、李宗闵为首的牛党和以李德裕为首的李党之间的"牛李党争"影响最大，持续40余年。武宗在位，任用李德裕为相，打击藩镇势力与佛教，贬斥牛党。宣宗即位后，贬李德裕，结束牛李党争，抑制皇族及宦官势力，收复被吐蕃占据的河西地区。宣宗倡行节俭、重视人才、从谏如流，开创唐末中兴的局面，史称"大中之治"。宣宗死后，懿宗、僖宗昏庸相继，朝政日渐腐败，民间王仙芝、黄巢揭竿而起。广明元年（880），黄巢率部先后攻克洛阳、长安，建立大齐政权，僖宗溃逃四川。中和四年（884），黄巢被唐军击败，但宦官、朝臣与地方势力彼此勾结、角逐却刚刚拉开序幕。

在与黄巢对峙的过程中，新的地方割据势力兴起，包括宣武节度使朱温、河东节度使李克用等。宦官与朝臣矛盾也日益激化，彼此皆引地方势力为外援。昭宗初年，宰相崔胤外结朱温，宦官韩全诲则深交凤翔节度使李茂贞。光化三年（900），韩全诲挟昭宗逃往凤翔。朱温与崔胤合谋，兵进长安，再困凤翔，终于迎昭宗返回长安。之后，朱温尽诛朝中宦官，又下令除掉地方监军宦官，彻底解决了唐中期以来宦官专权的局面。天祐元年（904），朱温遣人刺杀昭宗，拥立李柷即位。天祐二年（905），朱全忠为清除唐朝旧臣，听从谋士李振等人建议，杀裴枢、独孤损、崔远等于白马驿，投尸于河，制造"白马之变"，彻底控制了朝政。天祐四年（907）三月，哀帝禅位于朱温，唐朝灭亡。

### （三）五代十国

五代十国是历史上又一个分裂割据、战乱纷扰的时代。这一时期，中原地区先后出现了梁、唐、晋、汉、周五个政权，合称五代。周边地区也出现了前蜀、后蜀、吴、南唐、吴越、闽、楚、南汉、南平、北汉等十几个割据政权，被后世史学家统称为十国。

朱温建立的后梁是五代时期第一个政权。立国之初，梁就与旧敌晋王李克用、李存勖父子开战。梁晋相争，互有胜负。开平四年（910），梁太祖朱温怀疑镇州王镕与晋暗通，致使镇州王镕、定州王处直与晋结盟。次年，李存勖率晋军与镇、定联军击败梁军于柏乡，柏乡之战使得梁军主力受挫。不久，梁太祖被其子朱友珪所杀，朱友贞再杀朱友珪，朝政大乱。晋王李存勖则经过幽州之战、胡柳陂之战后，逐渐取得军事优势。

---

① 司马光：《资治通鉴》卷245，中华书局，1956，第7919页。

龙德三年（923），晋王李存勖在魏州称帝，以唐为国号。十月，李存勖亲自率大军与梁军战于杨刘，俘梁将王彦章。之后，派轻骑直取汴州，梁末帝朱友贞自杀，梁亡。唐庄宗李存勖统一北方后，一时志得意满，宠信伶人、重用宦官，在位仅三年，就遭遇兵变被杀。李克用养子李嗣源入洛，继承皇位。李嗣源虽系武将出身，却重视文臣、虚心纳谏，政局有所改善。长兴四年（933），李嗣源病亡，养子李从珂即位，他猜忌明宗女婿河东节度使石敬瑭。石敬瑭乞师于契丹，灭掉后唐，建立后晋。

石敬瑭与契丹约为父子之国，称臣进贡，并割让幽蓟十六州，使中原丧失屏障。辽人可长驱直入，饮马黄河。石敬瑭死后，其侄石重贵即位，他不肯臣事契丹，辽主耶律德光亲征后晋，攻陷汴京，俘石重贵，后晋灭亡。

辽军进入中原后，立足不稳，被迫北撤。后晋河东节度使、北京留守刘知远在太原称帝，进军中原，定都开封，改国号为汉。刘知远在位一年便死去，其子刘承祐继位。刘承祐猜忌大将郭威，郭威反叛，刘承祐战败被杀，后汉亡。

郭威建立后周。他大力革除唐末以来的弊政，重用文臣贤士，注重节俭、虚心纳谏，国势趋于好转。广顺三年（954），郭威病重，反复嘱咐养子柴荣简葬。柴荣在位期间，兴修水利、发展生产，裁汰冗弱、富国强兵，招抚流亡、轻徭薄赋，使后周在较短时间内强盛起来，为北宋统一奠定了基础。在军事上，他力排众议、亲征北汉，在高平之战中击溃契丹与北汉联军；再西征后蜀，夺取秦、凤、成、阶四州；三征南唐，取得江北、淮南十四州六十县；北讨契丹，收复三州十七县。正当他意图进取幽州时，染疾班师，不久病逝，葬庆陵。显德七年（960），后周将领于陈桥驿发动兵变，拥立赵匡胤为帝，周恭帝柴宗训禅位，后周灭亡。宋朝建立，宋太祖赵匡胤与太宗赵光义先后削平各地割据势力，天下归一，五代十国结束。

表0-1　隋唐五代帝王年表

| 朝代 | 庙号 | 帝名 | 年号 | 年号使用时间 |
|---|---|---|---|---|
| 隋 | 文帝 | 杨坚 | 开皇（20） | 581~600 |
|  |  |  | 仁寿（4） | 601~604 |
|  | 炀帝 | 杨广 | 大业（13） | 605~617 |
|  | 恭帝 | 杨侑 | 义宁（2） | 617~618 |
| 唐 | 高祖 | 李渊 | 武德（9） | 618~626 |

续表

| 朝代 | 庙号 | 帝名 | 年号 | 年号使用时间 |
|---|---|---|---|---|
| 唐 | 太宗 | 李世民 | 贞观（23） | 627~649 |
| | 高宗 | 李治 | 永徽（6） | 650~655 |
| | | | 显庆（6） | 656~661 |
| | | | 龙朔（3） | 661~663 |
| | | | 麟德（2） | 664~665 |
| | | | 乾封（3） | 666~668 |
| | | | 总章（3） | 668~670 |
| | | | 咸亨（5） | 670~674 |
| | | | 上元（3） | 674~676 |
| | | | 仪凤（4） | 676~679 |
| | | | 调露（2） | 679~680 |
| | | | 永隆（2） | 680~681 |
| | | | 开耀（2） | 681~682 |
| | | | 永淳（2） | 682~683 |
| | | | 弘道 | 683 |
| | 中宗 | 李显 | 嗣圣 | 684 |
| | 睿宗 | 李旦 | 文明 | 684 |
| 武周 | 则天后 | 武曌 | 光宅 | 684 |
| | | | 垂拱（4） | 685~688 |
| | | | 永昌 | 689 |
| | | | 载初（2） | 689~690 |
| | | | 天授（3） | 690~692 |
| | | | 如意 | 692 |
| | | | 长寿（3） | 692~694 |
| | | | 延载 | 694 |
| | | | 证圣 | 695 |
| | | | 天册万岁（2） | 695~696 |
| | | | 万岁登封 | 696 |
| | | | 万岁通天（2） | 696~697 |
| | | | 神功 | 697 |
| | | | 圣历（3） | 698~700 |
| | | | 久视 | 700 |
| | | | 大足 | 701 |
| | | | 长安（4） | 701~704 |
| | | | 神龙 | 705 |

续表

| 朝代 | 庙号 | 帝名 | 年号 | 年号使用时间 |
|---|---|---|---|---|
| 唐 | 中宗 | 李显 | 神龙（3） | 705~707 |
| | | | 景龙（4） | 707~710 |
| | 温王 | 李重茂 | 唐隆 | 710 |
| | 睿宗 | 李旦 | 景云（2） | 710~711 |
| | | | 太极 | 712 |
| | | | 延和 | 712 |
| | 玄宗 | 李隆基 | 先天（2） | 712~713 |
| | | | 开元（29） | 713~741 |
| | | | 天宝（15） | 742~756 |
| | 肃宗 | 李亨 | 至德（3） | 756~758 |
| | | | 乾元（3） | 758~760 |
| | | | 上元（3） | 760~762 |
| | | | 宝应（2） | 762~763 |
| | 代宗 | 李豫 | 广德（2） | 763~764 |
| | | | 永泰（2） | 765~766 |
| | | | 大历（14） | 766~779 |
| | 德宗 | 李适 | 建中（4） | 780~783 |
| | | | 兴元（1） | 784 |
| | | | 贞元（21） | 785~805 |
| | 顺宗 | 李诵 | 永贞 | 805 |
| | 宪宗 | 李纯 | 元和（15） | 806~820 |
| | 穆宗 | 李恒 | 长庆（4） | 821~824 |
| | 敬宗 | 李湛 | 宝历（3） | 825~827 |
| | 文宗 | 李昂 | 大和（9） | 827~835 |
| | | | 开成（5） | 836~840 |
| | 武宗 | 李炎 | 会昌（6） | 841~846 |
| | 宣宗 | 李忱 | 大中（14） | 847~860 |
| | 懿宗 | 李漼 | 咸通（15） | 860~874 |
| | 僖宗 | 李儇 | 乾符（6） | 874~879 |
| | | | 广明（2） | 880~881 |
| | | | 中和（5） | 881~885 |
| | | | 光启（4） | 885~888 |
| | | | 文德（1） | 888 |
| | 昭宗 | 李晔 | 龙纪（1） | 889 |
| | | | 大顺（2） | 890~891 |
| | | | 景福（2） | 892~893 |
| | | | 乾宁（5） | 894~898 |
| | | | 光化（4） | 898~901 |
| | | | 天复（4） | 901~904 |
| | | | 天祐1年 | 904 |
| | 昭宣帝 | 李柷 | 天祐2~4年 | 905~907 |

续表

| 朝代 | 庙号 | 帝名 | 年号 | 年号使用时间 |
|---|---|---|---|---|
| 梁 | 太祖 | 朱温 | 开平（5） | 907~911 |
| | | | 乾化1~2年 | 911~912 |
| | 庶人 | 朱友珪 | 凤历 | 913 |
| | 末帝 | 朱友贞 | 乾化3~5年 | 913~915 |
| | | | 贞明（7） | 915~921 |
| | | | 龙德（3） | 921~923 |
| 唐 | 庄宗 | 李存勖 | 同光（4） | 923~926 |
| | 明宗 | 李嗣源 | 天成（5） | 926~930 |
| | | | 长兴（4） | 930~933 |
| | 闵帝 | 李从厚 | 应顺 | 934 |
| | 潞王 | 李从珂 | 清泰（3） | 934~936 |
| 晋 | 高祖 | 石敬瑭 | 天福1~6年 | 936~941 |
| | 出帝 | 石重贵 | 天福7~9年 | 942~944 |
| | | | 开运（3） | 944~946 |
| 汉 | 高祖 | 刘知远 | 天福12年 | 947 |
| | | | 乾祐 | 948 |
| | 隐帝 | 刘承祐 | 乾祐1~3年 | 948~950 |
| 周 | 太祖 | 郭威 | 广顺（3） | 951~953 |
| | | | 显德 | 954 |
| | 世宗 | 柴荣 | 显德1~6年 | 954~959 |
| | 恭帝 | 柴宗训 | 显德6~7年 | 959~960 |

## 二 时代特征

隋唐五代时期是中国古代政治、经济、文化发展完善的重要时期，尤其唐前期是中国古代社会的鼎盛期。隋唐社会制度逐渐完善、农业经济不断发展、对外交流日益深化。尤其是民族包容、文化开放的理念，加强了中华文明与世界文明之间的联系。

首先，政治经济制度逐步完善。隋唐五代的政治、经济制度对后世产生了极其深刻的影响。一是确立完善了以三省六部制为主体的中央官制。三省包括尚书、门下、内史（后改为中书省），三省彼此牵制，皆向皇帝负责。其中，内史省掌握决策大权；门下省主管审议；尚书省处理日常政务，下设吏、礼、兵、度支（后改称民部，唐为避李世民讳，改称户部）、都官（后改称刑部）、工六部，为历代沿袭。二是开创了科举制度，使之成为选拔人才的主要方式。它在中国政治制度史上具有划时代的意义。与汉晋以来的察举制、九品中正制相比，以考试为主的科举制度破除了门第观念，更能体现唯才是举、任人唯贤的相对公平的精神，对后世政治文化产生深远影响。科举制度由唐迄清历经千年，其间不断变革，逐步发展，成为西方文官制度的滥觞。美国著名学者顾立雅（H. G. Creel）曾评价："中国科举制在建立现代文官制度方面扮演过重要角色。可以明确地说，这是中国对世界的最大贡献。"[1]三是礼法制度逐渐完备。隋唐时期承魏晋之制，先后修订了《开皇律》、《大业律》、《武德律》、《贞观律》、《永徽律疏》（又称《唐律疏议》）、《大中刑律统类》等，玄宗时期又编撰了《大唐开元礼》与《唐六典》等。唐代引礼入法，使得礼法高度融合，成为这一时期的重要特点。隋唐时代的中国，各种政治、经济、文化制度业已完备，大大影响了世界，特别是东亚周边国家的政治进程。

其次，农耕经济逐步发展。隋唐初期，改革北魏的均田制，将政府控制的土地授予农户耕种，提高农户的生产积极性，推行租庸调制，输庸代役有利于农户更多从事农业生产，有利于战后经济恢复，也使得隋唐前期农耕经济有了很大的发展。农业生产工具锄、铲、镰、犁都有大的改进，直辕犁改为曲辕犁，提高了耕作效率，发明了筒车等水利工具，农耕技术与经济作物得到推广。政府制定了《水部式》，加强对水运、河渠、灌溉的管理与维护，兴修了大量的水利工程。唐前期人口不断增长，天宝年间人口达到五千多万。天宝以后，土地兼并严重，均田制遭到破坏。建中元年（780），德宗采纳宰相杨炎建议，废除租庸调制，推行"两税法"，将之前税赋改为夏秋两收。两税法改变了历代以人丁为主的赋税制度，在某种程度上减轻了农户负担，推动了农业经济的发展。

再次，文化艺术相对繁荣。诗歌是唐代最为杰出的文学成就之一，涌现出了"诗仙"李白、"诗圣"杜甫，以及孟浩然、王维、白居易、刘禹锡、元稹等许多著名诗人，留下了近五万首不朽诗篇。唐中期以后，韩愈、柳宗元等人提倡的古文运动也对唐宋文学产生了巨大影响。唐代的传奇小说成为我国古典小说逐渐成熟的标志，白行简的《李娃传》就是反映古代殡葬从业人员经历的重要作品，并流传至今；俗讲与变文成为百姓喜闻乐见的艺术形式，也对社会习俗产生了影响，唐代焰口施食、盂兰盆节等习俗与《十王经变》等佛教变文的传播密切相关。隋唐五代的雕塑、绘画、音乐、舞蹈中展现出许多东西文化交流的元素，隋虞弘墓的汉白玉浮雕、头冠及人物的造型等皆源自波斯文化，唐章怀太子墓、永泰公主墓中的壁画与唐三彩陶俑中均有许多胡人形象，这些都体现出当时文化的多样性。日本、新罗等东亚国家纷纷学习借鉴隋唐的

---

[1] H. G. Greel, "The Beginning of Bureaucracy in China: The Origin of the Hsien," *Journal of Asian Studies*, Vol.23, Feb. 1964, pp. 155–183.

技术、天文、历算、诗词、音乐、舞蹈、书法、绘画、雕塑等。中国文化在东亚、中亚得到广泛传播，许多技术被模仿。例如色彩瑰丽、造型多样的唐三彩被一些国家输入后，得到当地民众的喜爱，部分东亚、中亚国家纷纷仿制唐三彩，创制出了新罗三彩、奈良三彩、波斯三彩等。可见，隋唐五代是古代文化的繁荣时期，在世界文化发展史上也占有重要地位。

最后，对外交流日趋频繁。隋唐时期，中原地区一度成为当时世界，特别是东亚经济文化交流的中心。它与东亚、北亚、中亚、西亚、东南亚、北非、欧洲等地的联系逐渐增强。京师长安盛时人口百万，成为当时世界性中心城市之一，各国使臣、商人通过陆上丝绸之路往来其间。满载货物的商船通过"广州通海夷道"、"登州海行入高丽渤海道"将唐与日本、新罗、大食等国家地区联系起来。中国的丝绸、瓷器、造纸术西传，印度、中亚的服饰、习俗、饮食、语言、艺术、科学、历法、数学、医药、宗教等纷纷传入中国。在吸收域外文化的过程中，也丰富和发展了中国传统文化。日本、新罗、波斯、大食、拜占庭帝国及西域各国与中原王朝互派使节，互赠礼物，加强交流。长安、洛阳等地墓葬出土的拜占庭金币、萨珊银币、阿拉伯银币，就是这一时期隋唐王朝与中亚、欧洲各国政治、经济交流的印记。唐中期，杜环游历大食时，看到阿拉伯人"葬惟从俭"，这是对伊斯兰教简葬的较早描述。阿拉伯人游历东方时也曾经听闻9世纪中国的丧葬风俗，并进行了记录："中国死了人，要到第二年忌日才安葬：人们把死者装入棺材，尸体上面堆生石灰，以吸收尸内水分，如此保存一年。如果是国王，则尸体放入沉香液和樟脑里。亲人要哭三年，不哭的人不分男女都要挨打。边打边问他：'难道对死者你不悲痛吗？'死者被埋入坟墓，其墓葬和阿拉伯人的坟墓相似，但继续为死者供奉食物，并声称死者是可以吃喝的。事实上，人们把食物放在死者旁边，到了夜里或第二天早晨，食物便不见了，故称是死者吃了。只要尸体停在家里，就哭声不止，食物不断，为了死者，有的甚至不惜倾家荡产。过去，当埋葬国王时，往往是把他生前的用具、衣服和腰带（他们的腰带是很贵重的）一起埋掉，现在这一习惯已被取消，因为坟墓常常被挖，坟中什物都被盗走。"[①]这种风俗与隋唐五代的殡葬方式基本类似，成为审视该时期殡葬习俗的另类视角。在唐末五代时期，墓葬中也出现了阿拉伯文化的随葬品。海南的伊斯兰古墓群发掘了许多带有阿拉伯、波斯文化特色的墓葬，这些墓葬是从事商业活动的穆斯林商人、水手的公共墓地，其最早可上溯至唐末五代，是海上丝绸之路文化交流的见证。

---

① 穆根来、汶江、黄倬汉译《中国印度见闻录》，中华书局，1983，第15~16页。

## 三 研究概况

隋唐五代时期，墓志、碑刻、壁画、石经、造像、题记、石幢、文书等各类历史资料与宗教遗迹非常丰富。尤其是近年来，隋唐五代墓志、碑刻等石刻资料汇编[①]的整理工作取得了很大的进展，为殡葬史研究开拓了崭新的路径。

殡葬史研究是当前隋唐五代史研究中非常独特的领域。随着史学的新发展，利用墓葬中的墓志、壁画、碑文、雕像，甚至随葬的金银器、陶器等考古新发现，研究隋唐五代政治制度、法律礼仪、文化艺术、社会习俗、中外交流、家庭人口、宗教信仰等领域的新成果层出不穷，虽然多数成果并不是侧重殡葬史研究本身，但墓葬考古对于丰富隋唐五代史学研究具有重要意义，也为殡葬史研究提供借鉴。当前隋唐五代殡葬史研究，大多作为政治史、文化史、社会史、风俗史[②]研究的一部分，或者是在丧葬史书中专列章节加以研究，[③]这些都为当前《中国殡葬史·隋唐五代卷》的编纂奠定了良好基础。同时在丧葬令、殡葬习俗、帝王陵墓、墓葬考古等方面也出现了一些重要成果。主要表现在以下方面：

一是丧葬制度研究成果斐然。《唐令·丧葬令》一直是学界研究的重要方面。天

---

[①] 《石刻史料新编》(第1~4辑)，台北：新文丰出版公司，1977~2006；河南文物研究所、河南省洛阳地区文管处编《千唐志斋藏志》，文物出版社，1984；李希泌《曲石精庐藏唐墓志》，齐鲁书社，1986；北京图书馆金石组、中国佛教图书文物馆石经组编《房山石经题记汇编》，书目文献出版社，1987；北京图书馆金石组编《北京图书馆藏中国历代石刻拓本汇编》，中州古籍出版社，1989；洛阳市文物工作队《洛阳出土历代墓志辑绳》，中国社会科学出版社，1991；文物出版社编《中国金石集萃·石刻造像》，文物出版社，1992；吴钢主编《隋唐五代墓志汇编·陕西卷》，天津古籍出版社，1991；周绍良、赵超编《唐代墓志汇编》，上海古籍出版社，1992；中国文物研究所、河南省文物研究所编《新中国出土墓志·河南(壹)》(上、下册)，文物出版社，1994；山东石刻艺术博物馆编《山东石刻艺术选粹》，浙江文艺出版社，1996；王建中主编《中国画像石全集·河南汉画像石》，河南美术出版社、山东美术出版社，2000；周绍良、赵超主编《唐代墓志汇编续集》，上海古籍出版社，2001；中国画像石全集编辑委员会《中国画像石全集》，山东美术出版社，2002；国家图书馆善本金石组编《隋唐五代石刻文献全编》，北京图书馆出版社，2003；赵君平编《邙洛碑志三百种》，中华书局，2004；赵君平、赵文成编《河洛墓刻拾零》，北京图书馆出版社，2007；王其祎、周晓薇编著《隋代墓志铭汇考》，线装书局，2007；吴钢主编《全唐文补遗》(第1~10辑)，三秦出版社，1994~2007；故宫博物院编《故宫博物院藏历代墓志汇编》，紫禁城出版社，2010；赵文成、赵君平编选《新出唐墓志百种》，西泠印社出版社，2010；齐渊：《洛阳新见墓志》，上海古籍出版社，2011；赵力光：《西安碑林博物馆新藏墓志续编》，陕西师范大学出版社，2014。

[②] 邓紫琴：《中国风俗史》，巴蜀书社，1988；陈戍国：《中国礼制史》，湖南教育出版社，1991~2001；钟敬文：《中国民俗史》，人民出版社，2008；陈淑君等：《民间丧葬习俗》，中国社会出版社，2011；李斌城等：《隋唐五代社会生活史》，中国社会科学出版社，1998。

[③] 徐吉军、贺云翱：《中国丧葬礼俗》，浙江人民出版社，1991；徐吉军：《中国丧葬史》，江西高校出版社，1998；张捷夫：《中国丧葬史》，文津出版社，1995；丁凌华：《中国丧服制度史》，上海人民出版社，2000；杨晓勇、徐吉军编著《中国殡葬史》，中国社会出版社，2008。

一阁所藏明抄本《天圣令》的发现让当前学者得以在此基础上复原唐《丧葬令》。[①]吴丽娱先生对丧葬令的研究取得了一系列成果，论述了官员丧葬礼制及晚唐五代礼法的变化，并对中古举哀仪式的变迁、诏葬与敕葬、赙赠与赠官制度做了专题研究。[②]《大唐元陵仪注》是详细记载唐代宗丧葬仪礼程序的史料。日本学者金子修一、河内春人、江川式部、稻田奈津子等在这方面有深入研究。[③]对于隋唐五代丧葬礼仪、制度等研究一直是学者关注的重点，章太炎、永田知之、赵澜、石见清裕、吴丽娱等学者皆有论述。[④]以上研究，加深了学界对隋唐五代殡葬制度的认识。

二是殡葬风俗研究特色鲜明。隋唐五代殡葬风俗研究，以敦煌文书发现的郑余庆《大唐新定吉凶书仪》、张敖《新集诸家九族尊卑书仪》等多种书仪最为重要。这些书仪中包括了吉凶书疏、临丧吊祭、凶礼仪注、五服制度等丧俗的方方面面，成为探讨隋唐五代殡葬习俗的重要资料，当前学界在吉凶书仪的整理研究上成果颇多。[⑤]另外，厚葬、上墓、冥婚、合葬等，也是隋唐五代较有特色的丧俗形式，部分学者有专文探

---

① 〔日〕仁井田陞：《唐令拾遗》，长春出版社，1989。池田温编《唐令拾遗补》，东京大学出版会，1997年。天一阁博物馆、中国社会科学院历史研究所天圣令整理课题组：《天一阁藏明钞本天圣令校证——附唐令复原研究》，中华书局，2006。黄正建：《〈天圣令〉与唐宋制度研究》，中国社会科学出版社，2011。
② 吴丽娱：《终极之典：中古丧葬制度研究》，中华书局，2012。
③ 稻田奈津子「奈良時代の天皇喪葬儀礼——大唐元陵儀注の検討を通して」『東方学』114辑，2007；金子修一、博明妹：《围绕〈大唐元陵仪注〉的诸多问题》，《中国史研究动态》2011年第4期；金子修一等编『大唐元陵儀注新釈』汲古書院、2013。
④ 吴承仕：《中国古代社会研究者对于丧服应认识的几个根本观念》，《文史》，第1期，1934年；章太炎：《丧服依开元礼议》，《制言》，第2期，1935年；章太炎：《丧服总说明书》，《制言》，第21期，1935年；章太炎：《与沈商耆论丧服书》，《制言》，第27期，1936年；殷孟伦：《论丧葬之统纪》，《礼乐》，第18期，1947年；赵澜：《唐代的三年之丧略论》，《福建教育学院学报》2001年第2期；石见清裕「唐代凶礼の構造：『大唐開元礼』官僚喪葬儀礼を中心に」『アジア文化の思想と儀礼：福井文雅博士古稀記念論集』春秋社、2005；永田知之「唐代喪服儀礼の一斑--書儀に見える'禫'をめぐって」高田時雄編『敦煌寫本研究年報』第1號、2007；金眉：《日本对唐代服制的继受与变通》，《比较法研究》2007年第1期；石见清裕「唐代の官僚喪葬儀礼と開元二十五年喪葬令」『東アジアの儀礼と宗教』雄松堂、2008；吴丽娱：《唐宋之际的礼仪新秩序——以唐代的公卿巡陵和陵庙荐食为中心》，《唐研究》第11卷，北京大学出版社，2005；吴丽娱：《对〈贞观礼〉渊源问题的再分析——以贞观凶礼和〈国恤〉为中心》，《中国史研究》2010年第2期；赵澜：《儒家丧服制度对唐代社会的文化整合》，《唐史论丛》第12辑，三秦出版社，2010；赵澜：《唐代官员服丧行为的全面制度化及其社会意义》，《唐史论丛》第13辑，三秦出版社，2011；金正植：《당전기관인부모상의확립과그성격—심상·해관을중심으로》，《중국고중세사연구》第28辑，2012；王铭：《辇舆威仪：唐宋葬礼车舆仪制的等级性与世俗化》，《民俗研究》2013年第5期；乔辉、张小涓：《法藏敦煌西域文献〈丧礼服制度〉写本残卷考索》，《西藏大学学报》2014年第1期；金身佳：《敦煌写本宅经葬书校注》，民族出版社，2007。
⑤ 周一良：《敦煌写本书仪中所见的唐代婚丧礼俗》，《文物》1985年第7期，收入与赵和平合著《唐五代书仪研究》，中国社会科学出版社，1995；赵和平：《敦煌书仪研究》，上海古籍出版社，2011；姜伯勤：《敦煌艺术宗教与礼乐文明》，中国社会科学出版社，1996；吴丽娱：《唐礼摭遗：中古书仪研究》，商务印书馆，2002；吴丽娱：《敦煌书仪与礼法》，甘肃教育出版社，2013。

讨。<sup>①</sup>这些研究都开阔了殡葬习俗研究的思路。

三是墓葬考古取得较大进展。早在1955年至1961年，西安郊区就曾发掘175座隋唐时期墓葬。该发掘是建国初期较为重要的墓葬考古发现，对研究隋唐五代丧葬习俗有重要参考价值。之后，在全国各地发掘了一些王公贵族的墓葬，包括章怀太子李贤墓、懿德太子李重润墓、节愍太子李重俊墓、永泰公主墓、惠庄太子李㧑墓、让皇帝李宪墓、唐嗣虢王李邕墓、新城长公主墓等贵族墓地，这些墓葬的形制、随葬品、壁画等都具有重要的研究价值。2002年5月至2003年10月，三门峡市庙底沟遗址发掘共清理101座唐墓。根据墓葬的规模、葬具和随葬品等推测为一处以平民为主的公共墓地，该发现对于研究平民墓葬有重要意义。在吴忠地区发现的120座唐代砖室墓以及一批重要随葬品，为研究西北地区唐代墓葬形制、葬式、葬俗提供了翔实的资料。六顶山渤海国贵族墓地与都城遗址的发现，以及都兰吐蕃墓的挖掘则为隋唐五代时期边疆少数民族丧葬习俗研究提供了重要的参考。这些考古成果<sup>②</sup>加深了隋唐五代墓葬研究。

近代以来，在一些隋唐五代墓葬中发现了萨珊银币、拜占庭金币等外来的随葬品。之后在太原、固原、洛阳等地发现了一些带有异域色彩的墓葬，主要有隋代虞弘墓、隋代史射勿墓、唐代史索岩夫妇墓、唐代史诃耽夫妇墓、唐代史铁棒墓、唐代史

---

① 牛志平：《唐代的厚葬之风》，《文博》1993年第5期；中砂明德：《唐代の丧葬と墓志》，砺波护编《中国中世の文物》，京都大学人文科学研究所，1993年；姚平：《论唐代的冥婚及其形成的原因》，《学术月刊》2003年第7期；江川式部：《唐代の上墓仪礼——墓葬习俗的礼典编入とその意义について》，《东方学》120集，2010年；余欣：《唐宋敦煌墓葬神煞研究》，《敦煌学辑刊》2003年第1期；陈忠凯：《唐代人的生活习俗——合葬与归葬》，《文博》1995年第4期；段塔丽：《从夫妻合葬习俗看唐代丧葬礼俗文化中的性别等级差异》，《陕西师范大学学报》2005年第3期；黄景春：《论我国冥婚的历史、现状及根源——兼与姚平教授商榷唐代冥婚问题》，《民间文化论坛》2005年第5期。

② 中国科学院考古研究所编著《西安郊区隋唐墓》，科学出版社，1966；中国社会科学院考古研究所编著《唐长安城郊隋唐墓》，文物出版社，1980；罗丰编著《固原南郊隋唐墓地》，文物出版社，1996；河南省文物考古研究所编著《三门峡庙底沟唐宋墓葬》，大象出版社，2006；山西省考古研究所编著《唐代薛儆墓发掘报告》，科学出版社，2000；河南省文物考古研究所编著《偃师杏园唐墓》，科学出版社，2001；陕西省考古研究所、临潼县文物园林局编著《唐惠昭太子陵发掘报告》，三秦出版社，1992；王自力、孙福喜编著《唐金乡县主墓》，文物出版社，2002；陕西省考古研究所编著《唐惠庄太子李㧑墓发掘报告》，科学出版社，2004；陕西省考古研究所等编著《唐新城长公主墓发掘报告》，科学出版社，2004；陕西省考古研究所、富平县文物管理委员会编著《唐节愍太子墓发掘报告》，科学出版社，2004；陕西省考古研究所编著《唐李宪墓发掘报告》，科学出版社，2005；宁夏文物考古研究所编著《吴忠西郊唐墓》，文物出版社，2006；陕西省考古研究院编著《唐嗣虢王李邕墓发掘报告》，科学出版社，2012；浙江省文物考古研究所、浙江省博物馆、杭州市文物考古研究所编著《晚唐钱宽夫妇墓》，文物出版社，2012；中国社会科学院考古研究所编著《六顶山与渤海镇：唐代渤海国的贵族墓地与都城遗址》，中国大百科全书出版社，1997；北京大学考古文博学院、青海省文物考古研究所编著《都兰吐蕃墓》，科学出版社，2005。

道德墓。其中太原隋虞弘墓中带有典型的波斯文化色彩，而从固原史家墓地的出土遗物、墓志中，也可以发现墓主同样是来自中亚地区。① 这些墓葬考古发掘体现出隋唐五代丧葬文化的多样性。

新中国成立以来，五代十国墓葬挖掘也有许多重要成果。1950~1951 年，南京博物院组织发掘了南唐二陵：钦陵和顺陵，出土了陶俑、瓷器、玉哀册等 600 多件珍贵文物。其他五代墓葬中也有重大发现，比如王处直墓、王建墓、冯晖墓、李茂贞夫妇墓等，② 其中王建墓中的 12 位扶棺力士雕像、棺床侧刻 24 幅乐伎像，王处直墓中武士浮雕都是极为珍贵的艺术品，这些墓葬考古发现都为研究五代历史与墓葬提供了重要的实物证据。

墓葬考古的新进展也推动了相关的研究。利用墓葬考古资料，在镇墓兽、镇墓石、陶俑、铜镜、陶罐、金银器，及唐三彩、壁画、浮雕、纹饰、雕塑等研究方面都出现了许多有价值的成果。③ 墓葬考古也推动了帝王陵墓、陪葬墓及墓葬形制等方面

---

① 段鹏琦：《唐代墓葬的发掘与研究》，载《新中国的考古发现和研究》，文物出版社，1984；山西省考古研究所、太原市文物考古研究所、太原市晋源区文物旅游局编著《太原隋虞弘墓》，文物出版社，2005；荣新江：《隋及唐初并州的萨保府与粟特聚落》，《文物》2001 年第 4 期；荣新江：《中古中国与外来文明》，三联书店，2001；陈财经：《隋李和石棺线刻图反映的祆教文化特征》，西安碑林博物馆编《碑林集刊》第 8 辑，陕西人民美术出版社，2002。

② 南京博物馆编著《南唐二陵发掘报告》，文物出版社，1957；河北省文物研究所、保定市文物管理处编著《五代王处直墓》，文物出版社，1998；冯汉骥：《前蜀王建墓发掘报告》，文物出版社，2002；咸阳市文物考古研究所编著《五代冯晖墓》，重庆出版社，2001；刘军社：《五代李茂贞夫妇墓》，科学出版社，2008。

③ 张文霞、廖永民：《隋唐时期的镇墓神物》，《中原文物》2003 年第 6 期；杜葆仁：《从西安唐墓出土的非洲黑人陶俑谈起》，《文物》1979 年第 6 期；秦浩：《唐墓昆仑奴俑考释》，《南京大学学报》1983 年第 2 期；田进：《唐戏弄俑》，《文物》1959 年第 8 期；孙迟：《唐代胡俑、骆驼与丝绸之路》，《考古与文物》1982 年第 1 期；王仁波：《西安地区北周隋唐墓葬陶俑的组合与分期》，载《中国考古学研究——纪念夏鼐考古五十周年》，三秦出版社，1987；袁胜文：《塔式罐研究》，《中原文物》2002 年第 2 期；沈从文：《唐宋铜镜》，中国古典艺术出版社，1958；孔祥星：《隋唐铜镜的类型与分期》，载《中国考古学会第一次年会论文集》，文物出版社，1980；孔祥星、刘一曼：《中国古代铜镜》，文物出版社，1984；颜娟英：《唐代铜镜文饰之内容与风格》，《中央研究院历史语言研究所集刊》1989 年第 2 期；徐殿魁：《铜镜的考古学探讨》，《考古学报》1994 年第 3 期；王燕：《试谈铜镜与唐代道教》，《东南文化》2000 年第 5 期；〔法〕茅甘：《论唐宋墓葬刻石》，杨民译，《法国汉学》第五辑，中华书局，2000；〔日〕加地有定：《中国唐代镇墓石的研究——死者的再生与昆仑山升仙》，大阪株式会社，2005；李知宴、朱捷元：《精湛的艺术瑰宝——唐三彩》，《考古与文物》1980 年第 1 期；王仁波：《陕西省唐墓出土的三彩器综述》，《文物资料丛刊》第 6 辑，文物出版社，1982；王维坤：《中国唐三彩与日本出土的唐三彩研究综述》，《考古》1992 年第 12 期；周天游主编《唐墓壁画研究文集》，三秦出版社，2001；洛阳市文物管理局、洛阳古代艺术博物馆编《洛阳古代墓葬壁画》，中州古籍出版社，2010；汪小洋：《中国墓室绘画研究》，上海大学出版社，2010；齐东方、张静：《唐墓壁画与高松冢古坟壁画的比较研究》，收入周天游主编《唐墓壁画研究文集》，三秦出版社，2001；钟少异、王援朝：《唐杨思勖墓石刻俑复原商榷——兼说唐墓壁画中的虎帐豹韬》，收入荣新江主编《唐研究》第 1 卷，北京大学出版社，1995。

的研究。①另外，利用墓葬出土的文字记录——墓志，探讨家庭关系、宗教信仰等问题的成果颇多。②在文献研究的基础上，整理利用新资料为隋唐五代殡葬史研究带来了新的思路和成果。宁欣、郝春文先生依据敦煌文献中保存的材料，对唐后期五代宋初敦煌社邑的丧葬互助活动作了具体考察，指出丧葬互助不仅是敦煌社邑经济和生活互助的最重要内容，也是敦煌社邑盛行的重要原因之一。③这是利用敦煌史料进行丧葬研究的重要成果。

总体来看，在传统文献整理、墓葬考古发掘两方面的影响下，出现了大量依靠墓葬及相关材料进行研究的新成果，这些成果主要集中在殡葬礼制与墓葬形制两个领域。虽然其他方面与殡葬史研究略有距离，但其成果仍为系统梳理隋唐五代殡葬思想、殡葬礼法、殡葬习俗、墓葬形制、葬具与随葬品、宗教与丧葬习俗等多个方面提供了重要且富有价值的参考，更为本卷的编纂奠定了坚实的基础，本卷内容可以说是在系统吸收借鉴诸多学者研究基础上的进一步总结。

## 四 研究内容

本卷主要内容涉及殡葬思想、殡葬礼法、殡葬习俗、墓葬形制、葬具与随葬品、宗教与丧葬习俗等多个方面。

导论部分主要介绍隋唐五代时期的历史背景、时代特征、殡葬史发展特点、研究综述、研究方法等相关问题。

第一章介绍儒释道的生死观、薄厚葬，吕才的《阴阳书·叙〈葬书〉》、姚崇对佛道死亡观的批判等内容，以及黄河流域、江南地区等不同地域的丧葬观念。

---

① 徐苹芳：《唐宋墓葬中的"明器神煞"与"墓仪"制度——读〈大汉原陵秘葬经〉札记》，《考古》1963年第2期；〔日〕来村多加史：《唐代皇帝陵の研究》，学生社，2001；杨宽：《中国古代陵寝制度史研究》，上海人民出版社，2003；沈睿文：《唐陵的布局：空间与秩序》，北京大学出版社，2009；齐东方：《唐代的丧葬观念习俗与礼仪制度》，《考古学报》2006年第1期；齐东方：《试论西安地区唐代墓葬的等级制度》，《纪念北京大学考古专业三十周年论文集》，文物出版社，1990；齐东方：《略论西安地区发现的唐代双室砖墓》，《考古》1990年第9期；孙秉根：《西安隋唐墓葬的形制》，载《中国考古学研究——夏鼐先生五十周纪念论文2》，科学出版社，1986；李求是：《谈章怀、懿德两墓的形制等问题》，《文物》1972年第7期；刘呆运：《关中地区隋代墓葬形制研究》，《考古与文物》2012年第4期；程义：《关中地区唐代墓葬研究》，文物出版社，2012。
② 张国刚：《墓志所见唐代妇女生活探微》，《中国社会历史评论》第1卷，天津古籍出版社，1999；冻国栋：《读姚崇〈遗令〉论唐代的"财产预分"与家族形态》，载朱雷主编《唐代的历史与社会》，武汉大学出版社，1997；张国刚主编《中国家庭史》第2卷，广东人民出版社，2007；王铭：《菩萨引路：唐宋时期丧葬仪式中的引魂幡》，《敦煌研究》2014年第1期。
③ 宁可、郝春文：《敦煌社邑的丧葬互助》，《首都师范大学学报》1995年第6期。

第二章介绍殡葬礼仪以及祭祀内容、丧制变化，探讨该时期全面法制化的居丧制度，涉及殡葬的各类机构、人员及其职责。

第三章具体介绍土葬、火葬、窟葬等殡葬方式，以及入棺、吊丧、大小殓、启柩、送葬、掩埋、葬后迎神的殡葬流程，择墓之术及饭含、烧纸钱、合葬、冥婚、书写墓志的体例以及其他习俗。

第四章主要探讨帝陵、王公陵墓及平民墓葬的规格、类型、墓室结构等，以及墓葬的附属与周边设施。

第五章介绍葬具及随葬物品等相关内容，包括从事丧葬用品生意的凶肆，棺椁、镇墓神物，随葬的陶俑、唐三彩瓷器、金属器等；宗教类随葬品，包括经咒类陪葬品、经幢与佛塔、壁画与陶俑中的佛教文化，以及腰坑与镇墓石、符箓与买地券、十二生肖俑等陶俑。

第六章主要展现隋唐五代作为中国古代的盛世，与周边民族以及西方在丧葬文化方面的融合与交流。包括波斯、大食、拜占庭等中亚、西亚地区以及欧洲文化在中原丧葬文化中的体现；突厥、吐蕃、渤海、南诏等周边少数民族政权的丧葬方式；中原器物在北亚、欧洲等地区墓葬中的发现；唐代墓葬制度对日本的影响。

本卷作为通史著作中的一部分，主要篇章结构与编撰体例与全书基本保持一致，编纂中吸收、总结、借鉴了近年来殡葬史研究的成果，并在此基础上对隋唐五代殡葬思想、制度、习俗、墓葬形制等进行系统介绍。

# 第一章
# 殡葬理念

隋唐时期政治统一、社会安定，手工业和商业繁荣，殡葬作为社会风俗重要方面，也展现出独特的时代风貌。隋唐五代时期的死亡观、厚薄葬理念，影响着该时期民众的丧葬方式、殡葬习俗等诸多方面。

## 第一节 死亡观

传统社会对死亡有着独特的理解，老子在《道德经》中说："人之生也柔弱，其死也坚强。万物草木之生也柔弱，其死也枯槁。故坚强者死之徒，柔弱者生之徒。是以兵强则灭，木强则生。坚强处下，柔弱处上。"① 孔子在《论语》中说："不知生，焉知死。"② 这些都是先贤对死亡的思考。这些理念为隋唐五代所承继与发展，并影响了当时的生死观念与丧葬习俗；同时异域传入的佛教、景教、伊斯兰教、摩尼教、祆教等也为这一时期的生死观融入了新元素，③ 使得隋唐五代殡葬观念更为多元。

### 一 儒家的死亡观

作为统治国家的指导思想，儒家思想在汉代便确立主导地位。但在魏晋南北朝时期，道、佛两教在民间得到了更为广泛的传播。隋唐王朝统一后，儒学又受

---

① 楼宇烈：《老子道德经注校释》，中华书局，2008，第185页。
② 杨伯峻：《论语译注》，中华书局，1980，第113页。
③ 李并成：《一批珍贵的历史人物档案——敦煌遗书中的邈真赞》，《档案》1991年第5期；文斌：《略论李贺诗歌的生命意识》，《韶关学院学报》1988年第4期；孙武军：《北朝隋唐入华粟特人死亡观研究——以葬具图像的解读为主》，《考古与文物》2012年第2期。

到统治者重视。在历经魏晋南北朝数百年的离乱后，隋唐两代的开国统治者都强调重树儒学思想在国家政治生活中的正统地位，隋文帝即位后下诏："儒学之道，训教生人，识父子君臣之义，知尊卑长幼之序，升之于朝，任之以职，故能赞理时务，弘益风范。"① 特别是科举制度的创立和完善，更为儒学发展提供了强大助力，② 儒学在隋朝时重新兴盛起来。隋亡唐兴，唐朝统治者虽然重视和扶植道教，但是并不抑制儒学发展，唐太宗对他的大臣说："朕今所好者，惟在尧、舜之道，周、孔之教，以为如鸟有翼，如鱼依水，失之必死，不可暂无耳。"③ 这表明儒学在唐初受到重视。由于统治者的提倡和儒学自身的发展，儒家生死观念成为国家在殡葬中的主导意识，特别是中唐以后的儒学家多继承儒家"未能事人，焉能事鬼"和"未知生，焉知死"的观点，注重现世，并对宋明儒学产生了影响，具体表现有：

其一，在继承秦汉魏晋以来重生观念的基础上，从理性主义出发，注重现世，追求生命有限但生命不朽。儒家重视著书立说、教人化民、治国安邦、修身齐家等，提倡修德传道，以期走出生命自然规律的拘囿，最终达到生命不朽的目的。即所谓"虽死之日，犹生之年"。这一点以儒学大师，也是中唐以后新儒学的倡导者韩愈为代表。他基于朝廷尊佛的现实，在主张重建儒家道统，重振儒学精神的同时，对佛教、道教进行了批判。佛、道大都持"出世"、"涅槃寂静"等避世修行的态度，而韩愈则大力提倡"入世"与稳定纲常。他认为抛弃君王，离开父母而去投身空门，向往虚无缥缈的彼岸世界，是不忠不孝和荒诞的。他说："曲生何乐，直死何悲"，④ 苟且地活着有什么欢乐可言，为大义而死又有什么可悲伤的呢？足见其维护儒家礼教的决心与态度。在自身修养方面，韩愈更是继承发扬了儒家心怀天下的传统，认为修身对"齐家"、"治国"、"平天下"有重要作用，他引《传》曰："古之欲明明德于天下者，先治其国；欲治其国者，先齐其家；欲齐其家者，先修其身；欲修其身者，先正其心；欲正其心者，先诚其意。"⑤ 批判佛、

---

① 魏徵：《隋书》卷2《隋高祖纪下》，第46~47页。
② 《隋书·儒林传》中关于隋朝儒学的盛况记载有："自正朔不一，将三百年，师说纷纶，无所取正。高祖膺期纂历，平一寰宇，顿天网以掩之，贲旌帛以礼之，设好爵以縻之，于是四海九州强学待问之士靡不毕集焉。天子乃整万乘，率百僚，遵问道之仪，观释奠之礼。博士罄悬河之辩，侍中竭重席之奥，考正亡逸，研核异同，积滞群疑，涣然冰释。于是超擢奇秀，厚赏诸儒，京邑达乎四方，皆启黉校。齐、鲁、赵、魏，学者尤多，负笈追师，不远千里，讲诵之声，道路不绝。中州儒雅之盛，自汉、魏以来，一时而已。"参见魏徵：《隋书》卷75《儒林传》，第1706页。
③ 吴兢：《贞观政要》卷6，上海古籍出版社，1978，第195页。
④ 韩愈：《韩昌黎文集校注》卷5《祭穆员外文》，马其昶校注，上海古籍出版社，1986，第307页。
⑤ 韩愈：《韩昌黎文集校注》卷1《原道》，马其昶校注，第17页。

道的养生只是出于个人私利，没有胸怀天下的大义，是不可取的。

其二，强调坚持生死的理性思维，为宋明理学死亡观的出现奠定了基础。隋唐五代时期，儒家的死亡观在承继儒家传统观念的基础上，认为人之生死犹如物有始终、时有昼夜的自然规律，人固有一死，体现了注重实际的唯物与理性精神。柳宗元在《掩役夫张进骸》中就体现了他对于生死的看法："生死悠悠尔，一气聚散之。偶来纷喜怒，奄忽已复辞。为役孰贱辱？为贵非神奇。一朝纩息定，枯朽无妍媸。生平勤皂枥，剉秣不告疲。既死给槥椟，葬之东山基。奈何值崩湍，荡析临路垂。髐然暴百骸，散乱不复支。从者幸告余，眷之涓然悲。猫虎获迎祭，犬马有盖帷。伫立唁尔魂，岂复识此为？畚锸载埋瘗，沟渎护其危。我心得所安，不谓尔有知。掩骼着春令，兹焉适其时。及物非吾辈，聊且顾尔私。"① 柳宗元承认生死是自然现象，并肯定人死形朽的规律，掩埋骸骨的行为也是其作为儒者尊重死者的表现。柳宗元本人也积极乐观地面对生死。刘禹锡曾记载道："（柳宗元）病且革，留书抵其友中山刘某曰：'生死我不幸卒以谪死，以遗草累故人'。某执书以泣，遂编次为三十通，行于世。"② 柳宗元即使在病重期间，仍然不忘嘱托友人刘禹锡帮他整理遗稿，以便为晚生后学留下一笔财富。这体现了儒家承认生死，并积极乐观看待死亡的态度，对宋元以后死亡认识的深入理解有着里程碑式的意义。

## 二 道教的死亡观

道教兴起于东汉末年，为中国土生土长的本土宗教。唐代多数皇帝都认为自己是道教始祖李耳的后代，李渊在武德八年（625）颁布了《先老后释诏》："老教孔教，此土先宗，释教后兴，宜崇客礼，令老先、次孔、末后释。"③ 这样，李唐统治者确立了道教作为国教的地位，整个唐代，道教获得上至天子、下至百姓各个阶层的崇信。④ 道教的兴盛，对当时人们的生活习俗和价值观念有着重要影响。在某种程度上，

---

① 柳宗元：《柳河东集》卷43，中华书局，1960，第744页。
② 刘禹锡：《唐故尚书礼部员外郎柳君集纪》，《刘禹锡集笺证》卷19，上海古籍出版社，1989，第514页。
③ 李渊：《先老后释诏》，载《全唐文》附《唐文拾遗》卷1，中华书局，1983，第10373页。
④ 道教也因此得到长足发展，徐庭云先生在评论当时道教兴盛的情况时论述道："在那个时代，道教充斥大都小邑，名山幽谷之中道教几乎无处不在。东都洛阳的玄元皇帝庙，一派'山河扶绣户，日月近雕梁'的宏大气象。著名的天台山桐柏观，则是'连山峨峨，四野皆碧，茂树郁郁，四时并清……双峰如阙，中天豁开，长涧南泻，诸泉合漱，一道瀑布，百丈悬流'，其他如华山、王屋山、青城山、仙都山、泰山各处也都遍布着道教的宫观，就连僻远的深山野谷，也有着道教的踪迹。"参见徐庭云《中国社会通史·隋唐五代卷》，山西教育出版社，1996，第480～481页。

道教的死亡观可以反映当时社会部分民众对死亡的认知。

道教虽然承认人之生死、物之兴衰是自然不能抗拒的规律，但它更重生轻死、贵生乐生。道教从重视人的生命出发，希求长生不老，生命延续。作为道教的最早经典著作《太平经》对于"生"与"死"就有探讨。①继《太平经》之后的道教经典《老子想尔注》也表达了对生死的认识："天长地久。天地所以能长久者，以其不自生，故能长久。能法道，故能自生而长久也。"②这本书也认为人的生死是自然规律，但是它进一步提出通过"法道"来达到长生的目的。③葛洪是东晋一位融合儒道于一身的道教代表人物，对于生死这个问题，葛洪主张"我命在我不在天，还丹成金亿万年"，④他反对儒家的生死由命、富贵在天的观念，主张通过人的自我修养或修炼内外丹、以摆脱死亡、获得长生。

魏晋南北朝时期道教地位提升，使该时期的道教思想进入一个新阶段，出现了孙思邈、成玄英、司马承祯、吴筠、张万福、杜光庭等许多著名的道士。他们对道教理论的发展都做出了各自的贡献，也对道教中的死亡观念进行了阐释。

首先，发展了魏晋以来道教的"贵生轻死"思想，辩证地讨论了道德与人的生死关系，体现出朴素的宗教人文观。孙思邈在《福寿论》中从"贫者多寿、富者多促"这一奇怪现象入手，认为上天是公平的，贫穷会以长寿来弥补，富裕则以减少寿命为代价，并为"富者多促"指出了解决办法："夫人之死，非因依也，非痾瘵也，盖以积不仁之多，造不善之广，神而追之则□矣。人若能补其过，悔其咎，布仁惠之恩，垂悯恤之念，德达幽冥，可以存矣。"⑤这明显是劝诫人们特别

---

① 《太平经》在论述"生"时借助了道家思想的"元气"论点，认为人和天地万物一样都是从元气所化生而来的："天比不止，乃得与元气比其德。元气乃包裹天地八方，莫不受其气而生。"接着论元："夫人死者乃尽灭，尽成灰土，将不复见。今人居天地之间，从天地开辟以来，人人各一生，不得再生也。自有名字为人。人者，乃中和凡物之长也，而尊且贵，与天地相似；今一死，乃终古穷天毕地，不得复见自名为人也，不复起也。"至于人死后之事，《太平经》认为："人由亲而生，得союз巨焉。见亲死去，乃无复还期，其心不能须臾忘。生时日相见，受教敕，出入有可反报；到死不复得相睹，誉念其悒悒，故事之当过其生时也。"这种思想明显是一种贵生轻死的死亡观，其主张的"事之当过其生时也"只不过是对亲人亡故遗憾的一种补偿措施而已。参见王明《太平经合校》，中华书局，1960，第78、340、49页。

② 饶宗颐：《老子想尔注校证》，上海古籍出版社，1991，第9～10页。

③ 《老子想尔注》从人通过行道可以得道长生的角度来审视人的生死："道设生以赏善，设死以威恶。死是人之所畏也，仙王士与俗人同知畏死乐生，但所行异耳。俗人莽莽，未央脱死也，俗人虽畏死，端不信道，好为恶事，奈何未央脱死乎。仙士畏死，信道守诫。故与生合也。"这里将人分为俗人和道人，认为俗人如果不信道，为恶事，便必然不能逃脱死亡之道；而仙士如能信守道诫，不为恶事，便能与生合，脱离死亡以实现长生。这可能是道教经典关于修道成仙，以求长生的比较早的论述。《老子想尔注》虽然强调修道可以延长生命，但这也体现出道教的"贵生轻死"承认人生死的自然规律。饶宗颐：《老子想尔注校证》，第25页。

④ 王明：《抱朴子内篇校释》卷16，中华书局，1985，第287页。

⑤ 李长福、李慧燕：《孙思邈养生全书》，社会科学文献出版社，2003，第398页。

是富人应积德行善，方能长寿。这种思想其实是带有浓厚劝善色彩的宗教认识。

其次，在继承发展魏晋南北朝长生不死观念的基础上，将生死观与内外丹修炼相结合，对后世产生重要影响。作为传统道教代表人物，司马承祯的生死观及养生思想主要记录在《坐忘论》与《天隐子养生书》中。对于生死，他在《坐忘论·得道篇》中说："山有玉，草木以之不凋；人怀道，形骸以之永固。"① 这便是对陶弘景的一些观点的发挥，认为人通过修道，辅之以恰当的养生方法，即可脱离生死。关于养生，司马承祯在《天隐子养生书》的序中论道："神仙之道，以长生为本；长生之要，以养气为根。"② 从中看出，养气是长生的根本，"得道"是长生不死的重要途径。在《坐忘论·得道篇》中说："道有深力，徐易形神，形随道通，与神合一，谓之神人。神性虚融，体无变灭，形与道同，故无生死。"③ 司马承祯所谓的"道"过于虚无缥缈，他认为："况久久习之，积累冥契，则神仙之道不难至矣。"司马承祯主张通过"得道"来达到"永固"、"无生死"的目的虽然难以实现，但他的这一思想对唐末五代内丹道的产生提供了理论指导。

继司马承祯后，对道教传统的神仙不死说作了重要发挥的是吴筠，他积极维护道教传统的长生成仙信仰，并留下《玄纲论》、《神仙可学论》和《形神可固论》等著作。对于生与死，吴筠继承和发展了道家传统的生命观，认为人们只要遵循正确的修炼法，就能实现"与天地齐年，与日月同寿"的愿望，他曾说："伊周功格于皇天，孔墨道济于生灵，始崇崇于可久，终寂寂而何成，唯闻松乔之高流，超乎世表以永贞，意禀受之使然，固修炼之所得……"。④ 吴筠不但肯定神仙存在，还强调仙道可学，并且提出七近道与七远道。其中，七远道明确指出了人不能修道成仙的七个根本原因，它们分别是"遗形取性"、"仙必有根"、"存亡一体"、"取悦声色"、"晚修无补"、"金丹延龄"和"身心不一"；七近道则是指修道成仙七种方法，它们分别是"清静无为"、"不慕荣华"、"精心修道"、"安贫乐道"、"静以安身"、"改过自新"和"忠孝真廉"。吴筠认为"放彼七远，取此七近，谓之拔陷区，出溺涂，碎祸车，登福舆"。⑤ 虽然这种神仙可学的结论有荒谬之处，但是"七近道"理论却是对唐代盛行通过炼制丹药、服食外丹以求长生不老方法的批判。他提倡重视精气神的内丹修炼，认为唯有

---

① 司马承祯：《坐忘论》，《道藏》第22册，天津古籍出版社，1988，第897页。
② 司马承祯：《天隐子》序，中华书局，1985，第1页。
③ 司马承祯：《坐忘论》，《道藏》第22册，第896页。
④ 吴筠：《宗玄先生文集》卷中《洗心赋》，《道藏》第23册，第657页。
⑤ 吴筠：《宗玄先生文集》卷中《神仙可学论》，《道藏》第23册，第661页。

修炼自身的精气神才有实现长生成仙的可能，对后世道教内丹理论的发展有一定影响。此外，吴筠提出的"守静去欲"等"内丹修炼"主张，则对宋代程朱理学的产生也有一定影响。唐代道士张万福同样追求长生久视、羽化登仙的终极目标，①但是他主张在修道之前应该遵循戒律。

再次，认可死亡是自然规律。这一观念的提出，对后世儒学特别是宋明心性理学的产生起到积极作用。隋唐五代时期，以成玄英为代表的道教分支学派认为有生必有死，生死不过是物理变化，没有必要妄起忧悲，乐生恶死。他在为《庄子》注疏时说："夫新新变化，物物迁流，譬彼穷指，方兹交臂。是以周蝶觉梦，俄顷之间，后不知前，此不知彼。而何为当生虑死，妄起忧悲！故知生死往来，物理之变化也。"②这一认识，从生命哲学的角度彻底否定了传统道教的肉体成仙说。它是对先秦道家死亡智慧的自觉回归，"指出人类自我死亡具有必然性和本然性，并在生存是牢狱、死亡是解脱思想的指引下，要求人们安生顺死以尽天命"。③对生命的安生顺死，也体现出成玄英豁达乐观的态度，"安于生时，则不厌于生；处于死顺，则不恶于死。千变万化，未始非吾，所适斯适，故忧乐无错其怀矣"，以此劝诫人们应该随着环境和事物变化改变自己的心态，顺应生命、调节心绪，实现延年益寿。

杜光庭是唐末五代时期道教学术集大成者，亦承认生死是自然规律。他说："人之生也，天与之算，四万三千二百算主日也，与之纪，一百二十纪主年也。此为生人一期之数矣。"④他劝人们以一种积极的态度对待死亡，并把"生"和"死"看成是一个物体的两个方面，他曾言道："《阴符》所谓生者死之根，死者生之根，是阴阳相胜之义，终始之机也。"⑤同时他还提倡通过修道养生，以求延年益寿，但是他所谓的修道养生是一种"无为"的方法，他说道："天地所以长存者，无为也，人所以生化者，

---

① 张万福在《三洞众戒文》开篇言道："万福伏按：三洞诸经，说戒多矣，难以具详。学道求真，莫不先持斋戒。故《灵宝升玄步虚章》云：皆从斋戒起，累功结宿缘。又太极左仙公云：学道不修斋戒，亦徒劳山林矣。由是详之。"张万福通过制定斋戒科仪来约束人们的行为，劝诫众生，潜心修炼，以达长生。他曾说："夫欲延寿长生，避诸禁忌如右：禁无施精命夭没，禁无大食氘脉闭，禁无大饮膀胱急，禁无大温消髓骨，禁无大寒伤肌肉，禁无寒食生病结，禁无咳唾失肌汁，禁无久视令目蔑，禁无久听聪明闭，禁无久泣神悲戚，禁无卒呼惊魂魄，禁无内念志恍惚，禁无恚怒神不乐。"参见张万福《三洞众戒文》，《道藏》第3册，第396、400页。
② 郭象注《庄子注疏》，中华书局，2010，第62页。
③ 张志建：《成玄英的死亡思想初探》，《宗教学研究》2006年第1期。
④ 杜光庭：《道德真经广圣义》卷27，《道藏》第14册，第446页。
⑤ 杜光庭：《道德真经广圣义》卷34，《道藏》第14册，第488页。

有为也。情以动之，智以役之，是非以感之，喜怒以战之，取舍以弊之，驰骛以劳之。气耗于内，神疲于外，气竭而形衰，形凋而神逝，以至于死矣。故曰委和而生，乘顺而死，率以为常也。"①他认为世人没有修道成仙，是过于"有为"，导致精气耗尽而亡，主张人应像天地万物一样，顺势而为，回归自然，达到"乘物以游心"的境界。可见，杜光庭这种主张"无为"而求延年益寿的途径，显然与主张修道以求长生的传统观点不同，它引导人们返归"清静无为"的道性，而这种消极趋势使人们注重自身心性修养，这在某种程度上是对司马承祯"守静去欲"主张的发展。

隋唐五代时期是道教生死观的一个重要转型期，呈现出从只"贵生贱死"到承认生死是自然现象、由单独通过服食外丹来求长生不死向通过修身养性的内丹方法转变。道教的生死观在隋唐五代时期伴随着道教的发展而改变，其所主张的内丹的修炼方法也对后世儒家特别是宋明时期心性理学的产生和发展起到了一定作用。

### 三 佛教的死亡观

隋唐时代是中国古代社会的鼎盛时期，佛教也在这个大背景下步入了一个全新的时代。虽然李渊在立国之初便颁布了《先老后释诏》，把佛教置于三教之末，但是纵观隋唐五代，佛教仍然占据重要地位，形成了净土宗、天台宗、华严宗、三论宗等众多宗派，也对"生"与"死"这一哲学界最基本的论题进行了更深入的思考与辨析，净土信仰的发展就与此有关。

与儒、道两家主张不同，佛教并不贵生恶死，相反，佛教认为"一切众生皆归于死"，死亡是事物发展的必然阶段。如《增壹阿含经》关于死亡的论述："初时甚悦意，今为死使逼。虽当寿百岁，皆当归于死。无免此患苦，尽当归此道。如内身所有，为死之所驱；外诸四大者，悉趣于本无。"②因此，佛教经典运用大量语言来描绘人的死亡，甚至是人死亡前的痛苦。在隋唐时期的佛教经文翻译中，这一点自然不能被忽视，唐代高僧玄奘翻译的《瑜伽师地论》中有对人死亡时的描写："云何死苦？当知此苦亦由五相。一离别所爱盛财宝故，二离别所爱盛朋友故，三离别所爱盛眷属故，四离别所爱盛自身故，五于命终时备受种种极重忧苦故云何怨憎会苦。"③这种对死亡之苦的描述，实际上是对追求长生不老观念的冲击。

---

① 计有功：《唐诗纪事》卷81《毛仙翁赠行诗》，中华书局，1965，第1153页。
② 中国佛教文化研究所：《增壹阿含经》上卷18，宗教文化出版社，1999，第276页。
③ 玄奘：《瑜伽师地论》，《大正新修大藏经》第30册，卷61，台北：新文丰出版公司，1983，第642页。

与此同时，佛教同样认为"生"也是一种苦，"云何老苦？当知亦由五相。谓于五处衰退故苦。一盛色衰退故，二气力衰退故，三诸根衰退故，四受用境界衰退故，五寿量衰退故。云何病苦？当知病苦亦由五相。一身性变坏故，二忧苦增长多住故，三于可意境不喜受用故，四于不可意境非其所欲强受用故，五能令命根速离坏故"。① 这里说的"生"苦，其实就是人生在世的种种苦难，与前面死亡时的痛苦，一起组成了佛教的八苦，即生苦、老苦、病苦、死苦、爱别离苦、怨憎会苦、求不得苦、五阴炽盛苦。佛教认为"生"与"死"都是痛苦的，又是轮替循环的。所以，人们永远无法摆脱痛苦，因为死后还有生，生便归于死，即"苦海无边"。正是佛教宣扬的这种"生"、"死"皆苦教义，为其"业报轮回"、"极乐净土"思想在贫苦大众之间的传播奠定了基础。

佛教主张人们要通过积善修行来摆脱"业报轮回"带来的无休止痛苦，以期达到超越生死轮回的"涅槃"境界。但是，涅槃没有具体的形态，还需要艰苦的修行，令一般的信徒因"佛道玄远，闻者生畏"，所以，佛教便在"轮回"和"涅槃"之间设立了"净土"，作为一般信徒能够摆脱生死轮回的短期修行目标。"净土"②思想自传入中国后，在魏晋隋唐之际得到迅速传播。因此，净土宗成为这一时期的一个重要宗派，其重要人物道绰在《安乐集》中详述"净土思想"，为大众进入"净土"境界提供指引，他说："今此无量寿国是其报净土，由佛愿故，乃该通上下，致令凡夫之善并得往生。"③这降低了一般信徒进入"净土"的条件，也相应地扩大了净土宗在社会下层民众中的影响力。对此，业露华先生曾评价道绰这个观点道："他主张极乐净土位该上下，凡圣同往，使社会上一般民众都有往生净土的希望，大大扩展了净土信仰的群众基础。后来其弟子善导进一步发挥这种思想，提出凡入报土说，认为因阿弥陀佛愿力强大，使五乘齐入，即使罪恶凡夫也能生彼报土，从而加快了净土宗在下层民众中

---

① 玄奘：《瑜伽师地论》，《大正新修大藏经》第30册，卷61，第642页。
② "净土"一词频繁地出现在汉译的佛经中，然而梵文中却没有相对应的词，是传译者根据文中内容的含义而造的词。佛教的净土有两义：在大乘佛教中其大意盖指无数佛陀的居所或活动的世界（佛国土），特别是指经佛陀的教化使秽土净化的世界，即众生依止的庄严净妙的世界，与我们现在所居住的"秽土"相对而言，因此有时"净土"被指梵文中的"佛土"或"土"，又称清净土、清净国土、清净佛刹、净刹、净界、净国、净方、净域、净世界、净妙土、妙土、佛刹、佛国等；在声闻乘中指众生清净的身心。净土思想起源于印度，汉末随着佛经的翻译而传入中国。汉末和三国时期，《般舟三昧经》、《无量寿经》等弥陀净土经典已传译入中土。中国汉传佛教主要信仰阿弥陀佛的西方极乐净土、阿閦佛的东方妙喜净土和弥勒菩萨的兜率内院净土，尤以弥勒净土与弥陀净土最盛。参见觉醒《觉群佛学》，宗教文化出版社，2011，第2页。
③ 道绰：《安乐集（上）》，《大正新修大藏经》第47册，第6页。

传播,最后成为中国佛教一大宗派。"①与此同时,道绰还提出了广大信徒到达"净土"的条件,即发菩提心和念佛三昧。他在《安乐集》中说道:"凡欲往生净土,要须发菩提心为源。"也就是说,要想往生净土,既要一般修行,还要发菩提心、修行念佛三昧。所谓念佛三昧,就是弃心中杂念,便能看到佛现眼前,死后实现到达极乐净土的目的。道绰提出的一系列净土信仰和往生方法,使净土宗成为当时社会重要的佛教宗派,为净土宗发展奠定了基础。

综上所述,隋唐五代时期佛教的死亡观,由于其不同于儒、道的传播方式,使其影响远远大于儒、道两家,佛教的死亡观不仅仅局限于对生死的探讨,还有"净土"的提出。"从根本上说,佛教体系的建立和对信徒的吸引,超越死亡是其顽强动因和内在驱动力,正因为如此,佛教得以彻底超越狭隘的自我和现实的局限,而有菩萨道普渡众生之愿和行,表现出对人类命运的共同关注和共同感受,具有强烈的终极关怀效应。"②隋唐五代时期佛教特别是净土宗的死亡观,也是对民众生命观的某种终极关怀。

## 四 其他宗教的死亡观

隋唐五代时期景教、伊斯兰教开始传入,主要在外来人群中传播,为中原丧葬观念注入了新的元素。

景教③主张以一种平静甚至渴望的心去面对死亡,反对人们对死亡的恐慌。其认为死亡只是人世终结,同时更是升入天堂享受幸福生活的开端,是人生永恒追求的最高境界。唐代著名的《大秦景教流行中国碑颂并序》中有:"启三常之门,开生灭死。"④殷藩在《开天宝钥序》中解释:"溯上帝创造天地、神人、万物以来,原祖魔诱□命,吾人本性流毒至今,上下四千余年。其以示责示训,或惩或劝,亦昭乎其严且详矣。一罚于洪水,再垂于建教(详载《天学实义》诸书)。孰意积昧,亡途久进□复缘,是天门永钥,宜乎?孔孟喟然,斯道之莫由小人多,而君子者鲜也。故至仁至义之上帝,不得不亲降世,沛救赎之深恩,树身教

---

① 业露华:《道绰净土思想研究》,载《隋唐佛教研究论文集》,三秦出版社,1990,第64页。
② 海波:《佛说死亡:死亡学视野中的中国佛教死亡观研究》,陕西人民出版社,2007,第161页。
③ 景教是我国唐代对基督教的一个支派"聂斯脱利派"(Nestorianism)的称呼,按照德宗建中二年所立的《大秦景教流行中国碑》记载,唐贞观九年(635)景教进入中国,得到了唐太宗李世民的礼遇。贞观十二年(638)由政府资助在长安义宁坊建造"大秦寺"一所。
④ 江文汉:《中国古代基督教及开封犹太人(景教、元朝的也里可温、中国的犹太人)》,知识出版社,1982,第42页。

之表率。自汉迄今,又及一千七百余载。即唐景教碑中所载'三一分身,同人出代''启三常之门,开生灭死。'诸颂言可证。"因此,殷藩认为上帝为开生灭死之钥。

景教信徒笃信死亡不是生命的终结,而是由痛苦的尘世生活进入永远幸福的必经之路,也是他们复活升天的第一步。所谓"首序《景教碑颂》始,岂无故钦?继此而洗心,洗而天儒之门开也,心洗而天堂之门亦开也,心洗而省涤修克、哀矜、敌仇诸门无不开也。况又有十字圣号为钥。存宠圣体为钥,上之宝饰循序而行,有不形神俱活,晓辟铜龙,共进天堂而享天赏之真福也哉?"这使景教信徒在面对死亡时不是空虚与失落,而是对天堂的向往,是俗生的圆满收场。信徒多能毅然面对死亡。所以,景教信徒视死亡为真正的"归宿",不畏惧死亡。《大秦景教流行中国碑》的作者景净曾著有《志玄安乐经》,经文曰:"无动无欲,则不求不为。无求无为,则能清能净。能清能净,则能晤能证。能晤能证,则遍照遍境。遍照遍境,是安乐缘。"[1]这种观念使得景教信徒能相对积极地面对生死。

伊斯兰教是公元7世纪由麦加人穆罕默德在阿拉伯半岛上创建发展起来的,大约在唐高宗永徽二年(651)传入中国。伊斯兰教认为生死是客观规律,《古兰经》记载:"每一个有息气的,都要尝死的滋味。"[2]死并不是人生的终结,仅是人生过程中的一个点;死是人对今生世界的诀别,灵魂归位,生命停止,肉体入土,人生暂时告一段落,即"我从大地创造你们,我使你们复返于大地,我再一次使你们从大地复活。"[3]当然,这都是以信奉真主为前提的,信奉敬畏真主才能在现世中克服困难,拥有美好的生活。真主说:"谁敬畏真主,他将为谁开辟一条出路,而且从他料想不到的地方给他,谁托靠真主,他将使谁满足。"同时,伊斯兰教也认为行善与寿命是有密切关系的,真主说:"你们中最好的是长寿的而且行善的,你们中最恶劣的是长寿而不做善功的。"因此,伊斯兰教不但承认死亡,而且认为行善与寿命相关。这其实是一种劝人向善的教义,这便使穆斯林时时刻刻对真主的帮助与恩惠抱有希望,不会悲观失望,这些观念主要在来中国经商的阿拉伯人、波斯人中传播,但一直缺乏相关的记载。近年来,在海南三亚一带发掘整理了一批穆斯林墓葬群,其中不乏唐五代时期信仰伊斯兰教的穆

---

[1] 江文汉:《中国古代基督教及开封犹太人(景教、元朝的也里可温、中国的犹太人)》,第68~69页。
[2] 马坚译《古兰经》,中国社会科学出版社,1996,第302页。
[3] 马坚译《古兰经》,第234页。

斯林商人、水手的墓葬。其中一通现藏于海南省博物馆的唐代穆斯林珊瑚石墓碑:"碑额为尖顶,尖顶下雕有五座山峰形状,山峰下刻有'生命树'图案,'生命树'上端托起一轮圆月,圈内雕有阿拉伯《古兰经》文,'生命树'下有一长方形,内雕刻锯齿形图案。"①其中一些墓葬的碑文也是从《古兰经》中摘录,如"凡在大地上的,都要毁灭",出自《古兰经》55章26节,体现出穆斯林墓葬深受《古兰经》教义的约束。

景教和伊斯兰教在隋唐五代时期传入中国,其死亡观多在信徒中传播,影响较为有限,但也丰富了中国传统生命哲学的内容,为中国殡葬文化注入了新的元素。

总之,隋唐五代时期,部分民众对于生死已经有了相对理性的认识。恩格斯说:"在这里只要借助于辩证法简单地说明生和死的本性,就足以破除自古以来的迷信,生就意味着死。"②虽然在当时社会难以达到这样的认识高度,但在生死观念方面,传统文化中已经具有了某些辩证与理性思维。

## 第二节　厚薄葬观念

隋唐五代时期经济繁荣,某种程度上为厚葬的兴起提供了物质基础。尤其是唐前中期,厚葬风气十分盛行,主要表现在两个方面:一是陪葬物品丰富,二是殡葬仪礼隆重。厚葬的盛行给社会及民众造成极大困扰,出于稳定政局的目的,统治者多次以官方政令的形式劝诫实行薄葬。一般而言,唐代所言厚薄葬往往又与唐令中规定的丧葬标准相联系。

### 一　盛行厚葬之风

隋唐五代时期盛行厚葬,原因大致可以归纳为三点:一是隋唐时期国家统一、社会稳定、经济发达,为社会厚葬之风提供了条件;二是深受传统灵魂不死观念与秦汉时期厚葬思想的影响;三是维护等级制度的需要。这种厚葬之风主要表现在丧葬规格逾制和丧葬仪式过于隆重两个方面。

皇帝的丧仪繁杂、陪葬奢华。以唐高祖李渊的陵墓葬制为例,按朝廷诏令要求献

---

① 丘刚主编《海南省博物馆研究文集》,科学出版社,2011,第8页。
② 恩格斯:《自然辩证法》,人民出版社,1984,第277~278页。

陵务求厚葬，"准汉长陵故事，务从隆厚。程限既促，功役劳弊"。① 当时主张薄葬的虞世南曾先后两次上书，旁征博引，以古论今，认为古代圣明之君多行薄葬，并非他们不想以珍宝物器厚葬亲人，而是觉得高坟厚垅、珍物齐备，会成为亡者的负累，此非孝道；所以他们深思远虑、安于菲薄，是为长久考量，而舍弃厚葬。

　　虞世南又引汉代旧事为例，加以说明。汉成帝建造延、昌二陵，耗资甚巨，谏议大夫刘向上书："孝文居霸陵，凄怆悲怀，顾谓群臣曰：'嗟乎！以北山石为椁，用纻絮斵陈漆其间，岂可动哉？'张释之进曰：'使其中有可欲，虽锢南山犹有隙；使其中无可欲，虽无石椁，又何戚焉！'夫死者无终极，而国家有废兴，释之所言，为无穷计也。孝文寤焉，遂以薄葬。"② 他又谈及汉代旧制，君主在位时，将天下赋税一分为三，其中之一被收入帝陵之中。武帝在位年代较久，等他入葬时，奢侈过度，陵墓之内已无法容纳物品。汉武帝厚葬招致了后人对其财物的觊觎。汉末，赤眉攻克长安，大掠武帝茂陵宝物，因此聚敛百姓以厚葬的财物，最后却被盗贼取用。魏文帝也是薄葬的典型，他在首阳东建寿陵时特意发布文告，说："昔尧葬寿陵，因山为体，无封树，无立寝殿园邑，为棺椁足以藏骨，为衣衾足以朽肉。吾营此不食之地，欲使易代之后，不知其处，无藏金银铜铁，一以瓦器。自古及今，未有不亡之国，无有不发之墓，至乃烧取玉匣金缕，骸骨并尽，乃不重痛哉！若违诏妄有变改，吾为戮尸于地下，死而重死，不忠不孝，使魂而有知，将不福汝。以为永制，藏之宗庙。"③ 虞世南认为魏文帝的措施，通达事理，足以借鉴，并进而规劝太宗："伏见圣德高远，尧、舜犹所不逮，而俯与秦、汉之君同为奢泰，舍尧、舜、殷、周之节俭，此臣所以尤戚也。"④ 他认为现在建造丘垅里面即使不藏珍宝也无益，数代之后，民众只要看见高坟大墓，便会觉得里面藏有珍宝。汉文帝的霸陵依山势，虽不起坟，也依然高显。当前卜测的墓址，地势相对平坦，应当依照《白虎通》所列举的周代法制，造三仞高的坟，建筑坟墓的制度尽量减少，陵墓建成之日，刻石碑立于陵侧，明确陵墓大小高低标准。随葬品以瓦木取代，一律不准用金银铜铁，这合乎礼节仪式，应让后代一起遵行。他还认为朝臣除去丧服为三十六天，已是依照霸陵的制度。现在修坟垅，又依照长陵为标准，恐怕不适宜。虞世南的奏书没有得到回应，他又接着上奏说："汉家即位之初，便营陵墓，近者十余岁，远者五十年方始成就。今以数月之间而造数十年之

---

① 刘昫等：《旧唐书》卷72《虞世南传》，第2568页。
② 刘昫等：《旧唐书》卷72《虞世南传》，第2568页。
③ 刘昫等：《旧唐书》卷72《虞世南传》，第2569页。
④ 刘昫等：《旧唐书》卷72《虞世南传》，第2569页。

事，其于人力，亦已劳矣。又汉家大郡五十万户，即目人众未及往时，而功役与之一等，此臣所以致疑也。"①就是这样言辞恳切的上书，最后结果也不过是"制度颇有减省焉"，②这说明皇帝厚葬观念在当时根深蒂固。

再如唐太宗李世民的昭陵，"宫室制度闳丽，不异人间，中为正寝，东西厢列石床，床上石函中为铁匣，悉藏前世图书，钟、王笔迹，纸墨如新"。③皇帝陵墓的规格高，皇子公主的陪葬墓也自然隆重，唐德宗时期"文敬太子、义章公主仍薨，帝悼念，厚葬之，车土治坟，农事废"。④与丧葬规格的提高相对应的是葬礼的隆重奢华程度，如唐懿宗的长女同昌公主死后，唐懿宗为其举办了隆重的葬礼。《资治通鉴》记载：

> 葬文懿公主。韦氏之人争取庭祭之灰，汰其金银。凡服玩，每物皆百二十舆，以锦绣、珠玉为仪卫、明器，辉焕二十余里。赐酒百斛、饼馅四十橐驼，以饲体夫。上与郭淑妃思公主不已，乐工李可及作《叹百年曲》，其声凄婉，舞者数百人，发内库杂宝为其首饰，以绉八百匹为地衣，舞罢，珠玑覆地。⑤

皇家宗室带头厚葬，社会上层竞相效仿，"近者王公百官，竞为厚葬，偶人像马，雕饰如生，徒以眩耀路人，本不因心致礼。更相扇慕，破产倾资，风俗流行，遂下兼士庶"。⑥正是在皇亲贵胄这种厚葬风气的引领下，民间厚葬之风兴起，与秦汉时期相比有过之而无不及。吕思勉先生曾描写唐代厚葬："夫如是，厚葬自不能免。薛举区区，而起坟茔，置陵邑，岂特沐猴而冠哉？李义府改葬其祖父，营墓于永康陵侧。三原令李孝节，私课丁夫车牛，为其载土筑坟，昼夜不息。于是高陵、栎阳、富平、云阳、华原、同官、泾阳等七县，以孝节之故，惧不得已，悉课丁车赴役，高陵令张敬业，恭勤怯懦，不堪其劳，死于作所。王公已下，争致赠遗。其羽仪导从，辒辌器服，并穷极奢侈。又会葬车马，祖奠供帐，自灞桥属于三原七十里间，相继不绝。此

---

① 刘昫等：《旧唐书》卷72《虞世南传》，第2570页。
② 刘昫等：《旧唐书》卷72《虞世南传》，第2570页。
③ 欧阳修：《新五代史》卷40《温韬传》，中华书局，1974，第441页。
④ 欧阳修等：《新唐书》卷159《吴凑传》，第4955页。
⑤ 司马光：《资治通鉴》卷252，第8161页。
⑥ 刘昫等：《旧唐书》卷45《舆服志》，第1958页。

成何事体乎？犹可诿曰：权相纵恣，不以常理论也。苏味道以模棱称，而长安中请还乡改葬其父，优制令州县供其葬事，味道因此侵毁乡人墓田，役使过度，为宪司所劾，左授坊州刺史不亦异乎？犹可诿曰：其位究居宰相也。李光进不过一战将，而葬其母，将相致祭者四十四幄，穷极奢靡。此何为乎？"①关于这一时期的厚葬风气盛行，吕先生的评价非常中肯。

这种厚葬之风的盛行，不仅是富人权贵阶层竞相攀比、炫耀的结果，更多的是由于皇帝宗室贵族阶层的带动作用。厚葬之风对富人来说是炫耀的方式，而对于广大贫苦的百姓而言，却在无形之中加重了他们身上的负担。

## 二 倡导薄葬之令

隋唐五代社会有着森严的等级制度，不同阶层的殡礼、葬仪、墓葬形制有着严格规定。但随着厚葬之风盛行，许多富商大贾开始逾礼厚葬，形成了对当时殡礼、葬法的挑战，同时厚葬之风也加重了百姓负担，导致社会不稳定因素增大，因此唐前中期统治者数次颁布诏书、制令或以身作则推行薄葬，以期能遏制当时社会厚葬风气，某些地方政府中有远见的官员也主张减省丧葬中的仪式或规模，推动地方的移风易俗。

唐朝初年，长孙皇后便以身作则要求薄葬。在她病重时，曾经对唐太宗说："妾生无益于人，不可以死害人，愿勿以丘垄劳费天下，但因山为坟，器用瓦木而已。"②唐太宗为彰扬长孙皇后的薄葬要求或怕后人盗墓还专门在石碑上留下文字，称："皇后节俭，遗言薄葬，以为盗贼之心，止求珍货，既无珍货，复何所求。朕之本志，亦复如此。王者以天下为家，何必物在陵中，乃为己有。今因九嵕山为陵，凿石之工才百余人，数十日而毕。不藏金玉，人马、器皿，皆用土木，形具而已，庶几奸盗息心，存没无累。当使百世子孙奉以为法。"③李世民在石刻上不但夸赞长孙皇后，告诫盗墓贼陵墓中没有奇珍异宝，还令子孙后代效法长孙皇后节俭薄葬的行为。

在此之后，唐太宗以诏书的形式先后三次表达了自己对于厚葬之风气的态度。第一次是在长孙皇后死后的第二年就下诏倡导薄葬，他从两个方面阐述了推行薄葬的原因：一方面生死非人力能强求。"生有七尺之形，寿以百龄为限，合灵禀气，莫不同焉，皆得之于自然，不可以分外企也。"④所以《礼记》云："君即位而为椑"。庄周云：

---

① 吕思勉：《隋唐五代史》，上海古籍出版社，1982，第1010页。
② 司马光：《资治通鉴》卷194，第6121页。
③ 司马光：《资治通鉴》卷194，第6122～6123页。
④ 刘昫：《旧唐书》卷3《太宗纪》，第47页。

"劳我以形，息我以死。"这是圣贤的智慧，也是自然选择的结果，所以应该看淡生死。另一方面是人们贪生怕死，极尽享乐，还要把生前的奢华带到死后，不遵循自然规律，企图做出有悖道法的事情，他们为了获得更多的珍奇异宝，拼命搜刮百姓，民脂民膏都被他们耗费殆尽，即使如此，还不罢休，他们又发动连年战争，使得百姓流离失所。"朕投袂发愤，情深拯溺，扶翼义师，济斯涂炭"，① 最终平定了天下。但是如果不刹住这厚葬风气，"子子孙孙，习于流俗，犹循常礼，加四重之椁，伐百祀之木，劳扰百姓，崇厚园陵。"因此，"今预为此制，务从俭约"，② 这是太宗以诏令的形式要求薄葬。

第二次是在贞观十七年（643），唐太宗颁布了《戒厚葬诏》。一是指出了厚葬的弊端。他说"朕闻死者终也，欲物之反于真也；葬者藏也，欲令人之不得见也。上古垂风，未闻于封树；后世贻则，乃备于棺椁。讥僭侈者，非爱其厚费；美俭薄者，实贵其无危。"唐尧，圣帝也，谷林有通树之说；秦穆，明君也，橐泉无丘陇之处。仲尼，孝子也，防墓不坟；延陵，慈父也，嬴博可隐。"③ 古代贤德之人，多行薄葬，但是吴王阖闾、秦始皇、季孙却实行厚葬，最终招致祸患。"玄庐既发，致焚如于夜台；黄肠再开，同暴骸于中野"。④ 二是下达薄葬命令，要求各州府县严惩"不依令式者"。诏令称唐太宗自登基以来，总结历代经验教训，修改弊端，昼夜不止。虽然制定了详细的礼仪制度，限定了禁止范围，并将非法者依据刑律处罚，"而勋戚之家多流遁于习俗，闾阎之内或侈靡而伤风，以厚葬为奉终，以高坟为行孝，遂使衣衾棺椁，极雕刻之华，灵輀冥器，穷金玉之饰。富者越法度以相尚，贫者破资产而不逮，徒伤教义，无益泉壤，为害既深，宜为惩革。其王公以下，爰及黎庶，自今以后，送葬之具有不依令式者，仰州府县官明加检察，随状科罪。在京五品以上及勋戚家，仍录奏闻"。⑤ 所以，上自贵族下到百姓，凡是不遵守法令规定的，府县州官要检视其行为并定其罪名。在京五品以上的勋戚要上报。

第三次是在贞观十八年（644），唐太宗对身边的侍臣说："昔汉家皆先造山陵，既达始终，身复亲见，又省子孙经营，不烦费人功，我深以此为是。古者因山为

---

① 刘昫：《旧唐书》卷3《太宗纪》，第47页。
② 刘昫：《旧唐书》卷3《太宗纪》，第47页。
③ 吴兢：《贞观政要》卷6《俭约》，上海古籍出版社，1978，第188页。
④ 吴兢：《贞观政要》卷6《俭约》，第188页。
⑤ 吴兢：《贞观政要》卷6《俭约》，第188页。

坟，此诚便事。我看九嵕山孤耸回绕，因而傍凿，可置山陵处。"①然后太宗颁布诏书，仍旧以圣人为例，指出了厚葬之风的诸多弊端。同时决定以自身为表率，奉行节俭，"今先为此制，务从俭约，于九嵕之上，足容一棺而已"，②表达了自己的态度。

但是，这种厚葬之风并没有停止，不仅奢靡浪费，而且超越礼法。到了唐高宗时期，高宗召见雍州长史李义玄时说："朕思还淳返朴，示天下以质素。如闻游手堕业，此类极多，时稍不丰，便致饥馑。其异色绫锦，并花间裙衣等，靡费既广，俱害女工。天后，我之匹敌，常著七破间裙，岂不知史有靡丽服饰，务遵节俭也。其紫服赤衣，闾阎公然服用；兼商贾富人，厚葬越礼。卿可严加捉搦，勿使更然。"③说明当时厚葬之风并没有收敛。基于厚葬之风多缘于富贾豪族的越礼厚葬行为，武则天时期更是颁布了《禁丧葬逾礼制》，指明丧葬应该严格按照等级规定来进行，不能逾制，"至于送终之具，著在条令，明器之设，皆有色数"，④但是社会中普遍存在"富族豪家，竞相逾滥，穷奢极侈，不遵典法"的现象，造成严重后果，人们不仅为之散尽家财，而且违背了朝廷倡导的朴素之仪。这种现象多次出现，她认为原因就在于州县官吏以及监察部门没有形成制度，没有尽到监管的责任，所以导致"积习成俗"，乱了纲常。下令上述部门"重更申明处分"，务必确保不会再度发生。

尽管唐高宗、武则天都下令禁止逾礼厚葬，但是这种风气并没有好转。如在太极元年（712），身为左司郎中的唐绍就上书揭露当时社会存在的违反礼制的丧葬行为："丧葬礼仪，盖惟恒式，如致乖越，深蠹公私。乃有富族豪家，竞相逾滥，穷奢极侈，不遵典法。至于送终之具，著在条令；明器之设，皆有色数。遂敢妄施队伍，假设幡旍；兼复创造园宅，凋剪花树。或桐瘠木马功用尤多，或吉舆凶彩饰殊贵。诸如此类，不可胜言。贵贱既无等差，资产为其损耗。既失刍灵之义，殊乖朴素之仪。此之愆违，先已禁断。州牧县宰，不能存心；御史金吾，曾无纠察。积习成俗，颇紊彝章。即宜各令所司，重更申明处分，自今已后勿使更然。"⑤这一现象已经自上而下，渗透到百姓当中，致使"奢侈日增"。

---

① 王溥：《唐会要》卷20《陵议》，中华书局，1955，第395页。
② 王溥：《唐会要》卷20《陵议》，第395页。
③ 刘昫等：《旧唐书》卷5《高宗纪》，第107页。
④ 宋敏求：《唐大诏令集》卷80，中华书局，2008，第463页。
⑤ 宋敏求：《唐大诏令集》卷80，第463页。

在这种情况下，唐玄宗即位以后继续颁布《诫厚葬敕》，严禁逾礼厚葬。在敕文中，玄宗先分析了厚葬行为的不当以及带来的严重后果。与以往诏令不同的是，这封敕书认为"承前虽有约束，所司曾不申明，丧葬之家，无所依准"，①因而申明了品级高低的行葬标准，即"宜令所司，据品令高下，明为节制，明器等物，仍定色数，乃长短大小，园宅下帐，并宜禁绝，坟墓茔域，务遵简俭，凡诸送终之具，并不得以金银为饰"，对明器送终用具从细节上加以规定。同时该敕文也对违规者规定了具体的惩罚："如有违者，先决杖一百"；并且对没有做好监管工作的州县官吏也要做出惩罚："不能举察，并贬授远官"。②唐玄宗开元二十九年（741）又下制书"禁九品已下清资官置客舍邸店车坊、士庶厚葬"。③

到了唐代宗大历三年（768），仍颁布《条流葬祭敕》，其文曰："葬祭之仪，古有彝范。顷来或逾法度，侈费尤多。自今以后，宜俭约悉依令，不得于街衢致祭。及假造花果禽兽，并金银平脱宝钿等物，并宜禁断。"④

此类诏令的颁布主要是在唐前中期，这说明社会经济的繁荣对厚葬之风的盛行起到的至关重要的作用。这一系列诏书政令虽然都是关于禁止厚葬、提倡薄葬的内容。但仍有所差异。

首先，从唐太宗开始到唐代宗，诏书政令的强制性愈加明显。唐太宗时期的诏书政令多是劝诫人们弃厚从薄，但是随着人们厚葬行为得不到遏制及厚葬社会风气的盛行，政府诏书政令的行文愈发强硬。

其次，颁行节制厚葬之风的诏令一方面确实有崇尚节俭的需要，另一方面则是为了规范丧制、维护传统社会的等级制度。从武则天到唐代宗几次颁布禁止厚葬的诏书中，禁止低级官吏和商贾富人逾礼的内容明显得到加强。这是为了打击身处社会下层的人们逾礼厚葬的现象。因此，严禁厚葬诏令的背后是统治者维护其等级秩序的努力。

即使统治者数次颁布制书、诏令严禁厚葬，倡导薄葬，但是在现实生活中统治阶层中的多数人却骄奢淫逸，带头厚葬。多次倡导薄葬的唐太宗却历时十三年，为自己修筑了中国帝王陵园中面积最大，也是整个"唐十八陵"中具有代表性的一座帝王陵墓——昭陵。再反观唐太宗在长孙皇后刻石上的撰文："王者以天下为家，何必物在陵

---

① 宋敏求：《唐大诏令集》卷 80，第 1863 页。
② 刘昫等：《旧唐书》卷 9《玄宗纪》，第 213 页。
③ 宋敏求：《唐大诏令集》卷 80，第 463 页。
④ 宋敏求：《唐大诏令集》卷 80，第 463 页。

中，乃为己有。"一方面说明了统治者的虚伪与言行不一；另一方面表明厚葬屡禁不止的问题还涉及统治集团的利益，政策的执行力和监督有效性等诸多问题。薄葬诏令执行无力这一现象，体现了殡葬礼法与政治制度之间的复杂关系。

除了等级制度与厚葬有关联，贫富差异也是引发这一社会问题的重要方面。帝王屡次颁布禁止厚葬的诏书，一方面说明社会盛行的厚葬之风未能得到有效抑制，另一方面也表明了其维护封建等级制度的深层次原因。

### 三 繁杂法事与简葬观念

隋唐五代时期的丧葬仪式变得更加繁杂，复杂的丧仪融合到信众的丧、葬、祭等各种活动中。许多信徒通过诵经礼忏、设坛作斋，为死者超度亡灵，俗称"佛事"或"道场"。

佛道丧葬仪式一方面耗费大量的时间。比如"七七斋"依丧家财力而定，一般为七天，多者可达四十九天，甚至一百天。① 死者家属从一开始就请僧道参与丧事，法事贯穿于丧葬活动的整个过程。

另一方面丧事耗费了大量的财力。如唐太宗梦见死后的虞世南，曾特下制书："昨因夜梦，忽睹其人，兼进谠言，有如平生之日。追怀遗美，良增悲叹。宜资冥助，申朕思旧之情，可于其家为设五百僧斋，并为造天尊像一区。"② 设五百僧斋、造天尊像皆价值不菲。如唐宪宗即位之初，"太皇太后为升平公主追福，奏置奉慈寺，赐钱二十万，绣帧三车，抽左街十寺僧四十人居之。"③ 由此可见，佛道在隋唐五代时期的丧葬活动中占据很重要的地位。这种习俗的形成，使得传统丧葬祭祀礼仪增加了新的内容，也相应地增加了丧葬费用，加重了民间百姓的丧事负担。

姚崇历任武则天、唐睿宗、唐玄宗三朝宰相，对"开元盛世"局面的出现贡献巨大。他对当时社会盛行的佛道迷信观念极为反感。在临死之际，专门立下遗嘱《遗令诫子孙文》，称："比见诸达官身亡以后，子孙既失覆荫，多至贫寒，斗尺之间，参商是竞。岂唯自玷，仍更辱先，无论曲直，俱受嗤毁。庄田水碾，既众有之，递相推倚，或致荒废。陆贾、石苞，皆古之贤达也，所以预为定分，将以绝其后争，吾静思之，深所叹服。"在这篇遗嘱中他首先提到了"预分"田园，以免死后子孙为家产展开纷争，嘱咐子女对其后事从简，并批判了当时佛道的迷信思想。

---

① 徐吉军：《中国丧葬史》，江西高校出版社，1998，第426页。
② 刘昫等：《旧唐书》卷72《虞世南传》，第2571页。
③ 段成式：《酉阳杂俎》卷6，中华书局，1981，第256页。

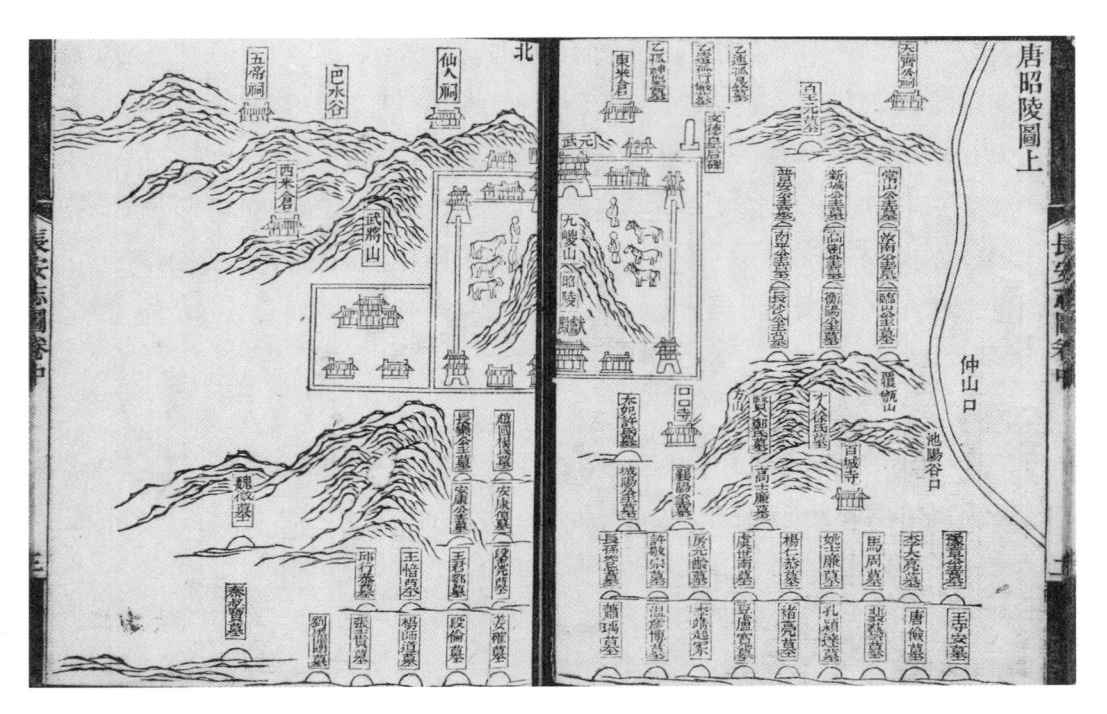

图1-1 唐昭陵图

资料来源：李好问《长安志图》卷中，光绪十七年思贤讲舍据灵岩山馆本重刊，第2～3页。

首先，姚崇不准子女为其厚葬。"凡厚葬之家，例非明哲，或溺于流俗，不察幽明，咸以奢厚为忠孝，以俭薄为悭惜，至令亡者致戮尸暴骸之酷，存者陷不忠不孝之诮。可为痛哉。可为痛哉！死者无知，自同粪土，何烦厚葬，使伤素业。若也有知，神不在柩，复何用违君父之令，破衣食之资。吾身亡后，可殓以常服，四时之衣，各一副而已。吾性甚不爱冠衣，必不得将入棺墓，紫衣玉带，足便于身，念尔等勿复违之。"①他说有些人家实行厚葬是出于习俗影响，把奢侈靡费当成是孝顺，但就是因为这个原因才导致盗墓现象发生，使死者遭戮尸暴骨。他叮嘱子女，在他死后，用日常服装来装殓，四季衣物各备一套即可，无须用官服来陪葬。

其次，姚崇不准子女崇佛敬道。姚崇认为佛教只关注方寸间的事物，却假装包罗万象。没有必要听信凡僧的蛊惑而将其视为至宝，民众越信奉越贫穷，而僧人却家底殷实，况且"死者是常，古来不免"，为此而造佛像是十分欠妥的。对于道教，姚崇认为"抑同僧例，失之弥远"。因此，他告诫子孙去世后也要照他的嘱咐去做。

最后，姚崇不准子女为他抄写佛经。他认为现在的佛经是鸠摩罗什所译，"今之佛经，罗什所译，姚兴执本，与什对翻。姚兴造浮屠于永贵里，倾竭府库，广事庄严，而兴命不得延，国亦随灭。……梁武帝以万乘为奴，胡太后以六宫入道，岂特身戮名辱，皆以亡国破家。近日孝和皇帝发使赎生，倾国造寺，太平公主、武三思、悖逆庶人、张夫人等皆度人造寺，竟术弥街，咸不免受戮破家，为天下所笑"。然而"五帝之时，父不葬子，兄不哭弟，言其致仁寿、无夭横也。三王之代，国祚延长，人用休息，其人臣则彭祖、老聃之类，皆享遐龄"。②上古五帝时期，父不为子办丧，兄不为弟营丧，他们都长寿而没有遭遇灾祸。下至三王，国运久长，他们的臣下如彭祖、老聃都很长寿，那时还没有佛，所以并不是抄写经卷、铸造佛像的功劳。他认为人为了死者而抄经造像，以为这能给逝者带来福分，但是生命有常，生死由命，自古以来在所难免，抄经造像并不能起多大作用。

姚崇不准自己的子女崇佛敬道，不准为其厚葬，在下葬的时候只给他穿平时穿的衣服，不要抄经造像，并告诫子孙他去世后也要照他的嘱咐去做，姚崇这种对佛道观念的批判及其简葬意识一直为后人所赞扬。

---

① 刘昫等：《旧唐书》卷96《姚崇传》，第3026页。
② 刘昫等：《旧唐书》卷96《姚崇传》，第3027页。

比姚崇稍晚的白居易也是提倡简葬的。其所作的七言乐府诗《草茫茫》便是通过描写秦汉时期厚葬情况的危害来劝诫人们实行薄葬：

> 草茫茫，土苍苍；
> 苍苍茫茫在何处？骊山脚下秦皇墓。
> 墓中下锢三重泉，当时自以为深固。
> 下流水银像江海，上缀珠光作乌兔。
> 别为天地于其间，拟将富贵随身去。
> 一朝盗掘坟陵破，龙椁神堂三月火。
> 可怜宝玉归人间，暂借泉中买身祸。
> 奢者狼籍俭者安，一凶一吉在眼前。
> 凭君回首向南望，汉文葬在霸陵原。[①]

这首诗描写秦始皇希望生前富贵能在死后继续享用，在骊山修筑了规模宏大的陵墓，但墓里不计其数的金银珠宝却遭盗掘。与其相反，葬在灞陵原上的汉文帝陵由于薄葬，陵墓里面几乎没有奢侈的陪葬品却得以幸免盗掘。"奢者狼籍俭者安，一凶一吉在眼前。"这是白居易提倡薄葬，反对当时厚葬风气的直接表现。

无论是姚崇还是白居易，他们都反对厚葬、提倡薄葬，虽然这些思想得不到当时多数人理解和支持，但在中国殡葬理念的发展史上，足以引发后人的深思。

## 第三节 殡葬思想的发展

隋唐五代时期是卜葬相冢流行的重要时期，不仅出现了萧吉、李淳风、杨筠松等著名的堪舆术士，而且形成了一批系统性、理论化的葬书葬事类著作，被后世历代奉为经典。择墓之术、厚葬之风以及具有迷信色彩的佛道丧葬习俗也受到了这一时期有识之士的抨击与批判，他们或者立言著文指斥当时的择葬观念，或是立下家训告诫子孙薄葬，为隋唐五代时期的殡葬思想注入了新的认识。

---

① 郭茂倩编撰，聂世美、仓阳卿校点《乐府诗集》，上海古籍出版社，1998，第 1042~1043 页。

## 一　五行理论与相墓典籍

历代王朝备受重视的相墓术源自东汉末年，此前的夏商周三代尚未形成专门的相墓之法，汉代以后出现了"宫宅地形与相人、相物之书"。《后汉书》记载：东汉袁安父亲死后，母亲让他访求葬地。袁安在路上遇到三位书生，他们为袁安寻得一处葬地，云："葬此地，当世为上公。"①这是择墓的较早记载。但却没有专门讨论葬法的书籍。魏晋以后，逐渐出现管辂、郭璞、韩友等堪舆奇人，以及一些相墓理论著作，②但多已亡佚。

### （一）相墓基础理论的形成

隋唐五代时期的殡葬习俗与丧葬程式，除了政府规定的各种礼法之外，还需要结合当时流行的择墓之术进行。萧吉曾引用《葬书》、《阴阳书》为隋独孤皇后择墓："谨案《葬书》云：'气王与姓相生，大吉。'"又引《阴阳书》"不得临葬"③等语。这说明《葬书》、《阴阳书》已经是隋代指导丧葬的主要理论著作。但此《葬书》、《阴阳书》与当前留存的《葬书》、《阴阳书》应有所区别，④当前署名郭璞所撰的《葬书》为唐宋以后术士的增益之作。而《阴阳书》则有多部，其中比较重要的一部为唐代吕才等修订。

隋唐五代时期是相墓术发展的重要时期，也是其基础理论趋于成熟的关键时期。历代相墓术皆以阴阳、五行、八卦、六爻、干支、九宫、纳音、九星等为基础，而这些理论在隋唐五代时期得到了全面而系统的总结。尤其是萧吉的《五行大义》，它不仅是中国现存最重要的术数著作之一，也是五行理论的集大成之作，李约瑟将此书称之为"五行的最重要的中古时代的书籍"。⑤《五行大义》分为二十四段：第一是释名，包括释五行名、论支干名。第二是辨体性。第三论数，就此分为五段：一是起大衍论

---

① 范晔：《后汉书》卷45《袁安传》，中华书局，1965，第1522页。
② 《隋书·经籍志》注《五姓墓图》：梁有《冢书》、《黄帝葬山图》各四卷，《五音相墓书》五卷，《五音图墓书》九十一卷，《五姓图山龙》及《科墓葬不传》各一卷，《杂相墓书》四十五卷，亡。参见《隋书·经籍志》，第1039页。
③ 魏徵：《隋书》卷78《萧吉传》，第1776页。
④ 当前有着重大影响的堪舆著作《葬书》虽然署名为东晋郭璞所撰，但一直以来学者对此存在一定的争议。按照《晋书·郭璞传》记载，郭璞从河东郭公受《青囊中书》九卷，但该书内容为五行、天文、卜筮之术，目的是禳灾转祸，并非相墓术，且早已为火所焚。因为《晋书》中没有记载过郭璞曾著《葬书》，且在《隋书·经籍志》、《旧唐书·经籍志》和《新唐书·艺文志》中均没有此书的记载，直至《宋史》方有郭璞所撰的《葬书》，因此纪昀在《四库全书提要》中认为流传至今的《葬书》是伪托之作。
⑤ 〔英〕李约瑟：《中国科学技术史》第2卷《科学思想史》，上海古籍出版社，1990，第253页。

《易》动静数，二是论五行及生成数，三是论支干数，四是论纳音数，五是论九宫数。第四论相生，就此分为三段：一是论相生，二是论生死所，三是论四时休王。第五论配支干。第六论相杂，就此分为三段：一是论五行体杂，二是论支干杂，三是论方位杂。第七论德。第八论合。第九论扶抑。第十论相克。第十一论刑。第十二论害。第十三论冲破。第十四论杂配，就此分为六段：一是论配五色，二是论配音声，三论配气味，四论配藏府，五论配五常，六论配五事。第十五论律吕。第十六论七政。第十七论八卦八风。第十八论性情。第十九论治政。第二十论诸神。第二十一论五帝。第二十二论诸官。第二十三论诸人，就此分为二段：一论人配五行，二论人游年年立。第二十四论禽虫，就此分为二段：一论五灵，二论三十六禽。[①]此书对于五行理论的创见虽然不多，但在撰写过程中萧吉"博采经纬，搜穷间牒，略谈大义"，[②]引文献共30类，173种，无疑是一部五行思想的综合性著作。

|   | 受气 | 胎 | 养 | 生 | 沐浴 | 寇带 | 临官 | 王 | 衰 | 病 | 死 | 葬 |
|---|---|---|---|---|---|---|---|---|---|---|---|---|
| 木 | 申 | 酉 | 戌 | 亥 | 子 | 丑 | 寅 | 卯 | 辰 | 巳 | 午 | 未 |
| 火 | 亥 | 子 | 丑 | 寅 | 卯 | 辰 | 巳 | 午 | 未 | 申 | 酉 | 戌 |
| 金 | 寅 | 卯 | 辰 | 巳 | 午 | 未 | 申 | 酉 | 戌 | 亥 | 子 | 丑 |
| 水 | 巳 | 午 | 未 | 申 | 酉 | 戌 | 亥 | 子 | 丑 | 寅 | 卯 | 辰 |
| 土 | 亥 | 子 | 丑 | 寅 | 卯 | 辰 | 巳 | 午 | 未 | 申 | 酉 | 戌 |

**图1-2 五行寄生十二宫**

资料来源：萧吉《五行大义》，第32～33页。

五行理论的系统化与理论化为相墓术的发展奠定了重要基础，五行名、支干名、五行体性、五行及生成数、支干数、支干纳音，五行干支的相扶、克、刑、害，以及五行、干支、八卦的休囚，五行寄生十二宫都成为历代葬式、葬法以及相墓推演中的重要依据。隋唐五代时期流行的《五姓墓图》、《五姓墓图要诀》、《六甲冢名杂忌要诀》等，都需要依据阴阳、五行、五音、五姓、三元、六甲、八卦等五行相关理论为依据安排葬事。

### （二）卜葬相墓类书籍增多

卜葬相墓著述的增多是隋唐五代时期堪舆、相墓之术走向成熟的标志之一。这一

---

① 萧吉：《五行大义》，上海书店出版社，2001，第1～2页。
② 萧吉：《五行大义序》，《五行大义》，第2页。

时期正史中记载了大量的卜葬、相墓书籍,《隋书·经籍志》记载《五姓墓图》一卷、萧吉《葬经》六卷,《旧唐书·经籍志》中记载《五姓宅经》二卷、吕才撰《阴阳书》五十卷、《青乌子》三卷、萧吉撰《葬经》八卷又十卷又二卷、《葬书地脉经》一卷、《墓书五阴》一卷、《杂墓图》一卷、《墓图立成》一卷、《六甲冢名杂忌要诀》二卷、孙氏撰《五姓墓图要诀》五卷、《坛中伏尸》一卷、胡君撰《玄女弹五音法相冢经》一卷、王粲撰《新撰阴阳书》三十卷。①《新唐书·艺文志》记载:吕才《阴阳书》五十三卷、由吾公裕《葬经》三卷、孙季邕《葬范》三卷。除此之外,还有萧吉《相地要录》等。其中不乏许多对后世产生深远影响的堪舆书。民间流传至今的杨筠松《撼龙经》、《疑龙经》、《葬法倒杖》、《青囊奥语》,曾文遄《阴阳问答》、《寻龙记》,濮都监《雪心赋》等亦被传为唐代所撰,但这些书多在民间流传,因此何人所撰、撰于何时均存在争议,不过也从侧面说明唐代在后世堪舆者心目中有着重要的地位。

敦煌文献中还保存了许多葬书与相墓残文,比如《阴阳书》、《阴阳冢墓入地深浅法五姓同用卌五家书第卌七》、《卜葬书》(或《堪舆书》)、《葬经》、《相冢书》、《葬录》、《司马头陀地脉决》等,②黄正建先生曾统计阴宅类有11种。其中部分葬书内容在民间得到广泛的流传。这些残文内容包括卜葬择地、下葬择时、六甲八卦冢与五姓丧葬方位禁忌、墓道深浅、坟高形制、墓葬风水等。黄正建先生认为敦煌葬书是一部集大成的葬书,不少章节更与北宋以后《地理新书》类似。③《地理新书》是王洙等修成于北宋嘉祐元年(1056),之后由金毕履道、张谦增补的官修风水书,也是历代风水术士必读的实用书籍。它以所谓官书为基础,"参以唐宋时期堪舆术的主要典籍,旁及唐宋时期其他堪舆书籍。可以说,它基本沿袭了唐代以来堪舆术的主要脉络。这表现在对唐宋时代吕才、孙季邕、一行、由吾公裕、刘启明以及丘延翰等葬经的重点参考与汲取,且颇有汇编之意味"。④由此可见,北宋以后的卜葬相墓的兴盛与唐五代时期相墓术及其理论的成熟有着非常紧密的承继关系。关长龙先生结合《地理新书》、《隋书·经籍志》、《唐书·艺文志》等对唐五代葬书类目录进行过总结,可做参考,现转引如下。

葬法类:《唐删定阴阳葬经》二卷、《黄帝六甲呼经》、《六甲天元序》、《六甲冢名杂忌要诀》二卷、胡君《玄女弹五音法相冢经》一卷、《黄帝五姓葬经》、《荀氏五姓

---

① 刘昫等:《旧唐书》卷47《经籍志下》,第2044页。
② 金身佳:《敦煌写本宅经葬书校注》,民族出版社,2007,第207~320页。
③ 黄正建:《敦煌占卜文书与唐五代占卜研究》,学苑出版社,2001,第83页。
④ 沈睿文:《〈地理新书〉的成书及版本流传》,《古代文明》第8卷,文物出版社,2010,第323页。

葬经》、《五姓同用卅五家书》、《五姓葬图》一卷、《黄帝五元经》、《三光宅（葬？）经》、《黄石公补气三元神龟序》、《黄石公下元迁葬五行玄关玉穴经》、《白虎通经》、《樊仲季经》、《风后穴记》、《子夏金门诀》、《元命包通经》、《华岳隐士图》、《黄帝金匮经》、《中黄子隐化》、《钟会十二神论》、《黄庭义赞》、《管子葬经》、《鬼灵葬经》、《玉关葬经》、《元曹葬经》、《郑康成葬经》、《孔林葬经》、《孔子葬经》、《马融葬经》、《孟子葬经》、《邵公葬经》、《唐生葬经》、《玄英葬经》、《严君平葬经》、由吾公裕《葬经》三卷、《葬经》、《水公七十二覆经》、《太史公玉穴》、《谭子秘书》、《玄女小记经》、《力牧经》、《故墓视法》一卷、《照幽记》、《葬录》、《墓书五阴》一卷、《坛中伏尸》一卷、《一行相山取地决》一卷、《一行古墓图》一卷、《三鉴葬图》、《杂墓图》一卷、《墓图立成》一卷、李筌《金华覆坟经》一卷、李淳风《一行禅师葬律秘密经》十卷、李淳风《步穴要诀》一卷、吕才《杨乌子改坟枯骨经》一卷、孙季邕《葬范》三卷、邱氏《铜函记》一卷、邱氏撰《曜气细段》一卷、《阴阳书·葬事》、《杨公遗诀曜金歌并三十六象图》一卷、杨筠松《鼓角沙经》一卷、曾杨二仙《亡魂八冢经颂》一卷、《曾山人识山经》一卷、《李淳风开井图》一卷、唐·杨益《葬法倒杖》又称《倒杖》、《十二杖法》一卷、唐杨益《胎腹经》、《杨公金刚钻本形法葬图诀》一卷、唐杨筠松《杨公金函经删定》一卷、唐杨益《杨公口授书》、唐杨益《杨公穴法心镜》一卷、唐杨益《杨公养老书》、唐杨益《杨公枕中书》、唐杨救贫《杨救贫国师秘诀》、唐杨益《杨公授曾文遄山水真诀》一卷、唐杨筠松题《杨筠松安门楼玉辇经》一卷、《杨筠松书筴图》一卷、唐杨筠松口诀《传家真实一粒粟》一卷、刘白头《海底眼》。

形法类：《李淳风星水地理经》一卷、《马上寻山决》一卷、李淳风撰《地理小□》一卷、吕才撰《大唐地理经》十卷、吕才撰《灵山秀水经》一卷、吕才撰《拨沙经》六卷、一行撰《五音地理经》十五卷、《五姓合诸家风水地理书》一卷、孙季邕撰《会元经》二十四卷、《焦延寿地诀》、《岐伯五行志》、《五星出入图》、《司马头陀地理括》一卷、《司马头陀括地记》一卷、《司马头陁名璧记》一卷、《司马头陀六神回水诀》一卷、《司马头陀地脉诀》、《葬书地脉经》一卷、《乾坤册问答》一卷、《地判经》一卷、《地镇（镜）图》、《地理口诀》一卷、苏粹明《地理指南》三卷、朱仙桃《地理赞》一卷、朱仙桃《玄堂范》一卷、朱仙桃撰《地理诗赋论》三卷、司空班（珏）与范越凤撰《寻龙入式歌》一卷、范越凤撰《洞林别诀》（又名《洞林照胆》）一卷、《疑龙经》一卷、唐杨益《撼龙经》一卷、丘延翰《黄囊大卦诀》一卷、丘

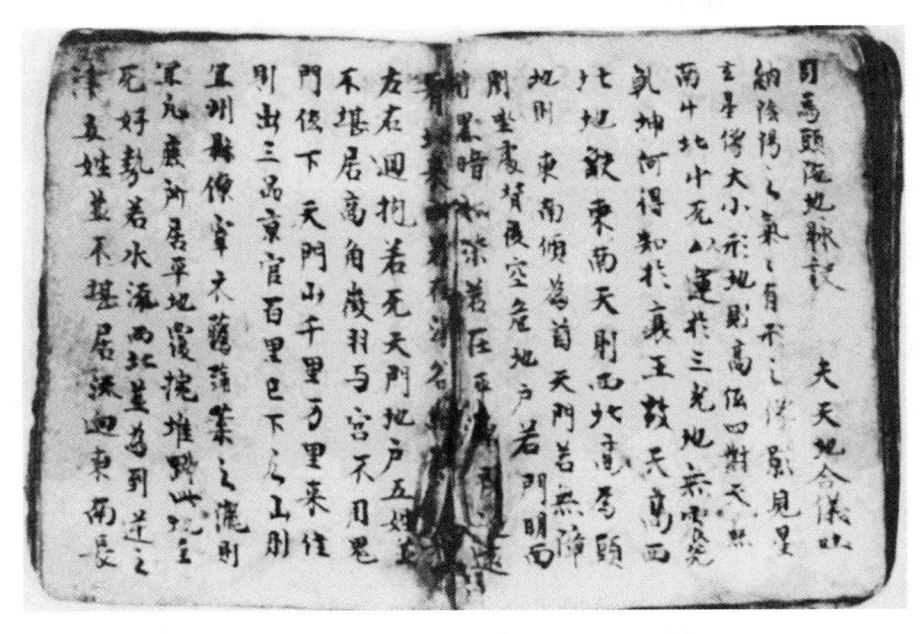

**图1-3 敦煌残卷S.5645《司马头陀地脉决》**
资料来源：中国社会科学院历史研究所等编《英藏敦煌文献·汉文佛经以外部分》第9卷，四川人民出版社，1994，第14页。

延翰《玉函经》一卷、三国魏管辂《管氏指蒙》、《青囊海角经》、唐丘延翰《天机素书》四卷、唐丘延翰《红鸾经》一卷（清抄本）、晋郭璞撰（唐张说等注）《锦囊经》二卷、唐李淳风《李公龙法》一卷、唐李淳风撰《真龙名髓经》、司马头陀释《地理珍藏》一卷、司马头陀释《钳志》一卷、司马头陀著《地理铁案》、范越凤《黑囊经》一卷、唐杨益《黄囊经》、唐卜则巍《雪心赋》一卷（或辑作二卷）、唐曾文遄《寻龙记》一卷、南唐何令通《元珠经铁弹子》一卷、五代黄妙应《博山篇》。①

### （三）堪舆名家辈出

《古今图书集成·博物汇编·艺术典》中专列《堪舆部》，是迄今为止历代风水文献最全的汇编，其中列举了隋唐五代时期许多著名的堪舆风水术士。《堪舆部》中的《名流列传》也是古代对相墓名家记录最为完备的书籍，共记录了历史上115位堪舆家。其中载录了隋唐正史与民间传说中的多位堪舆家："隋代的萧吉、舒绰；唐代的李淳风、张燕公、一行禅师、司马头陀、刘白头、浮屠泓、陈亚和、杨筠松、曾文遄、范越凤、厉伯韶、刘淼、叶七、邵庭监、赖文俊、曾十七、苏粹明、丘延翰、方

---

① 关长龙：《敦煌本堪舆文书研究》，中华书局，2013，第141～149页。

十九、张五郎、丁珏、濮都监、刘雍、廖禹、孙世南、李五牙、王应元、赖白须、李鸦鹊、钟可朝、曾道立、李普照、谢玢"，有三十五人之多，[①]占据了历代总数的三分之一。而在隋唐之前只有先秦樗里子、朱仙桃，汉代的青乌先生，晋代的郭璞、陶侃、韩友六人。这足以说明隋唐时期是堪舆术成熟与发展的主要时期之一，也为宋代堪舆术的全面繁荣奠定了基础。但是《堪舆部》的《名流列传》中除了萧吉、舒绰、李淳风、张说（燕公）、一行禅师、司马头陀、浮屠泓等，大多为民间流传的风水术士，史无明载，真伪难辨。不过即便如此，隋唐五代时期的堪舆术士之多也大大超过了前代。

表1-1　《古今图书集成》堪舆部所列堪舆术士

| 时代 | 姓名 | 著作 | 附录 |
| --- | --- | --- | --- |
| 隋 | 萧吉 | 《葬经》六卷 | 萧吉，字文休，梁武帝兄之孙，尤精阴阳算术。曾考定古今阴阳书，并为独孤皇后卜择墓所。 |
| 隋 | 舒绰 | | 舒绰，东阳人。为宰相杨恭仁卜葬地。 |
| 唐 | 李淳风 | 《阴阳正要》 | |
| 唐 | 张燕公 | 注《葬书》 | |
| 唐 | 一行禅师 | | |
| 唐 | 司马头陀 | 《水法》 | 历览洪都诸山，钦地一百七十余处，据云多有所验。 |
| 唐 | 刘白头 | 《海底眼》 | |
| 唐 | 浮屠泓 | | 黄州人，答明皇风水之问。 |
| 唐 | 陈亚和 | 《拨沙经》 | |
| 唐 | 杨筠松 | 《撼龙经》、《疑龙经》、《黑囊经》、《三十六龙》 | 窦州人，以地理术行于世，称救贫仙人是也。 |
| 唐 | 曾文遄 | 《阴阳问答》、《寻龙记》 | 宁都人，杨筠松弟子。 |
| 唐 | 范越凤 | 《寻龙入式歌》 | 字可仪，号洞微山人，缙云人。 |
| 唐 | 厉伯绍 | | 宁都人，杨筠松弟子。 |
| 唐 | 刘淼 | | 字子先，杨筠松弟子，传《倒杖法》 |
| 唐 | 叶七 | | 杨筠松带行人 |
| 唐 | 邵庭监 | | 杨筠松弟子 |
| 唐 | 赖文俊 | | 宁都人，曾文遄的女婿，世称赖布衣。 |
| 唐 | 曾十七 | | 曾文遄弟子 |
| 唐 | 苏粹明 | | 号灵一，范越凤弟子。 |
| 唐 | 丘延翰 | 《天机素书》 | 闻喜人，范越凤弟子。 |

---

① 王玉德:《堪舆术研究》，中央编译出版社，2010，第202页。

续表

| 时代 | 姓名 | 著作 | 附录 |
|---|---|---|---|
| 唐 | 方十九 | | 范越凤弟子 |
| 唐 | 张五郎 | | 范越凤弟子 |
| 唐 | 丁珏 | | |
| 唐 | 濮都监 | 《雪心赋》 | 名应天，字则魏，号昆仑，世居江西。 |
| 唐 | 刘雍 | | 宁都人，赖文俊弟子。 |
| 唐 | 廖禹 | 《穴法》、《鳌极金精》 | 字尧纯，宁都人，世称"金精山人"。（据《江西通志》，又视其为宋时人，不知是否同一人。） |
| 唐 | 孙世南 | | 宁都人，廖禹女婿。 |
| 唐 | 李五牙 | | 廖禹负笈人。 |
| 唐 | 王应元 | | 廖禹弟子。 |
| 唐 | 赖白须 | | 宁都人。 |
| 唐 | 李鸦鹊 | | 宁都人。 |
| 唐 | 钟可朝 | | 宁都人。 |
| 唐 | 曾道立 | | 南丰人，孙世南弟子。 |
| 唐 | 李普照 | | 刘雍弟子。 |
| 唐 | 谢玠 | | 王应元或濮都监弟子 |

注：《古今图书集成》堪舆部所列堪舆术士人数众多，但多数为民间流传，年代无从考证，此处列出，仅备参考。

隋唐五代时期，比较有名的风水师有隋朝的萧吉和唐末的杨筠松。萧吉作为隋朝的官员，精通音乐，"博学多通，尤精阴阳算术"，[1]他留下的著作颇多，"著《金海》三十卷，《相经要录》一卷，《宅经》八卷，《葬经》六卷，《乐谱》二十卷及《帝王养生方》二卷，《相手版要诀》一卷，《太一立成》一卷，并行于世"。[2]萧吉《葬书》中的内容不得而知，但《隋书·萧吉传》中可窥其相墓思想，比较注重望气，"去月十六日，皇后山陵西北，鸡未鸣前，有黑云方圆五六百步，从地属天……谨案《葬书》云：'气王与姓相生，大吉。'今黑气当冬王，与姓相生，是大吉利，子孙无疆之候也。"[3]"今山陵气应，上又临丧，兆益见矣"。[4]"尝行经华阴，见杨素家上有白气属天，密言于帝。帝问其故，吉曰：'其候素家当有兵祸，灭门之象。改葬者，庶可免乎！'"[5]萧吉认为由墓地上的"气"的颜色，可知墓地是否吉利。

---

[1] 魏徵：《隋书》卷78《萧吉传》，第1774页。
[2] 魏徵：《隋书》卷78《萧吉传》，第1777页。
[3] 魏徵：《隋书》卷78《萧吉传》，第1776页。
[4] 魏徵：《隋书》卷78《萧吉传》，第1776页。
[5] 魏徵：《隋书》卷78《萧吉传》，第1776~1777页。

唐朝的杨筠松，①是对后世风水界影响极大的术士。唐代史书中不见其事迹，宋朝陈振孙《直斋书录解题》中记载他的名氏。《宋史·艺文志》称呼他为杨救贫，但未记载其详细事迹。传说《撼龙经》、《疑龙经》、《葬法倒杖》、《青囊奥语》、《天玉经》等作者为杨筠松。不过陈振孙《直斋书录解题》有《疑龙经》一卷、《辨龙经》一卷，都认为作者不可考，但陈振孙所见的与现在流行的是否为同一书也不得而知。"《撼龙经》专言山龙脉络形势，分贪狼、巨门、禄存、文曲、廉贞、武曲、破军、左辅、右弼九星，各为之说。《疑龙经》上篇言干中寻枝，以关局水口为主。中篇论寻龙到头，看面背朝迎之法。下篇论结穴形势，附以疑龙十问，以阐明其义。《葬法》则专论点穴。有倚盖撞黏诸说，倒杖分十二条，即上说而引伸之。附二十四砂葬法，亦临穴时分寸毫厘之辨。"②杨筠松在墓地的选择上，注重龙、水、向三者结合，在理气方面注重龙气和堂气的配合，以七十二龙乘龙气为核心。墓地的吉凶，决定于对内能否得旺盛的龙气，对外能否合理接堂局之气。杨筠松发展了隋唐时期的龙脉思想，在杨筠松之前，一般认为龙脉在山冈之中；但杨筠松认为，平地中也有龙脉，"莫道高山方有龙，却来平地失真踪。平地龙从高脉发，高起星峰低落穴。高山既认星峰起，平地两傍寻水势。两水夹处是真龙，枝叶周回中者是"。杨筠松还有一个大的贡献，即将风水之术由上层社会带入民间，传说杨筠松的徒弟都是民间人士，故此后风水之术在民间流行，成为中国传统文化的组成部分。

### （四）堪舆流派的分野

随着卜葬相墓之术的发展，隋唐五代的堪舆派系开始出现分流。唐宋以后主要分成了两大分支："一曰宗庙之法，始于闽中，其源甚远，至宋王伋乃大行。其为说主于星卦，阳山阳向，阴山阴向，不相乖错。纯取五星八卦，以定生克之理。其学浙间传之，而用之者甚鲜。一曰江西之法，肇于赣人杨筠松、曾文遄及赖大有、谢之逸辈，尤精其学。其为说主于形势，原其所起，即其所止，以定位向，专注龙穴砂水之

---

① 杨筠松不见于史书纪传，只有其名字及"杨救贫"的称号。关于他是窦州人，在唐代官至金紫光禄大夫，掌管灵台地理，广明中遇黄巢进犯长安，私窃宫中堪舆秘术逃至虔州的说法，被学者认为是"无稽之谈，盖不足信也。"（纪昀：《四库全书总目提要》，河北人民出版社，2000，第2278页）杨筠松的这段经历不值得相信，但其人是否存在却争议不大。日本学者宫崎顺子《风水文献所在目录》中的《阴阳五要奇书》将杨筠松定为宋代，关长龙《敦煌本堪舆研究》则将其定为唐代，一般认为其为唐末南迁之人。从民间反响来看，他是一个影响很大的风水术士是可以肯定的（范春义：《郭璞、杨筠松风水的文献学考察》，载张涛主编《周易文化研究》第2辑，社会科学文献出版社，2010，第240页）。《永乐大典》中出现了对他相对详细的记述："世传黄巢之乱，杨筠松窃秘府之书，避地江南，传其术者如厉伯韶、范越凤辈也。今考厉、范所传之术，与此书相表里，信或然矣。"认为他在唐朝末年避乱江南并四处传播堪舆术。
② 纪昀：《四库全书总目提要》，河北人民出版社，2000，第2778页。

相配，其它拘忌，在所不论。其学盛行于今，大江南北，无不遵之。"①这两大流派主要分布在中国东南地区，宗庙派又称为理气派，主要分布在福建一带，理论框架内杂糅了阴阳、五行、八卦等易理。江西派又称之为形势派，由唐末杨筠松创立，讲究形势、形法、峦体。它是兴起于唐代的主要风水流派，并对后世产生重要的影响。明朱升《赠地师詹仲芳序》云："自杨救贫以前皆合而为一，厘为闽赣不能合者，盖四百余年。"②可见，杨筠松的出现被认为是形法与理气两大流派的分水岭。

形势派在继承隋唐五代时期相墓堪舆术的基础上，进行了很大的创新。在择墓时，形势派注重对山川形势、河流走向、墓穴四周山水布局的把握，觅龙、察砂、观水、点穴、取向为地理五决。当前署名为唐杨筠松的撰书颇多，有《撼龙经》、《疑龙经》、《葬法倒杖》、《青囊奥语》、《天玉经》、《玉尺经》等，有后世托名之作。形势派的主要著作有《撼龙经》一卷、《疑龙经》一卷、《葬法倒杖》一卷，为后世所盛传。

宋陈振孙《直斋书录解题》中曾记载《龙髓经》一卷、《疑龙经》一卷、《辨龙经》一卷、《龙髓别旨》一卷，③这些书籍的作者均为无名氏。即便如此，《四库提要》馆臣还是认为："然相传已久，所论山川之性情形势，颇能得其要领，流传不废。亦有以也。"④这些都是形势派对相墓方法的继承与创新，显示出了唐宋时期相墓术发展的趋势。

## 二 官修葬书与规范葬事

隋唐五代时期，随着阴阳五行观念的形成与相墓术的流行，"遂使葬书一术，乃有百二十家，各说吉凶，拘而多忌"。⑤这一时期的卜葬各家各论吉凶、祸福、禁忌。这一现象导致了两种后果，一是相墓术士借机敛财，二是各种流派增多。面对阴阳书带来的混乱局面，官方多次系统性修订葬式葬法，以期规范、统一民间卜葬择葬观念。

隋朝建立之初，即命令萧吉"以本官太常考定古今阴阳书"。⑥另外临孝恭也曾

---

① 余嘉锡：《四库提要辨证》卷13，中华书局，1980，第734页。
② 朱升：《赠地师詹仲芳序》，《明文海》卷316，《四库全书》，上海古籍出版社，1987。
③ 陈振孙：《直斋书录解题》，中华书局，1985，第365页。
④ 纪昀：《四库全书总目提要》，第2278页。
⑤ 刘昫等：《旧唐书》卷79《吕才传》，第2723页。
⑥ 魏徵：《隋书》卷78《萧吉传》，第1774页。

参与考定阴阳书,《北史》记载:"上因令考定阴阳书,官至上仪同"。①所谓"考定古今阴阳书",表明当时阴阳书的版本差异增大,内容错讹颇多,亟须修订,以为规范。开皇十九年(599),李百药担任礼部员外郎时,也曾奉诏令"修五礼,定律令,撰《阴阳书》"。②

阴阳书经过考定之后,作为规范性文本来指导处理官方事务,其中就包括丧葬。隋文帝独孤皇后发殡时,萧吉以《阴阳书》为据要求文帝不能临丧,"至尊本命辛酉,今岁斗魁及天冈,临卯酉,谨按《阴阳书》,不得临丧"。③唐贞观七年(633),张公瑾死后,太宗闻后非常悲痛,有司奏言:"准阴阳书,日子在辰,不可哭泣,又为流俗所忌。"④按《阴阳书》所言,太宗当日不可哭泣。

贞观年间,太宗有感于阴阳书"渐致讹伪,穿凿既甚,拘忌亦多",⑤命吕才与学者十余人共同刊正,"削其浅俗,存其可用者。勒成五十三卷,并旧书四十七卷,十五年书成,诏颁行之"。⑥贞观十五年(641),《阴阳书》修订完成,颁行天下。《阴阳书》"名以地理而专记冢墓"。⑦《阴阳书》还有《卜宅篇》、《禄命篇》以及《葬篇》三篇专论,吕才在书中提出了反对按照五姓择墓的观念,主张葬有定期,不择年月日时,还驳斥了丧葬与人事吉凶相关等流行观念。其中《叙〈葬书〉》是专门针对唐代盛行丧葬风气以及《葬书》宣扬的迷信思想所进行的批驳。

吕才的《阴阳书》是官方修订,因此颁行后在一定范围内得到了传播。根据学者考证,当前敦煌文书葬书类残文中仍有部分内容来自吕才的《阴阳书》。唐代编纂的《阴阳书》还传至日本,时间最迟大约在天平十八年(746)。据《日本国见在目录》记"《大唐阴阳书》五十一卷,《新撰阴阳书》五十、吕才撰",黄正建先生认为此《大唐阴阳书》确是抄自唐代的《阴阳书》。⑧吕才的《阴阳书》对当时的五姓墓葬法进行了抨击,但唐宋是五姓墓葬法的兴盛时期,因此吕才的官修《阴阳书》在民间难以得到广泛的认同,宋代以后逐渐散佚。

---

① 李延寿:《北史》卷89《临孝恭传》,中华书局,1974,第2957页。
② 刘昫等:《旧唐书》卷72《李百药传》,第2571页。
③ 魏徵:《隋书》卷78《萧吉传》,第1776页。
④ 刘昫等:《旧唐书》卷68《张公瑾传》,第2507页。
⑤ 刘昫等:《旧唐书》卷79《吕才传》,第2720页。
⑥ 刘昫等:《旧唐书》卷79《吕才传》,第2720页。
⑦ 王洙等编撰,毕履道、张谦校,金身佳整理,《地理新书校理》,湘潭大学出版社,2012,第9页。
⑧ 黄正建:《试论唐人的丧葬择日——以敦煌文书为中心》,载刘进宝、高田时雄主编《转型期的敦煌学》,上海古籍出版社,2007,第243页。

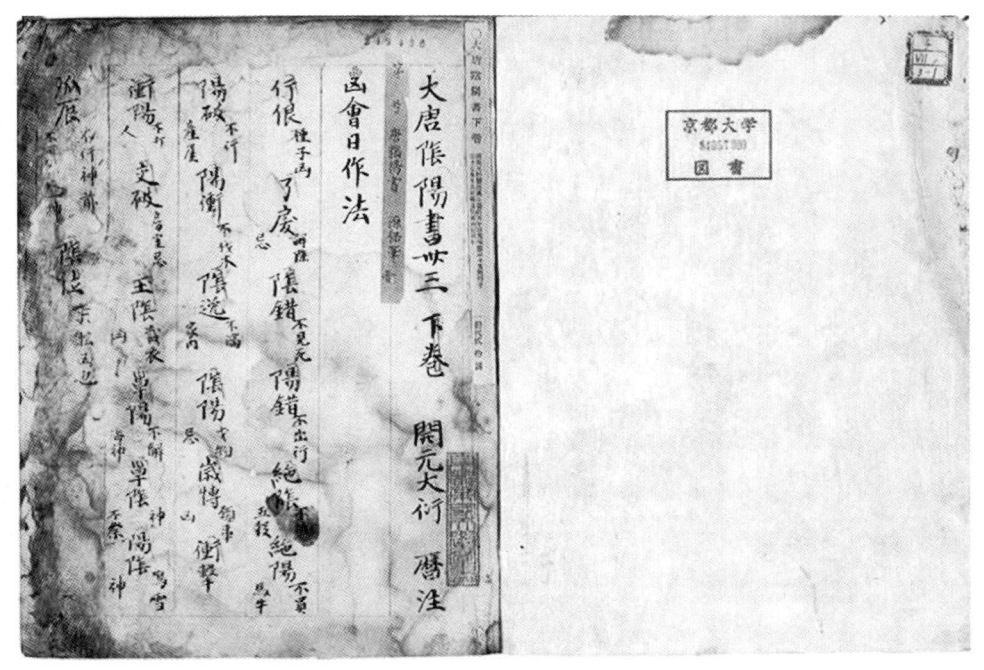

图1-4 京都大学藏《大唐阴阳书》

开元时期，孙季邕做《葬范》，"引吕才《葬书》所论，伪滥者一百二十家，奏请停废"。①吕才《阴阳书》之后，仍有不少杂说流行，比如敦煌葬书中也夹杂了吕才所反对的五姓墓葬类书籍。

《阴阳书》并非只有吕才一部，《旧唐书》记载吕才之前就有旧书四十七卷，《新唐书》中也记载王粲《新撰阴阳书》三十卷。官方认可的葬法葬式则有《天元房录葬法》等。

从规范葬事的初衷来看，吕才的《阴阳书》无疑是不成功的。但作为系统、理论化的葬事著作，它对后世多部官修堪舆书、地理书的修订，以及葬式葬法的整理起到了重要作用。宋代官修的多部阴阳书也有吕才《阴阳书》的内容，其中《乾坤宝典》就是"司天大监史序与其官属将吕才旧书分作门类，再总括编集"。②宋代官修的《地理新书》中也大量汇编了吕才《阴阳书》、孙季邕《范式》、一行《一行地理》、由吾公裕《葬经》中的内容。③

---

① 金身佳：《地理新书校理》，第464页。
② 金身佳：《地理新书校理》，第8页。
③ 沈睿文：《唐陵的布局：空间与秩序》，第73页。

### 三 反思卜葬与批驳葬书

卜葬相墓与厚葬观念的流行,引起了许多有识之士对当时殡葬观念的反思。"古有宅墓之书,世人多尚其事,识者犹或非之。"①吕才就是其中的代表。他在《叙〈葬书〉》中对当时流行的依据《易》、《礼》、《春秋》等儒家经典卜葬,以及五姓择墓等迷信思想进行了批驳与反思。

首先,依据儒家经典结合丧葬发展的历史,吕才对卜葬择墓的迷信思想进行批评。据《易经》:"古之葬者,衣之以薪,不封不树,丧期无数。"他认为古人丧葬并没有复杂的仪式与特定的日期,仅仅是以薪柴覆盖死者。后来圣贤之人改用棺椁葬人,这是为了不让生者看见悲伤。所以《礼记》对葬的原意是"葬者,藏也,欲使人不得见之"。《孝经》虽然提到:"卜其宅兆而安厝之。"但是《孝经》所言的卜葬择墓并非迷信,而是"以其顾复事毕,长为感慕之所;窀穸礼终,永作魂神之宅。朝市迁变,不得豫测于将来;泉石交侵,不可先知于地下"。这种择葬方式,一方面是为了有一个让生者追思亲人的场所,另一方面也可以消除墓葬地上、地下环境变化所引发的担忧。占卜的主要目的是心理安慰,"是以谋及龟筮,庶无后艰,斯乃备于慎终之礼,曾无吉凶之义"。通过占卜,生者希望将丧事办得圆满,没有后顾之忧,并无趋吉避凶的意思。但魏晋隋唐之际出现的阴阳葬法,"或选年月便利,或量墓田远近,一事失所,祸及死生"。②这导致相墓术士以此牟利,任意讹诈。择墓之术百家并起,各执一词,所谓的吉凶禁忌也大大增加。他认为阴阳学说"或成于昼夜之道,感于男女之化,三光运于上,四气通于下",刚柔相济、消长交替,这样的应用才是正道。而现在却用于占卜"丧葬之吉凶,乃附此为妖妄"。③因此,吕才将卜葬择墓称之为妖妄,坚决反对测阴阳、择墓葬的方法,更不赞同量墓葬远近等当时流行的葬法葬式。

其次,面对隋唐盛行的择时而葬观念,吕才从《左传》、《礼记》、《春秋》中列举了三个例子对其进行了驳斥。《左传》云:"王者七日而殡,七月而葬;诸侯五日而殡,五月而葬;大夫经时而葬;士及庶人逾月而已。"历史上王、诸侯、大夫、士庶的殡葬时间各有不同,吕才认为这是地位高低导致的等级差异,古代所形成的固

---

① 孙光宪:《北梦琐言》,中华书局,1960,第106页。
② 刘昫等:《旧唐书》卷79《吕才传》,第2723页。
③ 刘昫等:《旧唐书》卷79《吕才传》,第2724页。

定制度，目的是为了统一范式，明确报丧吊丧日期，便于处理相关事宜。"法既一定，不得违之。故先期而葬，谓之不怀；后期而不葬，讥之殆礼。"这就是丧葬有固定日期，无须选择年月的例证之一。他又引用《春秋》："丁巳，葬定公，雨，不克葬，至于戊午襄事。"定公因雨未葬，礼典也认为这一举措并无不妥。《礼记》中提到"卜葬先远日"，因此卜葬一般是选月底，这是为了免遭被人说不怀念死者的缘故。吕才查阅葬书，发现在己亥这天殡葬最不吉利，但"谨按春秋之际，此日葬者凡有二十余件"。这是第二个葬不择日的例证。吕才又引《礼记》云："周尚赤，大事用平旦；殷尚白，大事用日中；夏尚黑，大事用昏时。"大事就是丧葬，按照《礼记》所言不同时代的丧葬时间有着具体规定，不必择时。《春秋》记载郑国子产及子太叔葬郑简公，也没有在意时辰与吉凶的关系。"葬逢日蚀，舍于路左，待明而行，所以备非常也。"①如果按照葬书所论，大多选择乾、艮两个时辰，此时接近半夜，自然会引起仪式与礼节相违。这是第三个例证。所以丧葬择时于史、于礼皆无依据。

再次，择墓不佳影响后世子孙的观念是丧葬迷信。吕才举出四个理由论证自己的观点，其一是富贵官品与安葬无关。《葬书》说："富贵官品，皆由安葬所致；年命延促，亦曰坟垅所招。"吕才以《孝经》与《易经》为据，认为通过终日谨慎，自然会有福泽，"此则非由安葬吉凶而论福祚延促"。并举例说鲁孝公后代臧孙氏子孙相传，跟安葬日期的吉凶无关；楚君若敖氏的全族被父亲熊鄂杀绝，非父母迁葬的缘故。其二是唐代丧葬按照"五姓"之说判断吉凶是错误的。吕才以历代家族墓葬为例，"古之葬者，并在国都之北，域兆既有常所，何取姓墓之义？赵氏之葬，并在九原；汉之山陵，散在诸处。上利下利，蔑尔不论，大墓小墓，其义安在？及其子孙富贵不绝，或与三代同风，或分六国而王"。他认为古代埋葬的地点都在国都的北面，有固定的场所，而且古代陵寝散在各地，"何取姓墓之义"？丧葬吉凶依据"五姓"的说法，没有历史依据。其三是加官晋爵并非为安葬所致。"人臣名位，进退何常，亦有初贱而后贵，亦有始泰而终否。是以子文三已令尹，展禽三黜士师。卜葬一定，更不回改，冢墓既成，曾不革易，则何因名位无时暂安。"人臣的名望、地位升降变迁都非一成不变，先卑后贵，始泰终否，都是人生历练的过程。而占卜择地一经定下，就不能更改；坟墓筑成之后，完全不能变动。吕才认为所以加官晋爵在于个人努力，而非安葬所致。其四葬书伤风败俗。"野俗无识，皆信葬书，巫者诈其吉凶，愚人因而徼幸。

---

① 刘昫等：《旧唐书》卷79《吕才传》，第2724～2725页。

遂使擗踊之际，择葬地而希官品；荼毒之秋，选葬时以规财禄。或云辰日不宜哭泣，遂莞尔而对宾客受吊；或云同属忌于临圹，乃吉服不送其亲。"① 他认为，这些都是无识者的愚昧、巫者的狡诈诳诪，非圣贤设置礼教的初衷。

吕才以大量历史事实和合理的推理分析，深刻批判了《葬书》中关于丧葬的吉凶、禁忌等思想。"才于持议儒而不俚，以经谊推处其验术，诸家共诃短之，又举世相惑以祸福，终莫悟云"。② 吕才的《叙〈葬书〉》没有阻止当时堪舆之术的盛行，但是其朴素唯物主义思想以及对于殡葬的认识已经远远超过了其所处的时代。

## 第四节　地域观念

隋唐五代时期是中国历史重要的发展阶段，作为当时在世界上占有重要地位的多民族国家，它幅员辽阔、民族众多。不同地区的历史文化、风俗习惯和自然条件迥异，也造就了这一时期殡葬观念的多样性。

### 一　中原墓志所见的归葬观念

归葬观念在隋唐五代以前便已经存在，特别是门阀士族崛起、重视家族门第的魏晋南北朝时期。如《三国志》的作者陈寿，《晋书·陈寿传》记载："以母忧去职。母遗言令葬洛阳，寿遵其志。又坐不以母归葬，竟被贬议。"③ 陈寿的母亲临死前遗令陈寿将其葬于洛阳，陈寿听从母亲的遗命而不归葬其家乡巴蜀地区，结果因不归葬母被朝廷罢官，而且受到当时士人的贬斥。尤其在永嘉之乱后，士人大量南迁，背井离乡。当时许多南迁之人死后，都暂且葬于所卒之地，期待着有朝一日王师能恢复中原故土，届时再归葬故土。《谢鲲墓志》记载："晋故豫章内史陈（国）阳夏谢鲲幼舆，以泰宁元年十一月廿（八）（亡）假葬建康县石子冈。在阳大家墓东北（四）丈。妻中山刘氏。息尚，仁祖。女真石。弟褒，幼儒。弟广，幼临。旧墓在荥阳。"④ 谢鲲的墓碑不仅记载他的籍贯和家庭成员，还记载他家族的"旧墓在荥阳"，这就为以后改迁归葬提供了方便条件。

---

① 刘昫等：《旧唐书》卷 79《吕才传》，第 2725~2726 页。
② 欧阳修：《新唐书》卷 107《吕才传》，第 4062 页。
③ 房玄龄：《晋书》卷 82《陈寿传》，中华书局，1974，第 2138 页。
④ 南京市文物保管委员会：《南京戚家山东晋谢鲲墓简报》，《文物》1965 年第 6 期。

隋唐五代时期归葬中原的思想就是对这一观念的继承，但随着唐中期士族阶层的逐渐解体，归葬观念也逐渐丧失了其原有的家族基础。但从总体来看，唐代士人归葬中原的思想依旧盛行，但是归葬的原因不尽相同。根据唐代洛阳地区墓志的记载，归葬中原一般有以下几种情况。

首先，旅途死亡归葬中原。《大唐故将仕郎段府君墓志铭》记载，墓主人段洽因忠孝仁义被授予侍郎一职，"忠孝之德，日心必践；仁义之道，率由斯至。授将仕郎"。"龙朔元年七月十五日感疾，途次江州，卒于逆旅，春秋四十。其年十一月十一日壬寅，卜兆于北芒之山礼。"① 他在四十岁那年即龙朔元年（661），于一次旅途中身患重疾，在当时落后的医疗条件及交通不便的情况下，病逝于江州下榻的旅舍。在近四个月之后的十一月十一日归葬洛阳邙山。

其次，战乱客死异乡后归葬中原。如《唐故北海郡守赠秘书监江夏李公墓志铭并序》记载，墓主人李邕一生历经高宗、武周、中宗、睿宗、玄宗五朝，为人正直而勇敢，常言他人不敢之言。"时广平公璟为御史中丞，劾易之且挠公抗音离次，极谠言，轩陛惴恐，太后不能为辞，直臣勇于立辟矣。"② 在平定谯王李重福谋反、韦后之乱中，李邕屡立大功。天宝年间，李邕因柳勣案受牵连下狱，本无可厚非，但时任宰相李林甫向来忌恨李邕，因而故意加罪于他，"年七十三，卒于强死"，被就郡杖杀。但死后就遇到了长达八年之久的安史之乱，受此影响，不能及时归葬，而"留于郓东卅里"。"扬州长史韦公遇公从子暄，谋葬有阙，以钱廿万及葬灵之物备用。夫人太原郡君温氏，以大历三年十一月廿日，同窆于洛阳之北原，从兆顺也"。安史之乱后，其子在凑齐了归葬费用以后马上将其归葬于洛阳。这种例子在当时并不少见，很多中原人因为躲避战乱而客死异乡，等战乱结束之后再归葬中原故土。

再次，边塞军官归葬中原。如《故京兆府宣化府折冲摄右卫郎将横野军副使樊公墓志铭并序》记载，墓主人樊庭观生前投笔从戎，在绝域屡立战功，因之充任横野军副使，但军中毫无纲纪可言，士兵不勤于操练，而是懒散成习，甚或偷盗军中财物。樊庭观秉公执法，使"奸吏于是息心，贪夫以之侧目"。③ 但是军中腐败成习，自上而下无法找到与其志同道合之人，因而他郁郁寡欢，致使"开元十二纪正月廿六月，暴亡于军城官舍，春秋卌有六"。死后，"柙枢自塞至都，五月二日，迁

---

① 周绍良、赵超编《唐代墓志汇编》（上），上海古籍出版社，1992，第352页。
② 周绍良、赵超编《唐代墓志汇编》（下），第1766页。
③ 周绍良、赵超编《唐代墓志汇编》（下），第1294页。

窆于洛城东北平阴里平原"。家人及部下不远千里从边塞将其运回中原，最终葬于洛城平阴里。边塞军人归葬的情况应该不在少数，但是，普通士兵则因经济等原因，一般不直接归葬，而是采用招魂的方式。如张籍的《征妇怨》有"万里无人收白骨，家家城下招魂葬"的诗句。所以我们今天所见军人的墓志多为军官归葬。

其四，家族归葬中原。在唐代，也有家族成员死亡以后暂且安置在葬地，数年后几位家庭成员同时归葬中原。如墓主人崔黄左于贞元十二年（796）九月十六日身患重病，逝于京兆府同官县的旅店中，"既三日，窆于县之西偏，从权也"，[①]死后先葬在所卒之地。二十年后，崔黄左的侄子崔景裕，"诗礼本于庭训，孝敬出乎家风"，文德兼备，以孝闻名。"遂先启曾王母陇西郡君夫人李氏之殡于扬州、前夫人卢氏早岁祔矣。李夫人克生司直，今陪葬焉。王父王母于湖州、先妣于润州、世父于同官，共以其年八月廿七日，安神于洛阳北邙山之大茔。"[②]他将家庭成员一起安葬在洛阳北邙山，这样家族式的归葬中原，受到当时人的羡慕和赞扬。

如果单纯依靠碑刻资料说明隋唐时期归葬中原习俗盛行未免有点牵强，因为死后能立碑者至少为当时小有名气或家境殷实的人家，是否贫穷人家也会归葬中原呢？答案是肯定的，这可以从文字资料中得到佐证。如《旧唐书·列女传》记载：

> 女道士李玄真，越王贞之玄孙，曾祖珍子，越王第六男也。先天中得罪，配流岭南。玄真祖、父，皆亡殁于岭外。虽曾经恩赦，而未昭雪。玄真进状曰："去开成三年十二月内得岭南节度使卢钧出俸钱接措，哀妾三代旅榇暮露，各在一方，特与发遣，归就大茔合祔。今护四丧，已到长乐旅店权下，未委故越王坟所在，伏乞天恩，允妾所奏，许归大茔。妾年已六十三，孤露家贫，更无依倚。"[③]

从这段文字记载可知，李玄真的先人在先天年间因罪被流放岭南，祖、父都死在岭南，过了一百二十余年，到了开成三年（838），即使李玄真已经出家为道士，而且年过花甲，但是她还是不顾"孤露家贫，更无依倚"，请求朝廷开恩，允许其亲自迎护其先人遗骨归葬长安。与李玄真情况类似的还有郑神佐的女儿，虽然当时她已经

---

[①] 周绍良、赵超编《唐代墓志汇编》（下），第2013页。
[②] 周绍良、赵超编《唐代墓志汇编》（下），第2013页。
[③] 刘昫等：《旧唐书》卷193《李玄真传》，第5151页。

订婚，但是为了归葬战死的父亲，亲自从庆州护丧归葬，并发誓不再嫁人，因此列于《旧唐书·列女传》。这也足以证明归葬在当时社会上有相当的基础。刘先维曾对《唐代墓志汇编》所收 3607 方墓志进行统计，发现其中属于归葬的墓志占 27.2%，这个比例是相当大的。而且唐代归葬阶层也十分广泛，上至皇亲国戚、王公大臣，下至平民百姓，①足见归葬观念的盛行。

归葬中原者一般情况下是因为中原是死者的故乡，祖祖辈辈居住于此，祖坟也在这里。但是也有其他情况，比如一些中小士族也跟风选择死后葬在洛阳等中原地区，原因在于此地经济文化发达。但是，随着士族阶层的逐渐没落、下层市民的兴起及对其长期生活地区认同感的加强，到了后来，士人归葬中原的观念也越来越淡薄，归葬中原的情况也不再像唐代那么常见。

## 二 敦煌变文故事与地狱观念

在古代殡葬理念中，除了生死观外，佛道等宗教中的地狱或阴间观念也对民众的丧葬行为产生巨大影响。隋唐五代时期对地狱场景的恐怖描摹，直接影响了后世作品中关于"幽冥界"和"阎王殿"的描写。清朝末年在敦煌千佛洞的佛经中发现了大量唐代变文抄本，变文以通俗的语言描写了当时带有宗教色彩的地狱观念，体现出基层社会对生死的独特认知。

敦煌变文虽然是以历史故事为题材进行叙述的，但宣扬佛教的基本教义仍是主要目的。敦煌变文故事多出自佛教徒之手，其内容就有佛教"业报轮回"思想与地狱观念。在《唐太宗入冥记》中，唐太宗李世民随父亲李渊起兵以来，历经大小战役，射杀敌人不计其数，担心自己死后会入地狱，"今受罪由（犹）自未了，朕即如何归得生路？忧心若醉"。②唐太宗正是自认为生前"杀人数广"而不能"归得生路"。同样，许多佛教信徒认为作恶会沦落地狱，不得超生。《大目乾连冥间救母变文》就是以通俗的方式讲述了目连之母吝啬而不行施舍，因而坠入地狱遭受无尽苦难："昔佛在世时，弟子厥号目连，在俗未出家时，名曰罗卜，深信三宝，敬重大乘。于一时间，欲往他国兴易。遂即支分财宝，令母在后设斋供养诸佛法僧及诸乞来者。及其罗卜去后，母生悭怯之心，所嘱咐资财，并私隐匿。儿子不经旬月，事了还家。母语子言，依汝付嘱营斋作福。因兹欺诳凡圣，命终遂堕阿鼻地狱中，受

---

① 刘先维:《墓志资料所见唐代归葬习俗研究》，硕士学位论文，华东师范大学，2010。
② 黄征、张涌泉:《敦煌变文校注》卷 2，中华书局，1997，第 319 页。

诸剧苦。罗卜三周礼毕，遂即投佛出家，承宿习因闻法证得阿罗汉果，即以道眼访觅慈亲，六道生死，都不见母。目连从定起含悲，谘白世尊，'慈母何方受于快乐？'尔时世尊报目连曰：'汝母已落阿鼻，见受诸苦。'"①这里所描写的地狱就是目连母亲死后的处所。

与此同时，在《大目乾连冥间救母变文》②这个故事中又描述了冥界地狱的恐怖，《大目乾连冥间救母变文》："刀山白骨乱纵横，剑树人头千万颗。欲得不攀刀山者，无过寺家填好土。栽接果木入伽蓝，布施种子倍常住。阿你个罪人不可说，累劫受罪度恒沙，从佛涅盘仍未出。此狱东西数百里，罪人乱走肩相楼。业风吹火向前烧，狱卒杷杈从后插。身手应时如瓦碎，手足当时如粉沫。沸铁腾光向口飙，著者左穿如右穴。铜箭傍飞射眼精，剑轮直下空中割。为言千载不为人，铁杷搂聚还教活。"这只是描述地狱恐怖的一般表现形式，而对目连母亲所在的阿鼻地狱这样描述道："其阿鼻地狱，且铁城高峻，莽荡连云，剑戟森林，刀枪重叠。剑树千寻以芳拨针刺相揩；刀山万仞、横连谗巇晷乱倒。猛火擎浚似云吼，哓跟满天；剑轮簇簇似星明，灰尘扑地。铁蛇吐火，四面张鳞；铜狗吸烟，三边振吠，蒺藜空中乱下，穿其男子之胸；锥钻天上旁飞，剡刺女人之背。铁杷踔眼，赤血西流。铜叉剟腰，白膏东引。于是刀山入炉炭，髑髅碎，骨肉烂，筋皮折，手胆断。碎肉迸溅于四门之外，凝血滂沛于狱墙之畔。声号叫天，炭炭汗汗；雷□□地，隐隐岸岸。向上云烟散散漫漫；向下铁锵撩撩乱乱。箭毛鬼喽喽窜窜，铜嘴鸟咤咤叫叫唤。狱卒数万余人，总是牛头马面，饶君铁石为心，亦得亡魂胆战处。"③目连母亲坠入地狱，目连只能依靠佛祖的帮助来解救他的母亲。之后目连将母亲从阿鼻地狱中解救出来，但其母重回人间后却变为一只黑狗，每天"饥即于坑中食人不净，渴饮长流以济虚。朝闻长者念三宝。暮闻娘子诵尊经。宁作狗身受大地不净，耳中不闻地狱之名"。命运十分悲惨。然后"目连引得阿娘住于王舍城中佛塔之前，七日七夜，转诵大乘经典，忏悔念戒。阿娘乘此功德，转却狗身，退却狗皮，挂于树上，还得女人身，全具人状圆满"。

---

① 黄征、张涌泉：《敦煌变文校注》卷6，第1024页。
② 该故事有《大目乾连冥间救母变文》、《目连救母变文》、《目连缘起》三种写本，皆据《佛说盂兰盆经》演绎而成。故事讲述佛弟子目连历尽艰险救母出地狱的故事。目连救母的变文在唐代流传甚广，王定保的《唐摭言》记张祜对白乐天说道："明公亦有《目连变》。《长恨词》云：'上穷碧落下黄泉，两处茫茫皆不见。'岂非'目连访母'耶？"。
③ 黄征、张涌泉：《敦煌变文校注》卷6，第1029~1032页。

敦煌变文中描写的地狱场景与死亡观念，其实是佛教宣扬自身信仰的一种变体。《大目乾连冥间救母变文》强调信佛的重要性。《唐太宗入冥记》同样强调崇信佛教"业报轮回"的思想，尤其是在唐太宗从冥界返回阳间之前，崔子玉对唐太宗强调说："陛下若到长安，须修功德，发走马使，令放天下大赦，仍□□（令沙）门街西边寺录讲大云经。陛下自出己分钱，抄写大□□（云经）。"崔子玉遂依帝命取纸，一依前功德数抄写一本，度与□□（皇帝）收得，插在怀中。"①可见佛教在宣扬宗教教义与理论时，也将其地狱观念与生死伦理融入民间殡葬习俗以及对死亡后世界的认识中。

《十王经》是中国传统社会影响较大的一部佛教伪经，同样宣扬佛教的地狱观念。其中形象地构建了一个清晰明了的地狱框架。宣扬亡者死后，入冥府，需要经过秦广王、初江王、宋帝王、五官王、阎罗王、变成王、泰山王、平等王、都市王、五道转轮王十殿，依次受十王或者十殿阎王裁断其罪业。十王观念在初唐出现以后，在民间广为流传。尤其是唐宋以后，成为民间信仰与葬俗的重要组成部分。敦煌《十王经变》以彩绘连环画的形式警示世人坠入地狱的种种遭遇。按照《十王经变》彩绘，首先在人死后的第一个七天，他的阴身先到秦广王殿，点检其生前造业及家属修斋功德。到二七时，亡灵泅渡奈河，至初江王殿。三七时，被驱赶至宋帝王殿，查人的善恶。至四七时，进入五官王殿，用业秤称量亡灵善恶，并记录在业簿上。五七时，至阎罗王殿，有业镜，照人生前的恶性。六七时，至变成王殿，此时亡灵亲属可以为亡人修斋念佛，扶助亡灵脱离苦海。七七时，至泰山王处，亡灵的阴身回至阳间交代亲属为其写经造像。到一百天时，再过第八殿平等王殿。一年后，亡灵经过第九殿都市王殿。三年后，过第十殿五道转轮王殿。经历三年，方才结束，按亡灵及家人所修功德转入六道投胎。无论是《佛说十王经》，还是敦煌《十王经变》都融合了中国传统的道教思想。北宋后道教也出现了类似之作，撰者以淡痴尊者为名，"亲入酆都蒙诸神圣钞传玉历，传授弟子"，就是流传至今的《玉历宝钞》，同样描述地狱十殿阎王及所辖地狱情形。

下面依据《十王经变》的绘图逐一介绍。

第一个七日经过秦广王殿。秦广王是冥界十王中的第一王。他主要掌管死亡者在阴间头七的相关事务，人在死后，需要先至秦广王殿评判罪恶的轻重，再量刑处罚。

---

① 黄征、张涌泉:《敦煌变文校注》卷2，第322页。

图中秦广王坐于殿内案后，左右分别侍立善恶童女两名。与秦广王相对的是一个弯腰举着经卷向其汇报的判官，另有两个裸体亡者头戴枷锁跪在殿内。另有多人怀抱卷宗站立。其中两个判官正在点检亡者生前的造业以及家属修斋功德，以为凭据进行判罚。其中《十王经变》中写有赞曰："一七亡人中荫身，驱羊队队数如尘。且向初王斋点检，由来未渡奈河津。"

第二个七日死者在阴间要经过初江王殿，初江王是阴间十王中第二个王，又被称为楚江王。初江王主要是监管渡河。图中初江王的案桌就置于奈何桥边，两旁有善恶童子两名，另外与前一幅图不同的是童子旁边站立着一个托着佛像的判官。牛头肩扛牛叉坐在奈河的左侧引领死者，鬼卒立着招幡坐在奈河的右岸催促亡灵前行。奈河右边有衣领树，衣领树下有一个脱衣婆，亡灵来后脱衣婆取亡灵身上的衣物，再给悬衣翁挂在树上，用来称量衣服的重量，衣服重表示罪恶重，那么就需要牛头恶鬼押至初江王前受审。奈河里也是波涛汹涌，亡者不断在奈河之中挣扎。图中有赞曰："二七亡人渡奈河，千群万队涉江波。引路牛头肩挟棒，催行鬼卒手擎叉。"

第三个七日要经过的是宋帝王殿，主要是惩治淫邪。宋帝王也是端坐殿中，两旁童子侍立，判官怀抱宗卷。宋帝王案前摆放着记录亡者善恶的卷宗，右侧是恶鬼手持棒驱赶，中间是头戴枷锁的亡灵依次接受宋帝王的审判，左侧是怀抱卷宗的判官与手护佛像的侍女。赞曰："亡人三七转恓惶，始觉冥途险路长。各各点名知所在，群群□送五官王。"

第四个七日要经过五官王殿。在怀抱卷宗的判官与手护佛像侍女的引领下亡灵来到五官王殿，五官王依案审阅亡者善恶的卷宗，亡灵带枷等待审判。图中前方有一杆业秤，侍女将亡灵的宗卷置于秤上，用来衡量亡灵的罪恶。图中赞曰："五官业秤向空悬，左右双童业簿全。转重岂由情所愿，□昂自任昔因缘。"

第五个七日是阎罗王殿，阎罗王也是阴间的十王之一，阎罗王的称谓来自印度，掌管亡灵第五个七日的具体事务。图中的阎罗王服饰如同汉地的君主，两旁为善恶童子。这幅图比较特殊之处在于他的左侧为地藏菩萨。据《十王经》中说，阎魔王宫有光明王院和善名称院，而善名称院是地藏菩萨及其眷属的居住地。图的中间有一个高大的业镜（净颇黎镜），亡灵生前的不良行为均可以在业镜中显示，图中显示的是亡灵生前屠宰牲畜的情况。图中赞曰："五七阎罗息诤声，罪人心恨未甘情。策发仰头看业镜，始知先世事分明。"

前五殿主要评判自身的罪业，自第六殿开始逐渐强调亲属等为亡灵修功德，以助

第一章 殡葬理念

图1-5 第一七日过秦广王殿

图1-6 第二七日过初江王殿

图1-7 第三七日过宋帝王殿

图1-8 第四七日过五官王殿

超度。六七时，至卞成王殿，亡灵亲属可为亡人修斋念佛，扶助亡灵脱离苦海。七七时，至泰山王殿，亡灵阴身至阳间交代亲属写经造像，这是民俗中七七托梦的来源。百日时，经第八殿平等王殿。一年后，经第九殿都市王殿。死后第三年，经第十殿五道转轮王，图中显示亡灵分为善道佛道、人间道、修罗道；恶道畜生道、饿鬼道、地狱道，分别转入六道投胎。因此从第六殿起，一直都强调阳世亲属为其修功德，这表达了十王信仰主要还是体现善恶报应的佛教思想，拯救亡灵免受地狱酷刑之苦。三年受审完毕，依据其修造功德转入六道轮回投胎。

杜斗城先生曾对敦煌文献中的《十王经》做过总结：《十王经》（S.3961、P.2003、P.2870）、《阎罗王授记经》（北荒029、S.2815、S.4530、S.6230）、《阎罗王预修生七往生净土经》（P.3761）、《佛说阎罗王授记劝修七斋功德经》（碱075、服037、字066、字045、列026、冈044）、《佛说阎罗王授记令四众逆修七斋功德往生净土经》（S.5544）、《佛说阎罗王授记四众逆修七斋往生净土经》（S.3147）、《佛说阎罗王经》（S.4805）、《佛说阎罗王授记四众逆修》（S.2489）、《佛说阎罗王受记劝修生七斋功德经》（S.4890）、《阎罗王预修生七往生净土经》（P.3761）等。[1]《十王经》是典型的伪经，但却对中国传统民间信仰与丧葬文化产生了巨大的影响。

---

[1] 杜斗城：《敦煌本〈佛说十王经〉校录研究》，甘肃教育出版社，1989，第144页。

图1-9 第五七日过阎罗王殿

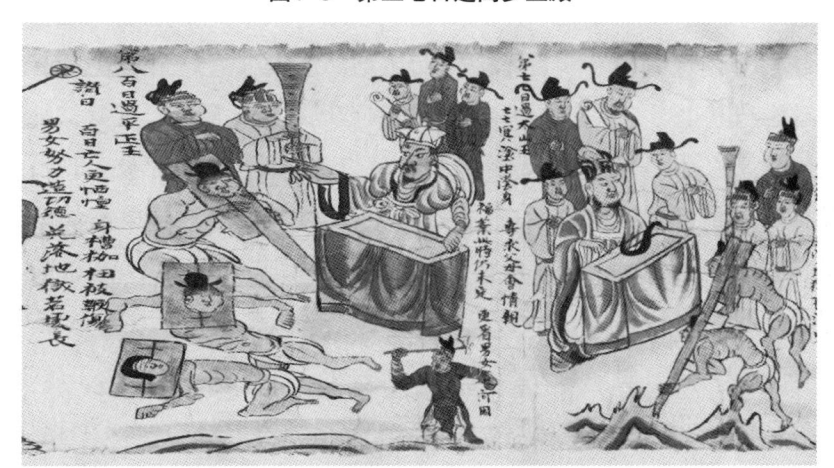

图1-10 第七殿泰山王处、第八殿平等王

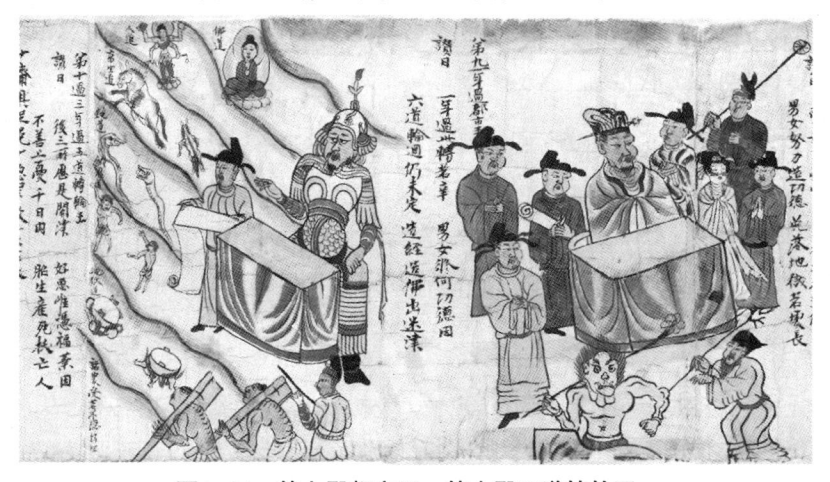

图1-11 第九殿都市王、第十殿五道转轮王

总之，敦煌变文多是由当时的僧人所做，其中所反映的地狱的恐怖就是佛教徒为了强调"业报轮回"思想的真实性，劝导民众修功德、信佛教，以保证自己死后不是堕入地狱而是升入佛家的极乐世界"净土"。这其实也是佛教徒的一种肯定生死为自然规律，倡导通过积德行善改变自己所处境遇的丧葬观的体现。

### 三　江南鬼神信仰与丧葬观

江南地区自古就有盛行鬼神信仰的传统，先秦时期，荆楚吴等地就有"信巫鬼、重淫祀"的习俗，《隋书·地理志下》记载："大抵荆州率敬鬼，尤重祠祀之事，昔屈原为制《九歌》，盖由此也。"①

唐代的崔龟从在《宣州昭亭山梓华君神祠记》里这样记载道："鬼神之事闻见于经籍，杂出于传闻，其为昭昭，断可知矣。然而圣人不语者，惧庸人之舍人事而媚于神也。吴越之俗尚鬼，民有病者不谒医而祷神。余惧郡人闻余感梦之事而为巫觋之所张大，遂悉纪其事与祝神之文，刊于石，因欲以权道化黎氓，使其知神虽福人，终假医然后能愈其疾耳。"②其中，赛神与瓦卜是南方鬼神信仰的主要表现形式之一，被贬到江陵做官的元稹曾经写信给白居易，信中便涉及江南地区鬼神信仰的内容，他说："南人染病，竞赛乌鬼。楚巫列肆，悉卖瓦卜。"③鬼神信仰在南方的盛行，给社会及人民带来严重危害。为此，元稹在诗作《赛神》中就深刻批评了这一风气："楚俗不事事，巫风事妖神。事妖结妖社，不问疏与亲。年年十月暮，珠稻欲垂新。家家不敛获，赛妖无富贫。杀牛贳官酒，椎鼓集顽民。喧阗里闾隘，凶酗日夜频。岁暮雪霜至，稻珠随陇湮。吏来官税迫，求质倍称缗。贫者日消铄，富亦无仓囷。不谓事神苦，自言诚不真。岳阳贤刺史，念此为俗屯。未可一朝去，俾之为等伦。粗许存习俗，不得呼党人。但许一日泽，不得月与旬。吾闻国侨理，三年名乃振。巫风燎原久，未必怜徒薪。我来歌此事，非独歌政仁。此事四邻有，亦欲闻四邻。"④由生老病死诸事皆问事于鬼神可知，这种鬼神的习俗观念在江南地区百姓心中已经根深蒂固。

唐代王建还通过其《赛神曲》详细描述了赛神的细节："男抱琵琶女作舞，主人

---

① 魏徵：《隋书》卷31《地理志下》，第897页。
② 崔龟从：《宣州昭亭山梓华君神祠记》，《全唐文》卷729，第7515页。
③ 元稹：《元稹集》，中华书局，1982，第118页。
④ 元稹：《元稹集》，第29页。

再拜听神语。新妇上酒勿辞勤,使尔舅姑无所苦。椒浆湛湛桂座新,一双长箭系红巾。但愿牛羊满家宅,十月报赛南山神。青天无风水复碧,龙马上鞍牛服轭。纷纷醉舞踏衣裳,把酒路旁劝行客。"① 正是南方的这种鬼神信仰传统,使得迷信风气相对北方而言更加盛行。

与之同时,南方由于鬼神信仰的传统还出现一些其他习俗,如柳宗元在《柳州复大云寺记》记载道:"越人信祥而易杀,傲化而缅仁,病且忧,则聚巫师,用鸡卜。始则杀小牲,不可则杀中牲,又不可则杀大牲,而又不可则诀亲戚饬死事,曰:神不置我已矣。因不食,蔽面死,以故户易耗,田易荒,而畜字不孳。董之以礼则顽,束之以刑则逃。"② 再如《新唐书·李德裕传》记载:"时亳州浮屠诡言水可愈疾,号曰'圣水',转相流闻,南方之人,率十户僦一人使往汲。既行若饮,病者不敢近荤血,危老之人率多死。而水斗三十千,取者益它汲转鬻于道,互相欺诳,往者日数十百人。"③ 由于这种生病以后不是找医生,而是事鬼神的愚昧做法,导致死亡率很高。人死之后的丧葬礼仪,又会有招魂、设道场、七七斋等,丧葬仪式变得繁杂起来,迷信的丧葬之风在不知不觉之间充斥于各个阶层。

以丧葬礼仪中常用的纸钱为例,唐代的封演在其《封氏闻见记》中记载道:"纸钱,今代送葬为凿纸钱,积钱为山,盛加雕饰,异以引柩。按,古者享祀鬼神,有圭璧币帛,事毕则埋之。后代既宝钱货,遂以钱送死。《汉书》称'盗发孝文园瘗钱'是也。率易从简,更用纸钱。纸乃后汉蔡伦所造,其纸钱魏、晋已来始有其事。今自王公逮于匹庶,通行之矣。凡鬼神之物,取其象似,亦犹涂车刍灵之类。古埋帛金钱,今纸钱皆烧之,所以示不知神之所为也。"④ 封演不但叙述回顾了纸钱的发展历史,还指出用纸钱代替实物货币是出于防止盗墓的目的,但是这并不能掩盖其为鬼神信仰而兴起的缘由。

江南地区的鬼神信仰有其特定历史传统,人死以后各种丧葬仪式盛行,迷信之风随之而起,而这一风气的盛行进一步强化了鬼神信仰的传播。

---

① 王建:《王建诗集》,王宗堂校注,中华书局,1959,第4页。
② 柳宗元:《柳河东集》,第465页。
③ 欧阳修:《新唐书》卷180《李德裕传》,第5330页。
④ 封演:《封氏闻见记校注》卷6,赵贞信校注,中华书局,1958,第55页。

# 第二章
# 殡葬礼法

我国传统社会有着等级森严的殡葬制度与礼仪规范,虽然在视死如生的理念下不同阶层都可对先人进行祭奠,但社会阶层之间的差异也影响到了丧礼丧仪、墓葬形制等各个方面。古人将生老病死的人生诸事,用制度化、礼制化的程式规定下来,形成一个等级严密的体系,既是该时期殡葬理念的体现,也是政治体系维护其自身制度的需要。

## 第一节 殡葬礼制与法令

礼法制度是中国古代社会的重要特征,它涉及政治、经济、文化、军事等多个方面。《礼记》中解释礼:"夫礼者所以定亲疏,决嫌疑,别同异,明是非也。礼,不妄说人,不辞费。礼,不逾节,不侵侮,不好狎。修身践言,谓之善行。行修言道,礼之质也。礼闻取于人,不闻取人。礼闻来学,不闻往教。"初期的"礼"涉及道德、教化、纠纷、等级、祭祀,所谓"道德仁义,非礼不成,教训正俗,非礼不备。分争辨讼,非礼不决。君臣上下父子兄弟,非礼不定。宦学事师,非礼不亲。班朝治军,莅官行法,非礼威严不行。祷祠祭祀,供给鬼神,非礼不诚不庄"。[1]因此,孔子曰:"生事之以礼,死葬之以礼,祭之以礼。"[2]祭礼和丧礼是古代礼仪的重要组成部分。

随着中国古代社会的发展,居丧成为体现儒家"孝"、"义"的方式。为了强

---

[1] 孙希旦:《礼记集解》,中华书局,1989,第6~9页。
[2] 何晏等注,邢昺疏《论语注疏》,上海古籍出版社,1990,第15页。

化儒家伦理纲常，魏晋隋唐时期居丧制度逐渐入律，居丧制度的法制化成为中国古代丧葬制度的重要特点。对此，法国启蒙时期思想家孟德斯鸠也颇为感慨，他认为："中国的立法者将礼与法混淆，他们制定了无数的礼节和仪式，使人对双亲生前和死后都能恪尽人子的孝道。要是在父母生前不知尽孝，就不可能在父母死后以应有的仪式来敬奉他们。敬奉亡亲的仪式与其他内容只是同一法典的不同部分。"① 在经历了"制礼作乐"的《周礼》，到汉朝"礼治"入刑，再由魏晋之后"礼"入律文，到唐代将纲常礼教作为唐律修订的指导思想和定罪量刑的理论依据。在"一准乎礼"②的立法理念与"礼"、"法"合一的趋势下，唐代居丧等制度以法律形式确定下来。后世的殡葬礼法也皆以唐为范例，形成了中国古代殡葬制度与世界其他丧仪的显著差异。

## 一 丧葬礼仪

魏晋时期强调"孝道"，居丧被认为是为父母尽孝的重要方式。居丧制度逐渐明晰，例如允许大臣为父母终丧、禁止居丧期间婚嫁宴请、居丧期间禁止求仕等。隋唐五代以后，各类丧礼更趋完善，而以礼入法也更明显。

隋唐时期对古礼进行了多次修订，隋文帝曾命"牛弘、辛彦之等采梁及北齐仪注，以为五礼"。③凶礼为其中之一。唐立国之初，殡葬之制多沿袭隋制，太宗即位后，"诏中书令房玄龄、秘书监魏徵等礼官学士，修改旧礼"，④总共一百三十八篇，分为一百卷。其中《凶礼》六篇、《国恤》五篇。贞观礼中的丧礼有一些变化，一是凶礼在古礼中的位置有所调整，从原来的第二变为第五；二是增加了"太常行山陵"的内容，也更为重视皇帝葬事。贞观七年（633）修订完成后，颁行于内外。高宗永徽初年，"以《贞观礼》节文未尽，又诏太尉长孙无忌、中书令杜正伦李义府、中书侍郎李友益、黄门侍郎刘祥道许圉师、太子宾客许敬宗、太常少卿韦琨、太学博士史道玄、符玺郎孔志约、太常博士萧楚才、（楚才）孙自觉、贺纪等重加缉定"。⑤最后完成一百三十卷，二百二十九篇。显庆三年（658）正月五日各卷修订后上奏，高宗为之作序，下诏内外颁行。显庆礼对丧葬礼法的最大调整是删除了国恤篇，此事也引

---

① 〔法〕孟德斯鸠：《论法的精神》，张雁深译，商务印书馆，1997，第315页。
② 纪昀：《钦定四库全书提要》，上海人民出版社，2000。
③ 杜佑：《通典》卷41《礼典一·沿革一》，第1121页。
④ 刘昫等：《旧唐书》卷21《礼仪志一》，第817页。
⑤ 刘昫等：《旧唐书》卷21《礼仪志一》，第817～818页。

起当时人的非议。因为早期的五礼仪注,"自前代相沿,吉凶备举"。但主持此事的许敬宗、李义府听从了萧楚材、孔志约的建议,"以国恤礼为预凶事,非臣子之宜言"。①删除了国恤篇,学者纷纷认为显庆礼不及贞观礼,导致之后的礼制多次改变。上元三年(676)二月,敕文要求继续以贞观礼为依据。仪凤二年(677)八月,又诏,显庆已来新修礼,多处与古礼不同,因此五礼皆按照周礼行事。"自是,礼司益无凭,每有大事,皆参会古今礼文,临时撰定。"②朝廷多次更改敕令,导致礼制混乱。贞观与显庆年间的两次修订,"前后颇有不同,其中或未折衷"。开元十四年(726),唐玄宗下诏要求集贤院学士详议礼制。最终在张说、萧嵩等人先后主持下修订了《大唐开元礼》。

图2-1 《大唐开元礼》(江苏广陵古籍刻印社据光绪刊本影印)

开元二十九年(741)开元礼编撰完成,其中一百三十一至一百五十卷为《凶礼》。"凶礼古居第二,而退居第五者,用贞观、显庆旧制也。"③凶礼依然沿袭了贞观、显庆年间的旧制位于五礼之末,但内容多达二十卷。《开元礼·凶礼》中并非都与丧礼有关,但丧葬是凶礼中的主要内容,④尤其按照皇帝、皇后、太子、太子妃、三品以上、五品以上、六品以下、王公以下对丧礼丧仪进行规范,充分体现了森严的等级制度。

## 二 丧葬律法

从内容而言,隋唐丧葬礼制沿袭了《仪礼·丧服》中的许多内容,当然其中也

---

① 王溥:《唐会要》卷37《五礼》,第670页。
② 王溥:《唐会要》卷37《五礼》,第670页。
③ 萧嵩:《大唐开元礼》,民族出版社,2000,第1页。
④ 按照《通典》记载《开元礼·凶礼》:"其仪十有八。一、凶年振抚。二、劳问疾患。三、中宫劳问。四、皇太子劳问。五、五服制度。六、皇帝为小功以上举哀。七、敕使吊。八、会丧。九、册赠。十、会葬。十一、致奠。十二、皇后举哀吊祭。十三、皇帝太子举哀吊祭。十四、皇太子妃举哀吊祭。十五、三品已上丧。十六、五品已上丧。十七、六品已下丧。十八、王公已下丧。"参见杜佑《通典》卷106《礼六十六·开元礼纂类一》,第2763页。

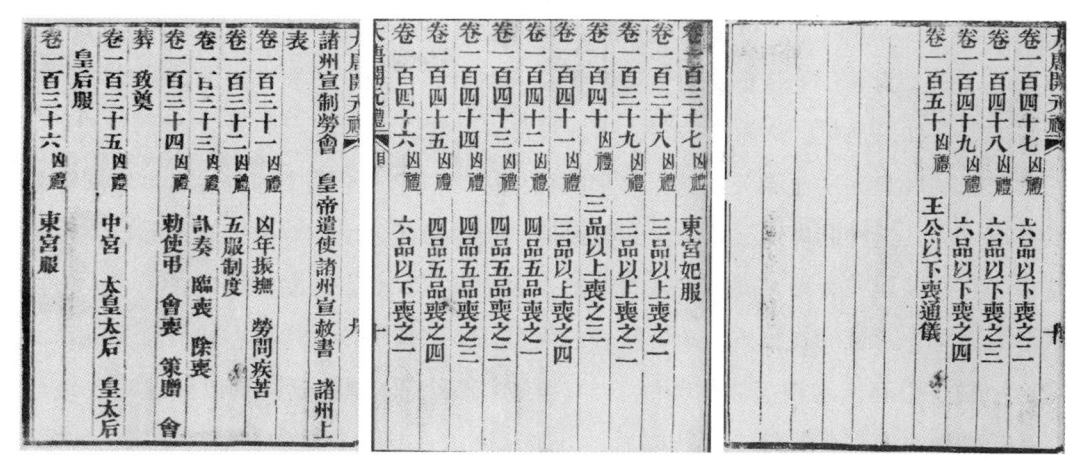

图2-2 《大唐开元礼·凶礼》（江苏广陵古籍刻印社据光绪刊本影印）

有诸多修订。经过两汉的发展演变，魏晋以后的法典中融入丧礼的诸多观念，加快了法礼结合的进程。丧葬自晋代即已入令，"晋命贾充等撰《令》四十篇……十七、丧葬"，①宋、齐的律令与晋令类似。南梁初年，蔡法度等撰梁令三十篇，《丧葬令》仍为第十七篇。隋代开皇年间，高颎等撰令三十卷，第二十九卷为《丧葬》。唐朝律令有二十七篇，其中第二十六篇为丧葬令。可见，自晋以来，丧葬令一直是历代律令的重要组成部分。近年来发现《天圣令》也有《丧葬令》一卷，但与殡葬相关的法律条文则不仅仅在《丧葬令》中，还有《祠令》、《户令》、《选举》、《封爵》、《军防》、《仪制》、《卤簿》、《田令》、《赋役》、《仓库》、《捕亡》、《医疾》、《假宁》、《狱官》、《杂令》等15种57条。②唐《丧葬令》最后一次修订是在开元二十五年（737），开元礼编撰的时间是在开元年间，两者之间可相互印证。吴丽娱先生在对唐《丧葬令》与《开元礼》凶礼进行比较后认为："虽然内容与写作取向都有一些同异，但有一点可以肯定，即令与礼同样，几乎全部的条令都是相关官员丧葬的。……由官品出发的等级构成和内容，是礼、令所共有，而在依官品排列的次序之外，也都存在着享受特殊待遇的特殊阶层，构成了礼、令极重亲贵和高官的特色，是理解唐朝丧葬令的基础。"③丧葬礼制与丧葬令之间功能上有所差异，但内容上还是颇多相似。这种相似是延续了魏晋以来的以礼入法的趋势，也是礼法合一的具体表现。这种结合也最终形成了唐律

---

① 李林甫等撰《唐六典》卷6《尚书刑部》，陈仲夫点校，中华书局，1992，第184页。
② 吴丽娱：《唐朝的〈丧葬令〉与唐五代丧葬法式》，《文史》2007年第3辑，第87～123页。
③ 吴丽娱：《终极之典：中古丧葬制定研究》，第411页。

制定中的"一准乎礼"。也正是基于此，隋唐五代丧葬律文中的许多条款都是以西周以来礼法观念为立法的依据。对上至帝王，下至百姓，制定不同等级的殡葬标准，以礼法的形式加以强化，从而维护宗法体制与官僚机制。

宗法制度是利用血缘关系建立起来的社会结构，成为维系中国古代君主专制体制的基础之一。这种制度以父系为主，按嫡庶、长幼来区分地位尊卑、亲疏远近，判断是否为直系亲属或旁系亲属。中古时期的丧服制度也深受宗法制度影响，为亲人服丧共分为五等，亲者的丧服重，疏者按轻的服丧，按照亲疏依次递减：斩衰、齐衰、大功、小功、缌麻。这种家族的等级差异，是国家政治体制的延续，以此建立等级严格、长幼尊卑有序的秩序。晋代以后，五服制度进入到法典之中，以维护宗法体系。隋唐五代对五服制度的沿袭，也是为了延续家族与王朝的统治秩序，以礼入法，以法律的强制力来保证礼法的实行。

另外，唐朝创建初期，民生凋敝，百废待兴，太宗及群臣以史为鉴，吸取了隋朝特别是隋炀帝横行暴敛、法无轻重的教训，施行轻徭薄赋、与民休息，着力保障百姓生活。他以"水能载舟，亦能覆舟"警醒自己，在他的极力倡导下，朝廷确立了"德礼为政教之本，刑罚为政教之用"的准则。受此影响，丧葬律令的各项条款也与丧葬礼仪相对应，或者是丧葬礼制的具体应用。

## 三 礼法合一

隋唐五代时期律法中的许多丧葬条文均体现出古代丧礼的基本理念。除此之外，还有一些以令、格、式为具体形式的丧葬规范，也与丧制中的规定类似或受其影响，皆是以维护丧葬礼制与宗法体系为根本目的。

隋唐五代时期，与殡葬相关的律法已相对成熟，违反丧葬制度的罪行也有具体的罪名，包括：居父母夫丧嫁娶、居父母丧主婚、匿父母夫丧、居父母丧生子、冒哀求仕、父母死诈言余丧、忌日作乐、舍宅车服器物远令、残害死尸、发冢等，分属《户婚律》、《职制律》、《诈伪律》、《杂律》、《贼盗律》等律法之中。在《唐律》与殡葬相关的罪名下，都列有具体罪行以及处罚措施，《唐律疏议》的疏议部分对此类罪行做出了解释，问答部分则是对该罪行出现的常见问题进行解答。丧葬礼法合一有如下表现。

其一，无论是罪行、量刑，其基本原则与五服制度等礼制关系密切。例如匿丧之罪，《唐律》认定："诸闻父母若夫之丧，匿不举哀者，流二千里；丧制未终，释服从吉，若忘哀作乐，自作、遣人等。徒三年；杂戏，徒一年；即遇乐而听及参预吉席者，各杖一百。"其中"大功以下尊长，各递减二等。卑幼，各减一等"。《疏》议曰："其嫡孙承祖者，与父母同。"再如发冢，无意发冢而误烧棺椁或尸体，若死者是违法之人五服内的亲戚，则"缌麻以上尊长，各递加一等；卑幼，各依凡人递减一等。"① 这都是根据血缘关系亲疏远近的程度量刑，以维护宗法制度。

其二，律令与礼制在内容功能上有不同，但在维护等级差异上则是互为补充。例如《唐律》："诸营造舍宅、车服、器物及坟茔、石兽之属，于令有违者，杖一百。虽会赦，皆令改去之（坟则不改）"；《疏》议曰："营造舍宅者，依《营缮令》：'王公已下，凡有舍屋，不得施重栱、藻井。'车者，《仪制令》：'一品青油，通，虚偃。'服者，《衣服令》：'一品衮冕，二品冕。'器物者，'一品以下，食器不得用纯金、纯玉。'坟茔者，'一品方九十步，坟高一丈八尺。'石兽者，'三品以上，六；五品以上，四。'此等之类，具在令文。若有违者，各杖一百。虽会赦，皆令除去，唯坟不改。称'之属'者，碑、碣等是。若有犯者，并同此坐。"

从上文可见，在依据官品等级营造墓葬方面，律令与礼制都做出了相对具体的规定，比如墓葬形制、坟地范围与高度、石兽数量等皆因品级不同而各有差异。任何不按律令要求的营建都是违法行为，而丧葬律令中的相关规定与开元礼中的规定基本相同。

其三，居丧是儒家传统孝、义的体现，居丧期间违礼行为为不孝、不义之举，也是严重违背伦常的重大犯罪行为。隋代开皇律中有"十恶"重罪，其中就包括不孝之罪："居父母丧，身自嫁娶，若作乐，释服从吉；闻祖父母、父母丧，匿不举哀，诈称祖父母父母死。"不义之罪："闻夫丧匿不举哀，若作乐，释服从吉及改嫁。"凡是纳入十大罪行之内的，是"为常赦所不原"，因此被称为"十恶不赦"。

除了对违法行为做出制裁外，《唐律疏议》也对丧葬的一些常见的风俗习惯如招魂葬等从法律角度予以确认。服丧期间禁行嫁娶事以及居父母丧生子、居哀求仕、居丧作乐等禁令从晋代就有所实施，隋唐五代沿袭后，条文更为细致。比如居丧期间禁止嫁娶，但如一方不知道另一方在居丧期内，则免除罪责，即"不知情，不坐"。总之，从隋唐五代的律令可见，该时期对丧葬礼制极为重视，而唐律则沿袭丧服制度的具体等级规定，并具体对逾礼的行为进行处罚。

---

① 长孙无忌：《唐律疏议》卷18《贼盗律》，中华书局，1983，第343~344页。

表2-1 《唐律疏议》中的有关殡葬条款

| 序号 | 罪名 | 律文 | 疏议 | 问答 |
|---|---|---|---|---|
| 1 | 居父母夫丧嫁娶 | 诸居父母及夫丧而嫁娶者，徒三年；妾，减三等。各离之。知而共为婚姻者，各减五等；不知者，不坐。 | 【疏】议曰：父母之丧，终身忧戚，三年从吉，自为达礼。夫为妇天，尚无再醮。若居父母及夫之丧，谓在二十七月内，若男身娶妻，而妻、女出嫁者，各徒三年。妾，减三等，若男夫居丧娶妾，妻、女作妾嫁人，妾既许以卜姓为之，其情理贱也，礼数既别，得罪故轻。各离之，谓服内嫁娶妻妾并离。知而共为婚姻者，谓壻父称婚，妻父称姻，二家相知，是服制之内故为婚姻者，各减罪五等，得杖一百；娶妾者，合杖七十。不知情，不坐。 |  |
|  |  | 若居期丧而嫁娶者，杖一百；卑幼，减二等；妾，不坐。 | 【疏】议曰：若居期亲之丧嫁娶，谓男夫娶妇，女嫁作妻，各杖一百。卑幼，减二等，虽是期服，亡者是卑幼，故减二等，合杖八十。妾，不坐，谓期服内男夫娶妾，女、妇作妾嫁人，并不坐。 |  |
| 2 | 居父母丧主婚 | 诸居父母丧，与应嫁娶人主婚者，杖一百。 | 【疏】议曰：居父母丧，与应合嫁娶之人主婚者，杖一百；若与不应嫁娶人主婚，得罪重于杖一百，自从重科。若居夫丧，而与嫁娶人主婚者，律虽无文，从不应为重，合杖八十。其父母丧内，为应嫁娶人媒合，从不应为重，杖八十；夫丧从轻，合笞四十。 |  |
| 3 | 匿父母夫丧 | 诸闻父母若夫之丧，匿不举哀者，流二千里；丧制未终，释服从吉，若忘哀作乐（自作、遣人等），徒三年；杂戏，徒一年；即遇乐而听及参预吉席者，各杖一百。 | 【疏】议曰：父母之恩，昊天莫报，荼毒之极，岂若闻丧。妇人以夫为天，哀类父母，闻丧即须哭泣，岂择日待时？若匿而不即举哀者，流二千里。其嫡孙承祖者，与父母同。丧制未终，谓父母及夫丧二十七月内，释服从吉，若忘哀作乐，注云自作、遣人等，徒三年。其父卒母嫁，及为祖后者，祖在为祖母，若出妻之子，并居心丧之内，未合从吉，若忘哀作乐，自作、遣人等，亦徒三年。杂戏，徒一年。乐，谓金石、丝竹、笙歌、鼓舞之类。杂戏，谓樗蒲、双陆、弹棋、象博之属。即遇乐而听，谓因逢奏乐而遂听者；参预吉席，谓遇逢礼宴之席，参预其中者，各杖一百。 | 问曰：闻丧不即举哀，于后择日举讫，事发合得何罪？答曰：依《礼》："斩衰之哭，往而不返。齐衰之哭，若往而返；大功之哭，三曲而偯；小功、缌麻，哀容可也。"准斯礼制，轻重有殊，闻丧虽同，情有降杀。期亲以上，不即举哀，后虽举讫，不可无罪，期以上，从不应得为重；大功，从不应得为轻；小功以下，哀容可也，不合科罪。若未举事发者，各从不举之坐。 |

续表

| 序号 | 罪名 | 律文 | 疏议 | 问答 |
|---|---|---|---|---|
| 3 | 匿父母夫丧 | 闻期亲尊长丧，匿不举哀者，徒一年；丧制未终，释服从吉，杖一百。大功以下尊长，各递减二等；卑幼，各减一等。 | 【疏】议曰：期亲尊长，谓祖父母，曾、高父母亦同，伯叔父母、姑、兄姊、夫之父母，妾为女君。此等闻丧即须举发，若匿不举哀者，徒一年。丧制未终，谓未逾期月，释服从吉者，杖一百。大功尊长，匿不举哀，杖九十；未逾九月，释服从吉，杖八十。小功尊长，匿不举哀，杖七十；未逾五月，释服从吉，杖六十。缌麻尊长，匿不举哀，笞五十；未逾三月，释服从吉，笞四十。其于卑幼匿不举哀及释服从吉，各减当色尊长一等。出降者，谓姑、姊妹本服期，出嫁九月，若于九月内释服从吉者，罪同期亲尊长科之。其服数止准大功之月，余亲出降准此。若有殇，降为七月之类，亦准所降之月，为服数之限，罪依本服科之。其妻既非尊长，又殊卑幼，在《礼》及《诗》，比为兄弟，即是妻同于幼。 | 又问：居期丧作乐及遣人作，律条无文，合得何罪？答曰：《礼》云："大功将至，辟琴瑟。"郑注云："亦所以助哀。"又云："小功将至，不绝乐。"《丧服》云："古者有死于宫中者，即三月为之不举乐。"况乎身服期功，心忘宁戚，或遣人作乐，或自奏管弦？既玷大猷，须加惩戒，律虽无文，不合无罪，从不应为之坐：期丧从重，杖八十；大功以下从轻，笞四十。缌麻卑幼，不可重于释服之罪。 |
| 4 | 居父母丧生子 | 诸居父母丧生子及兄弟别籍、异财者，徒一年。 | 【疏】议曰："居父母丧生子"，已于《名例》"免所居官"章中解讫，皆谓在二十七月内而妊娠生子者，及兄弟别籍、异财，各徒一年。别籍、异财不相须。其服内生子，事若未发，自首亦原。 | |
| 5 | 冒哀求仕 | 冒哀求仕 | 【疏】议曰："冒哀求仕"，谓父母丧，禫制未除及在心丧内者，并合免所居之一官，并不合计闰。 | |
| 6 | 父母死言余丧 | 诸父母死应解官，诈言余丧不解者，徒二年半。若诈称祖父母、父母及夫死，以求假及有所避者，徒三年；伯叔父母、姑、兄姊，徒一年；余亲，减一等。若先死诈称始死及患者，各减三等。 | 【疏】议曰：父母之丧，解官居服。而有心贪荣任，诈言余丧不解者，徒二年半。为其已经发哀，故轻于"闻丧不举"之罪。若祖父母、父母及夫见存，或称死求假，及有所避而诈妄称死者，各徒三年。伯叔父母、姑、兄姊，徒一年。"余亲，减一等"，谓缌麻以上，从一年上减一等，杖一百。若先死，诈称始死及妄云疾病，以求假及有所避者，"各减三等"，谓诈称祖父母、父母及夫始死及患，徒三年上减三等，合徒一年半；伯叔父母、姑、兄姊，徒一年上减三等，杖八十；余亲，杖一百上减三等，合杖七十。 | 问曰：有人嫌恶前人，妄告父母身死，其妄告之人合科何罪？答曰：父母云亡，在身罔极，忽有妄告，欲令举哀，若论告者之情，为过不浅，律令虽无正法，宜从不应为重科。 |

续表

| 序号 | 罪名 | 律文 | 疏议 | 问答 |
|---|---|---|---|---|
| 7 | 国忌作乐 | 诸国忌废务日作乐者，杖一百。私忌，减二等。 | 【疏】议曰：国忌，谓在令废务日，若辄有作乐者，杖一百。私家忌日作乐者，减二等，合杖八十。 | |
| 8 | 舍宅车服器物 | 诸营造舍宅、车服、器物及坟茔、石兽之属，于令有违者，杖一百。虽会赦，皆令改去之。（坟则不改。） | 【疏】议曰：营造舍宅者，依《营缮令》，王公已下，凡有舍屋，不得施重拱、藻井。车者，《仪制令》，一品青油纁，通幰（虚偃）。服者，《衣服令》，一品，衮冕；二品，鷩冕。器物者，一品以下，食器不得用纯金、纯玉。坟茔者，一品，方九十步，坟高一丈八尺。石兽者，三品以上，六；五品以上，四。此等之类，具在令文，若有违者，各杖一百。虽会赦，皆令除去，唯坟不改。称之属者，碑、碣等是，若有犯者，并同此坐。 | |
| | | 其物可卖者，听卖。若经赦后百日，不改去及不卖者，论如律。 | 【疏】议曰：舍宅以下，违犯制度，堪卖者须卖；不堪卖者，改去之。若赦后百日不改及不卖者，还杖一百，故云论如律。 | |
| 9 | 残害死尸 | 诸残害死尸（谓焚烧、肢解之类）及弃尸水中者，各减斗杀罪一等。（缌麻以上尊长，不减。） | 【疏】议曰：残害死尸，谓支解形骸、割绝骨体及焚烧之类，及弃尸水中者，各减斗杀罪一等，谓合死者，死上减一等；应流者，流上减一等之类。注云，缌麻以上尊长，不减，谓残害及弃尸水中，各依斗杀合斩，不在减例。 | |
| | | 弃而不失及髡发若伤者，各又减一等。即子孙于祖父母、父母，部曲、奴婢于主者，各不减。（皆谓意在于恶者。） | 【疏】议曰：弃尸水中，还得不失。髡发，谓髡去其发。伤，谓故伤其尸。伤无大小，但非支解之类。各又减一等，谓凡人，各减斗杀罪二等；缌麻以上尊长唯减一等；大功以上尊长及小功尊属，仍入不睦。即子孙于祖父母、父母，部曲、奴婢于主者，各不减，并同斗杀之罪，子孙合入恶逆，决不待时。注云，皆谓意在于恶者，谓从残害以下，并谓意在于恶。如无恶心，谓若愿自焚尸，或遗言水葬及远道尸柩，将骨还乡之类，并不坐。 | |

续表

| 序号 | 罪名 | 律文 | 疏议 | 问答 |
| --- | --- | --- | --- | --- |
| 10 | 发冢 | 诸发冢者，加役流（发彻即坐。招魂而葬亦是）；已开棺椁者，绞；发而未彻者，徒三年。 | 【疏】议曰：《礼》云：葬者，藏也，欲人不得见。古之葬者，厚衣之以薪，后代圣人易之以棺椁。有发冢者，加役流。注云发彻即坐。招魂而葬，亦是，谓发至棺椁，即为发彻。先无尸柩，招魂而葬，但使发彻者，并合加役流。"已开棺椁者，绞"，谓有棺有椁者，必须棺、椁两开，不待取物触尸，俱得绞罪。其不用棺椁葬者，若发而见尸，亦同已开棺椁之坐。"发而未彻者"，谓虽发冢而未至棺椁者，徒三年。 | 问曰："发冢者，加役流。"律既不言尊卑、贵贱，未知发子孙冢，得罪同凡人否？<br>答曰：五刑之属，条有三千，犯状既多，故通比附。然尊卑贵贱，等数不同，刑名轻重，粲然有别。尊长发卑幼之坟，不可重于杀罪；若发尊长之冢，据法止同凡人。律云"发冢者，加役流"，在于凡人，便减杀罪一等；若发卑幼之冢，须减本杀一等而科之：已开棺椁者，绞，即同已杀之坐；发而未彻者，徒三年，计凡人之罪，减死二等，卑幼之色亦于本杀上减二等而科。若盗尸柩者，依减三等之例。其于尊长，并同凡人。 |
| | | 其冢先穿及未殡，而盗尸柩者，徒二年半；盗衣服者，减一等；器物、砖、版者，以凡盗论。 | 【疏】议曰："其冢先穿"，谓先自穿陷，旧有隙穴者。"未殡"，谓尸犹在外，未殡埋。"而盗尸柩者，徒二年半"，谓盗者元无恶心，或欲诈代人尸，或欲别处改葬之类。"盗衣服者，减一等"，得徒二年。计赃重者，以凡盗论加一等。此文既称"未殡"，明上文"发冢"殡讫而发者，亦是。若盗器物砖版者，谓冢先穿，取其明器等物，或砖若版，以凡盗论。 | |

## 第二节　唐礼丧服制度的演变

隋唐五代，殡葬礼法在国家权力与等级制度的约束下逐渐制度化、规范化。其中国家对殡葬礼制的规范有着维护其统治的深层次目的，殡葬礼制及其所体现的等级差别深刻展示出统治阶层与被统治阶层地位的悬殊。

隋唐结束了魏晋南北朝长达四百年的战乱进入统一时期。随着时代的发展和社会的变化，自先秦时期形成的丧礼丧制，部分内容已与现实相悖，急需进行调整与改进，这从《贞观礼》、《显庆礼》、《开元礼》等历次修订礼制中可窥知一二。五服制度的源流与内容在秦汉、魏晋南北朝两卷皆有详叙，下面主要介绍唐代以后对丧服制度进行的修订。

### 一　贞观改制

唐初，太宗命房玄龄、魏徵等礼官学士在旧礼的基础上进行修改，最终汇成了《贞观礼》。《贞观礼》颁行后，唐太宗发现其丧服制度和亲属关系的远近并不一致。

贞观十四年（640），唐太宗谈及丧服中出现的两个现实问题："同爨尚有缌麻之恩，而嫂叔无服。又舅之与姨，亲疏相似，而服纪有殊，理未为得。宜集学者详议。余有亲重而服轻者，亦附奏闻。"①唐太宗认为嫂叔无服、舅姨服制有异的情况于常理不通，于是下令魏徵等联合礼官共同解决此事。经过讨论，侍中魏徵、礼部侍郎令狐德棻等人综合诸儒意见，议定五条：

> 谨按曾祖父母旧服齐衰三月，请加为齐衰五月。嫡子妇旧服大功，请加为期。众子妇小功，今请与兄弟子妇同为大功九月。嫂叔旧无服，今请服小功五月报。其弟妻及夫兄，亦小功五月。舅服缌麻，请与从母同服小功。②

其中曾祖父母旧服齐衰三月改为五月，"是对父系大家庭中父权的进一步加强，同时把高祖、曾祖服制区别开，使宗族内部五世宗亲的亲疏尊卑关系更加明确严整，这是对丧服制度的完善和改进"。③第四条叔嫂服及弟妻、夫兄服，这是针对唐太宗提出的丧制问题的回应。古礼中的丧服制度是以血缘为纽带，而叔与嫂、弟妻与夫兄之间并无血缘关系，古礼对此未曾重视，而在男尊女卑的夫权社会，只有嫂为叔服，而无叔为嫂服的情况。但在现实生活中，常有嫂年长、叔年幼的情况，"或有长年之嫂，遇孩童之叔，劬劳鞠养，情若所生，分饥共寒，契阔偕老"。④长嫂照顾年幼小叔，小叔也往往以孝敬父母之心报答长嫂，长嫂死后小叔却不能为其服丧，针对这一有悖人情的情况，贞观年间对此进行了修订。第五条将舅服与姨服同等。舅姨亲疏远近一致，但姨服却比舅服重，不符合"男尊女卑"的原则。"然舅之与姨，虽为同气，论情度义，先后实殊。何则？舅为母之本族，姨乃外戚他族，求之母族，姨不在焉，考之经典，舅诚为重。"⑤舅舅是母方的尊长，有鉴于此，舅服缌麻，与从母同服小功。

## 二 显庆改制

贞观礼中针对舅姨丧服不同的情况做了修订，改为"舅服同姨，小功五月"。⑥

---

① 刘昫等：《旧唐书》卷27《礼仪志七》，第1019页。
② 刘昫等：《旧唐书》卷27《礼仪志七》，第1021页。
③ 赵澜：《唐代丧服改制述论》，《福建师范大学学报》2000年第1期。
④ 刘昫等：《旧唐书》卷27《礼仪志七》，第1020页。
⑤ 刘昫等：《旧唐书》卷27《礼仪志七》，第1019页。
⑥ 刘昫等：《旧唐书》卷27《礼仪志七》，第1021页。

根据古代丧服制度，外甥为舅服缌麻，舅也要以此回报外甥。但此时的《唐律疏议》中"舅报于甥，服犹三月。"律文中并未做出适当调整。显庆二年（657），《唐律疏议》的编纂者，也是当时的修礼官长孙无忌在修礼过程中发现了这一问题，因此建议："谨按旁尊之服，礼无不报，已非正尊，不敢降也。故甥为从母五月，从母报甥小功，甥为舅缌麻，舅亦报甥三月，是其义矣。今甥为舅使同从母之丧，则舅宜进甥以同从母之报。修律疏人不知礼意，舅报甥服，尚止缌麻，于例不通，礼须改正。今请修改律疏，舅报甥亦功。"①长孙无忌对贞观礼的细微修订，一方面是为保持礼法内容与理念的一致性；另一方面有着个人的考量，②是作为舅舅的他向外甥高宗李治的示弱之举。

显庆以后对丧制的调整还涉及为庶母、继母等服丧问题。《贞观礼》在修订时没有儿子为庶母服缌麻的条款，长孙无忌提出异议："庶母，古礼缌麻，新礼无服，谨按庶母之子，即是己之昆季，昆季为之杖期，而己与之无服。同气之内，吉凶顿殊，求之礼情深非至理。今请依典故，为服缌麻。"③嫡子与庶母之子之间是兄弟关系，兄弟之间需服一年丧，那么嫡子与庶母之间也应服丧，他建议恢复旧礼中"子为庶母服缌麻"。龙朔二年（662）八月，司文正卿萧嗣业的嫡继母改嫁身亡，他请申新制。按照律令，继母改嫁而亡，作为长子的，并不解官。但考虑虽是嫡母，终究是继母，还应有所定制。因此高宗下诏命群臣讨论。司礼太常伯李博义等认为："嫡、继、慈、养，皆非所生，并同行路。嫁虽比出稍轻，于父终为义绝。继母之嫁，既殊亲母，慈、嫡义绝，岂合心丧？望请凡非所生，父卒而嫁，为父后者无服，非承重者杖期，并不心丧，一同继母。有符情礼，无玷旧章。又心丧之制，惟施服屈，杖期之服，不应解官。而令文三年齐斩，亦入心丧之例；杖期解官，又有妻丧之舛。又依礼，庶子为其母缌麻三月。既是所生母服，准例亦合解官。令文漏而不言，于事终须修附。既与嫡母等嫁同一令条，总议请改，理为允惬者。"④司礼官认为萧嗣业无须为改嫁的嫡继母解官。另外，九品以上官员对此进行了讨论，其中司卫正卿房仁裕等七百三十六人同意司礼官的建议，萧嗣业不解官。右金吾卫将军薛孤、吴仁等二十六人认为应解除嗣业官职。最后依房仁裕等的建议，并对礼及律疏中有所涉及的内容，也按此修订。萧嗣业既非嫡母改嫁，

---

① 刘昫等：《旧唐书》卷27《礼仪志七》，第1021页。
② 长孙无忌是高宗李治的舅舅，永徽以来一直辅佐高宗。但永徽六年，在皇后废立的问题上，长孙无忌没有支持武后，而遭其忌恨。显庆二年九月，此时的武后权势日盛，而作为舅舅长孙无忌感到锋芒在背，此次上书高宗将律令中甥舅服丧改为对等，其实是借机向自己外甥李治示弱的政治行为。但这一暗示并没有获得高宗及武后的认可，一年后长孙无忌遭许敬宗陷害，自缢而死。
③ 王溥：《唐会要》卷37《服纪上》，第674页。
④ 刘昫等：《旧唐书》卷27《礼仪志七》，第1022页。

没有解官。随后的修改中，也逐渐调整子为八母（即慈母、嫡母、继母、养母、出母、嫁母、乳母、庶母）服丧的标准。至此，诸母之服有了相对统一的准则。

### 三 武后改制

显庆以后，武后逐渐掌握朝政。武后作为女性专权，必然对长期以来男尊女卑、夫为妻纲的宗法体系提出挑战。上元元年（674）武后提议改革为母服丧的制度，以提升女性地位。

按照《仪礼·丧服》：父在为母服齐衰杖期一年，父卒为母服齐衰三年。但武则天认为这一举动并不能表达母子深情，"子之于母，慈爱特深，非母不生，非母不育，推燥居湿，咽苦吐甘，生养劳瘁，恩斯极矣，所以禽兽之情，犹知其母，三年在怀，理宜崇报"。①因此她建议"若父在为母，服止一期，尊父之敬虽周，服母之慈有阙。且齐衰之制，足为差减，更令周以一期，恐伤人子之志。今请父在为母，终三年之服"。②父在也要为母服齐衰三年，以此彰显母子亲情及家庭孝道。垂拱年间，武则天特意将其编入《垂拱格》，作为国家律令执行。

武后的这一改革并非单纯为了解放被礼制束缚的母子感情，还有更深刻的政治目的。《丧服四制》云："天无二日，土无二王，国无二君，家无二尊，以一理之也。故父在为母服周者，见无二尊也。"③武则天对服叙的改革，利用所谓的母子亲情使女性获得与男性平等的地位，以此影响中国传统社会长期以来男尊女卑的体制，为自己与高宗平起平坐的政治地位寻找注脚。因此，这一带有政治目的丧服改革，使女性地位提高，但也遭到了朝臣的反对。

### 四 开元定礼

武后死后，她对服叙的改革遭到更大非议。开元五年（717），右仆射卢履冰认为武后的改革实际上是为了篡权："原夫上元肇年，则天已潜秉政，将图僭篡，预自崇先。请升慈爱之丧，以抗尊严之礼，虽齐斩之仪不改，而几筵之制遂同。数年之间，尚未通用。天皇晏驾，中宗蒙尘。垂拱之末，果行圣母之伪符；载初之元，遂启易代之深衅。孝和虽名反正，韦氏复效晨鸣。孝和非意暴崩，韦氏旋即称制。不蒙陛下英

---

① 武则天：《请父在为母终三年服表》，《全唐文》卷97，第1000页。
② 武则天：《请父在为母终三年服表》，《全唐文》卷97，第1000页。
③ 刘昫等：《旧唐书》卷27《礼仪志七》，第1027页。

算，宗庙何由克复？"他认为上元时期的改革在高宗在世时并未通用，只是高宗死后，武后为实现自己改朝换代的政治野心而做的改革，而且这一改革埋下巨大的政治隐患。因此他要求将父在为母服制由齐衰三年改回旧制。

百官对贞观、上元年间的服制改变也议论纷纷，形成两种看法：一种以卢履冰、元行冲为代表，反对古礼的改革，维护长幼有序的宗法制度与男尊女卑的纲常伦理；另一种以田再思为首，他认为"考妣三年之丧，贵贱无隔，以报免怀之慈，以酬罔极之恩者也。"① 两种观点都是从当时的政治、社会、人情关系出发，并非单纯的考证古礼。开元七年（719），唐玄宗最终决定采纳古礼："惟周公制礼，当历代不刊；况子夏为《传》，乃孔门所受。格条之内，有父在为母齐衰三年，此有为而为，非尊厌之义。与其改作，不如师古，诸服纪宜一依《丧服》文。"唐玄宗下令服制一律按照《丧服》，取消了太宗以来对丧制的改革，但也带来了丧服制度的混乱："自是卿士之家，父在为母行服不同：或既周而禫，禫服六十日释服，心丧三年者；或有既周而禫服终三年者；或有依上元之制，齐衰三年者。"② 这种礼无定制，不利于家庭秩序与社会伦理的规范。开元二十年（732），萧嵩修撰《大唐开元礼》时，又将上元年间"父在为母服齐衰三年"的条款写入其中，颁行天下，逐渐成为定制。

经过从贞观朝以来的数次编修，唐代丧制形式上日趋完备，内容上相对缜密，利用五服制度规范地位尊卑关系、划分亲疏远近的等级制度完全确立，尤其是开元年间颁行的《开元礼》，其对后世丧葬礼制的规范起到了重要作用。

## 第三节 职掌殡葬的相关机构与使职

隋唐五代时期，国家对丧葬礼仪十分重视。虽然殡葬事务并没有专门的机构总体负责，但在陵墓营建、丧葬礼法修订、王公谥号拟定、葬礼运作程序、明器用具制作等方面也有相关机构进行管理。除此之外，还有具体负责葬仪事务的相关使职。五代时期，最终形成"山陵五使"，主要负责帝王陵墓的营建等工作。

### 一 涉及丧事的机构及职能

与丧事管理有关的中央机构中，礼部主要负责制定丧礼的程序，鸿胪寺的部分职

---

① 刘昫等：《旧唐书》卷27《礼仪志七》，第1023页。
② 刘昫等：《旧唐书》卷27《礼仪志七》，第1031页。

能也涉及丧葬事务的运作和安排，所需要的丧葬用具则由将作监来制作完成，僭礼行为由御史台和金吾卫进行监察检举。皇亲国戚、名臣贤士在死后通常会有谥号，总结评价其一生功绩，这项工作则由太常寺来完成。

### （一）礼部

隋唐时期中央机构实行三省六部制。三省即中书、门下、尚书三省。尚书省又设有吏、户、礼、工、刑、兵六部，处理各种事务。在尚书省六部中，礼部"掌天下礼仪、祠祭、燕飨、贡举之政令"。[①]兼管丧事丧礼。

其中礼部郎中、员外郎作为礼部尚书、侍郎的辅官，职责为"举其仪制而辨其名数"，与丧礼相关的职能颇多。其中包括五服制度、帝为小功已上举哀、敕使吊祭、会丧、册赠、会葬、致奠、皇后举哀吊祭、皇太子举哀吊祭、皇太子妃举哀吊祭、三品以上丧、四品以下丧、六品以下丧、王公以下丧等。其次，礼部司郎中、员外郎还掌管"百官、宫人丧葬赠赙之数"，[②]百官、宫人死后，朝廷赠送财物助丧的数量由其管理。再次凡内外职事的殡仪等："凡齐衰心丧以上夺情从职，及周丧未练、大功未葬，皆不预宴；大功以上丧，受册莅官，鼓吹从而不作，戎事则否。"[③]"凡凶服不入公门。"[④]以上丧礼问题皆由其掌管。

### （二）鸿胪寺

自北齐开始，鸿胪寺卿就有吉凶吊祭的职责。唐代鸿胪卿也负责"掌宾客及凶仪之事，领典客、司仪二署，以率其官属，而供其职务；少卿为之贰"。[⑤]王公贵族的丧仪由礼部核定后，具体的丧葬事务则由鸿胪寺操办，"凡皇帝、皇太子为五服之亲及大臣发哀临吊，则赞相焉。凡诏葬大臣，一品则卿护其丧事；二品则少卿；三品，丞一人往，皆命司仪，以示礼制也"。[⑥]三品以上大臣可诏葬。王公贵戚死后，皇帝及太子会亲自前往吊唁，以示尊崇。其他品级的权贵，则由鸿胪卿、少卿、丞分别代往。

诸蕃首领、外来使臣等亡故，其后事处理归鸿胪寺下设的典客署掌管。"若身亡，使主、副及第三等已上官奏闻。其丧事所须，所司量给；欲还蕃者，则给举递至境。（首领第四等已下不奏闻，但差车、牛送至墓所。）"[⑦]三等以上使臣奏报朝廷，唐朝前中期许多滞留中国的昭武九姓使臣病亡，都是由典客署负责丧葬处理，四等以下的首

---

[①] 李林甫等：《唐六典》卷4《尚书礼部》，陈仲夫点校，第108页。
[②] 欧阳修：《新唐书》卷46《百官志一》，第1194页。
[③] 欧阳修：《新唐书》卷46《百官志一》，第1194页。
[④] 李林甫等：《唐六典》卷4《尚书礼部》，陈仲夫点校，第118页。
[⑤] 李林甫等：《唐六典》卷18《大理寺鸿胪寺》，陈仲夫点校，第505页。
[⑥] 李林甫等：《唐六典》卷18《大理寺鸿胪寺》，陈仲夫点校，第505页。
[⑦] 李林甫等：《唐六典》卷18《大理寺鸿胪寺》，陈仲夫点校，第506~507页。

领也需其安排送殡。

鸿胪寺的另一机构是司仪署,主管为司仪令,"司仪令掌凶礼之仪式及供丧葬之具;丞为之贰"。各级官员或内命妇等各项丧葬事宜皆由司仪处理,按《唐六典》:"凡京官职事三品已上、散官二品已上遭祖父母、父母丧,京官四品及都督、刺史并内外职事若散官以理去官五品已上在京薨、卒,及五品之官死王事者,将葬,皆祭以少牢,司仪率斋郎执俎豆以往;三品已上又赠以束帛,一品加乘马。既引,又遣使赠于郭门之外,皆以束帛,一品加璧。"①其中按照官员的品级,祭祀等级不同,司仪承办的等级也有不同,重要的丧礼司仪会亲自前往,"率斋郎执俎豆以往"。②鸿胪寺及司仪署还要发放赗赙。赗赙是国家分发给官员的助葬之物。"凡百官以理去职而薨、卒者,听敛以本官之服;无官者,介帻、单衣。妇人有官品者,亦以其服敛。(应佩者,皆用蜡代玉。)凡设鬲及铭旌、辒车之属有差。凡引、披、铎、挽歌、方相、头、纛、帐之属亦如之。凡五品已上薨、卒及葬合吊祭者,应须布深衣·帻、素三梁六柱举皆官借之;其内外命妇应得卤簿者亦如之。凡职事五品已上葬者,皆给营墓夫。(一品百人,每品以二十人为差,五品二十人,皆役功十日。)"③其中所言丧葬物品皆由官府提供,《丧葬令》规定:"诸百官薨、卒,丧事及葬应以官供者,皆所司及本属上于尚书省,尚书省乃下寺,寺下司仪,司仪准品而料上于寺。"官员死后,由机构上报尚书省,尚书省核准下发鸿胪寺,鸿胪寺再交由司仪,按官员品级准备相应的助葬用品。

### (三)太常寺

太常寺掌邦国礼乐、郊庙等相关事宜,主官为太常卿,少卿为其副职。"若三公行园陵,则为之副,公服乘辂,备卤簿,而奉其礼。"④一般而言,太常卿作为副职陪同。

太常寺有八署,其三为诸陵署。诸陵署是掌管帝王及太子等人陵墓的机构。唐代帝陵,包括献陵、昭陵、乾陵、定陵、桥陵、恭陵等都设有陵署。开元二十五年(737),诸陵、庙曾隶属于宗正寺。天宝十三年(754),改献、昭、乾、定、桥五陵署为陵台,"令为台令,升旧一阶。"⑤此后,诸陵署皆称陵台。隋令中规定,每署有陵令各一人,"陵令掌先帝山陵,率户守卫之事";又沿袭北齐制度,设有署丞一人,唐代署丞为从七品下。唐代又增设诸陵署录事一人。另有主衣、主辇、主药等人员。诸

---

① 李林甫等:《唐六典》卷18《大理寺鸿胪寺》,陈仲夫点校,第507页。
② 李林甫等:《唐六典》卷18《大理寺鸿胪寺》,陈仲夫点校,第507页。
③ 李林甫等:《唐六典》卷18《大理寺鸿胪寺》,陈仲夫点校,第507~508页。
④ 李林甫等:《唐六典》卷14《太常寺》,陈仲夫点校,第395页。
⑤ 欧阳修:《新唐书》卷14《礼乐志四》,第364页。

陵还有陵户，负责陵园的日常事务，乾陵，桥陵、昭陵陵户各四百人，献陵、定陵、恭陵为三百人。诸陵驻扎军队负责陵寝的守卫："凡诸陵皆置留守，领甲士，与陵令相左右。"①除此之外，祖陵、太子陵等也有陵署。如唐永康、兴宁二陵，以及隐、章怀、懿德、节愍、惠庄、惠文、惠宣七太子陵也有陵署，亦由令、丞等率领陵户守卫陵园，但品级低于帝陵。开元二十四年（736），"以宣皇帝、光皇帝、景皇帝、元皇帝追尊号谥有制，而陵寝所奉未称。建初、启运陵如兴宁、永康陵，置署官、陵户，春、秋仲月，分命公卿巡谒"。②增加设置了建初、启运二陵的陵署官员。

诸陵署还负责陵墓的日常祭祀。一般在朔望、元正、冬至、寒食等日，"皆修享于诸陵。若桥陵，则日献羞焉。凡功臣、密戚请陪陵葬者听之，以文武分为左右而列。（坟高四丈已下。三丈已上。）若父、祖陪陵，子、孙从葬者，亦如之。（若宫人陪葬，则陵户为之成坟。……兆域内禁人无得葬埋，古坟则不毁。）"③开元二十三年（735）诏："献、昭、乾、定、桥五陵，朔、望上食，岁冬至、寒食各日设一祭。若节与朔、望、忌日合，即准节祭料。桥陵日进半羊食。"④开元二十年（732）诏："建初、启运、兴宁、永康陵，岁四时、八节，所司与陵署具食进。"天宝二年（743），"始以九月朔荐衣于诸陵。又常以寒食荐饧粥、鸡球、雷车，五月荐衣、扇。"⑤一般每日供奉帝陵都是在位君主的父亲，而取消祖父、曾祖日供或日食。前文中提到桥陵日食的情况，因为这些史料都是开元时期的文献。大历十四年（779），德宗即位后，礼仪使颜真卿奏："今元陵请朔、望、节祭，日荐，如故事；泰陵惟朔、望、岁冬至、寒食、伏、腊、社一祭，而罢日食。"⑥将其父代宗元陵改为日食，取消玄宗泰陵的日食。元和元年（806），礼仪使杜黄裳按照前例，建议将宪宗父亲顺宗的丰陵改为日祭，祖父德宗的崇陵取消日祭。元和二年（807），宰臣建言："礼有著定，后世徇一时之慕，过于烦，并故陵庙有荐新，而节有遣使，请岁太庙以时享，朔、望上食，诸陵以朔、望奠，亲陵以朝晡奠，其余享及忌日告陵皆停。"⑦因日祭过于烦琐，此后诸陵的祭奠得以减少。

太常寺下设有太常博士四人，主要"掌辨五礼之仪式，奉先王之法制；适变随时

---

① 李林甫等：《唐六典》卷14《太常寺》，陈仲夫点校，第401页。
② 欧阳修：《新唐书》卷14《礼乐志四》，第364页。
③ 李林甫等：《唐六典》卷14《太常寺》，陈仲夫点校，第401页。
④ 欧阳修：《新唐书》卷14《礼乐志四》，第364页。
⑤ 欧阳修：《新唐书》卷14《礼乐志四》，第364页。
⑥ 欧阳修：《新唐书》卷14《礼乐志四》，第364页。
⑦ 欧阳修：《新唐书》卷14《礼乐志四》，第365页。

而损益焉"。①因此，隋唐丧礼的修订亦有太常博士参与。王公大臣谥号亦由其撰拟，谥号是古代君王、诸臣及后妃等死后，依其生平事迹与品德修养评定褒贬，而给予评判性质的称号。拟谥的人群分为两类：一类是王公贵族以上，"凡王公已上拟谥，皆迹其功德而为之褒贬"。②一类是"无爵称子，养德邱园，声实明著，则谥曰先生"。③以行评定，"大行大名，小行小名之"。具体议谥的流程："职事官三品已上，散官二品已上，佐史录行状，申考功勘校，下太常拟谥讫，申省议定奏闻。"④草拟谥号的职责是由太常寺完成，太常博士具体负责。

在其他如巡行山陵、皇帝丧礼中，太常寺的部分机构也有相应的职责。奉礼郎掌设君臣的版位（版位是黑质赤文，天子、太子、公卿已下又有尺寸、厚薄。版位题"皇帝位"、"皇太子位"、百官为"某品位"等）。"凡春、秋二仲公卿巡行诸陵，则主其威仪、鼓吹之节，而相其礼焉。"⑤每年二月、八月，公卿朝拜诸陵，奉礼郎会设位北门外之左。另有太祝三人，"凡郊庙之祝板，先进取署，乃送祠所；将事，则跪读祝文，以信于神；礼成而焚之。"⑥皇帝谒陵，太祝二人在户外持着玉册，东向跪读。

### （四）将作监

鸿胪寺的司仪署负责运筹礼仪等具体工作，制作丧葬用品的机构则是将作监。将作监将丧葬用品分为两类，分别由甄官署与左校署制作。甄官署"掌供琢石陶土之事。凡石磬碑碣、石人兽马、碾硙砖瓦、瓶缶之器，丧葬明器，皆供之"。⑦齐东方先生认为："将作监甄官署下应该有专门制作丧葬器物的作坊，常备各种能够标识死者生前地位的明器，当得到鸿胪寺按规定索要的物品后，能够随时满足不同等级的丧葬所需，至少可以立即投入制作。"⑧甄官署主要是制作供应石碑、石人、石兽以及各类明器，并非所有物品皆有甄官署处理。

另外，《旧唐书》中也提到左校署"凡宫室乐悬簨虡，兵仗器械，丧葬所须，皆供之。"⑨但未曾提到其供应何种物品，按《通典》中记载："隋左右校令、丞属将作，

---

① 李林甫等：《唐六典》卷14《太常寺》，陈仲夫点校，第396页。
② 李林甫等：《唐六典》卷14《太常寺》，陈仲夫点校，第396页。
③ 刘昫等：《旧唐书》卷44《职官志三》，第1873页。
④ 李林甫等：《唐六典》卷14《太常寺》，陈仲夫点校，第396页。
⑤ 李林甫等：《唐六典》卷14《太常寺》，陈仲夫点校，第398页。
⑥ 李林甫等：《唐六典》卷14《太常寺》，陈仲夫点校，第397页。
⑦ 刘昫等：《旧唐书》卷44《职官志三》，第1896页。
⑧ 齐东方：《唐代的丧葬观念习俗与礼仪制度》，《考古学报》2006年第1期。
⑨ 刘昫等：《旧唐书》卷44《职官志三》，第1896页。

大唐因之。左校署令、丞二人。掌营构、木作、采材等事。右校署令、丞二人。掌营土作、瓦泥并烧石灰、厕溷等事。"① 将作监的设置中，甄官署主要负责石器、陶器类物品的制作，左校署主要负责木器类的制作，其所制作应为丧制仪仗所需的木器等。

### （五）御史台和金吾卫

由于等级制度的存在和厚葬风气的盛行，在丧葬礼上可能会有逾制现象出现，因此，为规避这种有违礼法现象的出现，就需要加强对其监督和管理。在京城中，大小官员丧葬礼制的规范靠御史台和金吾卫监管。武则天曾因逾礼现象频频发生责怪御史台和金吾卫的不作为，"州牧县宰，不能存心；御史金吾，曾无纠察"。② 由此可见，为了维护礼制的秩序，保持社会稳定，需要以上官员的督察。御史台专门设置了台巡，"凡两京城内则分知左、右巡，各察其所巡之内有不法事"，台巡负责京城葬事的监督。

除此之外，凡春秋二时谒陵、婚葬时，太仆寺下设的车府署视官员品秩供给车马，"亲王以象辂，三品已上以革辂，五品已上以木辂。京县令以轺车，道大驾及初上给之。其婚葬则从京官三品已上给其驭。（给驾士：亲王十有八，一品十有六，二品十有四，各驾以马、骆四，辂车一；三品十有二，四品、五品十，京县令六也。）凡辂车之马率驭士预调习之，然后入辂及车；以牛驾者亦如之"。③ 开元二十七年（739），"敕公卿巡陵乘辂，其令太仆寺，陵给辂二乘及仗"。④ 即是由太仆寺提供。王公丧葬时有旌旗羽仪以示仪礼，其由库部提供，《唐六典》记载：库部郎中、员外郎掌祠祭、丧葬之羽仪，"皆辨其出入之数，量其缮造之功，以分给焉。"⑤《旧唐书·魏徵传》："徵平生俭素，今以一品礼葬，羽仪甚盛"。⑥ 另外，皇帝丧仪的礼仪更为繁杂，涉及的机构更庞杂，在此不再详述。

总之，隋唐时期殡葬方面并没有专门机构加以管理，而是分散在各个相关部门，而制定丧仪、规范葬法、制作葬品等只是其职能之一。即便是礼部、鸿胪寺、将作监、太常寺等都只是涉及丧事的部分事务，其分工各有侧重。礼部主要按照品级等决定死者的丧礼标准，鸿胪寺具体负责吊唁等丧葬事务，将作监则是制作陪葬品、丧礼

---

① 杜佑：《通典》卷27《职官九》，第762页。
② 李林甫等：《唐六典》卷25《左右金吾卫》，陈仲夫点校，第638页。
③ 李林甫等：《唐六典》卷17《太仆寺》，陈仲夫点校，第485页。
④ 欧阳修：《新唐书》卷14《礼乐志四》，第364页。
⑤ 李林甫等：《唐六典》卷5《尚书兵部》，陈仲夫点校，第164页。
⑥ 刘昫等：《旧唐书》卷71《魏徵传》，第2561页。

用具等，太常寺涉及帝陵与太子陵的祭祀与守卫。判定丧仪标准、承办丧礼、置办丧葬用品成为这些机构的职能之一。

## 二 山陵诸使及相关人员

帝后丧事是国家重要的礼仪活动。唐五代时期，负责帝后山陵制度的山陵使、礼仪使、卤簿使、按行使、桥道使、仪仗使等山陵诸使出现，他们负责帝王山陵营建、修订丧礼丧制、管理仪仗、人夫车马等山陵事务。

### （一）山陵诸使

1. 山陵使

山陵使是负责营造帝后陵寝、掌议丧葬事宜的临时使职。唐代之前就有山陵使的称谓，《晋书》载东晋孝武帝太元四年（379）九月，皇后王氏崩，曾诏："远近不得遣山陵使。"① 此处所载山陵使与唐代以后的山陵使职能上有所差异。

隋唐时期，皇帝会选择朝廷重臣为皇帝、皇后"营山陵制度"。这里的山陵制度包括：一是负责陵墓陵园的营建，二是议定山陵规制与丧仪，三是承办主持葬事等。隋文帝仁寿年间，独孤皇后驾崩，其山陵制度，多由杨素操持。为此隋帝曾专门下诏褒扬："献皇后奄离六宫，远日云及，茔兆安厝，委素经营。然葬事依礼，唯卜泉石，至如吉凶，不由于此。素义存奉上，情深体国，欲使幽明俱泰，宝祚无穷。以为阴阳之书，圣人所作，祸福之理，特须审慎。乃遍历川原，亲自占择，纤介不善，即更寻求，志图元吉，孜孜不已。心力备尽，人灵协赞，遂得神皋福壤，营建山陵。"② 杨素不仅为独孤皇后寻找葬地、营建山陵，还要依礼承办葬事。另外，工部尚书杨达也曾参与独孤皇后与隋文帝的山陵之事。

唐贞观年间，高祖李渊驾崩，太宗任命房玄龄和高士廉等负责营建高祖山陵。在诏定山陵制度时，太宗"令依汉长陵故事，务存崇厚"。事毕，房玄龄以"护高祖山陵制度，以功加开府仪同三司"；③高士廉摄司空，"营山陵制度，事毕，加特进、上柱国"。④ 阎立德以"营山陵功，擢为将作大匠"。⑤ 房玄龄、高士廉、阎立德都曾因参与高祖营护山陵而擢升。

---

① 房玄龄：《晋书》卷20，中华书局，1974，第633页。
② 魏徵：《隋书》卷48《杨素传》，第1287页。
③ 刘昫等：《旧唐书》卷66《房玄龄传》，第2461页。
④ 刘昫等：《旧唐书》卷65《房玄龄传》，第2443页。
⑤ 刘昫等：《旧唐书》卷77《阎立德传》，第2679页。

贞观十年（636），文德皇后长孙氏去世，阎立德摄司空，为其营山陵，后坐怠慢解职。段志玄也曾参与文德皇后山陵营建，按墓志记载他曾任"文德皇后山陵检校右武侯大将军、总□□□□□。□□□□之功，□纪于玉府。加等进秩之宠"。① 由于墓志阙字较多，具体情况不得而知，但推测应是具有临时监督性质的职务。贞观二十三年（649），阎立德再次摄司空，营护太宗山陵。《唐会要·陵议》中特将阎立德称为旧山陵使，此时似已有山陵使之称谓，但本职为工部尚书的阎立德主要负责陵墓营建的工作。另有赵国公长孙无忌担任检校山陵卤簿，崔敦礼为辅，负责监督葬事的典章礼仪等。

高宗驾崩后，武后命韦待价摄司空，营高宗山陵，② 另有韦泰真摄将作大匠参与营建。③ 霍王李元轨与侍中刘齐贤等知山陵葬事。④ 山陵旧仪则由韦叔夏、中书舍人贾太隐、太常博士裴守贞等撰定。⑤ 唐前期的帝后山陵制度多由官员以"摄司空"的名义代理处置，以表隆重。帝后驾崩之后的葬事是国恤，涉及礼仪、营造、规制等多方面，需多位相关人员参与。所以从高祖至高宗葬事来看，既有如房玄龄等总掌山陵的朝廷重臣，也有分担营建山陵与评议葬事礼仪、规制的其他官员。

唐中后期，各类使职增多。山陵使的权责与组织也更加明确，玄宗、肃宗死后，代宗特求旧臣，特以裴冕兼御史大夫、充护山陵使，⑥ 裴冕则任用中书舍人刘烜充山陵使判官，后刘烜坐法，裴冕被贬。来瑱代替裴冕充山陵使，⑦ 郭子仪被罢副元帅后，也被任命为肃宗山陵使。⑧ 代宗驾崩，德宗任用郭子仪与崔宁为山陵使。郭子仪"摄冢宰，充山陵使，赐号'尚父'，进位太尉、中书令，增实封通计二千户，给一千五百人粮，二百匹马草料，所领诸使副元帅并罢"。⑨ 崔宁入朝后，"迁司空、平

---

① 《唐故辅国大将军右卫大将军扬州都督褒忠壮公段公（志玄）碑》，参见张沛编著《昭陵碑石》，三秦出版社，1993，第107页。
② 刘昫等：《旧唐书》卷77《韦挺附韦待价传》，第2672页。
③ 《大唐故使持节怀州诸军事怀州刺史上柱国临都县开国男京兆韦（泰真）公墓志铭并序》记载：时方上事起，诏摄将作大匠，并吏部尚书韦待价驰赴乾陵。公昼则临视众作，夜则寝苫悲涕，因以成疾，力至东都，殆至不济。参见周绍良、赵超主编《唐代墓志汇编续集》，第291页。
④ 刘昫等：《旧唐书》卷64《李元轨传》，第2430页。
⑤ 刘昫等：《旧唐书》卷189《韦叔夏传》，第4964页。
⑥ 刘昫等：《旧唐书》卷113《裴冕传》，第3354页。
⑦ 刘昫等：《旧唐书》卷114《来瑱传》，第3367页。
⑧ 刘昫等：《旧唐书》卷120《郭子仪传》，第3454页。
⑨ 刘昫等：《旧唐书》卷120《郭子仪传》，第3465页。

章事，兼山陵使"。①另任命李涵为山陵副使，②辅助郭子仪等营建山陵。安史之乱以后，藩镇割据，中央政权控制力下降，任命郭子仪等勋臣为山陵使一方面仍是皇帝向其示宠的方式，另外也有借机削其兵权的政治意图。

  德宗之后，皇帝山陵使曾设置为一正二副的模式。以下按吴丽娱先生的考证，介绍唐后期山陵使设置的情况。顺宗永贞元年（805）正月至十一月，杜佑以检校司空、司徒摄冢宰同平章事充（崇陵）山陵使，武元衡为御史中丞充山陵副使兼仪仗使，李鄘任御史中丞充山陵副使。宪宗元和元年（806）正月，副使二人分别为：李巽以兵部侍郎充山陵副使，崔邠为礼部侍郎充山陵副使，正使阙载。元和十一年（816）三月李逢吉以门下侍郎同平章事充（庄宪太后）山陵使。元和十五年（820）正月令狐楚以中书侍郎同平章事充山陵使，柳公绰以兵部侍郎兼御史大夫充山陵副使，李翱以宗正卿按行山陵使兼山陵副使。文宗驾崩后，开成五年（840）正月至八月，李珏以户部尚书平章事充山陵使，迁门下侍郎，为文宗山陵使。"会秋大雨，梓宫至安上门陷于泞，不前，罢为太常卿。"八月十七日，崔郸以中书侍郎兼礼部尚书平章事充（章陵）山陵使。会昌六年（846）三月至八月，李回以中书侍郎平章事充（端陵）山陵使。会昌六年四月，李让夷以司空、门下侍郎充大行山陵使。大中十三年（859）八月至咸通元年（860）二月，夏侯孜以中书侍郎平章事充山陵使。文德元年（888）三月，孔纬以左仆射平章事充（靖陵）山陵使。天祐元年（904）九月独孤损以左仆射、门下侍郎平章事充山陵使，韦震担任权知河南尹充桥道使复改以检校司徒充山陵副使。五代时期，长兴四年（933）十二月丁巳，冯道以左仆射、平章事任山陵使。韩彦恽以户部尚书为副使。天福七年（942）六月丙子，冯道以司徒、兼侍中任山陵使，窦贞固以门下侍郎为副使。乾祐元年（948）三月壬戌，窦贞固以守司空、门下侍郎平章事为山陵使，段希尧以吏部侍郎为副使。显德二年（955）二月丁卯，冯道以中书令充山陵使。显德六年六月癸卯，范质以司徒、平章事为山陵使。③由上可见，唐末至五代，山陵使多采用一正一副的设置。

  山陵使负责帝后陵墓的营建与经费调度。阎立德曾以工部尚书负责陵墓的营建。敬宗时，曾下敕文："所进修造殿宇，木石一物以上，并付山陵使收管。"④山陵使掌握陵墓、陵园、寝宫等建设的经费。山陵使还一般摄太尉、司空等职，按

---

  ① 刘昫等：《旧唐书》卷117《崔宁传》，第3400页。
  ② 刘昫等：《旧唐书》卷126《李涵传》，第3562页。
  ③ 吴丽娱：《终极之典：中古丧葬制度研究》，第350~358页。
  ④ 王钦若：《册府元龟》卷101《帝王部·纳谏》，第1109页。

《大唐元陵仪注》记载太尉、司空在整个丧仪中地位非常重要。太尉、司空、山陵使需监督锁闭墓门并行掩埋,"太尉及司空、山陵使、将作监、御史一人监锁闭玄宫。司空复土九锸。所司帅作工续以终事"。① 虞祭时,在皇帝之后,"太尉亚献、终献"。

2. 礼仪使

唐中后期至五代,礼仪使成为帝后葬事的重要参与者。帝后丧葬礼仪方面的内容由礼仪使负责。与山陵使不同,礼仪使开始并非仅负责山陵丧事。开元十年(722),"国子司业韦绦,为礼仪使,专掌五礼",② 此时的礼仪使职责包括吉、凶、军、宾、嘉五礼。但是"随着大礼和山陵五使制度的逐渐确立,礼仪使的分工也开始明确。由宰相重臣充任的大礼或山陵使既不是仅备仪式、完全不掌实事的荣衔,礼仪使也成为临时由太常卿兼任而主要负责南郊或丧葬、陵庙仪典的专职,吉、凶分离,这种情况一直持续到五代。"③ 礼仪使也由负责礼仪制度,逐渐参与到仪式安排、丧礼活动等实际事务中。

玄宗、肃宗死后,杜鸿渐以尚书右丞、吏部侍郎、太常卿,充礼仪使,"监护仪制,山陵毕,加光禄大夫,封卫国公"。④ 代宗驾崩后,颜真卿为礼仪使。颜真卿曾"以高祖已下七圣谥号繁多,乃上议请取初谥为定。袁傪以诣言排之,遂罢。杨炎为相,恶之,改太子少傅,礼仪使如旧,外示崇宠,实去其权也。卢杞专权,忌之,改太子太师,罢礼仪使"。⑤ 颜真卿虽屡遭排挤,但直到卢杞时方罢礼仪使。在担任礼仪使期间,他撰有《大唐元陵仪注》,详细记录了代宗丧事的过程。永贞元年(805),杜黄裳任太常卿充礼仪使,迁门下侍郎同平章事仍兼使职。元和十一年,裴度任中书侍郎同平平章事充礼仪使。元和十一年,郑絪任太常卿兼礼仪使。元和十五年闰正月,韩皋任判太常卿充山陵礼仪使。长庆四年(824)正月,牛僧孺任中书侍郎平章事充(光陵)礼仪使(山陵使)。大和元年(827)正月,李绛任检校司空兼太常卿(充山陵礼仪使)。大中十三年(859)八月癸巳至咸通元年(860)二月,令狐绹担任司空、门下侍郎同平章事充(贞陵)山陵礼仪使。哀帝天祐元年(904)八月癸卯,王溥担任太常卿充礼仪使。天祐元年九月己巳,裴枢担任右仆射、门下侍郎、礼部尚书平章事充(和陵)山陵礼仪使。五代同光三年六月戊子,李琪任刑部尚书充昭

---

① 杜佑:《通典》卷86《礼·葬仪》,中华书局,1988,第2349页。
② 王溥:《唐会要》卷37,第670页。
③ 吴丽娱:《终极之典:中古丧葬制度研究》,第344页。
④ 刘昫等:《旧唐书》卷108《杜鸿渐传》,第3283页。
⑤ 刘昫等:《旧唐书》卷128《颜真卿传》,第3595页。

宗、少帝改卜园陵礼仪使。同光三年七月己酉至十一月，李琪以刑部尚书充大行皇太后山陵礼仪使。长兴四年（933）十二月丁巳，王权以礼部尚书为礼仪使。应顺元年正月辛卯，卢文纪任太常卿充山陵礼仪使。天福七年六月丙子，崔棁任太常卿为礼仪使。乾祐元年（948）三月壬戌，张昭以太常卿为礼仪使。显德二年（955）二月丁卯，田敏任太常卿充礼仪使。显德六年六月癸卯，窦俨任翰林学士、判太常寺事为礼仪使。① 可见，唐中后期至五代山陵礼仪使多由太常卿或者礼部尚书兼任，而太常卿本身的职责就是作为三公行园陵的副手，"公服乘辂，备卤簿，而奉其礼"。② 礼部"掌天下礼仪、祠祭、燕飨、贡举之政令"，③ 兼管丧事丧礼。因此，山陵礼仪使是符合其职责。

山陵礼仪使的地位低于山陵使，主要是制定丧礼仪节。在丧葬仪式中，皇帝的许多礼仪就是由礼仪使引导进行，如《大唐元陵仪注》："皇帝服大祥服，近侍扶就位哭，十五举声。礼仪使奏请再拜，皇帝再拜，赞者承传百僚在位者皆再拜。礼仪使奏请就次变服，皇帝就次，除大祥服，服素服。……太祝读祝文，祭讫，礼仪使奏请再拜，皇帝哭再拜，赞者承传内外百僚皆哭再拜。讫，礼仪使奏礼毕，遂与礼官趋出。"在礼仪使的引导下，皇帝完成相关步骤。从发丧、小敛、大敛、成服，再到启殡、入葬，都是礼仪使引导新君和诸王各就其位，跪拜、哭止、奉宁、奉辞等，并指挥丧礼的顺利进行。

3. 卤簿使

卤簿使负责组织帝后丧葬的车驾、旌旗、仪卫等。帝后的葬礼仪式繁杂，送葬队伍庞大，日本僧人圆仁曾目睹文宗送葬队伍，"营幕军兵，陈列五里"，因此必然需要专门官员负责统辖。唐前期，赵国公长孙无忌曾担任检校山陵卤簿，崔敦礼为辅，负责监督葬事的仪仗等。《崔敦礼碑》曾载："其年，副太尉赵国公检校山陵卤簿。事毕，蒙进爵为公，食邑一千户，赐物五百段。"④ 可见，唐前期已有设置山陵卤簿督查山陵仪卫。

安史之乱以后，卤簿使逐渐成为重要的山陵使职。广德元年（763）三月，苏震为户部侍郎，判度支，"为泰陵、建陵卤簿使，以劳封岐国公，拜太常卿"。⑤ 永贞元年一月至十一月，郑云达以刑部侍郎充卤簿使。开成五年，文宗驾崩，王起任兵部尚书

---

① 吴丽娱：《终极之典：中古丧葬制度研究》，第350~358页。
② 李林甫等：《唐六典》卷14《太常寺》，陈仲夫点校，第395页。
③ 李林甫等：《唐六典》卷4《尚书礼部》，陈仲夫点校，第108页。
④ 张沛编著《昭陵碑石》，三秦出版社，1993，第205页。
⑤ 欧阳修：《新唐书》卷125《苏震传》，第4403页。

充卤簿使，时任枢密使的刘弘逸、薛季稜率禁军护灵驾至陵所，意图杀死仇士良、刘弘志，"卤簿使兵部尚书王起、山陵使崔棱觉其谋，先谕卤簿诸军"。①并诛杀刘弘逸、薛季稜。天祐元年（904）九月，李燕任兵部侍郎充卤簿使。五代时期，长兴四年（933）十二月丁巳，李鏻任兵部尚书为卤簿使。天福七年（942）六月丙子，吕琦任户部侍郎为卤簿使。乾祐元年（948）三月壬戌，卢价担任兵部侍郎为卤簿使。显德二年（955）二月丁卯，张昭任兵部尚书充卤簿使。显德六年（959）六月癸卯，张昭任兵部尚书为卤簿使。②卤簿由部分军兵组成，涉及仪仗，因此多由兵部或者户部的官员充任。

卤簿使需安排仪仗人员按照顺序排列，按《大唐元陵仪注》："卤簿使先进玉辂于承天门外东偏稍南，舆辇、鼓吹、吉驾、卤簿并序列于玉辂前。"一路鼓吹至山陵。

4. 按行使

按行山陵地使又称为按行使，按行使的职责是为古代帝陵墓葬选址，以作陵寝。唐代该使职多由宗正卿担任，宗正卿多是皇室成员。永贞元年（805）一月至十一月，李抩任宗正卿充按行山陵地使。元和十五年（820）二月，李翶担任宗正卿按行山陵地使兼山陵副使。《唐会要》记载："李翶官是宗卿，职奉陵寝，按行陵地，公事已终便请兼充副使，专于陵所勾当。"这则史料表明李翶按行陵地结束后，又担任了山陵副使。天祐元年，李克勤以宗正卿充按行使。五代时期，李存勖建立后唐，并以唐朝继承者自居。由于唐昭宗、唐哀帝死后陵墓营造仓促，所以在同光三年（925）正月，他"以昭宗、少帝山陵未备，宜令有司别选园陵改葬"。③六月辛未，任命李纾以宗正卿充昭宗、少帝改卜园陵使，为二人改葬。因此改卜园陵使与按行使的职责有相似之处。

宋代的山陵按行使负责选择帝王陵址，应是唐代按行使的延续。比如宋真宗永定陵就是由山陵按行使蓝继宗上言所定："永安县东北六里曰卧龙冈，堪充山陵。"④仁宗曹皇后驾崩后，韩缜为山陵按行使，韩缜认为："永昭陵北稍西地二百十步内，取方六十五步，可为山陵。"⑤山陵按行使蓝继宗、韩缜都是为帝后陵墓选址。宋代山陵五使中没有山陵按行使，但它仍是山陵五使之外的重要使职。宋仁宗明道二年（1033）曾任命"宰臣吕夷简为山陵使、翰林学士盛度为礼仪使、章得象为仪仗使、权御史中

---

① 刘昫等：《旧唐书》卷18《武宗纪》，第585页。
② 以上均源自吴丽娱先生考证的唐朝后期山陵诸使设置、五代山陵诸使设置。参见吴丽娱：《终极之典：中古丧葬制度研究》，第349～358页。
③ 薛居正：《旧五代史》卷32《后唐庄宗纪》，中华书局，1976，第444页。
④ 脱脱：《宋史》卷122《礼·凶礼一》，第2852页。
⑤ 脱脱：《宋史》卷123《礼·凶礼二》，第2872页。

丞蔡齐为卤簿使、权知开封府程琳为桥道顿递使,以及入内内侍押班卢守懃、右班副都知阎文应为山陵按行使,东染院使岑守素为山陵修奉都监,马军副都指挥使高继勋为山陵一行都总管"。① 按行使也在其中。

5. 仪仗使

仪仗使唐中期就已经出现,仪仗使多由御史中丞兼任,有监察山陵仪仗的职责。永贞元年(805)正月至十一月,武元衡为御史中丞充山陵副使兼仪仗使。五代长兴四年(933)十二月丁巳,龙敏担任御史中丞为仪仗使。天福七年(942)六月丙子,王易简担任御史中丞为仪仗使。乾祐元年(948)三月壬戌,边蔚担任御史中丞为仪仗使。显德二年(955)二月丁卯,张煦担任御史中丞充仪仗使。显德六年(959)六月癸卯,边归谠担任御史中丞为仪仗使。② 五代以后,仪仗使已经成为帝后丧葬中的重要使职。宋代按行使不在山陵五使之内,表明其地位下降,而仪仗使地位则取代了按行使成为五使之一。

6. 桥道使

桥道置顿使、山陵桥道排顿使、桥道顿递使都将其归入桥道使。桥道使主要负责送葬仪仗经过之处交通道路、桥梁门洞的修缮,路途之上的保卫监督,安排途中临时休息的场所,同时掌管置顿事务的财权。

玄宗、肃宗死后,严武以京兆尹兼御史大夫,为桥道使。③ 元和年间,庄宪太后崩,李翛为京兆尹,充山陵桥道置顿使,但他"恃能惜费,每事减损。灵驾至灞桥顿,从官多不得食。及至渭城北门,门坏。先是,桥道司请改造渭城北门,计钱三万,翛以劳费不从,令深凿轨道以通灵驾。掘土既深,旁柱皆悬,因而顿坏,所不及辒辌车者数步而已"。④

五代时期,同光三年(925)七月己酉至十一月,张全义任河南尹充山陵桥道排顿使。长兴四年(933)十二月丁巳,卢质担任右仆射、权知河南府为桥道顿递使。应顺元年(934)正月丁丑,张继祚担任左武卫上将军充山陵桥道顿递副使。显德二年(955)二月丁卯,王敏担任开封少尹、权判府事充桥道使。显德六年(959)六月癸卯,昝居润担任宣徽南院使、判开封府事为桥道顿递使。⑤ 唐五代帝后陵墓主要在

---

① 刘琳,刁忠民,舒大刚等校点《宋会要辑稿》(3),上海古籍出版社,2014,第1452页。
② 吴丽娱:《终极之典:中古丧葬制度研究》,第349~358页。
③ 刘昫等:《旧唐书》卷117《严武传》,第3395页。
④ 刘昫等:《旧唐书》卷162《李翛传》,第4240~4241页。
⑤ 以上均源自吴丽娱《终极之典:中古丧葬制度研究》,第349~358页。

京畿周边地区，因此桥道使主要由京兆尹兼任。

### （二）其他人员

帝后丧葬事宜涉及国家礼仪、陵墓营造、人员经费调拨等多个方面。尤其是唐代帝陵多以山为陵，致使陵墓建造难度增加。加之启殡、送葬人数众多，仪仗、卤簿队列较长，必须临时设置重臣统筹操办，并配备大小官吏与工匠、人夫、士卒等。帝王陵墓修建完成后，即位的皇帝往往颁布优劳德音，所谓"义有必酬，式举劳以申命，惠无不浃，仍蠲赋以加恩"。以此犒赏参与先王葬事的所有人员，如顺宗的《崇陵优劳德音》：

> 山陵使杜佑若子若孙，与一人五品正员官。礼仪使杜黄裳特加一阶，与一子六品官。副使李廙、按行山陵地副使李扞赐一级，各与一子官。卤簿使郑云达与一子出身，仪仗使舁梓宫官各赐爵一阶，诸色职掌优赐有差。三原高陵高阳县人夫，寒冻近道，乡村坊市，屋宇什物田苗被毁损，并近陵百姓，偏有使役，委京兆府勘覆闻奏。挽郎挽士，量加优恤。甸内百姓奉山陵，秋冬滞雨，供应疲弊，所配折纳和籴并停。

其中提到奖赏的人员不仅包括山陵使、礼仪使、山陵副使、按行山陵地副使、卤簿使、仪仗使、舁梓宫官，还包括三原、高陵、高阳县人夫、挽郎挽士、甸内百姓奉山陵者。《崇陵优劳德音》中涉及的人员还不太详细。在《景陵礼成优劳德音》、《光陵礼成优劳德音》、《庄陵礼成优劳德音》、《孝明太皇太后山陵优劳德音》中则记载更为清楚，具体可参见吴丽娱先生的《唐朝五帝二后山陵职事人员设置表》。

卤簿仪仗是参与帝王葬礼最多的人员。按《旧唐书》记载："若王公百官婚葬之礼，应给卤簿"[1]，六品以上由武器署供应。但帝王葬礼上卤簿人数记载不详，"凡大驾行幸，卤簿则分前后二部以统之。法驾则三分减一，小驾则减大驾之半"[2]。再按《宋史》："吉仗用大驾卤簿。凶仗用大升舆、龙辀、鹅茸纛、魂车、香舆、铭旌、哀谥册宝车、方相、买道车、白罐弩、素信幡、钱山舆、黄白纸帐、暖帐、夏帐、千味

---

[1] 刘昫等：《旧唐书》卷44《职官志三》，第1880页。
[2] 刘昫等：《旧唐书》卷44《职官志三》，第1875页。

台盘、衣舆、拂翣、明器舆、漆梓宫、夷衾、仪椁、素翣、包牲、仓瓶、五谷舆、瓷甒、瓦甒、辟恶车。"①不过这是宋代安陵的情况。而宋太祖赵匡胤安葬时,"其吉凶仗如安陵,惟增辒辌车、神帛肩舆,卤簿三千五百三十九人"。②但从这些史料中也可窥知,唐五代帝王葬礼车骑舆马、羽葆鼓吹、旗锣伞盖组成的仪仗规模非常庞大,其中唐代还"包括有诸卫组成的各种旗仗、清游、朱雀、持钺、玄武队和马队等,唐后期则还有神策六军"。③除此之外,还有挽郎挽士、诸司执掌、工巧杂役、人夫等其他人员参与帝陵的营造、葬礼仪式等事宜中。

表2-2 唐朝五帝二后山陵职事人员设置

| 帝后 | 山陵 | 外官外使 | 内官内使 | 其他官员人吏 |
| --- | --- | --- | --- | --- |
| 德宗 | 崇陵 | 山陵使、礼仪使(山陵)副使、按行山陵地副使、卤簿使、仪仗使 | | 异梓宫官、诸色执掌、挽郎挽士,三原、高陵、高阳县人夫 |
| 顺宗 | 丰陵 | 山陵使、山陵礼仪使及陵所摄太尉行事官、山陵副使、按行山陵地使 | | 挽郎代哭,诸司执掌、工巧杂役,人夫车牛 |
| 宪宗 | 景陵 | 山陵使兼陵所摄太尉行事(官)、山陵礼仪使、山陵副使、按行山陵副使、桥道置顿使、卤簿仪仗使、桥道置顿副使 山陵仪礼、桥道置顿判官,山陵使司官与军将,按行陵地仪仗卤簿判官,及诸副使判官,并诸司诸使监当杂职掌官吏 | 内山陵使、(内?)山陵修筑使、监修桥道使、内按行山陵地使、内山陵副使及修筑副使 | 异梓宫(官)、神策六军修筑山陵官健、检校军使及押当所由、陵所造作押当使、诸司诸使应缘山陵修造及专知修造作、并诸色检校执当官典白身,及直司长上、巧儿工匠,吉凶仪仗诸色行从官、诸司诸使押当官、置顿举(营?)幕往来、检校军将中使,太极宫宿卫官及中使、大内皇城留守及押当官、撰谥册、哀册、谥议,书册文、读谥册哀册、书宝读宝官,镌造宝册装册及检校官、题木主官、异宝册官,押卤簿仪仗(官?)、挽郎,山陵使司官与军将、知东渭桥官、知道官、知顿官、挽士、代哭,挽歌,玄宫石匠及寝作头巧儿,诸色行事官、斋郎、礼生并阴阳官、应缘仪仗三卫虾骑及诸色人匠、并缘山陵应役人夫车牛、诸道应副(赴?)山陵参佐军将、诸色职役官吏 |

① 脱脱:《宋史》卷122《礼·凶礼一》,第2848页。
② 脱脱:《宋史》卷122《礼·凶礼一》,第2850页。
③ 吴丽娱:《终极之典:中古丧葬制度研究》,第239页。

续表

| 帝后 | 山陵 | 外官外使 | 内官内使 | 其他官员人吏 |
|---|---|---|---|---|
| 穆宗 | 光陵 | 山陵使、礼仪使兼陵所摄太尉行事官，山陵副使、按行使、桥道置顿使、卤簿使、仪仗使、桥道置顿副使、桥道置顿官、仪仗卤簿使判官 | 内山陵使兼监修桥道使、（内？）修筑使、（内？）按行使（内？）修筑副使 | 舁梓宫官、神策六军修筑官健及检校军使、陵所造作押当官吏、中使、诸司诸使应缘山陵修道造作及专知执当工匠，吉凶仪仗使（使衍）诸色行从官，撰哀册、书宝、读册官，舁宝册官，挽郎、南郊及太尉侍中告谕册谥宝、灵座前进谥宝、奏内严外办、奠玉币酌献等（官） |
| 敬宗 | 庄陵 | 山陵使、山陵副使、按行山陵地使、桥道置顿使、桥道置顿副使、卤簿使、仪仗使山陵使礼仪使判官、按行山陵仪仗卤簿使判官 | 内山陵兼监修桥道使、内按行山陵副使、（内？）山陵修筑副使 | 舁梓宫官、陵所造（作）押当官及中使、吉凶仪仗诸色行从官、太极宫宿卫官及中使、大内皇城留守并押当官、撰哀册谥议、读谥册官、书册及读哀册书宝官、镌造宝册装宝册及检校官、中书门下仪制官、题神主官、舁宝册官、专知桥道官、知东渭桥官、知道路官、知顿官、诸色诸使监当杂职掌官吏、挽郎、南郊及太极殿摄太尉侍中告谥册宝，及灵座前进谥宝、奏内严外办、奠玉币酌献等官 |
| 庄宪皇太后 | | 山陵（使）所摄太尉行事官、山陵礼仪使、山陵副使 | | |
| 孝明太皇太后 | | 山陵使所摄太尉行事官、山陵礼仪使、山陵副使、判官，山陵置顿桥道使、副使、判官、巡官、巡检专知官，卤簿使、仪仗使、仪仗卤簿使判官及副使判官、诸使诸司杂执掌官吏，山陵礼仪置顿使判官 | 内山陵副使、判官，（内？）山陵监修桥道使、判官 | 陵所造作押当官及中使、诸司诸使应缘山陵修造及专知造作诸色检校执事（押）当官、白身及directly司长上、巧儿工匠，吉凶仪仗诸色行从官，诸司诸使押当官、置顿营幕、往来检校军将中使等，两（宫？）仪卫官及中使、大内皇城留守并押当官，撰谥册、哀册、谥议，书册及读谥册、书宝、读宝官等，镌造册宝、装宝及检校官、题木主官、舁宝册官及举宝官，押卤簿仪仗、挽郎、挽士、挽歌，诸色行事官及斋郎、礼生并阴阳生，应缘仪仗三卫骥骑及诸色夫匠、山陵应役人夫车牛、太常礼直官及中书门下仪制官、诸道应奉使赴山陵幕府军将 |

资料来源：参见吴丽娱《终极之典：中古丧葬制度研究》，第 244~246 页。

# 第三章
# 殡葬习俗

隋唐五代时期，殡葬习俗以土葬为主，在佛教徒以及北方民族中则多采用火葬、林葬，而石窟葬、塔葬等基本为宗教信众的丧葬方式。这一时期，民间的相墓术非常流行，五姓相墓法占有重要地位，相墓术的主要流派——形势派也在这一时期出现，并影响至今。

## 第一节 殡葬方式

受到地域、宗教和民族等因素的影响，隋唐五代时期出现了形式各异的殡葬方式。按照尸体的处理方式可以分为土葬、火葬、林葬、窟葬等。按照地域区分，大体可分为以中原汉族为主体的殡葬方式、边疆少数民族殡葬方式及域外东传宗教殡葬方式三种类型。在民族大融合、文化大发展的隋唐五代时期，三种类型的殡葬方式也出现了交融的迹象。比如，少数民族的火葬也在中原地区使用，中原的丧俗也曾在少数民族地区出现，外来宗教中有中华文化的因素，中华文明中也有域外葬俗的影子。

### 一 土葬

土葬是隋唐五代时期主要的埋葬方式。土葬有不同的墓葬形制，墓葬形制又与家庭经济实力及社会地位具有一定相关性。隋代墓葬形制一般分为竖穴土坑墓、砖室墓、土洞墓三大类。"其中土洞墓分为双室土洞墓和单室土洞墓两类。"[①] 平民多以竖穴土坑墓埋葬，墓中一般为单棺或双棺，也会有瓷器、陶器及铜钱等陪葬

---

① 刘呆运：《关中地区隋代墓葬形制研究》，《考古与文物》2012年第4期。

品。其墓道被称之为竖井墓道,这种墓葬又被称之为竖穴葬。另外则是通过挖隧道的方式挖出洞穴,然后把棺木放在洞穴或者砖室中,这类墓葬一般为双室墓或单室墓。其墓道要求长,施工比较复杂,挖好洞穴之后,有些还会用砖砌成室,这需要死者家庭具有一定经济实力。墓道的长度、砖室的多少依据地位、经济实力及风俗习惯而定。隋唐初期,砖室墓在上层社会中较为流行。唐高宗时期,高级贵族墓葬中盛行双室墓,单室墓仍是主要的墓葬形制。唐睿宗之后,高级贵族又流行单室墓。晚唐五代时期,单室砖室葬彻底消失。[①]总之,土葬方式是隋唐五代的主要殡葬方式。

## 二 火葬

火葬是指将尸骨焚烧后,置骨灰于塔、瓮、石窟或直接埋于土中、撒于水中的一种丧葬方式,主要在佛教僧众及少数民族民众中盛行,成为当时仅次于土葬的一种丧葬方式。

我国古代社会多实施土葬,强调入土为安。但《法苑珠林》记载佛教中有四种葬法,其中有一条是"火焚"。火葬在僧俗之中颇为盛行。佛经中曾说释迦牟尼涅槃后,行火葬之法留下舍利。《阿难问葬法》也载有:"佛言:'我葬之法,如转轮圣王,先以香汤浴身,劫贝裹体;次以五百张白叠缠之,内金棺中,灌以麻油……积众香薪厚衣其上,而阇维之,薪尽火灭,收取舍利。于四衢道,起立塔庙,表刹悬幡,使见者思慕。'"[②]其中阇维是巴利语的汉译,即火化之意,又被译为荼毗、阇毗、耶维、耶旬多种词汇。

因此,许多僧人纷纷仿效释迦牟尼的火葬之法。死后,一般按以下步骤:香汤沐浴,再纳入金棺,灌上麻油,积香木焚烧,收取骨灰,如骨灰中有舍利,则收舍利,立塔葬之。隋唐五代时期的塔铭中留有许多记载,《大唐崇义寺思言禅师塔铭》记载:"以延和元年五月二十三日,(禅师)舍化于浚郊大梁之域,遂就阇维。"[③]《慈润寺故大慧□□法师灰身塔》:"(法师)今乃阇毗,宗承先圣。"[④]《大唐相州安阳县大云寺故大德灵慧法师影塔之铭》:"有侄男慈润寺僧元晞,斯乃出游

---

① 程义:《关中地区唐代墓葬研究》,文物出版社,2012,第84~85页。
② 宝唱等集《经律异相》,参见《大正新修大藏经》第53册,第17页。
③ 周绍良、赵超编《唐代墓志汇编》(上),第1152页。
④ 周绍良、赵超编《唐代墓志汇编续集》,第36页。

子心重,离宗情□,不惮艰辛,遂涉山途,申哀展孝,阇毗事毕,收骨归乡。"①《唐故张禅师墓志铭》:"择吉辰八月十九日荼毗入塔。"②以上均是火化后,葬于塔中。唐独孤及《唐故扬州庆云寺律师一公塔铭》:"宝应元年冬十月十六日,(一公)终于杭州龙兴寺,春秋三十有六。临灭顾命,以香木荼毗,为送终之节。门弟子虔奉遗旨。"其中"香木荼毗"是指用香木火化,与前文佛经中提及的释迦牟尼火葬之法相同。

在佛教中也会直接称呼"火葬"或者"轮王法葬"。唐代高僧印宗卒后,"嘱循轮王法葬之,年八十七"。③开元十八年(730),唐庐江潜山天柱寺惠符,无疾而终,"乃从火葬,见骨节相连之状焉"。④《宋高僧传》记载后唐清泰二年(935)乙未,洛阳长水令諲岁终于邑寺,"其年迁于山麓,徇西域法火葬,获舍利,学人檀越共建塔焉"。⑤《唐绛州龙兴寺木塔院玄约传》也记载玄约的僧俗弟子"收焚坑舍利数百粒,构砖浮图于郡城之西焉"。⑥后唐同光三年(925)冬十一月,天台山福田寺从礼,"入灭,春秋七十九,僧腊五十二。火葬,收舍利,立塔存焉。"⑦从《高僧传》、《续高僧传》、《宋高僧传》中记载来看,隋唐五代僧人死后火化的情况逐渐增多。

表3-1 "阇维"、"阇毗"、"荼毗"、"火化"在历代语料和佛典中的用例比较

| | 魏晋至隋 | 唐 | 宋元 | 明清 | 佛典 |
| --- | --- | --- | --- | --- | --- |
| 阇维 | 5 | 11 | 0 | 1 | 130 |
| 阇毗 | 1 | 1 | 0 | 1 | 21 |
| 荼毗 | 0 | 7 | 3 | 6 | 43 |
| 火化 | 0 | 2 | 3 | 34 | 7 |

资料来源:姚美玲《唐代墓志词汇研究》,华东师范大学出版社,2008,第43页。

唐五代,僧人死后火葬的情况越来越普遍。除了僧人之外,隋唐五代时期的许多信众死后也采用火葬。《宣室志》卷七《商居士》记载:"居士后年九十余,一日,汤沐,具冠带,悉召门弟子会食因告之曰:'吾年九十矣,今旦暮且死,汝当以火烬吾尸。慎无违逆吾旨。'门弟子泣曰:'谨听命。'是夕,端坐而逝。后三日,门弟子焚居

---

① 周绍良、赵超编《唐代墓志汇编》(上),第1190页。
② 周绍良、赵超编《唐代墓志汇编》(下),第1765页。
③ 赞宁:《宋高僧传》卷4《唐会稽山妙喜寺印宗传》,中华书局,1987,第83页。
④ 赞宁:《宋高僧传》卷19《唐庐江灊山天柱寺惠符传》,第477页。
⑤ 赞宁:《宋高僧传》卷7《后唐洛阳长水令諲传》,第145页。
⑥ 赞宁:《宋高僧传》卷7《唐绛州龙兴寺木塔院玄约传》,第142页。
⑦ 赞宁:《宋高僧传》卷16《后唐天台山福田寺从礼传》,第400页。

士于野。及视其骨，果锁骨也。肢体连贯，若纫缀之状，风一拂则纤韵徐引。于是里人竞施金钱，建一塔，以居士锁骨瘗于塔中。"①《唐故边氏夫人墓记》记载："他时须为焚身，灰烬分于水陆，此是愿也。"②由此可见，信徒死后希望火葬的也不在少数。

后晋时期，吴越地区还出现专门火化的场所——净化院，净化院由僧人道者所建，他认为："西土苾刍、苾刍尼，下至优婆塞、优婆夷，送往之礼，名以阇维，阇维之文，实火化也，弃余灰于远水，免遗骨于他山，劳无烦人，置不有地。"③开运三年（946），他向吴越王钱弘佐提出建院之请，钱弘佐不仅同意而且亲赐名为"净化"。"阇维之道，兴于此焉。……或愿阇维，不计来众，资其事用，给以薪蒸。利济之门，无大于此。"④净化院对于愿意死后火化的信众，都会给予帮助，并不仅仅为了僧人葬仪而设。净化院的设立，反映出火葬在僧俗信众中的流行。

从前文中可以发现，火化后骨灰葬于塔中在高僧中比较常见。河南安阳宝山灵泉寺悬崖开凿了大量的龛塔，这些龛塔有大量铭文，多为"灰身塔铭"、"毁身塔铭"之类的铭文，表明此处安放的是一些僧众的骨灰。此外，也有将骨灰置于石窟之中的，龙门石窟曾发现龛塔葬有骨灰。

信众中也有将骨灰葬于水中的，前文所提及的边夫人就要求死后骨灰弃于水中，而《西关净化院记》中说："实火化也，弃余灰于远水，免遗骨于他山，劳无烦人，置不有地。"也是将骨灰葬于水中，且西关净化院选址为"乃于镇西阙之右，延寿山之阳，郛郭匪遥，柴水甚便。"⑤"柴水甚便"，一是便于收集木柴用于火化，二是便于将火化后的骨灰弃于水中。

将骨灰安置于陶器中也是火化后普通大众的处理方式。福建、广东等地区的考古发掘中，出现了一些晚唐五代时期装骨灰的魂坛。这种魂坛不少是佛教信众火葬后，收纳骨灰的容器。这一形式在宋元以后也颇为盛行。

另外将骨灰塑造成像也是一种形式。《续高僧传》中提及"灰骨涂像以陈身奉之供"。《宋高僧传》卷一八《唐泗州普光王寺僧伽传》记载，中和年间，僧伽的弟子木叉葬寺之西，后因故"开穴可三尺许，乃获坐函，遂启之，于骨上有舍利放光，命焚之，收舍利八百余颗，表进上僖宗皇帝，敕以其焚之塑像，仍赐谥曰真相大师，于今

---

① 张读：《宣室志 独异志》卷7《商居士锁骨》，张永钦、侯志明点校，中华书局，1983，第98页。
② 吴钢主编《全唐文补遗》第1辑，三秦出版社，1994，第264页。
③ 阙名：《西关净化院记》，《全唐文》卷987，第10216页。
④ 阙名：《西关净化院记》，《全唐文》卷987，第10217页。
⑤ 阙名：《西关净化院记》、《全唐文》卷987，第10217页。

侍立于左，若配享焉"。① 《宋高僧传》卷二三《唐京兆菩提寺束草师传》："其夕遂以束蒿焚身，至明唯灰烬耳，且无遗骸……京邑信士遂塑其灰为僧形，置于佛殿偏傍，世号束草师，祷祈多应焉。"②

除了佛教徒火葬之外，突厥、回鹘等少数民族也有火化的传统。突厥颉利可汗被俘至长安，贞观八年（634）卒，"其国人葬之，从其俗礼，焚尸于灞水之东"。③这是遵照了突厥的火葬旧俗。唐代中期，铁勒人仆固怀恩死于灵武，"部曲以乡法焚而葬之。"④部众是以本民族的火葬习俗埋葬了他。党项羌部落也流行火葬，"老死者以为尽天年，亲戚不哭；少死者则云夭柱，乃悲哭之。死则焚尸，名为火葬"。⑤另外，渤海、回鹘、南诏等许多民族也都有火葬的习俗。

## 三 林葬

林葬是部分北方少数民族及佛教徒的葬法，指将尸骸置于林中，待鸟兽食尽，再将遗骨安葬。遗骸安葬的处理方式又有多种，包括埋入土中、火化后树塔或扬撒于林间等。

在东北部分少数民族中，林葬的习俗较为多见。《隋书》记载契丹的葬俗："父母死而悲哭者，以为不壮，但以其尸置于山树之上，经三年之后，乃收其骨而焚之。"⑥《旧唐书》中亦有："其俗死者不得作塚墓，以马驾车送入大山，置之树上，亦无服纪。"⑦契丹族人死后，多葬于树上，之后火焚埋葬。库莫奚人的风俗与之类似，"死者以苇薄裹尸，悬之树上"。⑧林葬习俗在这些东北民族中有着较为久远的传承，北齐魏收的《魏书》中记载室韦（失韦）："父母死，男女众哭三年，尸则置于林树之上。"⑨可见，契丹、奚族、室韦等林葬习俗沿袭自南北朝，甚至更为久远。近现代以后，东北的鄂伦春族、赫哲族仍有此风俗。

早期中原地区的林葬风俗并不多见。隋代以后，林葬逐渐流行。这与佛教尤其是三阶教僧众乐于林葬有着很大关系。佛教非常重视布施，所谓"施为六度之首，万行

---

① 赞宁：《宋高僧传》卷18《唐泗州普光王寺僧伽传》，第452页。
② 赞宁：《宋高僧传》卷23《唐京兆菩提寺束草师传》，第590页。
③ 刘昫等：《旧唐书》卷194《突厥传上》，第5160页。
④ 刘昫等：《旧唐书》卷121《仆固怀恩传》，第3489页。
⑤ 刘昫等：《旧唐书》卷198《西戎传·党项羌》，第5291页。
⑥ 魏徵：《隋书》卷84《北狄传》，第1881页。
⑦ 刘昫等：《旧唐书》卷199《北狄传》，第5350页。
⑧ 魏徵：《隋书》卷84《北狄传》，第1881页。
⑨ 魏收：《魏书》卷100《失韦》，第2221页。

之先","一切外物，虽用布施，福德之报，未为弘广。身肉布施，其福乃妙"。以身体作为布施是其最高境界。佛经《贤愚经》中提及释迦牟尼的前世多次以身布施，还留下了摩诃萨埵以身施虎、锯陀身施猎师及八万蝇蚁、尸毗王剜眼施鹫、月光王施头等故事。但以上皆为生前以身体行施舍，并非死后以身体行施舍的"死施"。当前有学者研究认为"死施"与佛教的戒律、修禅以及头陀行有关。① 除此之外，僧俗死后以肉身饲鸟兽的行为还可增加福报、免除罪业用意。隋代延行寺僧人通幽要求死后林葬，他说自己"生不功一片之善，死不酬一毫之累，虚负灵神，何期误也。……幸以残身遗诸禽兽，倘蒙少福冀灭余殃……林葬于终南之山至相前峰，火燎余骸立塔存矣"。② 僧人法持，"遗嘱令露骸松下，饲诸禽兽，令得饮食血肉者发菩提心"。③ 这是以身饲野兽，增加福报。

总之，佛教僧众林葬的原因是多方面的，但与佛经（或伪经）中以身布施的著述有着很大关系，这促使一些佛教僧人与信徒死后实行林葬。隋朝通幽的师傅昙延也是林葬，他死前告诉弟子："吾亡后。以我此身且施禽兽，余骸依法焚扬，无留残骨以累看守。弟子沙门，童真、洪义、通幽、觉朗、道逊、玄琬、法常等，一代名流并文武职僚如滕王等，例咸被发。徒跣而从丧至于林所，登又下敕，于终南焚地设三千僧斋，斋讫焚之。"④ 此外，隋朝大业七年（611）靓渊卒，"弟子法琳夙奉遗踪，敬崇徽绪，于散骸之地为建佛舍利塔一所"。大业九年（613），智梵卒于寺房，"遗嘱施身，门徒遵旨，乃送终南山，鸠集余骸，缄于塔内"。⑤ 唐朝中前期，林葬的僧人与信徒也有不少。

林葬在隋唐时期有不同的称呼，比如施身鸟兽、血肉施身的类似说法也是林葬的别称。仁寿元年（601）慧隆病笃，"未终前，领弟子于高座寺南山顶聚土筑坛语曰：'我若舍形，不烦棺椁，可于此处以施禽虫。'坛竟便迁，诚哉知命！后依遗命，仍树高碑。"⑥ 开元十年（722）二月十八日，江左著名禅僧、金陵天保寺僧人智威卒："遗嘱林中饲鸟兽，弟子玄挺等依言奉行"。⑦ 贞观年间，慈润寺故灵琛禅师，"康存遗嘱，依经葬林，血肉施生，求无上道。□合成皂白，祇教弗达，含悲伤失，送兹山所，肌

---

① 刘淑芬：《中古的佛教与社会》，上海古籍出版社，2008，第193页。
② 道宣：《续高僧传》卷22《隋西京延兴寺释通幽传》，第837页。
③ 赞宁：《宋高僧传》卷8《唐金陵延祚寺法持传》，第182页。
④ 道宣：《续高僧传》卷8《隋京师延兴寺释昙延传》，第278页。
⑤ 道宣：《续高僧传》卷11《隋终南山至相道场释靓渊传》、《隋西京禅定道场释智梵传》，第384、382页。
⑥ 道宣：《续高僧传》卷12《隋丹阳彭城寺释慧隆传》，第402页。
⑦ 赞宁：《宋高僧传》卷8《唐金陵天保寺智威传》，第186页。

膏才尽，阇维镂塔，冀海竭山灰，芳音永嗣"。① 此处"送兹山所"，有送尸于某处之意，也意味着林葬。

有些塔铭中所言的收骸、收骨、露骸等也暗示着林葬。终南山悟真寺释净业大业十二年（616）卒，"露骸松下"。② 永徽六年（655）僧人弘智终于山寺，"以露骸林下，收骨焚散，遵余令也"。③ 这些都表示其死后选择了林葬。

举行林葬之法，也可称为葬林、归林等。前文提到贞观三年（629）慈润寺故大灵琛禅师死后，"康存遗嘱，依经葬林，血肉施生，求无上道"。④ 天宝十二年（753）的唐故优婆夷段常省于天宝八年（749）九月十日卒于私第，"舍报归林，以天宝十二载建塔于兹，知神魂而不固"。⑤ 这些信徒都是行林葬之法。

实施林葬的地方有时被称之为"尸陀"，或者"尸陀林"，梵文名 Sitavana 或 Smasna。按慧琳《一切经音义》中对其解释为："尸陀林正言尸多婆那，此云寒林。其林幽邃而且寒，因以名也。在王舍城侧，死人多送其中，今总指弃尸之处。名尸陀林者，取彼名也"。"尸陀林"是僧俗的弃尸之地。《释氏要览》解释："林葬谓露置寒林，饲诸禽兽。（寒林即西域叶尸处僧祇律云。谓多死尸，凡入者可畏毛寒，故名寒林。今云尸陀林，讹也。）"武周时期的居士尚真病逝，"即以其月廿五日，迁柩于终南山云居寺尸陀林。舍身血肉，又收骸骨。今于禅师林所起砖坟焉"。⑥ 僧顺禅师贞观十三年（639）卒于光天寺，于"廿二日送柩于尸陀林所，弟子等谨依林葬之法，收取舍利，建塔于名山，仍刊石图形，传之于历代。……头陀苦行，积德稍容。舍身林葬，镌石纪功"。⑦ 咸通年间，东都敬爱寺北禅院大德从谏死后，"玄章等奉遗旨，送尸于建春门外尸陁林中，施诸鸟兽。三日复视之，肌貌如生，无物敢近。遂覆以饼饵。经宿，有狼狐迹，唯啗饼饵，而丰肤宛然。乃依天竺法阇维讫，收余烬，起白塔于道傍，春秋奉香火之荐焉。"可见，尸陀林其实也是僧人葬地的别称。

隋唐时期还流行《尸陀林经》，但它被认为是伪经。敦煌还发现的《尸陀林发愿文》与《舍身发愿文》，多附于《佛说菩萨要行舍身经》后。开元十八年（730）成书

---

① 周绍良、赵超编《唐代墓志汇编》（上），第17页。
② 道宣：《续高僧传》卷12《隋终南山悟真寺释净业传》，第410页。
③ 道宣：《续高僧传》卷25《唐终南山至相寺释弘智传》，第951页。
④ 周绍良、赵超编《唐代墓志汇编》（上），第17页。
⑤ 周绍良、赵超编《唐代墓志汇编》（下），第1696页。
⑥ 周绍良、赵超编《唐代墓志汇编》（上），第1018页。
⑦ 周绍良、赵超编《唐代墓志汇编》（上），第50页。

的《开元释教录》卷十八《伪妄乱真录第七》中，记载有《要行舍身经》一卷，其注为："三纸余，后有舍身愿文，共有五纸"，这与敦煌文书类似，可见两者的关系密切。敦煌发现的《尸陀林发愿文》是信众自愿林葬的遗嘱：

> 十方三世诸佛，证知弟子某甲。愿从今身，尽未来际，恒以内财外"财"，生施死施。今生既尽，复以此分段之身、皮肉筋骨、头目髓脑及手足，施与一切饥饿众生，以偿宿债。仰行菩萨苦行之踪，舍身血肉于尸陀林所。又以此舍身善根，已集、当集、现集一切善根，以此善根，愿共法界众生，生生之处，于身命财不生贪著。舍耶（邪）归正，发菩提心；永除三障，永离贫穷。常见一切诸佛，菩萨及善知识，恒闻正法，福智具足，一时作佛，又愿肌肤血肉以施从生、飞鸟、禽兽，皆翻充足。乃一念不生悔"心"，放（仿）同王子心。如是次第，遍满十方，如恒河沙等诸佛世界。愿舍无量无边阿僧祇身体血肉，给施无量阿僧祇众生，悉命饱满。为"成"檀波罗蜜故，复非是愿："愿"诸众生取我肉时，随取随生，因食我肉，离饥渴苦。一切悉发阿耨多罗三□（藐）三菩提心。若有有情因食我肉，离饿渴，未来之世，速得远离二十五有饥渴之患。今我此身，以施诸鸟禽兽。"为"佛道故，今以肉施，以充其身从成佛道。当以法施，以益其心。又愿所生之□（处），常修苦行，生死布施。命终之后，身在山林树下，众鸟兽而噉食之。行此行□（者），自知得佛。又以此舍身善根，愿令一切众生，应观死尸身得度者，愿舍死尸身，普遍法界，度脱众生，应观死尸膨胀身得度者，愿舍死尸膨胀身，普遍法界，度脱□□（众生）应观白骨身得度者，愿舍白骨身，普□（遍）法界，度脱众生。又舍此无常不净之□（身），愿共法界众生，获得如来常住。清净法身，广□□（大如）法界，究竟如虚空，尽未来际，常无休息。又以□□（此善）根，愿令一切众生临命终时，心无错乱，身无颠倒。□□□（正念成）就，如入禅定，皆悉往生无量寿国。①

敦煌《尸陀林发愿文》中许多内容，诸如："今生既尽，复以此分段之身、皮肉筋骨、头目髓脑及手足，施与一切饥饿众生，以偿宿债。"再如："常修苦行，生死布施。命终之后，身在山林树下，众鸟兽而噉食之。"这些话语都是劝人于死后分割血肉，布施尸陀林中，即肉身布施、舍身功德。

---

① 黄征、吴伟：《敦煌愿文集》，岳麓书社，1995，第299页。

《尸陀林经》和《佛说要行舍身经》两部经书也都是宣扬林葬,"它们对林葬的宣扬,是促成隋末唐初以后林葬从僧人普及于俗人的重要原因之一"。①另外这两部经典都和三阶教有关。隋唐时期,死后林葬的人群中大部分为三阶教的信众,包括三阶教的创始人信行。在《故大信行禅师铭塔碑》文中提到:"生施死施,大士有苦行之踪;内财外财,至人有为善之迹。"这与敦煌发现的《尸陀林发愿文》:"愿从今身,尽未来际,恒以内财外财,生施死施。"其理念非常相似。

因此,许多三阶教僧人多愿意死后以身布施。按《故大信行禅师铭塔碑》:"于是法师净名、禅师僧邕、徒众等三百余人,夙以禅师为善知识,三业追逐二十余年,俱怀出世之基,共结菩提之友,恒欲碎骨于香城之下,投身于雪岭之间,生死莫由,死将为礼,遂依林葬之法,敬收舍利,起塔于尸陀林下。"信行死后,"送尸终南山鸱鸣之堆,道俗号泣,声动京邑,舍身收骨,两耳通焉,树塔立碑,在于山足"。②许多三阶教信众也追随其葬于终南山,或信行的塔侧。信行的弟子本济卒于慈门寺,"弟子道训、道树式奉尸陀,追建白塔于终南山下,立铭表德"。③僧邕禅师在贞观五年(631)十一月十六日,逝于化度寺,"即以其月廿二日,奉送灵塔于终南山下鸱鸣圯,禅师之遗令也。徒众收其舍利,起塔于信行禅师灵塔之左"。④优婆夷张常求卒于开元十年(722),"望本南阳人也。性乐超尘,志同冰镜,遂诣京华,得闻普法。开元十年构疾,至其年二月廿五日,逝化于怀德之私第焉,春秋七十八。迁柩于禅师林北起方坟,礼也"。⑤围绕信行墓塔周边,陪葬的僧俗人等众多,终南山楩梓谷成为三阶教重要的墓地。除了陕西长安终南山楩梓谷外,三阶教的葬地还有河南宝山、洛阳的龙门和芒山等地。⑥这些地方逐渐形成了塔林。

按照碑铭及相关的记载来看,林葬骸骨的处理方法多是火化后树塔,但树塔的多是高僧或者上层人物。武德三年(620)三月普旷卒于慈门寺,"遗告舍身山路,不须茔垄。弟子捃萃余骨,起塔于终南龙池之峰,树铭旌德"。⑦贞观十三年(639)《僧顺禅师墓志》:"廿二日送柩于尸陀林所,弟子等谨依林葬之法,收取舍利,建塔于名

---

① 刘淑芬:《中古的佛教与社会》,第214页。
② 道宣:《续高僧传》卷16《隋京师真寂寺释信行传》,第601~602页。
③ 道宣:《续高僧传》18《隋西京慈门道场释本济传》,第686~687页。
④ 李百药:《化度寺故僧邕禅师舍利塔铭》,《全唐文》卷143,第1447页。
⑤ 周绍良、赵超编《唐代墓志汇编》(上),第1257页。
⑥ 刘淑芬:《中古的佛教与社会》,第300页。
⑦ 道宣:《续高僧传》卷11《唐京师慈门寺释普旷传》,第387页。

山。"①开元二年（714）十二月十九日净域寺法藏禅师去世，"即以其年十二月廿□日施身于终南山梗梓谷尸陀林。由是积以香薪，然诸花叠，收其舍利，建窣睹波于禅师塔右"。②也有林葬之后，采用凿岩龛葬的方式。贞观十三年（639）二月二十八日，僧人智正的弟子智现等，"追惟永往，感息难顾，鸠拾余身，于寺之西北凿岩龛之"。③由于起塔等费用较高，一些中下阶层僧众难以负担，因此也有直接埋葬或者露骸松下。

三阶教是由北朝末隋朝初高僧信行所创立，但由于其教义方面的有些内容并不为其他教派所认可，因此隋文帝、武则天以及唐玄宗等五次禁其传播。尤其是武则天与唐玄宗各两次下旨禁断，其中唐玄宗的两次禁断对三阶教打击较大。"通过现有资料的对比可知，唐代朝廷的两次敕禁，对于三阶教百塔葬地的影响很不一样。武周时期的禁令或有一点影响，但是可以说是微小。开元年间的禁令就不相同，开元九年之禁明确针对无尽藏，似也关系不大。但是开元十三年的禁令，似乎对此产生相当大的影响。因为唐代以来基本连续的聚葬之事，到了开元十二年比丘尼坚行的归葬，显出一种戛然而止的感觉。"④因此，作为三阶教信仰的林葬，在唐玄宗之后，也就不常见了。

## 四 窟葬

窟葬也是一种露尸葬，是《续高僧传》中提到佛教葬法之一："或乘崖漏窟望远知人。"与林葬不同之处表现在窟瘗葬是将遗骸放置于天然洞窟或者人工开凿的洞穴中，等待鸟兽将尸体食尽，然后再收其遗骨；林葬则是直接将尸骸暴露于山林之中。窟葬又可分为石窟与土窟。

窟葬虽然也是露尸葬，但在佛教徒眼中两者有着明显区别。唐代高僧法喜武德六年（623）卒，原本选择林葬，而且曾为此选择林葬之处。他"平素之日历巡山险，行见一处幽隐，可为栖骸之所，命弟子示之。及其终后，寺僧属其仪貌端峙，不忍行之，凿山为窟，将欲藏瘗尔。一夕暴雪忽零，有余一尺，周回二里，蔽于山路。遂行开道，中道降神于弟子曰，'吾欲露尸山野，给施众生。如何埋藏，违吾本志！雪平荒径，可且停行。'众不从之，乃安窟内，经久俨然，都无物所噉"。⑤安喜弟子违背其意愿，以石窟瘗葬。高僧吉藏的事例也反映出二者的区别。吉藏在武德六年（623）

---

① 周绍良、赵超编《唐代墓志汇编》（上），第50页。
② 周绍良、赵超编《唐代墓志汇编》（上），第1197页。
③ 道宣：《续高僧传》卷14《唐终南山至相寺释智正传》，第495页。
④ 张总：《中国三阶教史》，社会科学文献出版社，2013，第286页。
⑤ 道宣：《续高僧传》卷19《唐雍州津梁寺释法喜传》，第730页。

卒后"遗命露骸，而色逾鲜白。有敕慰赗，令于南山觅石龛安置"。①由此可见，窟葬与林葬虽然都是露尸葬，主要差异是暴露方式不同：前者将遗体放在石窟内，后者将遗体直接放在林中。另外，选择林葬的僧俗信众尸体被鸟兽所食的这一过程，对死者而言可表现其对林葬理念的遵循及"死施"的心愿，但对亲友却显得过于残忍。《续高僧传》提到林葬时，也认为"陈尸林薄，少袪鄙吝之心，飞走以之充饥，幽明以于熏勃，得夫相补鲜能兼济。遂有虫蛆涌于肉外，鸟随啄吞狼藉，膏于原野伤于慈恻"。因此相较而言，选择窟葬也是一种妥协的安葬方式。

窟葬同样与魏晋以后佛教等宗教的传播有关。许多高僧往往开石室静修，之后坐化于石室，弟子信众就将其埋葬于其中。北朝时期，信徒中就出现了开凿石窟进行瘗葬的记载，《北史》记载：西魏文乙弗皇后在大统六年（540）被迫自尽后，"凿麦积崖为龛而葬"。②这是文献记载开凿石窟瘗葬最早的事例。南北朝时期，石窟葬已有一定记载。"从文献上看，隋唐时期的瘗窟已广泛分布于南、北各地，以长安、洛阳地区最为集中，此外还散见于陕西、河南的其他地区以及江苏、江西、山西等地。考古工作也证实了洛阳地区存在着大批瘗葬遗迹，龙门石窟先后发现瘗窟41座，和敦煌莫高窟北区是目前所知最大的两处瘗窟分布地。"③可见，到了隋唐五代时期，窟葬已经成为僧俗信众的葬法之一。

窟葬前，亡者的弟子亲友首先要选择洞窟或凿龛，以便将尸体置之窟中。窟龛应留有洞穴口，以便鸟兽出入。隋朝僧人法纯在仁寿三年（603）卒后，"葬于白鹿原南，凿龛处之，外开门穴，以施飞走。后更往观，身肉皆尽，而骸骨不乱"。④唐代僧人慧超卒后，"便殓于龙阜之山开化寺侧，作窟处焉。经停一年，俨然不散，日别常有供养礼拜，香花无绝。后遂塞其窟户，置塔于上"。⑤法纯与慧超均采用窟瘗葬，也都是开洞穴之口，之后再填塞。

隋唐五代时期，文献中有大量瘗葬的记载。但是瘗葬所用之窟，主要有三种。首先是利用自然石窟，这是比较常见的方式。唐时高僧僧彻卒后，"迁灵山窟还依坐之"。⑥其次是在山中开凿石窟或土窟进行瘗葬。这种葬法有时也称之为"造

---

① 道宣：《续高僧传》卷11《唐京师延兴寺释吉藏传》，第395页。
② 李延寿：《北史》卷13《后妃上》，第507页。
③ 倪润安：《敦煌隋唐瘗窟形制的演变及相关问题》，《敦煌研究》2006年第5期。
④ 道宣：《续高僧传》卷18《隋西京净住道场释法纯传》，第677页。
⑤ 道宣：《续高僧传》卷19《唐并州大兴国寺释慧超传》，第707页。
⑥ 道宣：《续高僧传》卷20《唐蒲州孤介山陷泉寺释僧彻传》，第770页。

空"、"营空"或称为"土穴"等。高僧僧猛在开皇八年（588）卒后，"葬于城东马头穴，刻石立铭于云花寺"。①高僧法侃在武德六年（623）卒后，"殡于东郊马头穴内"。②高僧道林武德七年（624）卒后，"即于山栖凿龛处之。众聚如烟，数盈万计，鼓舞而送，生死荣焉"。③这些高僧卒后，采取在山上开凿石窟下葬的方式。另外，据《大唐宣化寺故比邱尼坚行禅师塔铭》中说："以开元十二年十月廿一日，迁生于本院……临命遗嘱，令门人等造空施身。至开元廿一年亲弟大云僧志叶、弟子四禅、贤道、法空、净意等收骨葬塔，以申仰答罔极之志。"④这里的"造空施身"就是把遗骸放在人工开凿的穴窟内。开凿土窟也是一种方式。贞观四年（630），高僧法向卒后，"将终，谓弟子曰：'吾愿以身施诸鸟兽，此无林木，食若不尽秽人眼目，可埋山西南。'及依往埋，掘便值石，盘薄无由。又更试掘，遂得一处，凹陷石上，恰得容身，因厝中，置塔其上。向生常日，投陀林野，驯伏猛兽"。⑤由此可见，法向弟子在处理他遗体时，是在地上挖了一个土窟，正好土窟下有一块石头内陷，能容下其遗骸。天宝十三年（754）比丘尼辩惠卒后，要求"穿土为空，去棺薄窆"。⑥

还有一种较为少见的方式是"依岩为窟"。大历十二年（777）高僧元崇卒后，"临终，命门人无令封树。弟子如泉、澄添等奉全师教，以其月八日瘗于摄山之阳，依岩为窟，累石不磨不砻，遵遗诰也"。⑦这种方式有些类似于崖葬。

石窟瘗葬其遗骸一般有以下处理方式：一是直接葬于窟中；二是树塔再葬；三是有些信徒受到家庭影响，将遗骨土葬。其中还有一些遗骨火化后再下葬。

除了文献记载石窟瘗葬之外，还有大量的考古发现。在洛阳龙门石窟，"不但有藏尸的瘗窟，而且还有葬灰烬的瘗穴；总计有94个用于瘗葬的石窟。"⑧在敦煌莫高窟，"也发现了25个用于瘗葬的石窟"。⑨另外，四川巴中石窟的南龛群亦有佛教瘗

---

① 道宣：《续高僧传》卷24《隋京师云花寺释僧猛传》，第925页。
② 道宣：《续高僧传》卷11《唐京师大兴善寺释法侃传》，第391页。
③ 道宣：《续高僧传》卷19《唐同州大兴国寺释道林传》，第697页。
④ 周绍良、赵超编《唐代墓志汇编》（下），第1410页。
⑤ 道宣：《续高僧传》卷21《唐扬州海陵正见寺释法向传》，第806页。
⑥ 吴钢主编《全唐文补遗》第1辑，第401页。
⑦ 赞宁：《宋高僧传》卷17《唐金陵钟山元崇传》，第491页。
⑧ 张乃翥：《龙门佛教石窟唐代瘗窟的新发现及其文化意义的探讨》，《考古》1991年第2期；李文生、杨超杰：《龙门石窟佛教瘗葬形制的新发现——析龙门石窟之瘗穴》，《文物》1995年第9期。
⑨ 倪润安：《敦煌隋唐瘗窟形制的演变及相关问题》，《敦煌研究》2006年第5期。

图3-1　安阳灵泉寺石窟

葬形式的瘗窟和瘗穴发现，其中168号窟为葬尸之瘗窟。①从以上的考古发现以及文献资料研究看，隋唐五代的窟葬，安阳、洛阳、长安和敦煌是比较集中的地区，四川与甘肃等地也有零星的分布。

　　石窟瘗葬的信徒一般是三阶教。三阶教的信徒多林葬，但这种葬制中，"其亲友或者徒弟有不忍不舍之情，对林葬的调和，产生了石窟瘗葬"。②石窟瘗葬这种形式在隋朝至唐中叶比较流行，但在此后衰落。不过，这种丧葬形式的遗址到南宋还可见。③石窟瘗葬的衰落，一方面与火葬的流行有比较大的关系；④另一方面，由于三阶教在唐中期以后屡次受到政府的限制与打击，其丧葬形式也不再为信众熟悉。

　　窟葬虽然是佛教徒的丧葬方式之一。但最近考古工作发现，唐朝洛阳地区景教徒也有部分采用窟葬。"在洛阳龙门石窟西山北段红石沟北崖的中段山腰处有一小型窟龛群，在该窟龛群东部陡直的崖体上，有一瘗穴表面有数道斜向或直向的凿痕，龛前台地窄陡。龛口为横长方形，内部空间为横长方体，高65厘米、宽90厘米、龛底进深70厘米。在龛上方52厘米的崖面上，阴刻一个略向左倾斜的十字架图案，高26厘米、宽24厘米，上下左右基本均衡，下半和右半均略长于上半和左半。在与龛左沿大体对应的崖面上方36厘米处，凿有一边长4厘米、深5厘米的方圆形孔，用途不详。在十字架图案右侧约46厘米处，竖向刻有字径约7厘米、似昭武九姓

---

① 李文生、杨超杰：《龙门石窟佛教瘗葬形制的新发现——析龙门石窟之瘗穴》，《文物》1995年第9期。
② 刘淑芬：《中古的佛教与社会》，第258~260页。
③ 李文生、杨超杰：《龙门石窟佛教瘗葬形制的新发现——析龙门石窟之瘗穴》，《文物》1995年第9期。
④ 倪润安：《敦煌隋唐瘗窟形制的演变及相关问题》，《敦煌研究》2006年第5期。

之"石"姓。这种全新形式的早期景教历史遗存在国内尚属首次发现,也是目前所知国内最早的景教墓葬遗迹。"①这种独特的丧葬形式也为探讨景教葬俗提供了新的视角。

## 五 其他形式

塔葬也是隋唐五代时期流行于僧人与信徒之间的丧葬方式,就是将遗体直接放入塔中进行安葬。唐人杜鸿渐"晚年乐于退静,私第在长兴里……鸿渐悠然赋诗曰:'常愿追禅理,安能抱化源。'朝士多属和之。及休致后病,令僧剃顶发,及卒,遗命其子依胡法塔葬,不为封树,冀类缁流,物议哂之"。②另外,树塔是佛教僧人火化、林葬与窟葬之后尸骨的处理方式之一,因此有人认为将遗骨、骨灰或者遗体放入塔中进行安葬也是塔葬的一种形式。

水葬也是佛教徒的一种丧葬方式。道宣《续高僧传》记载:"然西域本葬,其流四焉。火葬焚以蒸新,水葬沉于深渊,土葬埋于岸旁,林葬弃之中野。""水葬沉于深渊"即是指的水葬。但隋唐五代时期,水葬的事例比较少见。高僧玄景大业二年(606)卒,"自生常立愿沉骸水中,及其没后,遵用前旨,葬于紫陌河深滢之中"。③佛教中有割肉饲鹰的典故,佛教徒或许受此启发,以身饲鱼鳖。贞观十八年(644),西京弘福寺僧人玄览:"密去至京东渭阴洪陂坊侧,旦临渭水称念礼讫,投身滢中,众人接出。览告众曰:'吾誓舍身命久矣,意欲仰学大士难舍能舍,诸经正行,幸勿固遮。'两妨其业。众语意盛,故乃从之,又即入水,合掌称佛,广发愿已,便投旋涡。于三日后其尸方出,村人接取为起塔铭。"其原因是:"今欲修行檀波罗蜜行,如萨埵舍身尸毗割股,鱼王肉山,经文具载,请从前圣,敢附后尘。"玄览也是受此影响。

史书曾记载太原地区的黄坑葬:"太原旧俗,有僧徒以习禅为业,及死不殓,但以尸送近郊以饲鸟兽。如是积年,土人号其地为'黄坑'。侧有饿狗千数,食死人肉,因侵害幼弱,远近患之,前后官吏不能禁止。(李)暠到官,申明礼宪,期不再犯,发兵捕杀群狗,其风遂革。"④从记载来看,黄坑葬也是露尸葬,尸体被饲之鸟兽。

这种葬法,岑仲勉先生认为其为祆教的习俗。祆教是产生于今伊朗一带的宗教,

---

① 《龙门石窟首现唐代景教遗存》,http://www.chinanews.com/cul/2014/01-16/5745930.shtml。
② 刘昫等:《旧唐书》卷108《杜鸿渐传》,第3284页。
③ 道宣:《续高僧传》卷17《隋相州邺下释玄景传》,第645页。
④ 刘昫等:《旧唐书》卷112《李暠传》,第3335页。

主要特点是对火的崇拜;祈祷与节日是祆教徒宗教生活的主要内容;洁净律法是其日常生活风俗重要的组成部分。洁净律法甚至成为区分祆教与非祆教徒的主要标志之一。食物要洁净,土地不可荒芜,住处也要整洁。①祆教传入中国后,产生了比较深远的影响,至宋才在中国逐渐消失。祆教在丧葬上流行露尸葬,这点与佛教有相似之处。祆教认为尸体是不洁净的,要抬入一个天葬场所,任由飞禽走兽吃光,骸骨另行埋葬,不得污染水、火和其他与宗教相关的东西。"隋唐五代时期,出土的祆教墓葬并不多见,一般而言,都带有火坛的图案,反映了对火的崇拜;而且还多为石棺,也反映出不洁思想在丧葬中体现。"②但黄坑葬并不符合祆教丧葬习俗与洁净律法,所以应该是佛教中的露尸葬。

## 第二节 殡葬程序

隋唐五代时期,由礼入法,殡葬也形成了一套严密而清晰的礼仪程序。《隋书·礼仪志三》以及《大唐开元礼》中有所记载,《新唐书·礼乐志》、《通典》中也录有较为详细的程序。无论是上层贵族,还是普通百姓都应遵循相应的等级,按《隋书·礼仪志》载:"其丧纪,上自王公,下逮庶人,著令皆为定制,无相差越。"③他们遵照着这样的规范,给予死者极高的敬意和缅怀。隋唐五代时期,群臣的丧葬程序主要包括初终、招魂、沐浴、易衣、饭晗、明旌、凿木为重、小殓、大殓、设灵座、成服、奠祭、启殡、陈器用、送葬、下葬、返哭、虞祭、袝庙等多个环节。以下结合《新唐书·礼乐志》及其他相关史料进行介绍。

### 一 初终

初终,指的是病重到临终这段时间。《新唐书》载:"有疾,斋于正寝,卧东首北墉下。疾困,去衣,加新衣,彻乐,清扫内外。四人坐而持手足,遗言则书之,为属纩。"④病重后,要给病人换上新衣,撤去乐器,清理房屋。在给病人换衣服过程中,一般需要四个人把持病人手足,此时病人已经不能伸展手脚。病人弥留之际的遗言要及时记录。用新绵置于病人口鼻前,以此判断病人气息状况,明确病人死亡时辰。

---

① 龚方震、晏可佳:《祆教史》,上海社会科学院出版社,1998,第64~74页。
② 孙宗贤:《凤翔发现的唐代祆教石棺床及构件相关问题浅析》,《文博》2012年第6期。
③ 魏徵:《隋书》卷8《礼仪志三》,第156页。
④ 欧阳修:《新唐书》卷20《礼乐志十》,第446页。

《礼记·丧大记》载："属纩以俟绝气。"郑玄注："纩，今之新绵，易动摇，置口鼻之上以为候。"新绵较为干燥，通过新绵容易观察病人气息状况。

病人气绝后，则要将逝者由床上移至地下，以此表示人一出生就在地上，死后也要回到地上。此时，亲属要换丧服，"男子白布衣，被发徒跣；妇人女子青缣衣，去首饰；齐衰以下，丈夫素冠"。①男子要穿白色的衣服，女子要穿青衣，并且不能佩戴首饰，以示肃穆。衣服等换好后，亲属要坐在逝者床的东、西两侧，按照长幼亲疏排列，行啼踊之礼。其中男性在东面，按照其他主人、兄弟子侄依次向后排列哀哭；妻子坐在床西，妾、女及其他女子依次排在后面。内外之间，用行帷隔开。祖父以下亲属在帷的东北壁下，祖母以下亲属在帷西的北壁。外姓亲属男子在门外东面，女性亲属的位置在主妇的西北。主妇之丧，则长辈男子及外姓男性亲戚的位置在前堂，如果在门外都要向南。同宗亲戚在门的东面，以西为首；外姓亲戚在门的西面，以东为首。在啼踊之礼过程中，因亲疏远近，啼踊的地点和方位也不尽相同。依据与逝者关系，服斩衰之丧的亲属，要三日不食；服齐衰之丧的亲属，需二日不食；服大功之丧的亲属，要三顿不食；小功、缌麻，要两顿不食。

## 二 招魂

古人认为人由"魂"和"魄"构成，只有魂魄同时不在，才能算是真正的死亡。人气绝，只能说魂不在，但魄还可能在，如果采取某种仪式，将他的魂招回来，还有复活的可能，所以要举行招魂仪式。

招魂仪式一般在正室中举行，由三人主持招魂之仪，"以死者之上服左荷之，升自前东溜，当屋履危，北面西上。左执领，右执腰，招以左。每招，长声呼'某复'，三呼止"。②他们把死者的上衣搭在左肩上，自东面爬上屋顶，站在屋顶最高处，面朝北方并西向，左手拿死者上衣衣领，右手拿着衣服腰部，左手要做招呼的动作。每次招呼，要大声呼喊他的魂回来，连续呼喊三次。然后将衣服从房顶扔至屋前，亲属将衣服装入箧或者箱中，从东阶进入正屋，覆盖在死者的身上。主持招魂仪式的人要到房顶的西北面，并从那里下来。死者用来招魂的衣服不能陪葬。

招魂后，有一个设床的仪式。"乃设床于室户内之西，去脚、簟、枕，施幄，去裙。迁尸于状，南首，覆用敛衾，去死衣，楔齿以角柶，缀足以燕几，校在南。其内

---

① 欧阳修：《新唐书》卷20《礼乐志十》，第447页。
② 欧阳修：《新唐书》卷20《礼乐志十》，第447页。

外哭位如始死之仪。"①在室内西面放床,将床脚去掉,在床上铺好竹席,放上枕头。再把身体安置于床上,头朝南面。盖上将来大殓时盖遗体用的被子,并将死前所穿的新衣脱掉。把用牛角或者鹿角等角物做出的柶(类似小勺子的礼器)放入死者的牙齿之间,方便行饭唅之礼。然后把死者的脚放在几案之上,便于逝者穿鞋。然后再有啼踊之礼,其哭的顺序、方位与第一次相同。

此后,举行一次祭奠仪式,用脯和肉酱等祭奠,祭奠时的酒要倒入吉器内。从东阶上,将祭奠用的物品放在死者东。如果是主妇的丧礼,则由赞者在户外陈列。

### 三 沐浴

沐浴就是给死者洗头洗身。隋唐五代时期对沐浴有比较严格的规定。首先要在台阶间靠西向南挖坑,"广尺,长二尺,深三尺,南其壤,为役灶于西墙下,东向,以俟煮沐"。②坑要宽一尺,长两尺,深三尺,挖坑出来的土要对向南方。然后在西墙靠东的地方做一个灶,用来烧沐浴用的水。使用的新盆、瓶、炊具六鬲都要洗干净,放在西阶上。用细葛或粗布制成的沐巾一条、浴巾两条,放在竹筐中。梳子放在箱中或席上,浴衣装在箱中,都要从南依次放好以备用。"水渐稷米,取汁煮之,又汲为汤以俟浴。以盆盛潘及沐盘,升自西阶,授沐者,沐者执潘及盘入。"③将淘小米的水煮开,加入凉水烧成热水,等着沐浴。用盆装淘米水和沐盘,从西阶上,交给沐洗者,沐洗者拿着淘米水和木盘进来后,子孙要出门回避,靠门东;主妇以下在门西,站立哀哭。"其尊行者,丈夫于主人之东,北面西上",④都要坐着哭,以表示悲哀。死者是女性,就用帐帷,梳洗沐浴,用丝带束发,用巾擦干。

洗浴时,四人抬被,两人用擦巾洗,再用浴衣擦干。此后,将洗浴好的遗体抬起放在床上,并给死者整理头发、修剪胡须与指甲,将修剪下来的毛发与指甲收入特制小袋中,大殓时放入棺材中。此外,"楔齿之柶、浴巾皆埋于坎。實之。衣以明衣裳,以方巾覆面,仍以大殓之衾覆之"。⑤之后,外面的亲属可以进屋到相应位置哀悼。

---

① 欧阳修:《新唐书》卷20《礼乐志十》,第447页。
② 欧阳修:《新唐书》卷20《礼乐志十》,第447~448页。
③ 欧阳修:《新唐书》卷20《礼乐志十》,第448页。
④ 欧阳修:《新唐书》卷20《礼乐志十》,第448页。
⑤ 欧阳修:《新唐书》卷20《礼乐志十》,第448页。

## 四 易衣

袭就是入殓前为死者穿加衣服。一般要为死者穿上三套新衣，"袭衣三称，西领南上，明衣裳，舃一；帛巾一，方尺八寸；充耳，白纩；面衣，玄方尺，纁里，组系；握手，玄纁里，长尺二寸，广五寸，削约于内旁寸，著以绵组系。庶襂继陈，不用"。①一般是朝服一套，常服两套。衣领向西，以南为首。还要准备贴身单衣一件，木鞋一双；一尺八寸见方帛巾一块；还有填塞耳朵用的玉石、白丝絮；一尺见方的黑色面衣罩；浅红里的丝带；黑红里的手套，要长一尺二寸，宽五寸，靠内侧缩小一寸，用绵丝带系住。然后将众人赠送死者的衣服陆续列在席上。给死者穿衣时，将床与席子摆放在西阶的西面，屋内外的人都来哀哭，礼仪与沐浴一致。给死者穿衣的人到床以东的地方，铺好枕席，在席上陈列衣服。巫师除去死者的面巾，给死者盖上面衣罩，耳朵塞上玉，戴上手套，穿上布鞋、木鞋。穿好后，盖上大殓时所用的被子，屋外人入屋哀哭。

## 五 饭晗

沐浴之后，行饭晗（或饭含）之礼。饭晗包括"饭"和"晗"两个部分。饭是指在死者口中放入米、粱、稷等食物；晗，是在死者七窍中塞入碧、璧等玉器。隋唐五代时期，不同等级的死者饭晗的物品各不相同，《新唐书·礼乐志三》规定："一品至于三品，饭用粱，晗用璧；四品至于五品，饭用稷，晗用碧；六品至于九品，饭用粱，晗用贝。"②当然，也有不遵守此规定的，比如唐郑洵墓中，晗用玻璃。③

饭晗之礼的程序为，主持丧事的人拿水盘以及晗具、竹筐，上堂。行晗礼者在门外洗净手，进入之后洗净晗具，装入竹筐中，然后进屋，巫师也跟着进来。行饭晗礼者面朝北，给死者撤去枕头，掀开袭被，巫师接过装晗具的竹筐，放在死者东面。行礼者坐在床东，面朝向西，在逝者脸部的方巾上，大约嘴的位置开洞，将饭含之物塞入死者嘴内。行完饭晗之礼，主人回到原位。

---

① 欧阳修：《新唐书》卷20《礼乐志十》，第448页。
② 欧阳修：《新唐书》卷20《礼乐志十》，第448页。
③ 中国社会科学院考古研究所河南二队：《河南偃师市杏园唐墓的发掘》，《考古》1996年第12期。

## 六　铭旌

铭旌就是在户外的长幡上写上死者的信息,比如姓名与官职。唐代的韩愈曾在《祭郴州李使君文》中写道:"见明旌之低昂,尚迟疑于别袖。"按照品级,长幡的尺寸有不同的规定:"一品至于三品,长九尺,韬杠,铭曰'某官封之柩',置于西阶上;四品至于五品,长八尺;六品至于九品,长六尺。"①一品至三品官,要用满幅宽的绛色帛,九尺长,要包裹上牛皮的竹杠,写上"某官封之柩",放在西阶上。四品至五品官,帛长八尺;六品到九品,帛长六尺,依次降低规格。

## 七　凿木为重

即制作暂时替代神主的牌位。不同等级有不同的规定:"一品至于三品,长八尺,横者半之,三分庭一在南;四品至于五品,长七尺;六品至于九品,长六尺。"②制好牌位之后,将给死者沐浴时的米熬熟,盛入鬲中,用粗布盖住鬲口,然后用竹篾系住,挂于牌位上方。

## 八　小殓

小殓就是在死者第二天,给死者穿寿衣。一般需准备十九套,朝服一套,笏板一个。在东堂设下祭奠物,其中"甒二,实以醴、酒,觯二,角柶一,少牢、腊三,笾、豆俎各八"。③这里面包括装有醴和酒的二个甒;一个角勺;供祭祀用的猪和羊;三块腊肉;笾、豆、俎各八个。在食物的东面放好盆盥,铺上巾。主持丧礼的人分割肉脯和肉酱,放于床的西南。

接下来开始给死者穿寿衣。"具状席于堂西,设盆盥西阶之西,如东方。敛者盥,与执服者以敛衣入,丧者东西皆少退,内外哭。已敛,覆以夷衾。设状于堂上两楹间,衽下莞上簟,有枕。卒敛,开帷,主人以下西面凭哭,主妇以下东面凭哭,退。"主人以下扶灵西向,主妇以下扶灵东向,哭着退下。再为逝者敛鬓发祭奠,"赞者盥手奉馔至阶,升,设于尸东,醴、酒奠于馔南西上,其俎,祝受巾巾之。奠者彻袭,奠,自西阶降出。下帷,内外俱坐哭。有国官、僚佐者,以官代哭。无者以亲疏为

---

① 欧阳修:《新唐书》卷20《礼乐志十》,第449页。
② 欧阳修:《新唐书》卷20《礼乐志十》,第449页
③ 欧阳修:《新唐书》卷20《礼乐志十》,第449页。

之"。①再祭奠逝者，即"小殓奠"。夜间要点亮厅堂灯火，称为坐夜。天亮后，熄灭灯火。

## 九 大殓

大殓是将遗体移入棺木之中。一般在死后第三日，也就是小殓的第二天进行。大殓需备三十套衣服，还有上等衣服一套，冠冕要备有簪、导、缨等；如果死者为女性，需花钗一支、被子一床。此后祭奠与小殓相同，其中甒上放勺，筐在东南，笾、豆、俎用细布盖住。

抬进棺椁，内外人停止哀哭。将棺椁抬上堂，停在灵柩处，再哭。要提前熬粥八筐，黍、稷、粱、稻各两筐，都要添加鱼和腊肉。"烛俟于馔东，设盆盥于东阶东南。祝盥讫，升自阼阶。彻巾，执巾者以待于阼阶下。祝盥、赞者彻小敛之馔，降自西阶，设于序西南，当西溜，如设于堂上。"②然后到东阶，帷内的人稍退，站立哭泣。接下来侍奉者装殓，给死者带上冠冕或花钗，用被子覆盖死者。然后打开帷幄，居丧者哭，礼仪如同小殓。

装殓者以四人抬床，儿女跟随，将死者放入棺中，然后加盖，再用死者衣服覆盖。此时内外人等回归原位。接着将熬好的粥放在死者周围，头脚处各一筐，左右两边各三筐。"以木覆棺上，乃涂之，设帘于殡上，祝取铭置于殡。"③即用木板盖住棺材，然后用泥涂之。在灵柩之上设小帷幄，将铭旌覆盖于灵柩之上。

然后进行祭奠。"执巾、几席者升自阼阶，入，设于室之西南隅，东面。又几，巾已加，赞者以馔升，入室，西面，设于席前。祝加巾于俎，奠者降自西阶以出。下帷，内外皆就位哭。"④

## 十 置灵座

灵座也称为灵坐、灵位，设置于下室西面，朝东。"施床、几、桉、屏、帐、服饰，以时上膳羞及汤沐如平生。殷奠之日，不馈于下室。"⑤放置床、几、案、屏风、

---

① 欧阳修：《新唐书》卷20《礼乐志十》，第449页。
② 欧阳修：《新唐书》卷20《礼乐志十》，第449页。
③ 欧阳修：《新唐书》卷20《礼乐志十》，第449页。
④ 欧阳修：《新唐书》卷20《礼乐志十》，第449页。
⑤ 欧阳修：《新唐书》卷20《礼乐志十》，第450页。

帐、服饰，按时进上食物和热水，如同生前一样。大祭奠时，不向下室进献食物。灵座是在逝者下葬前暂时用来供奉亡灵的几筵。

## 十一　成服

成服是指亲属按照与死者的亲疏远近，穿着相应丧服，一般在大殓之后。成服之日，大家先行哭踊之礼以尽哀，"乃降就次，服其服，无服者仍素服。相者引主人以下俱杖升，立于殡，内外皆哭。诸子孙跪哭尊者之前，祖父抚之，女子子对立而哭，唯诸父不抚。尊者出，主人以下降立阼阶"。①成服之后，贵客夫妇可到殡所致哀；其他人则到正堂面南致哀。孝子成服后，只能食粥，早晚只能用四合小米；如果不能吃粥，可吃些米饭。

## 十二　奠祭

如果待葬时间较长，在每月初一、十五，还要举行一种名为殷奠的祭祀活动。"馔于东堂下，瓦甒二，实醴及酒，角觯二，木柶一，少牢及腊三俎，二簋、二簠、二铏、六笾、六豆。其日，不馈于下室。"②祭祀时，将食物放在东堂。要摆上分别装满醴和酒的瓦甒，两个杯子，一个木柶。还要摆上羊、猪二牲，干肉三条；还要有两个簋，两个簠，二个铏，六个笾，六个豆。并在食物的东面放盆。这一天，内外亲属皆至，并穿上丧服，各人到各自位置上哭泣。奠祭当天，内堂不献食物。

## 十三　启殡

下葬日定之后，就要举行启殡仪式。启殡即将棺木移到堂屋等待出殡。

下葬日前一天傍晚，主持丧事的人除去棺材周围的帷幄，准备祭祀，规格与大殓时相当。宾客们站在大门的右边，面朝南，众人像夕奠时哭泣。启殡的那天，"主人及诸子皆去冠，以纻巾帕头，就位哭。祝衰服执功布，升自东阶，诣殡南，北向，内外止哭，三声噫嘻，乃曰：谨以吉辰启殡。"③这时众亲宾再哭。

巫师将铭旌取下，放在牌位北面。主丧者上堂，清除棺木上所涂抹的泥巴，并在灵柩东设席，然后众人将灵柩抬到席子上。这时，巫师用细布拂去棺木上的灰尘，然

---

① 欧阳修：《新唐书》卷20《礼乐志十》，第450~451页。
② 欧阳修：《新唐书》卷20《礼乐志十》，第451页。
③ 欧阳修：《新唐书》卷20《礼乐志十》，第451页。

后盖上死者的衣被,灵柩四周重新设置帷幄,只向东开口。

此后,丧主以外的家人入堂,在帷幄东面,朝西以南为首哭。"诸祖父以下哭于帷东北壁下,诸祖母以下哭于帷西北壁下;外姻丈夫帷东上,妇人帷西。祝与进馔者各以奠升,设于柩东席上,祝酌醴奠之。"① 祖父辈以下人在帷幄的东南角,朝南面向西哭;祖母辈以下的妇人在帷幄的西北角,朝南东面哭;外姻男子则在帷幄的东面,朝北面向西哭;妇女在帷幄的西角,朝北面向东面哭。其间,巫师和供奉饮食的人把祭物放在灵柩的东席,巫师掛酒祭祀死者。

## 十四　陈器用

启殡之日的前夜,出发前五刻,每一次击鼓就进行一项准备活动。第一次击鼓时,要布置"吉、凶仪仗,方相、志石、大棺车及明器以下,陈于柩车之前"。

死者官职等级不同,所陈器用也不一样,"一品引四、披六、铎左右各八、黼翣二、黻翣二、画翣二,二品三品引二、披四、铎左右各六、黼翣二、画翣二,四品五品引二、披二、铎左右各四、黼翣二、画翣二,六品至于九品披二、铎二、画翣二"。② 引就是牵绳,披就是挽披(灵柩上用以固定棺材的带子),铎就是铃铛,黼翣就是黑白花纹的饰扇,黻翣是黑青花纹的饰扇,画翣为彩色的饰扇。

## 十五　送葬

陈器用之后,开始进入送葬程序。二刻时分,敲二次鼓,提醒准备。"二刻顷,搥二鼓为二严,掌馔者彻启奠以出,内外俱立哭。执绋者皆入,掌事者彻帷,持翣者升,以翣障柩。执绋者升,执铎者夹西阶立,执纛者入,当西阶南,北面立。"③ 掌事者取重出,倚于门外之东。执旌者立于纛南,面北。这时负责供奉食物的人撤掉食物,进行祭祀。内外亲属皆至,在各自的位置上站着哭。拿抬棺绳、饰扇以及主丧等人,按照不同的方位站立。

击鼓三次时,就要做好灵车进入庭内的准备。由拿铃铛、拿饰扇、拿旌旗、拿大旗的引导;灵车进入庭内后,主人之外的其他亲属进来。

之后,子女和亲属再哭,巫师主持祖奠仪式,祭奠细节和大殓奠的细节类似。

---

① 欧阳修:《新唐书》卷20《礼乐志十》,第451页。
② 欧阳修:《新唐书》卷20《礼乐志十》,第451页。
③ 欧阳修:《新唐书》卷20《礼乐志十》,第451~452页。

巫师倒酒祭奠，进献食物，北向而跪说道："永迁之礼，灵辰不留，谨奉旋车，式遵祖道，尚飨。"①然后将棺木抬上灵车后，再举行遣奠仪式，细节如祖奠。

祭祀后，"掌事者以蒲苇苞牲体下节五，以绳束之，盛以盘，载于舆前"。②主丧者用蒲苇包五个牺牲的腿，并用绳子捆好放入盘子，然后放入车前。接下来安排送葬队伍的次序。灵车启动，丧主及其儿子赤脚、穿着丧服紧跟其后哭送，其余人按照与死者关系亲疏依次排列哭送。灵车出门后，亲属中地位比较高的可以乘坐车马，但要哭声不绝。

送葬队伍出城，其中有人要返回，送葬队伍就要暂停行进；那些地位比较高贵的要下车马，按照亲疏关系站着哭泣；准备返回的宾客被带到灵车的左面，哭完之后返回。

## 十六　下葬

祭奠及陈明器后，将灵柩从车上搬到后面，把帷幄打开，把灵柩抬下来，"丧至于墓所，下柩。进辂车于柩车之后，张帷，下柩于辂。丈夫在西，凭以哭。卑者拜辞，主人以下妇人皆障以行帷，哭于羡道西，东面北上"。③男性送葬者站在灵柩东边，女性站在灵柩西边，按照秩序进入帷幄中抚灵柩哀哭。

此后，将灵柩送入墓穴，按照死者头向北的方位将灵柩放在事先已经铺好的席上，并在灵柩上盖上死者的衣服。接着灵车离开，将饰扇放在墓道两侧；把帷幄放在灵柩的东面，朝南摆放；按后按照不同顺序摆放其他祭品，"米、酒、脯于东北，食盘设于前，醯、醢设于盘南，苞牲置于四隅，明器设于右"。④

在墓穴内，主丧者要将黑色的帛带给主人，主人将他交给巫师，巫师把它放在灵座上。主人下跪叩头表示感谢。然后在墓门内摆放旌旗以及墓志铭等，关上墓门，设置门锁；然后填埋三次土。此时，主人以下的亲属下跪叩头哀哭，然后回到灵车边哀哭。在这期间，主丧者在坟墓左边设奠祭拜土地神。至此，下葬仪式正式结束。

---

① 欧阳修：《新唐书》卷20《礼乐志十》，第452页。
② 欧阳修：《新唐书》卷20《礼乐志十》，第452页。
③ 欧阳修：《新唐书》卷20《礼乐志十》，第453页。
④ 欧阳修：《新唐书》卷20《礼乐志十》，第453页。

## 十七　反哭

棺椁下葬后，第一次敲鼓表示第一次戒严，此时要关闭墓门；第二次敲鼓后，众人要回到灵车处；第三次敲鼓后，要撤下酒、干肉等祭品。在帷幄外的灵车外，仪仗陈设如来时。此后，灵车返回，亲属哀哭。灵车返回后，巫师先上堂，到牌位前；主人以下亲属随着巫师，来到牌位东；此后，亲属都上堂，按照一定次序排列而哭。

## 十八　虞祭

下葬结束后，还要举行仪式，将死者灵魂迎接回家。将死者灵魂迎接回家的程序称之为虞祭。虞祭一般在下葬后的当天进行，事先要制作一块灵牌，"主用桑，长尺，方四寸，孔径九分，乌漆匮，置于灵座，在寝室内户西，东向，素几在右。设洗于西阶西南，瓦甒二、设于北牖下，醴、酒在东。丧者既沐，升灵所"。[①] 长一尺，宽四寸，内有一个直径为九分的圆孔，涂上黑漆。灵牌放在灵座上，灵座设在寝室门内西边，朝东放置；此外在灵座东面还要放置一个没有装饰的几案。在西阶西面放置洗具；在北边窗户下放二个瓦甒，醴和酒放在东面。

丧主一家沐后来到灵座前。主人及其儿子挂杖在门外，进入门内后哭泣。进献食物者从东阶进入屋内，食物与殷奠相同。主人洗手后将酒爵洗干净，斟好酒，向西面继续跪着哭泣。

巫师跪读祝文，祝文格式一般为："维年月朔日，子哀子某，敢昭告于考某官封谥：日月遄速，奄及反虞，叩地号天，五情糜溃。谨以洁牲柔毛、刚鬣、明粢、芗合、芗萁、嘉蔬、嘉荐、醴齐，哀荐祫事于考某官封谥，尚飨。"[②] 祝文读完后，巫师出门。主人哀哭，两拜，众亲宾皆哭两拜。然后出门，拄杖下西阶，返回各自的位置。第二天以及第三天也要举行此仪式。

另外还有小祥祭。丧主毁掉草庐改作白土房室，铺设蒲席。原来的白土房室予以修治，地上铺席。主人及诸子沐浴梳洗剪理。除去头上麻布，戴练冠，妻妾女儿除去腰间麻布。神主用栗木，祭祀与虞祭时的礼仪相同。

大祥祭和小祥祭礼相同。隔月举行除丧服祭，脱下祥祭之服，而除丧服祭如

---

[①] 欧阳修：《新唐书》卷20《礼乐志十》，第454页。
[②] 杜佑：《通典》卷139《开元礼纂类三十》，第3547页。

同大祥礼。祥祭后回到外室居住，妻妾女儿回到内室。除丧服祭后就可饮醴酒，吃干肉。

## 十九　祔庙

选择一个吉时，将死者的牌位迁入祖庙中。在前一天，主人需用酒以及干肉等祭祀神主，之后将神主移入帷幕中，又加以祭祀。迁入祖庙时，"主人及行事者祭服。掌事者具腰舆，掌庙者、阁寺人立于庙庭，北面再拜，升自东阶，入，开坎室，出曾祖、曾祖妣神主置于座，降，出。执尊、罍、篚者入就位，祝进座前，西面告曰：'以今吉辰，奉迁神主于庙。'"持腰舆者上阶，巫师将神主装入匣中，进入祖庙。但妇女只能在祖庙外，用帷幕遮掩。神主进入祖庙后，巫师将神主放在神座上，"祝立定，赞唱者曰：'再拜。'在位者皆再拜。掌馔者引馔入，升自东阶，入于室。各设于神座前。主人盥手，洗爵，升自东阶。酌醴酒，入室，进，北面跪，奠爵于曾祖神座前。"经过一系列复杂的程序后，"纳主于椟，置于舆，诣考庙，出神主置于座，进酒、脯之奠，少顷，彻之。祝纳神主于坎室"。[①]基本上完成了迁入祖庙程序。

官员的丧葬中还有发丧和赗赠两个仪式。发丧就是将死者去世的消息告诉给朝廷有关部门。朝廷派使者到死者家，主人需说："臣某之父某官臣某薨，遣某官臣某奉闻。"说完，朝使者两拜；使者出门，主人哭着进屋，回到原来的位置。赗赠就是送给死者家属财物以助葬。六品以上官员，朝廷可以助葬。这一制度在唐朝成为常礼，《旧唐书·张长逊传》中就记载："武德元年（618），敕右武侯骠骑将军高静致币于始毕可汗，路经丰州，会可汗死，敕于所到处纳库。突厥闻而大怒，欲南渡。长逊乃遣高静出塞，申国家赗赠之礼。"[②]隋唐五代时期，有很多大臣死后，皇帝为显示对其的重视，时常赐予财物助葬。隋朝杨素死后，"给辒车，班剑四十人，前后部羽葆鼓吹，粟麦五千石，物五千段。鸿胪监护丧事"。[③]唐代房玄龄死后，"给班剑、羽葆、鼓吹、绢布二千段、粟二千斛"。[④]五代时期，大臣死后，助葬也逐渐增多。后周高行周死后，

---

① 欧阳修：《新唐书》卷20《礼乐志十》，第454页。
② 刘昫：《旧唐书》卷57《张长逊传》，第2301页。
③ 魏徵：《隋书》卷48《杨素传》，第1292页。
④ 欧阳修：《新唐书》卷96《房玄龄传》，第3857页。

"赗赙加等，册赠尚书令，追封秦王，谥曰武懿"。①五代时期，也有比较严格的赗赙之礼。赗赙也有一定的仪式：朝廷使者面朝东站在死者大门西侧，他的下属捧着装满布帛等的筐子在大门西南面，也面朝东。丧事主持者进门告诉主人朝中使者将来到的消息，主人站起来哭。丧事主持者来到主人面前，面朝东接受主人的吩咐后出门，来到使者面前，朝西面向使者说"敢请事"，使者从下手手中接过筐子说："某封若某官使某赗。"丧事主持者再次进入屋内通知主人，再出来说："孤某须矣。"然后把使者引入内门外，此时主人停止哭泣。使者进门后再说："某封若某官使某赗。"主人哭拜。然后主人送使者出门。

此外，随着风水思想的流行，唐中后期，还有卜葬这一程序。卜葬包括占卜墓地和占卜葬日。卜墓地的程序为：测量用作葬地的土地地形，挖掘该地的四角；查看土壤判断是否可以选作墓地；如果适合，从中间开挖，土要推翻在南面，因为死者下葬时头朝北。哭踊之礼后，主人乘车到墓地。主人、占卜者、筮师、巫师以及主丧者、亲属和宾客等人按照不同的方位、穿着相应衣服站立，这时主丧者向前走几步，面朝东说准备完毕，然后退回原来的位置。

占卜墓地的仪式正式开始。卜师手拿龟甲，筮师打开盒子拿出器具，并打击器具以惊动神灵。如果是为男性占卜墓地，则卜者口中念道："孤子姓名，为父某官封某甫，度兹幽宅，无有后艰。"如果是为女性占卜墓地，则将"为父某官封某甫"改为"为某母夫人某氏"即可。因为魂升天，魄降地，所以要"考降，无有近悔"。②此后还要用龟甲占卜，要念："假尔泰龟有常，假尔泰筮有常"。③一般，主人和其他人此时都要哀哭。

这时，主丧者来到主人左边报告占卜完成。此后要定标，然后巫师跪读祝文，格式为："维年月朔日，子某官姓名，（若主人自告，父称孤子，母称哀子名字。）敢昭告于后土氏之神：今为某官姓名，（若主人自告，云为父某官封某甫，母云太夫人若郡君某氏，各随官职称之。）营建宅兆，神其保佑，俾无后艰。谨以清酌脯醢，祇荐于后土之神，尚飨。"④最后丧主一家三哭后，仪式结束。如果觉得刚才的墓地不合适，又要重新举行完整的卜筮择地仪式。卜葬日也是很重要的，需要年、月、日都吉才能下葬。其过程为：占卜者占卜吉日，若为父卜葬日，则念："孤子

---

① 薛居正：《旧五代史》卷123《高行周传》，中华书局，1976，第1615页。
② 郑玄注、贾公彦疏《仪礼注疏》，中华书局，1980，第1143页。
③ 杜佑：《通典》，第3524页。
④ 杜佑：《通典》，第3545页。

某来日谋卜葬某父某官封某甫。"为母是："某母太夫人某氏"。① 如果时间非吉，则要重新占卜。

## 第三节　葬仪葬法

隋唐五代时期的王公大臣墓葬与庶民墓葬有较为明显的区别，王公大臣按照品级实行不同的葬礼。不同的品级，其墓葬面积、坟高、随葬品、石刻数量等都各不相同。

### 一　王公葬仪

《隋书·礼仪志》云："其丧纪，上自王公，下逮庶人，著令皆有定制，无相差越。"正一品官员亡故，鸿胪卿监督丧事，司仪令申明礼制。二品以上官员亡故，鸿胪丞监督，司仪丞申明礼制。五品以上官员亡故，以及三品以上官员有一周年以上的丧服，都由掌仪一人申明礼制。

唐代在此基础上不仅作了更详细的规定，而且在制度上还增加了新的内容。例如通过墓葬规模高低以区分死者身份的尊卑，使人能一目了然，以充分体现社会等级的森严，更加有利于维护统治阶层的利益。官爵越高，墓地越大，坟头越高。

墓中陪葬的明器数量，也有着严格的规定。在玄宗开元年间，官员三品以上可用明器九十件，五品以上可用明器七十件，九品以上可用明器四十件，而庶民没有规定具体数目。开元二十九年（741）正月十五日敕令规定，在原来的数量上依次递减为七十件、四十件和二十件，并规定庶民限用十五件。宪宗元和年间的"条流文武官及庶人丧葬"，武宗会昌年间的"御史台奏请条流京城文武百寮及庶人丧葬事"，所规定死者享用明器的件数基本上和开元二十九年（741）以前的相同。只是对个别品级的明器件数略作增减。隋唐五代时期，王公殡葬还有其他相关的仪式，《隋书·礼仪志》以及《大唐开元礼》、《新唐书·礼乐志》也有类似的记载。

（一）皇帝到王公大臣家吊唁丧事的礼仪

皇帝到王公大臣家吊唁丧事，在丧者门西设帷宫，在堂上设置白褥垫榻。皇帝用小驾、卤簿仪仗，乘坐四望车，出行时需戒严清道，鼓吹乐队备而不奏。皇帝到帷

---
① 杜佑：《通典》，第3522页。

宫，改穿素服，随从官员亦需改换服装，近侍之臣则不改。"皇帝出次，丧主人免绖、释杖、哭门外，望见乘舆，止哭而再拜，先入门右，西向。皇帝至堂，升自阼阶，即哭位。巫、祝各一人先升，巫执桃立于东南，祝执苕立于西南，戈者四人先后随升。丧主人入廷再拜，敕引乃升，立户内之东，西向。皇帝出，丧主人门外拜送。"①皇帝在帷宫换衣，主人回屋。文、武官穿常服，皇帝上车，鼓吹不奏而返回宫中。

### （二）追赠的王公大臣仪式

敕令使者册命追赠的王公大臣，先在朝堂接受册书，以牛车载送，配备卤簿仪仗，到府第举行仪式。"妃主以内侍为使，赠者以蜡印画绶。册赠必因其启葬，既葬则受于灵寝，既除则受于庙。"②主人穿公服，或穿单衣而戴介帻。在接受册赠时要行祭礼，无庙则可在正室中举行。

## 二　僧俗葬仪

佛教信徒死后的法事活动主要有三日斋、七日斋、无常钟验、水陆法会、焰口施食、盂兰盆节等。隋唐五代是道教法事发端时期，这一时期的道教比较重视仪式。宋代以后，斋醮逐渐流行。

### （一）佛教法事

佛教对死亡并不避讳，在佛教徒看来，"诸行无常，是生灭法。生灭灭已，寂灭为乐"。死亡在某种意义上是新轮回的开端。随着佛教的流行，唐代社会上佛教法事仪式增多。

#### 1. 三日斋

三日斋就是死后三天之内，请僧素食，用以减轻死者在阴间的痛苦。北齐时有仕人梁甲，甚豪富。死后几遭压脂之苦，但因死三日之内，"家人为请僧设会"，赖家人追福，"每闻经呗声，铁梁辄折……获免大苦"。梁甲之后又传话其家人，要求他们"更能造经像以相救济，冀因得免"。其家人果以其日设会，"于是倾家追福，合门练行"。③《法苑珠林》载此故事出自唐中山郎元休撰写的《冥报拾遗记》，这表明该故事在唐中前期即有所流传。之后，《释氏要览》将其收录，并云："北人亡，至三日，必斋僧，谓之见王斋。"④三日斋的习俗已经形成。

---

① 欧阳修：《新唐书》卷20《礼乐志》，第442页。
② 欧阳修：《新唐书》卷20《礼乐志》，第442页。
③ 释道世：《法苑珠林校注》卷36《感应录》，周叔迦、苏晋仁校注，中华书局，2003，第1178～1179页。
④ 道诚集《释氏要览》，《大正新修大藏经》第54册，第305页。

三日斋流行的原因,与死后三天之内阎王会清算死者的功过有关系。此时做三日斋,可减轻死者的罪恶痛苦。甚至,也有很多传说记载死者因设斋三日而苏醒重生。

2. 七日斋

七日斋就是后世所说的"斋七"、"七七斋"、"累七斋"。《释氏要览》卷下《累七斋》记载:"人亡每至七日,必营斋追荐,谓之累七。又云,斋七。按《瑜伽论》云:人死中有身(冥间化起一相,似身传识,谓之中有)若未得生缘。极七日住(中阴经云中有,极寿七日)若有生缘即不定。若极七日,必死而复生,如是展转生死,乃至七七日住。自此已后,决定得生。又此中有七日死已,或于此类,由余业可转中有种子,便于余类中有生。今寻经旨,极善恶无中有,既受中有身,即中下品善恶业也。故论云,余业可转也。如世七日七日斋福,是中有身,死生之际,以善追助。令中有种子,不转生恶趣故,由是此日之福,不可阙怠也。"① 根据佛法义理的解释,人死后,到下一生受胎之前是为"中阴身"。"中阴身"也称"中有",《俱舍论》卷八记载:"于死有后在生有前,即彼中间有自体起,为至生处故起此身,二趣中间故名中有。此身已起何不名生?生谓当来所应至处,依所至义建立生名,此中有身其体虽起而未至彼,故不名生。""中有"寿命只有七天,《阿毗达磨发智大毗婆沙论》中说:"尊者设摩达多说曰'中有极多住七七日,四十九日定结生故。'尊者世友作如是说'中有极多住经七日,彼身羸劣不久住故。'问'若七日内生缘和合彼可结生,若尔所时生缘未合彼岂断坏?'答'彼不断坏,谓彼中有乃至生缘未和合位,数死数生无断坏故。'"《瑜伽师地论》卷一中又说:"又此中有,若未得生缘极七日住,有得生缘即不决定,若极七日未得生缘死而复生。极七日住,如是展转未得生缘,乃至七七日住,自此已后决得生缘。又此中有七日死已,或即于此类生,若由余业可转,中有种子转者,便于余类中生。""中有"身如果没有投生的机缘,还会死而复生,继续等待好的时机。如此循环,经过七七四十九天,这期间没有好的机缘,就会"余业"转生,即投生与死者生前的情况一样,没有改变。因此在这七日一期的转变时机中,便是亡者投生到善道或恶道的关键时刻。在此重要时刻,若能斋戒、修福、诵经等来追荐亡者,可以让他不堕落到地狱等恶道,而且可望超生到人天等善趣之中。若以念佛功德回向给他,甚至可以往生极乐净土。这便是为何斋七需遵守"七日"的规定。

累七斋在北朝时期开始出现在上层社会之中。《北史·胡国珍传》记载:胡国

---

① 道诚集《释氏要览》,《大正新修大藏经》第54册,第305页。

珍死后，"自始薨至七七，皆为设千僧斋，斋令七人出家；百日设万人斋，二七人出家。"①《北齐书·儒林传·孙灵晖》记载："(孙)从绰死后，每至七日及百日终，灵晖恒为绰请僧设斋，转经行道。"②到了唐朝，随着《地藏菩萨本愿经》在中国的流行，累七斋在民间广为盛行。《地藏菩萨本愿经》卷下《利益存亡品》记载："世尊，习恶众生，从纤毫间，便至无量。是诸众生有如此习，临命终时，父母眷属宜为设福，以资前路。或悬幡盖，及燃油灯；或转读尊经；或供养佛像，及诸圣像；乃至念佛菩萨及辟支佛名字，一名一号，历临终人耳根，或闻在本识。是诸众生所造恶业，计其感果，必堕恶趣。缘是眷属为临终人修此圣因，如是众罪，悉皆消灭。若能更为身死之后，七七日内，广造众善，能使是诸众生永离恶趣，得生人天，受胜妙乐，现在眷属利益无量。"③在人死后七七之内设斋供养，布施功德，使死者免受坠入地狱之险。《旧唐书·姚崇传》记载："夫释迦之本法，为苍生之大弊，汝等各宜警策，正法在心，勿效儿女子曹，终身不悟也。吾亡后必不得为此弊法。若未能全依正道，须顺俗情，从初七至终七，任设七僧斋。若随斋须布施，宜以吾缘身衣物充，不得辄用余财，为无益之枉事，亦不得妄出私物，徇追福之虚谈。"④姚崇一方面批判佛家葬法，另一方面还要求他的后裔，按照世俗情况，给自己举行累七斋，可见累七斋在唐代民间的盛行。

在七七时段，还有"斋七幡子"仪式，七七日之斋会逢七之日，用纸制作幡，由主斋僧焚烧，以期待亡灵不入地狱，或者有好的托身。《释氏要览》卷下《斋七幡子》记载："北俗亡，累七，斋日，皆令主斋僧，剪纸幡子一首，随纸化之。按正法念处经，有一十七种中有。谓死时，若生天者，即见中有如白氎垂下。其人识神见已，举手揽之，便受天人中有身。故今七七日，是中有死生之日，以白纸幡子胜幢之，相示之故此人招魂帛，皆用白练，甚合经旨也。"⑤

3. 无常钟验

《坛经》云："生死事大，无常迅速"，表明生死之间变化的短促，后世往往用"无常"代指死亡。人死后，寺庙鸣钟可使死者解脱地狱之苦，称之为无常钟。《续高僧传》曾载大庄严寺释智兴曾鸣钟救人之事。据故事所言，有人追随隋炀帝南幸江

---

① 李延寿：《北史》卷80《外戚传》，第2688页。
② 李百药：《北齐书》卷44《儒林传·孙灵晖》，中华书局，1972，第596页。
③ 实叉难陀译《地藏菩萨本愿经》，《大正新修大藏经》第13册，第784页。
④ 刘昫等：《旧唐书》卷95《姚崇传》，第3028～3029页。
⑤ 道诚集《释氏要览》，《大正新修大藏经》第54册，第305页。

都，中途亡故，多次托梦嘱其妻曰："吾行从达于彭城，不幸病死，生于地狱，备经五苦，辛酸叵言，谁知吾者。赖以今月初日蒙禅定寺僧智兴鸣钟发声响振地狱。同受苦者一时解脱。今生乐处思报其恩。可具绢十匹奉之并陈吾意。"①为何鸣钟会有此种感应？据释智兴解释："余无他术。见付法藏传，罽腻吒王剑轮停事，及增一阿含钟声功德，敬遵此辙，苦力行之。每冬登楼寒风切肉，僧给皮袖用执钟槌，余自厉意露手捉之。严寒裂肉掌中凝血，不以为辞。又至诸时鸣钟之始，愿诸贤圣同入道场，然后三下，将欲长打，如先致敬，愿诸恶趣闻此钟声俱时离苦，如斯愿行志常奉修，岂惟微诚遂能远感。"宋元以后多有流传，《释氏要览》专列有《无常钟验》。宋庄季裕《鸡肋编》："时慧日、东灵二寺，已为亡人撞无常钟。"②元代马致远《荐福碑》第二折："（正末唱）长老也，则他这钟不宜时，为甚敲？（行者云）是无常钟，死了人便撞这钟。"③此后，无常钟遂成为佛寺为死者送终的丧钟。

4. 水陆法会

据《佛祖统纪》载，水陆法会源于梁朝，"梁武帝梦神僧告之曰：'六道四生，受苦无量，何不作水陆大斋以拔济之。'帝以问诸沙门无知之者，唯志公劝帝，广寻经论必有因缘。帝即遣迎大藏，积日披览，创立仪文，三年而后成。乃建道场，于夜分时亲捧仪文悉停灯烛……天监四年二月十五日，就金山寺依仪修设，帝亲临地席，诏祐律师宣文，当时灵响不能备录。"此为一说。到了北周至隋之际，此仪却不流行。

唐咸亨年间，长安法海寺英禅师，梦泰山府君召往说法。"后独坐方丈，见一异人前告之曰：'向于泰山府君处窃睹尊容，闻世有水陆大斋可以利益幽品，其文是梁武所集，今大觉寺吴僧义济得之，愿师往求如法修设。'师寻诣大觉，果得其文，遂于月望修斋已毕。复见向异人与徒属十数前至谢曰：'弟子即秦庄襄王也（庄襄是秦始皇父，至唐咸亨九百四十年），又指其徒曰，此范雎、穰侯、白起、王翦、张仪、陈轸，皆秦臣也。咸坐本罪幽囚阴府，昔梁武金山设会前代纣王之臣皆得脱免，弟子是时亦暂息苦，但以狱情未决故未获脱，今蒙斋忏弟子与此辈并列国君臣，皆承法力得生人间。'言讫而隐，自是英公常设此斋流行天下。"④水陆法会在唐中前期开始流行，成为朝野重要的超度仪式，宋元之后，其逐渐成熟定型。

---

① 道宣：《续高僧传》卷22《释智兴传》，中华书局，2014，第837页。
② 庄绰、张端义撰《鸡肋篇·贵耳集》，上海古籍出版社，2012，第47页。
③ 马致远：《马致远集》，山西古籍出版社，1993，第146页。
④ 志磐：《佛祖统纪》，《大正新修大藏经》第49册，第321页。

## 5. 焰口施食

焰口施食这一法事在唐朝开始出现，据唐不空法师译《佛说救拔焰口饿鬼陀罗尼经》载："尔时世尊……见一饿鬼名曰焰口，其形丑陋身体枯瘦，口中火然咽如针锋，头发蓬乱爪牙长利甚可怖畏。住阿难前白阿难言：'却后三日汝命将尽，即便生于饿鬼之中。'是时阿难闻此语已，心生惶怖问饿鬼言：'若我死后生饿鬼者，行何方便得免斯苦？'尔时饿鬼白阿难言，'汝于明日，若能布施百千那由他恒河沙数饿鬼，并百千婆罗门仙等，以摩伽陀国所用之斛，各施一斛饮食。并及为我供养三宝，汝得增寿，令我离于饿鬼之苦得生天上。'"① 焰口施食有一套完整的仪式，根据《瑜伽集要焰口施食仪》记载，主要仪式包括：印现坛仪、运心供养、三宝施食、次入观音定、次结破地狱印、次结摧罪印、次结定业印、次结忏悔灭罪印、次结妙色身如来施甘露印、次结开咽喉印、次结三宝印、次结发菩提心印、次与汝等受三昧耶戒、次结三昧耶印、诵障施鬼真言等。这一密宗仪式在唐末五代基本失传，宋元之后，再度流行。施饿鬼食是信仰密宗的人必行的仪式，是寺院中度化亡灵的一种活动。

图3-2 《瑜伽集要焰口施食仪》一卷，唐不空译，前有瑜伽集要焰口施食缘起
资料来源：明嘉兴《大藏经》。

## 6. 盂兰盆节

盂兰盆是佛教徒为了追荐祖先举行的一种仪式，据《释氏要览》卷下《盂兰盆》载："此释子申孝报恩，救苦之要，以目连救母为始也。梵语盂兰，此云救倒悬也……

---

① 不空译《佛说救拔焰口饿鬼陀罗尼经》，《大正新修大藏经》第21册，第464页。

经云,是佛弟子修孝顺者,应念念中常忆父母,乃至七世父母,年年七月十五日,为作盂兰盆。施佛及僧,以报父母长育慈爱之恩……又云,凡为亡人设福,或在寺,或家中,于七月十五日沙门受腊之日,此时弥胜也。若割器以供养,摽题云:某甲为亡人某甲。经又云,七月十五日,僧自恣日,当为七世父母及现在父母厄难中者(此文又通,保安现在父母),具饮百味五果汲灌盆器香油挺烛床敷卧具。尽世甘美,以著盆中(盆会之中)供养十方大德众僧。又云初受食时,先安洒佛塔中,众僧咒愿竟,便自受食(若供养佛食,回供僧者,即此日得,他日不通。今却于寺中,设供亡人盖误之也)。"①《荆楚岁时记》载,南朝时"七月十五日,僧尼道俗悉营盆供诸寺"。②据《佛祖统纪·梁武帝》记:"(大同)四年,帝幸同泰寺设盂兰盆斋(梵语盂兰此云解倒悬,是目连尊者设此盆供,得脱母氏饿鬼之苦)。"③由于盂兰盆节与中国儒家的孝道思想契合,所以一经提倡,很快流行。

隋唐五代时期,盂兰盆节逐渐为朝野重视,皇室也参与其中。唐高宗时有送盆之仪,《法苑珠林·祭祠篇》中载:"国家大寺,如长安西明、慈恩等寺……每年送盆,献供各种杂物,及舆盆、音乐人等。"武则天时期,"如意元年七月望日,宫中出盂兰盆,分送佛寺,则天御洛南门,与百僚观之"。④唐德宗时期,"秋七月丁丑,罢内出盂兰盆,不命僧为内道场"。⑤可见宫廷内部也曾设置有盂兰盆会。

唐朝时期,官府参与的盂兰盆节极为奢华,史载:"代宗七月望日于内道场造盂兰盆,饰以金翠,所费百万。又设高祖已下七圣神座,备幡节、龙伞、衣裳之制,各书尊号于幡上以识之,舁出内,陈于寺观。是日,排仪仗,百僚序立于光顺门以俟之,幡花鼓舞,迎呼道路。岁以为常。"⑥可见当时盂兰盆节逐渐为社会各阶层接受。皇帝有时也参与民间举办的盂兰盆节,唐代宗时期,"上幸安国寺观盂兰盆"。⑦

隋唐五代时期,盂兰盆节逐渐世俗化。在敦煌地区,盂兰盆节活动很多,包括:整修粉刷佛堂寺院;设盂兰盆道场;造盆破盆,各寺院在节日期间均造盆供佛,也就

---

① 道诚集《释氏要览》,《大正新修大藏经》第54册,第304页。
② 宗懔:《荆楚岁时记》,山西人民出版社,1987,第57页。
③ 志磐:《佛祖统纪》,《大正新修大藏经》第49册,第351页。
④ 刘昫等:《旧唐书》卷190《文苑上·杨炯传》,第5003页。
⑤ 刘昫等:《旧唐书》卷12《德宗纪上》,第326页。
⑥ 刘昫等:《旧唐书》卷118《王缙传》,第3418页。
⑦ 刘昫等:《旧唐书》卷16《穆宗纪》,第479页。

是以瓜果、面点作供品，从十三日开始筹办，十七日破盆，即僧尼可食用供盆的供品，同时欢聚畅饮；户内祭拜（在户内为家中的亡灵设祭，主要是衙府的高级官员才能兴办）；造花树；图像写经，节日期间图像写经，或发愿祈佑，或为亡人追福；节日设乐，在盂兰盆会上可以歌舞作乐，所谓幡花鼓舞。[①]宋代盂兰盆节演变为具有中国特色的中元节，[②]这些都反映出了盂兰盆会的世俗化。

### （二）道教丧仪

早期的道教徒往往期望羽化成仙，死后则多按照儒家丧葬仪式安葬。唐五代时期，随着道教法仪的完善，道士朱法满[③]结合南朝孟景翼、孟智周、石井公、张续先生等人的《丧礼仪》，编写了《道士吉凶仪》。[④]其内容共分为十例：通启仪、吊丧仪、疾病仪、初死小殓仪、入棺大殓仪、成服仪、葬送仪、安灵仪、弟子还观仪、除灵仪，较为详细总结了道士丧仪的注意事项与相关仪式。

《通启仪》主要介绍通启的格式。其中提及在二亲不存、父亡母在、母亡父存等不同情况时，需注意的措辞与用语："凡初经正冬，二节书首，须自言感思，并问前人增怀者，正谓二亲不存，论感思之语。若不经初节，及彼此二亲俱在者，并不须论问。如父亡母在，及二亲俱亡，云某节远感深。母亡父存者，远思前人。父母有不存者，云念若前又尊于己，云惟增怀旧。书云：顿首、叩头者，皆为敬彼之辞，父在称顿首，父亡称叩头。但与五服卑亲及在下官属，云顿首、叩头者，以为未可。若吊答重丧，书称为顿首，除此之外，悉去顿首之言。"[⑤]

《吊丧仪》主要是道士吊唁他人时，书函所用的格式。包括：吊刺史县令诸贵重丧；吊师遭父母丧；吊师父母丧；吊师兄弟书；师丧，报同学兄姊书；师丧，报同学弟妹书；同学丧，报师书等。

---

① 谭蝉雪：《唐宋敦煌岁时佛俗——二月至七月》，《敦煌研究》2001年第1期。
② 〔日〕松本浩一：《中元节的成立：以普渡文献的变迁为中心》，《节日研究》2012年第2期。
③ 朱法满的生卒年代，史籍记载不详。日本学者小林正美先生据元代邓牧、孟宗宝著的《洞霄图志》卷五《朱君绪（法满）传》推测得知，朱法满是唐代的道士。参见小林正美著，李之美译：《天师道的受法教程和道士位阶制度》，程恭让主编，《天问·丙戌卷》，江苏人民出版社，2006，第296页。
④ 据朱法满自序，梁代道士孟景翼（大孟先生）作成了《丧礼仪》，同时期道士孟智周（小孟先生）在此基础上又补充了一些重要内容而新编纂成了《丧礼仪》，此外还有石井公的《丧礼仪》、张续先生的《丧礼仪》，朱法满对照了这些文本的异同，进而对它们加以注释，集结而成了《道士吉凶仪》。参见小林正美著，李之美译：《天师道的受法教程和道士位阶制度》，程恭让主编《天问·丙戌卷》，江苏人民出版社，2006，第296页。
⑤ 朱法满：《道士吉凶仪》，《道藏》第6册，第994页。

表3-1 《道士吉凶仪》吊丧仪

| 类型 | 内容与格式 |
| --- | --- |
| 吊刺史县令诸贵重丧 | 题云：某观道士某启。傍注云：谨上明使君，县令云明府。<br>月日，某启，祸不出图。某位公（母云夫人）倾背，（若三品以上，并为高官，云薨背）下情悲恻，伏惟攀慕号踊，荼毒难居，不任下情，谨奉启不宣，谨启。 |
| 吊师遭父母丧 | 题云：弟子姓名启（傍注：上尊师几前）<br>月日，某顿首、顿首，祸故无常，尊翁、尊婆倾背，哀慕抽剥，不能自胜。伏惟攀号无及，五内摧裂，何可堪居，酷当奈何！未即奉拜，伏增悲咽，谨启不备。某再拜。 |
| 师父母丧吊师兄弟书 | 题云：至孝姓位凶前。郡姓，某白吊，（父在母亡，云苫前）<br>尊府君（母云尊夫人）不终遐寿，奄弃孝养，情深恻怛，惟攀号蹐踊荼毒难居，甚痛奈何！甚痛奈何！未获造慰，望增酸哽，谨遣白书，惨怆不次。道士白吊。 |
| 师丧报同学兄姊书 | 题云：同学某姓兄前　某白疏<br>月日　拜疏。某言：无状招祸，祸不灭身，尊师违和，（须论病状）不蒙灵佑，以某日奄垂弃背，号天扣地，贯彻骨髓，不能自胜。伏惟悲慕无状奈何！苦毒奈何！伏增号绝。谨言疏，荒迷不备。某再拜。 |
| 师丧报同学弟妹书 | 题云：同学姓某弟妹省　某白报<br>月日　某白报。无状招祸，祸不灭身，上延灭尊师，攀号蹐踊，五内屠裂，不能自胜，唯增哽咽，迷荒不次报。 |
| 同学丧报师 | 月日　拜疏。某言：祸出不意，同学姓某夭殁，哀痛抽割，不能自胜。伏惟悲悼伤切，何可堪处，痛当奈何！痛当奈何！未由奉拜，伏增哽咽，谨言疏，不备。某再拜。 |

道士临终前后的丧仪主要在《疾病仪》、《初死小殓仪》、《入棺大殓仪》、《成服仪》、《葬送仪》、《安灵仪》、《弟子还观仪》、《除灵仪》之中。其中《疾病仪》具体介绍了道士病重、临终前后需要注意的事项和举行的仪式。"凡道士疾笃将困之时，皆须香汤沐浴，冠带如常，仪出所禀经法，佩带于房前，施安供养，请诸名德，斋戒诵经，忏悔受身以来所犯诸罪，不得有所隐藏，显而发露，灭罪祈福也。张续师云：可转《度人经》一两百徧。仙公云：若须投藏，付嘱经法，悉作辞牒条状，申誊件别名品，奏闻太上，不有隐昧也。"①《中元玉箓》、《玉箓》中要求此时弟子要奉师威仪，师有哀忧，弟子皆当心抱忧戚，近侍左右，如同照顾父母般亲视其师气息，并率诸同学，建斋祈请，以立善功。按《千真科》曰：

---

① 朱法满：《道士吉凶仪》，《道藏》第6册，第995~996页。

出家之人，与俗有别，然而死病亦无定法，然稍修执制。疾病之时，转读燃香，昼夜不绝；临终之时，打无常钟启送终，依五练生尸法。夫以疾时，观内大众，数以存问，检校厨下，令前与病人食。疾病之时，难有达命者，福势既尽，乃欲隐避东西，此并是前路功德无凭，而以临时惊惧，徒作此意，速死而已。可以净洒扫，开敞房舍，来往善知识，达命之言更相启发，诸法无常，宁有住者，必应寿书，量命无几，可移入迁化堂。其堂可于观西北角，别立为院堂，三间、五架，堂面看西北。其堂中高座上，造升虚像，像身坐莲花，如人大，举左手以指天门，左右二真侠（挟）侍。病人恐命将绝，移入堂中像座后安置，用黄纹全幅为幡，长二丈四尺，中央系左真腰，幡头与病人手捉，令病人直心正念，愿随二真登天门，诣金阙，脱未应化，随建福田。男官头向左真，女向右真。一入此堂，难得平然归者。临命将绝，咸称未困，特是贪生，有此计耳。达命君子，岂去住为心。

道士临终前要忏悔过错，不得隐瞒，以消除罪过，弟子需为师傅祈福斋戒。病重时，需昼夜燃香；临终时，敲击无常钟，为逝者送终。之后，将其移入"迁化堂"内。临终的道士要手中握幡头，以直心正念升天。

家中财物、遗书要提前安排给弟子或道众等处置。"男女官年将老病，死期将至，家事钱物，皆委付诸弟子中可亲信者。师有遗书，依书处分，如无遗书，一一条录生资，与诸子弟有所知者，共议修营功德，及充殡葬。如无子弟，观众处分，如无观众，道众处分，不得将与俗家兄弟孙侄等费用。如有父母、师主，在遗书所命者，依书。又不共活，无有命书，辄取者犯五逆罪，私不能制止，送与官司。"① 道士的遗物不能交给俗家亲属，他人也不可随意窃取道士遗物。

《初死小殓仪》、《入棺大殓仪》是介绍道士死后的小殓、大殓情况。小殓时不要给死者沐浴，也不要将遗体放入灵床，而只是在南面铺两层席，将遗体放置于席上。死者穿日常的服饰，"佩符箓于左肘，钤印于右肘，便安下衾，上被覆之。停住，设白粥之奠于尸东，当肩祭讫，次两边铺荐于地，男孝居左，女孝居右，不须如俗人含珠唤魄也。撒奠，亦尸东"。② 此后，撒掉祭奠，在逝者东面宣读祭文，祭文的内容为："帝号木岁，某子某月朔某日，弟子某甲，谨以清酌蔬奠，奉祭师尊之灵云云。"③

---

① 朱法满：《道士吉凶仪》，《道藏》第 6 册，第 996 页。
② 朱法满：《道士吉凶仪》，《道藏》第 6 册，第 996 页。
③ 朱法满：《道士吉凶仪》，《道藏》第 6 册，第 996 页。

期间，弟子需哭泣尽哀。

大殓时，亦不需洗浴，衣冠服饰皆如平常。"先未腾棺安石灰梓木七星板，笙箪鸡鸣枕，使四人扛衾内棺中，以传策置左符，镜置右，少近头边。旧来安随身经法内前，鬲子中坚安之，今安棺外，头别案盛之，亦好。仍设大殓之奠法，随用生时所进之食，先铺席于尸西，进奠于席上果菜。祭文云云，竟，哭祭记，收祭食于粮罂中，安棺头。旧以白素书移文，今人纸书，亦得先条随身佩带于前，次送终物置，后道士移文。"① 祭奠后，祭品装好放在棺材前面。之后道士移文，告谕天地诸神。

诵读《礼忏文》，主要是"愿降神力，救度亡者，济拔穷魂，解除罪报，皆得遨游净土"。② 即希望解除死前所犯罪恶，死后能进入净土。三礼结束，继之三契。"三契竟，案二孟行吊慰之礼后，更读移文，恐烦重吟。三契讫，即一人读移文，不须如俗法言故自有也。竟，内移前鬲子中，内外皆辞，拜别著盖，未可下钉即奏章。章毕，下钉，哭泣，布总发，行吊慰之礼。"③ 奏章之后，就可以钉上棺材钉。还书移文前经法衣物，别纸书章。内容为：

> 谨按文书右牒，男生三洞弟子某出身入道，叨禀至法妙品，图箓略备，而不能幽居习诵，夷神抱一，逢迎人伍，染累风尘，罪结过满，身尽神逝。以今月某日某时，谢命天地，长没土官，既有生时经宝、符图、法具、衣衾等物，便以今日某时，殡殓尸形，缄封丘冢，恐生犯死谪，或为故气禁忌之鬼、山川妖伪之精，拘阂死人，不通道理。又恐地下四时主者、蒿里父老、丘丞墓伯、地下二千石，不相安隐，谨条经书、敛具迁件如牒，谨为伏地拜章一通，上谨临尸使者、关敛君吏一合下，监临殡敛，安隐骸爽，长宁万里，随业转轮，功成事毕，所请众官谒还天曹，列受功赏，进秩如常，科比无令失意。有恚恨者，生死犯，并乞原赦，恩惟太上分别云云。④

即告诉地下神祇，保佑安葬顺利进行。"若非大行名人，敛时必无子弟三礼、三契，非卒辄能兼之。上章，事须明解，一失节度，束手无依，谨依科撰三归，略陈切

---

① 朱法满：《道士吉凶仪》，《道藏》第6册，第996~997页。
② 朱法满：《道士吉凶仪》，《道藏》第6册，第998页。
③ 朱法满：《道士吉凶仪》，《道藏》第6册，第998页。
④ 朱法满：《道士吉凶仪》，《道藏》第6册，第998~999页。

要。亡人入棺讫,先依孟先生作移书了,即于棺头铺席然香,将小磬子打三下。敛长讫,乃长跪腾亡者情事。"① 读移文,读完毕后,唱三归依。

大殓后,三日成服,仍在灵柩左置床,东向施帷,屏风、服饰等按逝者生前准备,并于早上和中午进膳。成服前后哭灵仪式略显复杂:"未成服前,孝子于灵南头,以布巾总发,荐地北向,以东为上,昼夜哭,至成服出灵前,再拜稽首。拜毕,至柩所哭。尽哀,还灵床南头倚哭;轻者,于灵前西向倚哭。以北为上,哭拜,行吊慰之礼。"② 因此,该仪式后来逐渐被简化,"未成服前,以布巾总发,前安白布幔,男左女右。三日以后,成服讫,于棺头南安灵,施屏风、几褥,非但吊者见,亦乃孝子左右得宜"。③ 这样的仪式就不会让孝子与吊唁者感到烦琐。

成服仪,即按照不同的亲疏关系穿着不同丧服。《道士吉凶仪·成服仪》中把道士的丧服分为缌麻、小功、大功、齐衰、斩衰五类,这是沿袭了传统丧俗。但它与世俗之人丧服标准不同,道教徒的"五服"不是依据血缘亲疏,而是据师生间所授经箓不同加以区别。

从亡师处授得治箓的弟子需服缌麻三月,男女十五升布为衣冠。亡师授予五千文、大诫百八十律、真诰、五岳、六甲、禁山等诸经箓的弟子服小功五月,"男女十一升布为裳,十二升布为冠,今人不为冠、直为巾者,务省耳。"亡师授予自然、中盟、三皇、五符、七传、宝神等经符的弟子服大功九月,男女七升布为衣,十一升布为冠。亡师授予灵宝大盟、真经三品诸经箓的弟子服齐衰一年,男女四升布为衣,七升布为冠,心丧三年,不从燕乐。五千文、自然、大盟等全部为同一亡师所授的弟子须服斩衰三年,从极重之制,饮食言语、观听寝处,皆依孝子本仪,竟则服吉,而无余禫。

经师、籍师服丧也要看度师授业情况,《道士吉凶仪》言:"经师小功,籍师大功,亦复看师之轻重。看师轻重者,为师三年,为籍师一期,为经师大功,为师一期,籍师大功,经师小功。为师大功,籍师小功,经师三日,为师小功,籍师三月,经师无服。若师为籍师,皆轻弟子,于师又轻,各从减之也。"同学之间,"缌麻三月日服。"师为弟子服丧的情况,"例一等为师,三年报一期。齐衰者,九月;大功者,五月;小功,三月。"关于报服,石井公云:"报服同弟子,唯不解发耳。至如俗礼所明,以卑厌尊,从二孟为允,师年过老,若不胜衰,心丧而已。"二孟云:"门中弟子

---

① 朱法满:《道士吉凶仪》,《道藏》第 6 册,第 999 页。
② 朱法满:《道士吉凶仪》,《道藏》第 6 册,第 999 页。
③ 朱法满:《道士吉凶仪》,《道藏》第 6 册,第 999 页。

为师依经说，度脱生死，恩重二亲，而居丧事，用不同俗礼，既无凶苦，不为拔经，诸余服纪，皆依法轻重，以为制度。石井公云：报服所养，生小成拔，并须散发，不限受法，大小若着服者，临时自裁。"①

送葬时，队伍须按照一定次序排列：入冢经宝、香花、幡盖、伎乐、诵咏等在前；道士从丧者以及灵舆与幡花在后；接着是食舆、丧舆；最后是孝子、弟子等。如果送葬队伍出现非道教徒，则孝子应在最后。如果送葬时要坐船，则是尊者在最后。到达墓地后，"取中前入棺，安经冢前，供养依法，安灵床冢右，设祭于前，男孝冢左，女孝冢右，从道七正，正向冢，对经行道、忏悔、赞诵、行香，都设毕。斋食，竟。弟子于祭前诵祭文，竟。哭尽哀，毕。起辞经法，毕。内经于冢中。若路远，又以时消息之。"②即在坟墓前安经、设祭，然后忏悔燃香，此后还要诵读祭文。

接下来把棺椁放入墓葬中，"入棺竟。于柩头，安石床案子。置上内所将经法；置中安仙童于左，玉女于右，神仙兵马安冢口两边。龛前又安方床，施几案、纸笔、砚墨、手巾、香火等物。孝子皆拜，奉辞塞冢，竟。行吊慰之礼，毕，还"。③最后再按照顺序放入随葬品。接下来就是填土封闭墓室，孝子行吊慰之礼。

埋葬之后，需要将亡灵带回家。"次灵床位，五尺。床南向施屏帷帐幔，衣物随四时法。床前安凳，列香火巾筥、梳刷服饰，朝旦安几褥，暮移别床。席安枕被。晨仍卷取，朝中进食，真杨枝、净水、手巾，一如生时所须。四时用物，陈列咸在。二孟云：若公王、父伯、师长来吊，孝子出户外迎，从别道还。灵东头倚哭，以北为上。次轻，孝于灵前，北向倚哭，以东为上。尊者进客位，位低亦以东为上。伏哭五声音来吊，孝子跪受尊者抚手，仍再拜。毕，送至迎处。还，倚哭毕。若俗人重者，不须拜；若次重者，直出灵东头倚哭，客哭，竟，来吊，跪受执手，客去哭讫；若平人吊，直依次坐哭，受客吊。吊客卑者，直礼拜，不执手。若次敬者跪执手，平体者直倚执手。客若法俗中有亲缘者，吊慰，竟，更于灵前倚哭，展哀乃去。若客自从有丧以来，未经相见者，虽于孝子平体，亦须出，倚哭受吊。"④灵桌五尺左右，朝南摆放，同时要用帷幄等物遮盖，桌上摆放死者四时所用之物。此后，根据吊丧者的身份，孝子回应不同的礼节。

如果死者有弟子，安灵仪式结束后，他们要回本观设置灵位，"若非时节、各还

---

① 朱法满：《道士吉凶仪》，《道藏》第6册，第1001页。
② 朱法满：《道士吉凶仪》，《道藏》第6册，第1001页。
③ 朱法满：《道士吉凶仪》，《道藏》第6册，第1001页。
④ 朱法满：《道士吉凶仪》，《道藏》第6册，第1001页。

本馆者，则安下下床于北壁下，南向，以西为上，坐哭受吊。若客尊者，跪受执手；平者，坐受吊，施安客位于西壁下，安五尺床东向，开后客东向，以次上床，以北为上，伏哭五声起吊，孝跪执手如前。今人不安浮灵，请以空堂受吊。孝子居寝处，安素下床，除旧屏帷，以芦发围床，户悬白布幔蒲履，言语对而不问"。① 同样，依照吊唁者身份高低，弟子须回应不同礼节。

除服仪，即除去丧服。按二孟云："自从初七、二七、三七，至百日、周年，随心功德，竟，过此灵上，朝、中无复施设，唯安香火。至再周，亦可除之。"另按张续云："安香床，弟子旦夕哭泣，三日内设斋，中时下斋，食至四日已上，设清水一盆；百日讫，毁座，除服随轻重也。"② 弟子要安香床，按照服丧轻重逐渐除去丧服。"若永安床，不俱恒例，如弟子中受法至极，而服斩衰，可再周安床；若弟子尽服一期者，可一周安床；若服九月者，可九月安灵；若服五月者，可五月安灵；有三月服者，可百日安床。若过贫穷，又无后胤，虽安灵席，空设几筵，进献糜增，尘盈垢积，安虽乃易，除甚将难，如情所不胜，请随时消息。"③ 从中可见，道教所倡导的服丧还是以节俭为要，不需奢靡。

以上丧仪虽多引自孟景翼、孟智周、石井公、张续四家之言，似为唐之前的旧仪。但朱法满撰书时曾言："今会四家，略为一卷……并酌异同，随世沉浮，逐时增减。"④ 他编纂此书时也是按时代的变化，有所变通。"其俗礼，贫富有宜，遍历真经，亦无等制。信然。还魂水上仁，安反魄火中。古以野为棺，庄周以天地为椁，岂专在礼法度数，观于众人之耳目哉。若以生能重道德，死必贱形骸，随事变通，逐时增减，不在一、二、三、四之数。"⑤ 且他在编纂《道士吉凶仪》时，对丧仪也有自己的看法。例如"道士经法，能预投于名山福地净密处者，是为第一，不必将死尸同穴也。"朱法满认为："受法师，犹不尽备经，弟子亦有不能辨本所写受经，何必与尸同穴？何必预投名山？经留代代相传，符箓随棺入冢，出处随时见于斯矣。其有随身物内，后裔子中，不须如俗人作谷囊、腰绳、终具等物。事毕，上盖依科安之棺上，次安应入冢法物于棺南头，施列供养。烧香道士，皆冠带法服，一人棺南头，唱礼三

---

① 朱法满：《道士吉凶仪》，《道藏》第 6 册，第 1001～1002 页。
② 朱法满：《道士吉凶仪》，《道藏》第 6 册，第 1002 页。
③ 朱法满：《道士吉凶仪》，《道藏》第 6 册，第 1002 页。
④ 朱法满：《道士吉凶仪》，《道藏》第 6 册，第 993 页。
⑤ 朱法满：《道士吉凶仪》，《道藏》第 6 册，第 1001 页。

宝，三拜竟。"① 道士的葬事也不必如世俗之人配齐葬具。

总之，唐五代道士的丧仪虽借鉴儒家礼仪，但更崇尚节俭，仪式也相对简单。"殡葬以足，送终如例，不烦灵席。……不求厚葬，无事几筵。既有遗言，各随所况也"。这些针对道士的丧仪，也适用于部分道教信众。

隋唐五代时期，道教不仅有自己的丧葬仪式，而且还吸收了佛教的法事内容。一般每年阴历七月十五，道教要为死者举行施食法事。"道经曰：七月十五，中元之日，地官校勾搜选人间，分别善恶，诸天圣众普诣宫中，简定劫数，人鬼传录，饿鬼囚徒，一时皆集。以其日作玄都大献于玉京山，采诸花果、珍奇异物、幢幡宝盖、清膳饮食，献诸圣众。道士于其日夜讲诵是经，十方大圣，齐咏灵篇，囚徒饿鬼俱饱满，免于众苦，得还人中。"② 施食显然借鉴了佛教的法事。隋唐五代时期是道教法事发端时期，该时期比较重视仪式。宋代之后，各种道教法事逐渐流行。

## 第四节　相墓与风水

择墓之术是中国传统殡葬文化中的重要组成部分，墓地的好坏直接影响着墓主子孙的吉凶祸福，因此古代社会形成了许多丧事禁忌。隋唐五代时期，上至王公大臣，下至普通百姓都非常重视择墓，相墓之术涉及墓葬选址、下葬时间选择、墓道深浅等。

### 一　相墓与帝王陵墓

隋朝的开国皇帝杨坚在皇后独孤氏死后，命大臣萧吉为其选择一处吉地。萧吉遍游山川，四处查看地理形势，终于寻找到一处"兴盛二千年，保佑二百世"的地方，并把地形画下来呈献隋文帝。文帝起初并不相信卜择葬所的堪舆之术，认为："吉凶由人，不在于地。高纬父葬，岂不卜乎？国寻灭亡。正如我家墓田，若云不吉，朕不当为天子。若云不凶，我弟不当战没。"③ 他觉得吉凶在于人，不在于地理。高纬葬父即便占卜但北齐仍被灭国。正如杨坚本人的祖坟之地，如说不吉，那么他不会当上皇帝；如说大吉，他弟弟却战死沙场。但事实上隋文帝还是听从了萧吉的意见。萧吉上表诉说他所择墓地的奇异之象："去月十六日，皇后山陵西北，鸡未鸣前，有黑云方圆五六百步，

---

① 朱法满：《道士吉凶仪》，《道藏》第6册，第997页。
② 欧阳询：《艺文类聚》卷4，中华书局，1965，第80页。
③ 魏徵：《隋书》卷78《萧吉传》，第1776页。

从地属天。东南又有旌旗车马帐幕，布满七八里，并有人往来检校，部伍甚整，日出乃灭，同见者十余人。谨按《葬书》云：'气王与姓相生，大吉。'今黑气当冬王，与姓相生，是大吉利，子孙无疆之候也。"①文帝听后非常高兴，此后对萧吉更加信任。

不仅隋文帝相信萧吉的择葬之术，隋炀帝对此也深信不疑。早在炀帝为太子时，便密托萧吉在为独孤皇后择墓时，务必选择一处使杨广早日即位的葬地。杨广为此还许下诺言，即位之后"当以富贵相报"。四年以后，杨广果然继承皇位，这也使得他更加笃信择墓之术，并封萧吉为太府少卿，给予开府置官署的权力。萧吉曾经路过华阴，看见杨素的坟墓上有白气冲天，悄悄告诉炀帝说："其候素家当有兵祸，灭门之象。改葬者，庶可免乎。"②此后其也曾提醒杨玄感应该改葬，虽然杨玄感也略微知道其中变故，但还是认为坟冢是吉祥之地，因此借口辽东尚未灭亡，不考虑私事而拒绝。但是之后杨玄感因为谋反被灭族，炀帝愈加相信择葬之术。萧吉后来著有《葬经》六卷，专门论述择墓之法。

相墓术对于隋唐五代时期的帝王陵墓有着重要影响，如武则天想与唐高宗合葬乾陵，身为给事中的严善思结合《天元房录葬法》中的卜葬择墓原则，从三个角度上疏反对。第一，《天元房录葬法》中曾说过"尊者先葬，卑者不合于后开入"。③这是说地位崇高的人先下葬，那么地位卑微的人就不能再开墓穴下葬，按照这一说法，"则天太后，卑于天皇大帝，今欲开乾陵合葬，即是以卑动尊"。④严善思认为既然不符合常理，非要行事恐怕不会安稳。而且乾陵的墓道门是用石头封好，石隙也用铸铁浇筑，十分坚固。现在要开乾陵，势必要开凿。但是神明喜好幽静，如今兴师动众，恐怕会惊扰神明。另外开辟门道也同样不行，因为尊者在葬时，"神位先定，今更改作，为害益深"。第二，在乾陵修筑后，国家频频有难，于是导致武氏代李氏掌握大权长达二十年，如今国难刚平，现在就"更加营作"，恐怕还会有别的灾难发生。第三，夫妻并不一定非要合葬，"汉时诸陵，皇后多不合葬，魏、晋已降，始有合者。然以两汉积年，向余四百，魏、晋之后，祚皆不长"。⑤他认为汉代帝后不同墓，所以延续四百年，魏晋合葬则国灭家亡。陵墓的选择必须是吉地，它决定了后世子孙的福禄。他希望能按汉代的葬制，在乾陵旁边另寻吉地"别起一陵"，这样不仅确保了武

---

① 魏徵：《隋书》卷78《萧吉传》，第1776页。
② 魏徵：《隋书》卷78《萧吉传》，第1777页。
③ 刘昫等：《旧唐书》卷191《严善思传》，第5102页。
④ 刘昫等：《旧唐书》卷191《严善思传》，第5102页。
⑤ 刘昫等：《旧唐书》卷191《严善思传》，第5103页。

则天下葬的礼仪,还稳固了江山社稷。虽然严善思的上疏没有被采纳,但从中仍然体现出择葬之术对隋唐五代帝王陵墓选址、修筑、葬法的影响。

## 二 择墓与后代福祸

随着相墓术的盛行,唐代人非常重视墓地的选择,"若葬得其所,则神安后昌,若葬失其宜,则神危后损。所以先哲垂范,具之葬经,欲使生人之道必安,死者之神永泰"。① 祖先或者亲人墓葬的选址可影响后世子孙的生活,故须按《葬经》等介绍的方法才可使生者安定、死者永宁。

隋唐文献记载了许多墓葬选址影响后世祸福的传说故事。隋唐之际著名的思想家、史学家温大雅想改葬他的祖父,筮者对他说:"葬于此地,害兄而福弟。"温大雅说:"若得家弟永康,我将含笑入地。"② 改葬祖父不久,温大雅便死去。唐中期昭义兵马使郭谊之兄郭岌非常喜欢滏山的峻秀,死后定要葬在这里。一位望气相墓者说:"其地当三世为都头异姓。"③ 葬在这个地方,其人三代都会富贵。同时相墓者提出如墓穴深过两丈则不利。郭谊和郭岌的官职相当于刺史,按理墓穴应深三丈。当墓穴挖至三丈时,挖出一条石蛇和三个石卵。挖掘者把石卵凿破。多年之后,郭谊和郭岌的三个儿子同时被诛杀。这一结果与择墓时术士所言吻合。《太平广记》也引张鷟《朝野佥载》中多条故事以证相墓灵验:隋朝内史令李德林迁葬父母,先使其子卜葬于饶阳城东,其地东村西郭,南道北堤。卜者说葬后当出八公。李德林因其村名为"五公",认为:"惟有三公在。此其命也,知复云何!"葬后,其子李百药、孙李安期,果然袭安平公爵位。直至曾孙随徐敬业反,三公之后,爵位遂绝。唐英国公李勣也曾卜葬,卜辞为:"朱雀和鸣,子孙盛荣。"张景藏听闻后,私下说:"所占者过也。此所谓朱雀悲哀,棺中见灰。"后李勣之孙徐敬业在扬州反叛,使得李勣的棺椁遭到砍斫。

破坏陵墓气脉被认为会影响家族的兴衰。《北梦琐言》曾载:唐高宗时期的宰相杜正伦由于和京兆杜氏不是同一宗族,常蒙受杜氏侮辱。杜正伦官居显位后,就寻机"堙断杜陵山脉,由是诸杜数代不振",④ 祖陵被断,京兆杜氏家族因而一蹶不振。

---

① 刘昫等:《旧唐书》卷191《严善思传》,第5103页。
② 刘昫等:《旧唐书》卷61《温大雅传》,第2360页。
③ 欧阳修:《新唐书》卷214《刘悟传附稹传》,第6018页。
④ 孙光宪:《北梦琐言》,第106页。

同样，玄宗时鲜于仲通兄弟皆为一时名将，因为相墓者看到其祖坟上有异气，于是在他们犯罪后，朝廷派人将其祖坟气脉挖断，"降敕堙断之"。①之后，其家族随即衰落，鲜于仲通的裔孙鲜于岳长大后，一生奔波劳累，只是做到普州安县的小官，被人戏称鲜于蛇。

隋唐五代时期，也有因诸事不顺怀疑祖先墓葬风水不好而迁葬的事例。李阳冰因为其伯父与叔叔三人早死，怀疑墓地不吉，"昔苍龙大泉献，遭家不造，先侍郎即世，建茔霸陵，遗令也……天宝改元，我之伯也卒。间五六年，仲也卒。不四三年，叔也卒。君子曰：'李氏子天假其才，不得其寿，盍谋及龟策，谋及鬼神欤？'方士邵权，徧得管郭之道，唶曰：'霸岸凿龛，客土耗矣。干温冥之禁，非窀穸攸宜。是用（阙一字）叶永地，其原凤栖。'筮之，遇损之解，曰：'损乎解缓，吉孰甚焉。'……新卜茔连山南佐平岗（阙二字）坤势之宜，隧而顺之，伯氏仲氏叔氏三坟陪侧"。②李阳冰在术士的帮助之下迁葬。

墓地对后人不利的记载也比比皆是。五代后汉，魏王刘承训薨，"归葬太原，令（任）延皓择葬地，时有山冈僧谓刘崇曰：'魏王葬地不吉，恐有重丧。'未几，高祖崩，崇以僧言奏之，乃配流延皓于麟州"。③这也被认为是与墓地不佳有关。

### 三 墓地选择与埋葬方式

隋唐五代时期，对于埋葬地点的选择，与前代相比，有了明显的变化，即重视"龙脉"，认为有龙脉之地是理想的葬所。《太平广记》卷三八九《冢墓·韦安石》载："神龙中，相地者僧泓师，与韦安石善。尝语安石曰：'贫道近于凤栖原见一地，可二十余亩，有龙起伏形势。葬于此地者，必累世为台座。'……安石妻闻，谓曰：'公为天子大臣，泓师通阴阳术数，奈何一旦潜游郊野，又买墓地，恐祸生不测矣。'安石惧，遂止。泓叹曰：'国夫人识达先见，非贫道所及。公若要买地，不必躬亲。'夫人曰：'欲得了义，兼地不要买。'安石曰：'舍弟绍，有中殇男未葬，便与买此地。'泓曰：'如贤弟得此地，即不得将相，位止列卿。'已而绍竟买其地，葬中殇男。绍后为太常卿礼仪使，卒官。"④墓志中也常见对墓地龙脉的追求，《唐故瀛州

---

① 孙光宪：《北梦琐言》，第106页。
② 李季卿：《栖先茔记》，《全唐文》卷458，第4683页。
③ 薛居正：《旧五代史》卷108《任延皓》，第1431页。
④ 李昉：《太平广记》卷389《冢墓·韦安石》，中华书局，1961，第3108~3109页。

河间县丞崔君神道碑》载:"北据高冈连陇,南面大道禁林,上国皇州,川原指掌,仙门宰树,碑阙相望,元灵嘉之,是安是宅。"①高冈连陇在术士看来,正是龙脉的要求。此外《府君墓志铭》中说:"初议葬,小子梦度景于万安山南孤堆东峰之下,时淮南宏公相地,曰:'是山为华盖,冈为蟠龙,龙者大人之德,孤者王侯之称,卜梦协兆,何善如之?'"②《朝议大夫赠梁州都督上柱国徐府君神道碑铭》载:"及其葬也,茔小无便地,于次东马鞍山下得紫龙饮乳冈之原,龟筮从也。"③由此可见,葬于吉地,对后代有利。因此,人们往往都比较崇追葬地的山川形势。

但是,埋葬时不能破坏龙脉。否则,不仅不能带来好运,反而会招致恶果。《太平广记·冢墓·郝处俊》载:"唐郝处俊,为侍中死。葬讫,有一书生过其墓,叹曰:'葬压龙角。其棺必斫。'后其孙象贤,坐不道,斫俊棺,焚其尸。俊发根入脑骨,皮托毛着骷髅,亦是奇毛异骨,贵相人也。"④郝处俊的埋葬之地,虽然是龙脉所在,但墓地压龙角,反而破坏了风水,不利后世。

除此之外,墓地周边土壤以及埋葬方法也很重要。《太平广记·冢墓·舒绰》载:"舒绰,东阳人,稽古博文,尤以阴阳留意,善相冢。吏部侍郎杨恭仁,欲改葬其亲。求善图墓者五六人,并称海内名手,停于宅,共论艺,互相是非。恭仁莫知孰是,乃遣微解者,驰往京师,于欲葬之原,取所拟之地四处,各作历,记其方面,高下形势,各取一斗土,并历封之。恭仁隐历出土,令诸生相之,取殊不同,言其行势,与历又相乖背。绰乃定一土堪葬,操笔作历,言其四方形势,与恭仁历无尺寸之差。诸生雅相推服,各赐绢十匹遣之。绰曰:'此所拟处,深五尺之外,有五谷,若得一谷,即是福地,公侯世世不绝。'恭仁即将绰向京,令人掘深七尺,得一穴,如五石瓮大,有粟七八斗。此地经为粟田,蚁运粟下入此穴。当时朝野之士,以绰为圣。葬竟。赐细马一匹,物二百段。绰之妙能,今古无比。"⑤

此外,《大唐新语》记载:"开元十五年正月,集贤学士徐坚请假往京兆葬其妻岑氏,问兆域之制于张说。说曰……长安、神龙之际,有黄州僧泓者,能通鬼神之意,而以事参之。仆常闻其言,犹记其要:墓欲深而狭,深者取其幽,狭者取其固。平地之下一丈二尺为土界,又一丈二尺为水界,各有龙守之。土龙六年而一暴,水

---

① 张说:《唐故瀛州河间县丞崔君神道碑》,《全唐文》卷229,第2318页。
② 张说:《府君墓志铭》,《全唐文》卷232,第2345页。
③ 颜真卿:《朝议大夫赠梁州都督上柱国徐府君神道碑铭》,《全唐文》卷343,第3481页。
④ 李昉:《太平广记》卷389《冢墓·郝处俊》,第3108页。
⑤ 李昉:《太平广记》卷389《冢墓·舒绰》,第3107页。

龙十二年而一暴，当其隧者，神道不安。故深二丈四尺之下可设窀穸。墓之四维，谓之折壁，欲下阔而上敛。其中顶谓之中樵，中樵欲俯敛而傍杀。墓中抹粉为饰，以代石垩。不置瓴瓷瓦，以其近于火；不置黄金，以其久而为怪；不置朱丹、雄黄、矾石，以其气燥而烈，使坟上草木枯而不润。不置毛羽，以其近于尸也。铸铁为牛豕之状像，可以御二龙，玉润而洁，能和百神，寘之墓内，以取神道。僧泓之说如此，皆前贤所未达也。'"[1] 葬地除了要选龙脉之外，还对埋葬深浅、宽广以及陪葬物都有一定禁忌。

秦汉时期帝陵多掘地数丈修地宫，然后在地宫上方垒土成丘，耗资甚巨，也易被盗。"贞观十年，（太宗）葬文德皇后于昭陵，因山为坟，不封不树。太宗惩秦汉已来厚葬以致发掘，因序平生之志，刻于石。以诫将来。"[2] 昭陵以后，隋唐五代帝陵多依山为陵，不易被盗。帝陵也很重视山峦形势。"（唐）玄宗尝谒桥陵，至金粟山，睹岗峦有龙盘凤翔之势，谓左右曰：'吾千秋后，宜葬此地。'宝应初，追述先旨而置山陵焉。"[3] 可见，玄宗选择的墓地，也较为重视山川形势。

此外，平民亦重视墓地的地理地形。《太平广记》载："张式幼孤，奉遗命，葬于洛京。时周士龙识地形，称郭璞青乌之流也……又与士龙同行。出村之南，南有土山，士龙驻马遥望曰：'气势殊佳。'……遂卜葬焉，而式累世清贵。"[4] 由上可见，隋唐五代时期墓葬选址较为重视地理形势，山川风水。

# 第五节　占卜与择地

## 一　五行、五方、五音、五姓与丧葬

隋唐五代时期，墓葬占卜理论中出现了五音、五姓等相关的知识。主要是借鉴五行相生相克的理论，将五行与五姓、五音、五方相结合，来判定墓地的吉凶。五行即金、木、水、火、土；五方即东、南、中、西、北；五音是指古代划分音级的五种类型即宫、商、角、徵、羽。因此，根据声调，姓可分为五，即所谓五姓。《旧唐书·

---

[1] 刘肃：《大唐新语》卷13《记异》，许德楠、李鼎霞点校，中华书局，1984，第195页。
[2] 李昉：《太平御览》卷555《礼仪部》，中华书局，1960，第2511页。
[3] 刘肃：《大唐新语》卷10《厘革》，第152页。
[4] 李昉：《太平广记》卷390《冢墓·张式》，第3116~3117页。

经籍志》中记载墓葬书籍中有"《五姓墓图要诀》五卷，孙氏撰。"《新唐书·艺文志》则记载有"郭氏《五姓墓图要诀》五卷"。

唐吕才《叙宅经》中说："至于近代师巫，更加五姓之说。言五姓者，谓宫、商、角、徵、羽等。天下万物，悉配属之，行事吉凶，依此为法。至如张、王等为商，武、庾等为羽，欲似同韵相求。及其以柳姓为宫，以赵姓为角，又非四声相管。其间亦有同是一姓，分属宫商，后有复姓数字，徵羽不别。验于经典，本无斯说，诸阴阳书，亦无此语，直是野俗口传，竟无所出之处。唯《堪舆经》，黄帝对于天老，乃有五姓之言。"①吕才指出当时民间把姓按照五音分为五姓的办法。

敦煌文书中有"推五姓法"，记载了部分姓氏的五音分类："（前残）武、许、吕、传（一云商）、余、郎、马、于、韦、仵、褚、吴、卫、郭、臣、虞、邬、扈、袁（一云商）、辅、俱、固、温（一云宫）、蒲、步、祖（一云商）、云（一云商，一云徵）、眭（一云商）、骨（一云商）、霍（一云角）、母（定五姓）。右前五姓，皆依五音韵之，或胡改窦之姓，音虽各别，皆为商用者，为上代是复姓，属商。或因继嗣他宗，亦取本姓为用，但复姓皆从商姓为定，仍任本姓所属用之。"②这部分记载了推断五姓的方法以及过继他人后产生的五姓问题，但文本过于残缺。

## 二 六甲、八卦与葬地

隋唐五代时期，民间还流行所谓的六甲八卦冢，就是将一块大墓地中四种朝向、方位不同的墓穴，分派给五姓百姓安葬。

《旧唐书·经籍志》中记载的墓葬书籍中有"《六甲冢名杂忌要诀》二卷"，所谓六甲冢，就是以六十甲子来命名的墓穴。六十甲子中有六旬，即甲子旬、甲戌旬、甲申旬、甲午旬、甲辰旬、甲寅旬。但在六十甲子中，冢穴必须"因子上而名"，六十甲子中，十二支只有五次循环，即甲子、丙子、戊子、庚子、壬子。它们对应的旬分别是甲子旬、甲戌旬、甲申旬、甲午旬、甲辰旬。甲寅旬中无子。又戊在五行中属土，墓穴不可犯土，所以甲申旬中的戊子就不能有墓穴。这样六甲冢就只有四个墓穴，也就是上面所说的甲子冢、甲戌冢、甲午冢、甲辰冢。③

例如，甲子冢："[冢] 穴在甲，门 [在] 景丙，丧庭在庚，名甲子冢，是子卯酉

---

① 刘昫等：《旧唐书》卷79《吕才传》，第2720~2721页。
② 金身佳：《敦煌写本宅经葬书校注》，第259页。
③ 金身佳：《敦煌写本葬书中的六甲八卦冢》，《敦煌学辑刊》2005年第2期。

年，□□百不得用此冢。大墓地长七十一步，计得廿二□一步，并合甲穴吉。次墓地长七十三步阔卅七步，计□□，余六十一步，并合甲穴。小墓地方一十九步，计得一亩，余一百廿一步，并合甲穴吉。"①

### 三　卜地与造墓

《司马头陀地脉诀》记："若在平源，门望远看北来南；若在柒（溪）谷幽原，□□左右回抱。若无天门地户，五姓并不堪居，商角徵羽与宫不用鬼门位下。天门山千里万里来住，则出京官。百里已下之山，则宜州县僚宰。衣藤蒲叶之珑，则宜凡庶所居。平地覆捥堆罡，此地主无好势，若水流西北并为倒逆之津，五姓并不堪居，流向东南长远，总为生气。乾坤相对，如两臂之齐长，震兑分明，似头足之全，其山形似体，地象龄身，口在：鼻前，食息从斯吐纳，四支（肢）五体衰王（亡）并是根生。欲知子午本宫，此正当山势，不知天地之头足，待寻兰倒之文；不识山势尊卑，冢宅终无起发，五音库藏并是申奴婢田园同生丙午。"还认为："弟（第）一山来长远，去浅宽，回抱急，则男富贵，职禄不沾三代，案山于坐处，玄孙不得出头。地户隐闭日光，男女不处贫贱。弟（第）三山来欲住如龙之举头；又如鹤雉欲鸣，似凤凰之顾望。山前乱出揎者为尊，山来进罡南伴，俱为侍者。……打墓近大驿，男女宽弘；更有辛水东流，商贾甚多，宜利男女，自然君子出入，随逐贵人，非但目下自如，三代子孙兴盛。"②另外，《山冈占图》中，描绘了山冈图形，指出"此地出二千石"等词，即通过山形地势来寻找福好的墓穴，以求家人平安富贵。

如何寻找好的山脉以供营造墓穴？《司马头陀地脉诀》中有对于山形的论述，"乾坤相对，如两臂之齐长；震兑分明，似头足之全□。其山形似体，地象于身，口在鼻前，食息从斯吐纳；四支五体，衰王并是根生……凡山罡形势，高处为尾，傍枝长者近为头，实者为角，曲外为背，内为腹内匈（胸），中出为脊背者，为乳足"，③把山形喻作人或动物身体各个部位，同时指出哪个部位是墓葬的吉地。

造墓过程也非常重要。墓穴的挖掘有非常多的讲究。挖掘墓穴时，先后动土的方位有诸多禁忌，《葬录》说："若欲取土，于册步外，随岁、月德及空吉地。宫姓取土，宜丙庚丁未申酉地吉。宫姓造家，绝手于亥。商姓取土，宜壬亥辰戌子地吉。商姓造

---
① 金身佳：《敦煌写本葬书中的六甲八卦冢》，《敦煌学辑刊》2005 年第 2 期。
② 金身佳：《敦煌写本宅经葬书校注》，第 321～322 页。
③ 金身佳：《敦煌写本宅经葬书校注》，第 321、323 页。

家，绝手于申。角姓取土，宜丙壬亥子午地吉。角姓造冢，绝手于寅。徵姓取土，宜甲寅卯丑未地吉。徵姓造冢，绝手于巳。羽姓取土，宜甲庚寅卯申酉地吉。羽姓造冢，绝手于亥。"起手方是指开始动工的方位，绝手则是完工时的方位。"绝手于亥"就是指完工的时候在亥方。

造冢取土等亦可分辨凶吉：凡葬龙头，掘土入三尺，得白玉内有赤脉者，三年致爵禄，大吉。葬龙足，掘土入三尺，不得交行，石内有生水，三年致囚徒、牢狱、吊死。葬龙髀，掘土入三尺下，得败铜钱，或死蛇、败石，有杂色，三年长子为兽，所□□子蛇作，大凶。葬龙胸，掘土入三尺，得金石八，牛黑半白，三年致爵禄，吉。葬龙腹，入土七尺，得清石内黑，吉；致富贵，六子并贤人，出贤明，子孙亦壮健，吉。葬龙心，掘土入一丈，得龙蛇石，状如悬铃，黄花石，黑花石，并吉，后凶。葬龙腋下，掘土一丈三尺，得微泉东流，苔青色，五年富，还官，吉。①掘开墓穴下的石块色泽、形状，可卜子孙祸福：掘得开圹下，得杂碎凡石者，子孙贫穷，乞食。自得燋土石者，后出病皇水，水之征（症）结漏死。穿地入三尺，黄，吉；黑土，贫，有兵亡，客流他乡；出暴富，不□；出流亡客死，黄委注病，相连不绝，短命。得掘冢椁发泄骸，先人被考，三年受殃。得白石有光明者，出贵子，聪明贤远。凡穿地得石，后一年得非财，六年出贤明男女，利子孙，吉。得紫色光石，其石还安本富，大吉。得铜钱，富贵，吉。得黄色石光者，出绶，暴贵，后亦有黄注病。得青色石，光明在四边，出女贵，大吉。得死石如碑炭色者，后出吊死，流亡，乞食。得生石有光，大如斗，近在冢尸，不去之，土夫伤胸，兽死；除去。吉。②造墓掘土之中，即可卜后世子孙贫富、贵贱等。

此外，墓葬深浅也有规定，《葬经·入地深浅法》载："从起与性（姓）相生主吉，从上向甲乙数，与姓相生吉。假令宫姓，入地三尺为庚，并与姓相生，他皆放此。"大意是埋葬深浅与所属五姓相关，不同的姓有不同深浅。另有《相冢书》曰："入地一尺戊，为黄龙。二尺巳，三［尺庚，为章光。四尺辛］，五尺壬，为玉堂。六尺癸，七［尺甲，为麒麟。八尺乙，九尺丙］，为凤皇。一丈丁，还从戊起，［甲庚丙壬吉］，余并凶，唯王者得用戊，是黄龙也。又一法，入地一尺为建，二尺为除，三尺为满，四尺为平，五尺为定，六尺为执，七尺为破，八尺为危，九尺为成，一丈为

---

① 金身佳：《敦煌写本宅经葬书校注》，第241页。
② 金身佳：《敦煌写本宅经葬书校注》，第242页。

收，一丈一尺为开，一丈二尺为闭，周而复始，满平定成收开吉，余并凶。"①《葬经摘抄》中说："造冢须入地三尺。"

## 四 卜日

古代比较看重择葬日期，秦汉时期日书中就有这方面的内容。到了隋唐五代，葬日择期较为常见。《大唐开元礼》中有"卜葬日"，② 即占卜死者下葬的日期。唐代末期的《四时纂要》中有择日条，从其记述来看，择日就是择定某月某日可葬。如果在不可葬之日从事丧事，就会产生不良后果。以七月为例，七月，"四杀没时：四孟之月，宜用甲时寅后卯前，丙时巳后午前，庚时申后酉前，壬时亥后子前。已上四时，鬼神不见，百事可为，架屋，埋葬，上官，并用之，吉……丧葬：此月死者，妨寅、申、巳、亥人。斩草：丙子、丙寅、辛卯、癸卯、壬子日。葬：癸酉、壬午、乙酉、壬寅、庚午、己酉日，吉"。每季度第二个月有四个时间是吉时，此时从事丧葬等活动，为吉。七月而亡者，对于寅、申、巳、亥日（或时辰）出生的人不利；该月死者在举行营造坟墓仪式时，要选择在丙子、丙寅、辛卯、癸卯、壬子五日中的一天；下葬时间选择在癸酉、壬午、乙酉、壬寅、庚午、己酉六个日子中的一天，这些是吉日。《四时纂要》中每月都有类似的规定，反映人们对丧葬择日的重视。

敦煌文书《董永变文》也载："领得钱物将归舍，谏译（拣择）好日殡耶娘。"也说明择日下葬比较流行。敦煌《阴阳书·葬事》讲述丧葬择时问题，"丙申日，火开，地下丙寅，绝阳，此日殡埋，宜子孙。启殡、发故、除服吉，商羽二姓用之凶"。择日下葬的风俗沿袭至今。

## 第六节 其他习俗

隋唐五代丧葬中还有其他多种习俗，比如烧纸钱、合婚、冥婚等。这些习俗在该时期丧葬中也非常多见。

### 一 烧纸钱

纸钱，又称阴钱、寓钱，是阴间使用的货币之一。纸钱的起源，有多种说法，李

---

① 金身佳：《敦煌写本宅经葬书校注》，第292页。
② 萧嵩：《大唐开元礼》卷138，第654页。

济翁在《资暇录》中引洪兴祖《杜诗辨证》:"南齐东昏侯好事鬼神,剪纸为钱,以代束帛。李淳风盛行其事。唐书王玙传:汉以来葬者,皆有瘗钱,后世以纸当钱为鬼事,至是玙乃用襢袚,则是丧葬之焚纸钱,因于汉世之瘗钱。其祷神而用纸钱,则起自殷长史,盛行于李淳风、王玙也。"《旧唐书·王玙传》载:"玙专以祀事希幸,每行祠祷,或焚纸钱。"不过,考古表明,新疆吐鲁番地区在初唐时期,就有纸钱的实物存在。生活在隋唐之交的王梵志,他的诗文中常提及纸钱,如"有钱惜不吃,身死由妻儿。只得纸钱送,欠少元不知"。"得钱自吃用,留著柜里重。一日厥摩师,空得纸钱送。""身著好衣裳,有钱不解用。贮积留妻儿,死得纸钱送。"可见,至少在唐初,烧纸钱在社会上已比较流行。

纸钱与火化、焚烧有直接的关系。①北魏时期,"高宗崩,故事:国有大丧,三日之后,御服器物一以烧焚,百官及中宫皆号泣而临之"。②唐朝时,"卫国文懿公主,郭淑妃所生。始封同昌。下嫁韦保衡。咸通十年薨。帝既素所爱,自制挽歌,群臣毕和。又许百官祭以金贝、寓车、廞服,火之,民争取煨以汰宝"。③这种焚烧金贝等与焚烧纸钱的形式类似,是给亡者的祭品。

唐玄宗时,严禁厚葬,曾下诏:"自古帝王皆以厚葬为诫,以其无益亡者,有损生业故也。近代以来,共行奢靡,递相仿效,浸成风俗,既竭家产,多至凋敝。然则魂魄归天,明精诚之已远;卜宅于地,盖思慕之所存。古者不封,未为非达。且墓为真宅,自便有房,今乃别造田园,名为下帐,又冥器等物,皆竞骄侈。失礼违令,殊非所宜;戮尸暴骸,实由于此。承前虽有约束,所司曾不申明,丧葬之家,无所依准。宜令所司据品令高下,明为节制:冥器等物,仍定色数及长短大小;园宅下帐,并宜禁绝;坟墓茔域,务遵简俭;凡诸送终之具,并不得以金银为饰。如有违者,先决杖一百。州县长官不能举察,并贬授远官。"④对随葬品的限制促进了烧纸钱的进一步流行。

纸钱是送给死者或鬼神的相关费用。《封氏闻见记》卷六中说:"纸钱,今代送葬为凿纸钱,积钱为山,盛加雕节,舁以引柩。按古者享祀鬼神,有圭璧币帛,事毕则埋之。后代既宝钱货,遂以钱送死……率易从简,更用纸钱。纸乃后汉蔡伦所造,其纸钱魏晋已来始有其事。今自王公逮于匹庶,通行之矣。凡鬼神之物,其象似

---

① 陆锡兴:《吐鲁番古墓纸明器研究》,《西域研究》2006年第3期。
② 魏收:《魏书》卷13《皇后传·文成文明皇后》,中华书局,1974,第328页。
③ 欧阳修:《新唐书》卷83《诸帝公主传·卫国文懿公主》,第3674页。
④ 刘昫等:《旧唐书》卷8《玄宗纪上》,第174页。

亦犹涂车刍灵之类。古埋帛金钱，今纸钱皆烧之，所以示不知神之所为也。"阴间所用的钱绢，来源于人间的纸钱。《冥报记·李知礼》记载，李知礼在阴间"见其兄女并婢赍箱，并有钱绢及一器饮食在坑东北……自从初死至于重生，凡经六日。后问家中，乃是侄女持纸钱绢，解送知礼。当时所视，乃见铜钱丝绢也"。可知李知礼在阴间见到的铜钱丝绢，源自于人间的纸钱绢。《广异记·宇文觊》中说："地府所用，是人间纸钱。"

纸钱由白纸构成，但要质量比较好的纸。《冥报记》载，阴间小吏要王璹回阳间后给他钱一千，"吾不用汝铜钱，欲得白纸钱，期十五日来取"。王璹苏醒后忘了给小吏钱，后来阴间小吏发怒，又要将王璹带到阴间受罚，王璹只好"买纸百张作钱送之，明日璹又病困。复见吏曰'君幸能与我钱，而钱不好。'……璹令用六十钱买白纸百张作钱并酒食，自于隆政坊西门渠水上烧之。"《太平广记》载，大和二年（828），"王潜之镇江陵也，使院书手许琛因直宿"，①许琛二更后突然死去，到五更又复活。在阴间，有人对他说："见王仆射，为我云：'武相公传语仆射，深愧每惠钱物。然皆碎恶，不堪行用，今此有事，切要五万张纸钱，望求好纸烧之，烧时勿令人触，至此即完全矣，且与仆射不久相见'，言讫，琛唱喏，走出门外。……初琛死也已闻于潜，既苏，复报之，潜问其故琛所见即具陈白，潜闻之，甚恶即相见之说。然问其形状，真武相也。潜与武相素善，累官皆武相所拔用，所以常于月晦岁暮焚纸钱以报之，由是以琛言可验。②于是王潜就买上等纸烧化以答应武相请求。《太平广记》载："仍买好白纸作钱，于净处咨白天曹吏，使即烧却；若不烧，还不得用。不尔，曹司稽留，行更得罪。"③这是强调买好的白纸做纸钱。当然，不同颜色的纸，民俗寓意也不一样。《法苑珠林·引证部》载："普广经云，若四辈男女，若临终时若已过命，于其亡日，造作黄幡悬著刹上。使获福德离八难苦，得生十方诸佛净土，幡盖供养随心所愿，至成菩提。""何故经中为亡人造黄幡，挂于刹塔之上者？"主要是因为"又黄色像金鬼神冥道将为金用故，解祠之时剪白纸钱鬼得白钱用，剪黄纸钱得金钱用。"④《冥报记》卷中《睦仁蒨》记载："鬼所用物，皆与人异，唯黄金及绢，为得通用，然亦不如假者。以黄色涂大锡作金，以纸为绢帛，最为贵

---

① 李昉：《太平广记》卷384《再生·许琛》，第3066页。
② 李昉：《太平广记》卷384《再生·许琛》，第3067页。
③ 李昉：《太平广记》卷71《道术·窦玄德》，第445页。
④ 释道世：《法苑珠林校注》，第1138页。

上。"这说明，民间将白纸涂成黄色，即视为阴间使用的黄金。唐朝时期，另有一种素钱，"唐杨相国收，贬死岭外……杨相国曰：'某为军容使杨玄价所潜，不幸遭害。今已得请于上帝，赐阴兵以复仇，欲托尚书宴犒，兼借钱十万缗。'荥阳诺之，唯钱辞以军府事多，许其半。杨相曰：'非铜钱也。烧时幸勿著地。'……荥阳令于北郊具酒馔素钱以祭之"。①古人认为阴间的纸钱，应与在人间流行的铜钱或黄金相似，所以纸钱要制成铜钱或者黄金样式。

纸钱常通过剪、刻、割等方法制作。新疆吐鲁番古墓发现的纸钱是成串叠起，大小不同，似乎是刻或者剪出。《广异记·韦栗》记载韦栗天宝年间任新淦丞，女儿随他赴任，但死于新淦，韦栗任职期满后回家，船停泊扬州，"其母剪黄纸九贯，置在榇边案上，检失三贯。众颇异之，乃复开棺，见镜在焉，莫不悲叹"。②由此可见，早期纸钱制作多为裁剪。有时也采用割的方式。《太平广记·京洛士人》中写道："取纸数张，割为钱，系之于树瘤上。意者欲为神树，不敢采伐也。"③如果要烧的纸钱比较多，制作花费的时间就比较长。牛僧孺《玄怪录·吴全素》载吴全素被阴吏召入冥间，两个阴吏每人向他索要钱五十万，吴全素向其姨托梦，姨"求纸于柜，适有二百幅，乃令遽剪焚之，火绝则千缗宛然在地矣"。④纸钱也可以采用凿的方式制作。《封氏闻见记》卷六中说："纸钱，今代送葬为凿纸钱。"《广异记·崔明达》记载，崔明达做梦，发现自己在阴间，他在阴间讲了《涅槃经》后，阴间小吏送他回阳间，期间小吏每人向他索要五百钱，并要求他："至家，宜便于市致凿之，吾等待钱方去。"⑤可见，纸钱可以用凿的方式制作。

由于社会上纸钱需求量大，甚至出现了专门从事凿钱的工匠。《广异记·裴龄》载，裴龄被阴间小吏误抓阴间，在送回阳间的路上，小吏向他索要金银钱各三千贯，小吏曰："君可呼凿钱人，于家中密室作之，毕，可以袋盛，当于水际焚之，我必得也。"⑥可见，文中提及的凿钱人即是专门从事纸钱制作的工匠。

五代时期，烧纸钱比较流行，已经出现了雕版印刷的纸钱，减少了纸钱制作过程中的人工劳动。宋朝的陶谷在《清异录》卷下《泉台上宝冥游亚宝》条记载："显德六

---

① 孙光宪:《北梦琐言》卷9，第185页。
② 李昉:《太平广记》卷334《韦栗》，第2651页。
③ 李昉:《太平广记》卷416《木怪·京洛士人》，第3389页。
④ 牛僧孺:《玄怪录》，中华书局，2006，第94页。
⑤ 李昉:《太平广记》卷379《崔明达》，第3017页。
⑥ 李昉:《太平广记》卷381《再生·裴龄》，第3034页。

年，世宗庆陵殡土，发引之日，百司设祭于道。翰林院楮泉大若盏口，余令雕印字文文之，黄曰'泉台上宝'，白曰'冥游亚宝'。"这条反映官方用雕版印刷纸钱的史料是在五代后周时期，而民间雕版印刷纸钱应该更早。

怎样将纸钱给死者呢？采用的方式比较多。比较常见的有埋葬法。即将纸钱放在死者的棺椁中直接埋葬。新疆吐鲁番古墓由于气候干燥，棺椁中保留了大量用于陪葬的纸钱。内地由于比较湿润，在棺椁中不易发现陪葬的纸钱。也有的纸钱是挂或者撒。撒挂纸钱一般在祭祀神灵或者祭祀死者时用。撒纸钱一般在埋葬死者时采用。在唐代，寒食节不能举火，所以人们在祭祀先人时将纸钱撒挂在墓碑上。比如唐诗中张籍《北邙行》中写道："寒食家家送纸钱，乌鸢作窠衔上树。"白居易在《寒食野望吟》中也写道："风吹旷野纸钱飞，古墓累累春草绿。"这正是撒挂纸钱风俗的写照。

还有一种方式就是焚烧纸钱，这种风俗是生者给死者纸钱的主要方式。王建在《寒食行》一诗中写道："远人无坟水头祭，还引妇姑望乡拜。三日无火烧纸钱，纸钱那得到黄泉。"这是反映寒食节不得举火，不能焚烧纸钱的事情。新疆吐鲁番古墓中也出土有焚烧纸钱留下的灰烬。

焚烧纸钱逐渐成为一种风俗，烧纸地点也有一定讲究。焚烧纸钱多在水边。《广异记·裴龄》记载，阴间小吏要求裴龄，"当于水际焚之，我必得也。"没有河流的地方，可选择大树下，因为古人认为大树底下有水，可通黄泉。唐临《冥报记·李山龙》载，阴间小吏要求其："于水边古树下烧之。""山龙诺。吏送归家，见亲眷哀哭，经营殡具，山龙至尸旁即苏，曰：'以纸钱束帛并酒食，自于水边烧之。'"①当然也要注意时间问题，古人认为鬼魂在夜晚活动，黄昏以后烧纸钱才能送达。段成式《酉阳杂俎续集·支诺皋下》亦载："（樊）元则复令具酒脯纸钱，乘昏焚于道。有风旋灰直上数丈，及聆悲泣声。"②即是在黄昏之后燃烧纸钱。

焚烧纸钱需讲求一定的方式，因为古人认为纸钱可能为逝者获得，也可为其他鬼神所取。《太平广记》就载有这类情况："受钱之时，若横风动灰，即是我得；若有风飏灰，即为地府及地鬼神所受，此亦宜为常占。"③焚烧纸钱时，古人往往高呼死者的姓名以示区别，让死者来取钱。《朝野佥载》载：杜鹏举为韦鼎焚钱十万，韦鼎嘱云："焚时愿以物藉之，幸不着地，兼呼韦鼎，某即自使人受。"杜鹏举遂焚纸钱十万后，特呼赠韦鼎。

---

① 李昉：《太平广记》卷109《报应·李山龙》，第745页。
② 段成式：《酉阳杂俎续集》卷3，上海古籍出版社，2012，第137页。
③ 李昉：《太平广记》卷381《再生·裴龄》，第3035页。

古人还认为焚烧纸钱须不着地，不搅碎。《太平广记·再生·郑洁》载，"每烧钱财，如明旦欲送钱与某神祇，即先烧三十二张纸钱，以求五道，其神祇到必获矣。如寻常烧香，多不达。如是春秋祭祀者，即不假告报也。其烧时，辄不得就地，须以柴或草荐之，从一头以火爇，不得搅碎其钱即不破碎，一一可达也。"①前文所提《朝野佥载》中亦有韦鼎嘱杜鹏举烧纸钱时："焚时愿以物藉之，幸不着地。"《北梦琐言》卷九亦记载，杨收要求烧纸钱时，"烧时幸勿著地"。可见，要将纸钱送达鬼神，须保持其焚烧灰烬的完整性，还须不着地。

纸钱在阴间的功能，与人间黄金钱绢的功能是一致的。可以说，纸钱在阴间的使用，是人间金钱使用的投影。纸钱在阴间除了可以购物之外，还可以用来贿赂，《太平广记·再生·辛察》载，辛察误入阴间，阴间小吏向他索二千纸，其家人"取纸钱焚之，（辛）察见纸钱烧迄，皆化为铜钱"。②不久，辛察复生。《法苑珠林·齐士望》载，齐士望被误抓到阴间，后被放回。差役推说路远，向士望索求钱物，齐士望还阳后，遂造纸钱以待使者。

隋唐五代时期是烧纸钱这一习俗演变的重要时期。敦煌变文《大目乾连冥间救母变文》中写道："冢上纵有千般食，何曾济得腹中饥。号眺大哭终无益，徒烦烧纸作钱财。"此外，《无常经讲经文》也说："望儿孙，剩烧纸，相共冥问出道理。"这反映出烧纸钱这种风俗在西北地区的流行。到了五代时期，焚烧纸钱已较为普遍，以至于欧阳修认为后周的灭亡与"寒食野祭而焚纸钱"有关。③这从一个侧面反映出烧纸钱，已成为一种重要的丧葬风俗。

除了焚烧纸钱，隋唐五代时期，开始流行以纸制作冥器，如纸衣、纸帽、纸鞋等。明器与冥器有所差异，明器主要为陶瓷等制品，而冥器则以纸制。明器为随葬，冥器主要为烧。冥器的流行，反映出了轮回观念比较流行，是佛教生死观在丧葬上的反映。④当然，早期有些地方墓葬中也直接随葬纸制冥器，在吐鲁番唐墓中，就有纸鞋、纸帽、纸钱、纸棺等冥器。⑤这些纸制冥器都是绢、金银器物的替代品。《天工开物·杀青》记载："盛唐时鬼神事繁，以纸钱代焚帛（北方用切条，名曰板钱），故造此者名曰火纸。"冥器的出现，是丧葬节俭的需要，也是该时期丧葬文化的又一特点。

---

① 李昉：《太平广记》卷380《再生·郑洁》，第3029页。
② 李昉：《太平广记》卷385《再生·辛察》，第3073页。
③ 欧阳修：《新五代史》卷12《世宗纪》，第125页。
④ 王娟：《明器与冥器》，《民俗研究》2015年第1期。
⑤ 孙丽萍：《吐鲁番古墓葬纸明器考论》，《吐鲁番学研究》2014年第2期。

## 二 冥婚

冥婚，一般是为生前未婚配的逝者举行的婚礼。冥婚一般可分为两类：一类是死者与死者之间的婚姻；一类是死者与活人结成婚姻。这里只讨论死者与死者之间的婚姻。冥婚在中国出现很早，隋唐五代时期，在正史、小说乃至诗文中都记载了许多冥婚的事例。

### （一）冥婚事例

唐代的冥婚，正史中颇多记载。大足元年（701），懿德太子李重润为人所构，与其妹永泰郡主、婿魏王武延基等遭武后杖杀，时年十九。"中宗即位，追赠皇太子，谥曰懿德，陪葬乾陵。仍为聘国子监丞裴粹亡女为冥婚，与之合葬。"①《旧唐书·萧至忠传》记载："韦庶人又为亡弟赠汝南王洵与至忠亡女为冥婚合葬。及韦氏败，至忠发墓，持其女柩归，人以此讥之。"②此事在《旧唐书·崔无诐传》中也有记载："崔无诐者，京兆长安人也。本博陵旧族。父从礼，中宗韦庶人之舅，景龙中卫尉卿。时中书令、酂国公萧至忠才位素高，甚承恩顾，敕亡先女冥婚韦庶人亡弟。无诐婚至忠女，后为女家，中宗为儿家，供拟甚厚，时人为之语曰：'皇后嫁女，天子娶妇。'及韦庶人败，至忠女亦死，无诐坐累久贬在外。"③《旧唐书·李佋传》记载："敬用追谥曰承天皇帝，与兴信公主第十四女张氏冥婚，谥曰恭顺皇后。有司准式，择日册命，改葬于顺陵，仍祔于奉天皇帝庙，同殿异室焉。"④

此外，墓志、文学作品中也常见冥婚的记载。唐诗中临淄县主的《与独孤穆冥会诗》注中也记载了一起冥婚的事例："贞元中，河南独孤穆者，隋将独孤盛裔孙也，客游淮南，夜投大仪县宿……有二女子出见，自称隋临淄县主，齐王之女，死于广陵之变，以穆隋将后裔，世禀忠烈，欲成冥婚……至贞元十五年己卯，穆虢暴亡，与之合窆。"⑤

---

① 刘昫等：《旧唐书》卷86《懿德太子李重润传》，第2835页。
② 刘昫等：《旧唐书》卷92《萧至忠传》，第2970页。
③ 刘昫等：《旧唐书》卷187《崔无诐传》，第4893页。
④ 刘昫等：《旧唐书》卷116《李佋传》，第3386页。
⑤ 临淄县主：《与独孤穆冥会诗》，《全唐诗》卷866，第9797页。

### 表3-2 隋唐墓志、笔记中的冥婚

| 序号 | 文献 | 内容 |
|---|---|---|
| 1 | 《大隋左武卫大将军吴公李氏女墓志》 | 女郎姓尉，字富娘，河南洛阳人……以大业十一年五月十三日终于京宅，春秋十有八……母氏痛盛年之无匹，悲处女之未筓，虽有幽媾婚，归于李氏，共牢无爽，同穴在斯。 |
| 2 | 《唐故宣德郎行忠州参军事飞骑尉陆公并夫人孙氏墓志铭并序》 | 公讳广秀，字元恂，河南洛阳人也……以垂拱三年四月十九日，终于合宫县弘教里私第，春秋廿有九。公才行既高，婚娶难返，未有伉俪，奄从风烛……今将礼葬，遂结冥婚。与公娶乐安孙氏女……其女在室，以垂拱四年四月廿五日终于家，春秋十有六。令淑殊状，内外共推。妇德芳规，幽显同仰。是称秦晋，实曰潘阳……以大周延载元年岁次甲午十月辛亥朔十日庚申，合葬于洛阳县清风乡邙山原，礼也。 |
| 3 | 《大唐象州使君第六息故韦君之墓志铭》 | 韦凡，原字敬舆，小字惠子，京兆杜陵人也……以大唐贞观廿年五月廿八日卒于官舍，时年廿一……竟未婚媾。粤以廿一年岁次戊申五月辛巳五日乙酉，返葬于洪固原之大茔，礼也。仍以故太子仆崔思默亡女伦孝。 |
| 4 | 《大唐故郭处士墓志之铭并序》 | 其子神智，以延载元年四月十九日卒于家第，秀而□实，石火遄锺，今卜新婚，娶于盖氏，其地则傍隄峻屺，对岚白之将军；面带蒿陵，有悼公之姊妹。 |
| 5 | 《西郡李公墓石》 | 享年二十有（缺一字），皇唐天宝四载十二月五日寝疾，终（缺六字）名举，未婚而终。父母哀其魂孤，为结幽契，娶同县刘氏为夫人，越十一日，合葬于郡州西北二百步，从先茔。礼也。 |
| 6 | 《大周故右翊卫清庙台斋郎天官常选王豫墓志铭》 | 王豫字安舒……春秋二十有八……仍冥婚梁吴郡王孙邢州司兵萧府君之第四女。 |
| 7 | 《大唐故贾君墓志铭并序》 | 君讳元叡，河南洛阳人也……以显庆五年正月二十日卒于清化里第，年十七。未有伉俪焉，即以聘卫氏为冥婚。 |
| 8 | 《大唐赠卫尉卿并州大都督淮阳郡王京兆韦府君墓志铭并序》 | 王讳洞，字冲规，京兆杜陵人也……春秋一十有六……乃冥婚太子家令清河崔道猷亡第四女为妃而会葬焉，盖古之遗礼也。 |
| 9 | 《大唐尚书都事故息颜子之铭》 | 讳襄子……年十有六，以显庆五年四月廿七日卒于罗援县章善里私第……文林郎刘毅故第二女为冥婚。 |
| 10 | 《唐故处士张府君墓志》 | 君讳楚……君才登弱冠之年，早从即代，岂谓方夏摧兰，未秋掩桂。贞观十九年终于邛州。以显庆六年二月七日冥婚马氏，葬于洛阳县北邙之山原。 |
| 11 | 《唐故□士陈君墓志铭并序》 | 去永淳二年遘疾，春秋二十。夫人张氏，以垂拱元年遘疾，终于家第，春秋廿一。以垂拱二年岁次景戌十二月丁卯八日甲午冥婚，合葬于侯山西南十五□平原之旧茔，礼也。 |
| 12 | 《唐故昌平县开国男天水赵君墓志铭并序》 | 以垂拱元年正月十三薨于私第，春秋廿有三……良未偶于幽闲，粤自冥途，爰求胜族，□婚刘氏，结影夜台。夫人即随州刺史之□女，葬于邙山，礼也。 |
| 13 | 《大周故左卫翊卫沈君墓志铭并序》 | 以圣历元年三月十七日卒，春秋廿有一。夫人吴兴姚氏，虢州刺史之第九女也……姚使君以灵姿已化，空流悼于蓋泉；幽匹可期，庶结欢于金盟。 |
| 14 | 《广异记·长洲陆氏女》 | 长洲县丞陆某，家素贫。三月三日，家人悉游虎丘寺。女年十五六，以无衣不得往，独与一婢守之。父母既行，慨叹投井而死……寻令人问临顿李十八，果有之，而无恙自若。初不为信，后数日乃病，病数日卒。举家叹恨，竟将女与李子为冥婚。 |

· 149 ·

续表

| 序号 | 文献 | 内容 |
|---|---|---|
| 15 | 《广异记·王乙》 | 临汝郡有官渠店,店北半里许,李氏庄王乙者,因赴集,从庄门过。遥见一女年可十五六,相待欣悦,使侍婢传语。乙徘徊槐阴,便至日暮,因诣庄求宿,主人相见甚欢,供设亦厚……后乙得官东归,涂次李氏庄所,闻其女已亡,私与侍婢持酒馔至殡宫外祭之,因而痛哭。须臾,见女从殡宫中出,己乃伏地而卒。侍婢见乙魂魄与女同入殡宫,二家为冥婚焉。 |
| 16 | 《太平广记》卷三三三《季攸》 | 天宝初,会稽主簿季攸,有女二人,及携外甥孤女之官。有求者,则嫁己女,己女尽而不及甥。甥恨之,因结怨而殁,殡之东郊。经数月,所给主簿市胥吏姓杨,大族子也,家甚富,貌且美。其家忽有失胥,推寻不得。意其为魅所惑也,则于墟墓访之。时大雪,而女殡室有衣裾出,胥家人引之,则闻屋内胥叫声,而殡宫中甚完,不知从何人。遽告主簿,主簿发其棺,女在棺中,与胥同寝,女貌如生。其家乃出胥,复修殡屋。胥既出如愚,数日方愈……言毕,胥暴卒,乃设宴婚礼,厚加棺殓,合葬于东郊。 |
| 17 | 《全唐诗》卷八六六署名为临淄县主的《与独孤穆冥会诗》 | 贞元中,河南独孤穆者,隋将独孤盛裔孙也,客游淮南,夜投大仪县宿……有二女子出见,自称隋临淄县主,齐王之女,死于广陵之变,以穆隋将后裔,世禀忠烈,欲成冥婚……至贞元十五年己卯,穆果暴亡,与之合窆。《太平记》卷342《独孤穆》:"县主曰:'欲自宣泄,实增悲感。妾父齐王,隋帝第二子。隋室倾覆,妾之君父,同时遇害'……县主云:'儿以仁寿四年生于京师,时驾幸仁寿宫,因名寿儿。明年,太子即位,封清河县主。上幸江都宫,徙封临淄县主。特为皇后所爱,常在宫内。'"。 |

### (二)冥婚的主要程序

冥婚也形成了一套复杂的程序。据《新五代史·刘岳传》记载:"初,郑余庆尝采唐士庶吉凶书疏之式,杂以当时家人之礼,为《书仪》两卷。明宗见其有起复、冥昏之制,叹曰:'儒者所以隆孝悌而敦风俗,且无金革之事,起复可乎?婚,吉礼也,用于死者可乎?'乃诏岳选文学通知古今之士,共删定之。"① 《五代会要》卷一六《删定郑余庆书仪奏》也记载:"'除文臣起复及士庶冥婚准敕不行外,应篇目一一立出元旧条件,据有合定者,逐件别书出。'今详定式样,其不可改易者,亦须具言。请仍旧施行。"② 这表明五代时,冥婚虽遭删改,但之前却是书仪中的重要部分。

冥婚的具体程序,史书记载不详,不过敦煌文献中的相关记载,可作为参考。S.1725《大唐吉凶书仪》记载:"问曰,何为会婚者?男女早逝,未有躬娶。男则单栖地室,女则独寝泉宫。生人为立良媒,遣通二姓,两家和许,以骨同棺,共就坟陵,是在婚会也,一曰冥婚。"③ 在结为冥婚时,男方死者家属要有冥婚聘书,一般格式为:

---

① 欧阳修:《新五代史》卷55《刘岳传》,第632页。
② 王溥:《五代会要》卷16《太常寺》,上海古籍出版社,1978,第267页。
③ 黄永武:《敦煌宝藏》第13册,新文丰出版公司,1993,第101~102页。

"某顿首顿首：仰与嗅味如兰，通家自昔。平生之日，思展好仇。积善无征，苗而不秀。又承贤女，长及载笄，淑范夙芳，金声早振。春花未发，秋叶已凋。贤与不贤，眷言增感。曹氏谨以礼词愿敬宜。谨遣白书，不具，姓名顿首。"女方收到聘书之后，回信格式一般为："欠缺祗叙，延伫诚劳。积德不弘，壅钟已女。贤子舍章挺秀，幼劲松贞。未展九能，先悲百赎。既辱来贶，敢以敬从。愿珍重。谨遣白书，不具，姓名顿首顿首。"①

两家同意婚事之后，要将死者合葬在一起，需要起棺捡骨，将二者合棺下葬。因此，需要墓祭，墓祭的祭文，有一定的格式。

男方的祭文格式为："父告子曰：告汝甲乙，汝既早逝，大义未通，独寝幽泉，每移风月。但生者好偶，死亦嫌单，不悟某氏有女，复同霜叶，为女礼聘，以会幽灵，择卜良辰，礼就合吉，设祭灵右，众肴备具，汝宜降神，就席尝飨。"女方的祭文格式为："告汝甲乙，尔既早逝，未有良仇，只寝泉宫，载离男女，未经聘纳，祸钟德门，奄同辞世，二姓和合好，以结冥婚，择卜良时，就今合棺。"②

合葬于男方祖坟后，也需要墓祭以及起圹文，"讫在墓祭，古法告汝甲乙，人姓新妇亡既久，少年未有婚对，祸出不□，奄没游浸。新妇早逝，未及良传。各寝泉中，单居地室。今既二姓合好，礼媾冥婚，白骨同棺，魂魄共合，神识相配，何异生存。吉在壬辰，速离高圹。内外悲怆，弥切勿怀，设祭墓文，汝宜尚飨"。③

隋唐五代时期，冥婚仪式比较完备，反映出人们对冥婚比较重视，也可知冥婚在社会上比较流行。

冥婚起源于上古时期，在甲骨卜辞中就存在商王为其祖先娶冥妇的记载，秦汉时期，冥婚事例逐渐增加，但仅出现在上层。在一些士大夫眼中，冥婚被认为不符合礼仪制度。④隋唐五代，冥婚虽然比较流行，但也有士大夫反对，比如白居易就认为："徒念幼年无偶，岂宜长夜有行。况生死宁殊，男女贵别，纵近倾筐之岁，且未从人，虽有游岱之魂，焉能事鬼？既违国禁，是乱人伦。请徵媒氏之文，无抑邻人之告。"但在当时社会，这种反对声音非常弱小，冥婚除了在社会上层流行外，社会底层也存在，并且逐渐制度化。在隋唐五代时期冥婚，一方面受到传统文化

---

① 转引自周一良、赵和平《唐五代书仪研究》，中国社会科学出版社，1995，第294页。
② 转引自周一良、赵和平《唐五代书仪研究》，第293页。
③ 转引自高国藩《敦煌民俗学》，上海文艺出版社，1989，第132页。
④ 江林：《冥婚考述》，《湖南大学学报》（社会科学版）2000年第1期；杨朝霞：《冥婚的形成及其原因探析》，《西北农林科技大学学报》（社会科学版）2006年第2期。

的影响;另一方面,可能也受到佛教的影响。佛教在中国的流行,使得人们心目中死后世界更加丰富。

### 三 墓志书写

墓志作为记载墓主传记的文字,发端于东汉中晚期。墓中埋葬墓志,当时偶尔为之。东汉末年,社会动荡,民不聊生,曹操在建安二十三年(218)六月下令说:"古之葬者,必居瘠薄之地。其规西门豹祠西原上为寿陵,因高为基,不封不树。"《宋书·礼志二》说:"汉以后,天下送死奢靡,多作石室石兽碑铭等物。建安十年(205),魏武帝以天下凋敝,下令不得厚葬,又禁立碑。"①皆言曹操禁止立碑。西晋时期一再禁止在墓前树立墓碑,将之作为薄葬的措施之一,"此石兽碑表,既私褒美,兴长虚伪,伤财害人,莫大于此;一禁断之。其犯者虽会赦令,皆当毁坏。"一直到东晋末年(420)、刘宋初年,都禁止在墓前树立墓碑。由于墓碑被禁止,士人遂将类似的文字刻在石头上,埋入墓中随葬,称为墓志。

墓志在南北朝逐渐成熟,②隋唐五代时期,墓志在以前基础上有所发展。首先是女性的墓志增加,魏晋南北朝时期的墓志中女性只是在男性墓志中被提及,但在隋唐五代时期,有大量的女性墓志出现,反映出社会的开放与女性的社会地位有所提高。其次,隋唐五代时期,墓志书写对象也扩大了,除了官员之外,僧道等人乃至宫女、宦官也有墓志。此外,隋唐五代时期,众多社会名流也投入墓志书写之中,比如韩愈与柳宗元就创作了大量墓志。墓志文体逐渐摆脱了南北朝时期的四六骈体文,特别是古文运动之后,墓志书写中华丽辞藻逐渐减少,记载墓主生前事迹的文字逐渐增多,也逐渐详细;所以隋唐五代时期的墓志,可以弥补史书记载之阙。当然,墓志的制作与书写都要花费金钱,一般人不会出钱置办墓志。因此,墓主基本上都有一定经济地位。一般人的墓志多刻在砖上,字数很少,此类墓志在敦煌地区的墓葬多有发现。

唐朝规定,重要大臣的墓志,可以由朝廷来撰写,"著作郎掌撰碑志、祝文、祭文,与佐郎分判局事"。③但隋至唐初,名家撰写墓志尚比较少见。在开元之后,名家撰写墓志比较常见。仅《全唐文》就收录有韩愈书写的墓志、碑铭53篇,权德舆46篇,柳宗元40多篇,白居易、元稹也有10多篇。其他如张说"为开元宗臣。前后三

---

① 沈约:《宋书》卷15,中华书局,1974,第407页。
② 孟国栋:《墓志的起源与墓志文体的成立》,《浙江大学学报》2013年第5期。
③ 欧阳修:《新唐书》卷47《百官志》,第1215页。

秉大政,掌文学之任凡三十年。为文俊丽,用思精密,朝廷大手笔,皆特承中旨撰述,天下词人,咸讽诵之。尤长于碑文、墓志,当代无能及者"。①李邕也擅长写墓志,"初,邕早擅才名,尤长碑颂"。②此外,据《旧唐书》记载,崔元翰、郑余庆等也擅长写碑志。

墓志与中国传统的"死而不朽"观念有关。《左传·襄公二十四年》记载:"古人有言曰,'死而不朽',何谓也?……豹闻之,'大上有立德,其次有立功,其次有立言',虽久不废,此之谓三不朽。若夫保姓受氏,以守宗祊,世不绝祀,无国无之,禄之大者,不可谓不朽。"对于芸芸众生来说,"立德"、"立功"以及"立言"或多或少还是可能的,但不足以载入史书,为众人所知。因此,很多人希望自己的事迹记载在墓志中,后人通过墓志,能够了解其事迹,达到"不朽"的目的。一般在墓志的最后,都会写道:"镌金留记,刊石为铭。宇宙同终,存之不朽。""爰勒幽石,以传不朽。"等内容。追求不朽,是隋唐五代墓志中常见的词汇,也反映出当时的社会观念。所以,即使是薄葬之人,也希望墓中陪葬墓志。如卢承庆临终前遗命要求薄葬:"死生至理,亦犹朝之有暮。吾终,敛以常服;晦朔常馔,不用牲牢;坟高可认,不须广大;事办即葬,不须卜择;墓中器物,瓷漆而已;有棺无椁,务在简要;碑志但记官号、年代,不须广事文饰。"③其墓虽简,但墓志却为必备之物。

唐中后期,雕版印刷术逐渐成熟。文人文集或文章在社会流传更广。名家撰写的墓志更容易在社会流传,并流传后世。比如崔元翰,"其对策及奏记、碑志、师法班固、蔡伯喈,而致思精密。"④郑余庆,"有文集、表疏、碑志、诗赋共五十卷行于世"。⑤如果要让故去的父母流芳后世,请名家写墓志是一个不错的手段。

撰写墓志之后,需书写墓志以便于雕刻。隋朝至唐初,对墓志书写并不重视,朝廷官员死后,如果由朝廷负责撰写墓志铭,则一般由翰林院书侍来誊写墓志。⑥这些人的级别比较低,在朝廷职官系统中的地位并不重要。在非朝廷官员的墓志抄写中,墓志主人的亲朋好友占据多数。到了唐中期以后,社会上流行请一些书法名家来抄写墓志,柳公权就是一个例子,"当时大臣家碑志,非其笔,人以子孙为不孝"。⑦名家

---

① 刘昫等:《旧唐书》卷97《张说传》,第3057页。
② 刘昫等:《旧唐书》卷190中《李邕传》,第5043页。
③ 刘昫等:《旧唐书》卷81《卢承庆传》,第2749页。
④ 刘昫等:《旧唐书》卷137《崔元翰传》,第3767页。
⑤ 刘昫等:《旧唐书》卷158《郑余庆传》,第4166页。
⑥ 王元军:《唐代的翰林待诏及其活动考述》,《美术研究》2003年第3期。
⑦ 欧阳修:《新唐书》卷163《柳公权传》,第5030页。

誊写成为一种风气。

请名人撰写墓志,需要花费不菲的钱财,这笔钱被称为润笔费。《容斋续笔》卷六《文字润笔》记载唐代润笔费:"作文受谢,自晋、宋以来有之,至唐始盛……故杜诗云:'干谒满其门,碑版照四裔。丰屋珊瑚钩,骐骥织成罽。紫骝随剑几,义取无虚岁。'又有《送斛斯六官诗》云:'故人南郡去,去索作碑钱。本卖文为活,翻令室倒悬。'盖笑之也……刘禹锡祭愈文云:'公鼎侯碑,志隧表阡,一字之价,辇金如山。'……穆宗诏萧俛撰成德王士真碑,俛辞曰:'王承宗事无可书。又撰进之后,例得贶遗,若黾勉受之,则非平生之志。'帝从其请。文宗时,长安中争为碑志,若市买然。大官卒,其门如市,至有喧竞争致,不由丧家。裴均之子,持万缣诣韦贯之求铭,贯之曰:'吾宁饿死,岂忍为此哉?'白居易《修香山寺记》,曰:'予与元微之,定交于生死之间。微之将薨,以墓志文见托,既而元氏之老,状其臧获、舆马、绫帛,泊银鞍、玉带之物,价当六七十万,为谢文之贽。予念平生分,贽不当纳,往反再三,讫不得已。回施兹寺。凡此利益功德,应归微之。'柳玭善书,自御史大夫贬泸州刺史,东川节度使顾彦晖请书德政碑。玭曰:'若以润笔为赠,即不敢从命。'"①文中杜甫诗是说李邕善写墓志,很多人托他撰拟,因此润笔费颇丰。韩愈为他人撰写墓志,亦是"一字之价,辇金如山"。撰写墓志成为其重要收入。韦贯之不愿得万贯钱为裴均写墓志。白居易为元稹写墓志,其报酬也很高。柳玭因为善于书法,即使是抄写墓志,也要和撰写墓志人拿的润笔费一样。因此,隋唐五代时期,请名家撰写和誊写墓志,价格高昂。

---

① 洪迈:《容斋随笔》,《容斋续笔》,穆公点校,上海古籍出版社,2015,第192~193页。

# 第四章
# 墓葬形制

隋唐五代时期，帝王陵墓、贵族墓葬、大臣墓葬以及中下层墓葬的营建规格、墓葬类型、墓室结构、随葬品等均有差异，这些差异一方面与当时的社会背景与历史条件相关，另一方面则是受到古代等级制度的影响。隋朝初年就对不同品级墓葬的封高、面积、尺寸等作了规定，唐朝更是通过各种礼律进行了强化。帝王陵墓无论是陵园布局、陵墓营造、墓室结构还是随葬品等都是一般王公贵族墓葬难以企及的，而王公与大臣墓葬则按照品级具有不同的标准，普通平民则只能根据个人的能力营造简单墓室，随葬普通物品。

## 第一节 帝王陵墓

隋唐五代时期的帝陵基本分布在关中、河南地区，这两个地区也是当时政治与文化的中心。其中隋唐的帝陵主要分布于关中，而五代的帝王陵墓则多在河南地区。帝陵营建一般有封土为陵和依山为陵两种形式，其中隋与五代主要是封土为陵，唐代主要是依山为陵。帝陵方位是坐北朝南，包括陵墓与寝宫等部分。

### 一 帝陵概况

隋唐五代时期帝陵的营造技术体现了当时陵墓营建的最高水平，而墓葬的营建面积、随葬品数量则与这一时期殡葬礼仪与等级制度有关。帝陵按照不同的标准有着不同的界定，尤其是由于王朝更替以及战乱等因素，许多末代帝王并没有按照帝王的礼仪埋葬，其陵墓往往也难称帝陵，比如五代时期的后唐闵帝、后唐末帝。同样也有在世并不是帝王，而被后世追封为帝，并按帝王之礼埋葬的情况。比如唐高祖李渊曾追封其四代先祖为帝。因此，文中所言的帝陵主要应符合两个标准：一是有帝王的名号或陵号，二是按照帝王礼仪埋葬或者改葬。具体而言，隋唐五代称之为帝陵的有三类情况。第一类是该时期 37 位帝王中的大部分帝王，他们都有帝号和陵号，不需赘述。第二类是被后人追尊为帝王者。比如武德初年，"追尊（李虎）景皇帝，庙号太祖，陵曰永康。"[①] 这些追尊的帝王虽然早已下葬，但后人多按帝王之礼重新置陵或改葬。第三类是自立为帝者，主要是各地割据势力，尤其是五代时期部分十国的统治者。他们按照帝陵的样式营造陵墓并自号为陵，如前蜀高祖王建永陵与后蜀高祖孟知祥和陵，南唐烈祖李昪钦陵和元宗李璟顺陵，南汉开国皇帝高祖刘䶮的康陵和南汉后主中宗刘晟的昭陵等。另外还有一类为"号墓为陵"，如懿德太子李重润墓等。近年来的考古发现，号墓为陵的墓葬规格逊于帝陵，且没有帝王称号，在这里未将其归入帝陵。

### （一）隋代帝陵

隋朝帝陵只有文帝的泰陵（或称为太陵）具有一定规模，而炀帝、恭帝死后均未按皇帝规格埋葬，但以后曾按帝王之礼改葬，因此也可称之为帝陵。不过隋炀帝与隋恭帝的陵墓改葬是在唐代，已不能算是严格意义上的隋代帝陵。

隋文帝的泰陵是与皇后独孤氏的合葬墓，据《隋书》记载独孤皇后死于仁寿二年（602）八月，隋文帝特命萧吉为独孤皇后选择墓葬。仁寿四年（604）七月，隋文帝崩于大宝殿，时年六十四，"乙卯，发丧。……丙子，殡于大兴前殿。冬十月己卯，合葬于太陵，同坟而异穴。"[②] 2010 年 5 月，通过对泰陵的考古调查和勘探，陵园遗址布局、范围及陵墓玄宫墓道部分结构已经基本确认，泰陵确为文献所记载的"同坟而异穴"。《元和郡县图志》载："隋文帝泰陵，在（武力）县西南二十里三畤原上。"即今天陕西省杨陵五泉镇王上村，80 年代的勘察结果显示，泰陵冢高 27.4 米，呈覆斗形，夯筑而成，陵冢顶部平坦。东西长 48 米、南北宽 38 米。陵冢底部四周已被挖掉 3～5 米，残存东西长 166、南北宽 160 米，面积 26560 平方米。陵冢位于陵园中央偏南方向，陵四周有陵垣遗址残迹，经初步钻探东西长 756 米，南北宽 652 米，面积 492912 平方米。城垣四角建有阙楼。陵东南 0.5 公里的陵角和陵东两村之间的高地上有隋文帝祠遗址。根据 1982 年勘察，

---

① 刘昫等：《旧唐书》卷 1《高祖纪》，第 1 页。
② 魏徵：《隋书》卷 2《炀帝纪》，第 53 页。

遗址为长方形，建有阙楼，城墙东西宽 362 米，南北长 414 米，面积 149868 平方米。①泰陵的地面建筑现在遗存不多，墓葬有盗洞但未进行考古挖掘，因此墓室结构并不清楚。

炀帝陵是近年来重要的考古发现，其营建于贞观元年（627）之前，2013 年发掘后曾引起轰动。炀帝陵未能按照帝陵的规格营建，但其葬仪仍是按帝王标准，墓葬形制与随葬品等也体现了隋唐之际的变化。

大业十四年（618），隋炀帝死于江都，历经多次改葬。据《隋书》记载："上（隋炀帝）崩于温室，时年五十。萧后令宫人撤床箦为棺以埋之。化及发后，右御卫将军陈稜奉梓宫于成象殿，葬吴公台下。……大唐平江南之后，改葬雷塘。"②再按《资治通鉴》武德元年条记载："都太守陈稜求得炀帝之柩，取宇文化及所留辇辂鼓吹，粗备天子仪卫，改葬于江都宫西吴公台下，其王公以下，皆列瘗于帝茔之侧。"可见，隋炀帝死后，萧后先将其埋葬于江都宫流珠堂，之后右御卫将军陈稜又将他按帝王之礼改葬至吴公台下。武德三年（620）六月，"诏隋帝及其宗室柩在江都者，为营窆，置陵庙，以故宫人守之"。③李渊又为炀帝置陵庙，并派遣以前的宫人看守。"武德五年（622），八月辛亥……葬隋炀帝于扬州。"④武德五年（622）再次改葬。炀帝陵是合葬陵。萧后因连年战乱曾流亡突厥，"贞观四年，破突厥，皆以礼致之，（萧后）归于京师。……二十一年，殂。诏以皇后礼于扬州合葬于炀帝陵，谥曰愍"。⑤萧皇后与炀帝合葬于扬州炀帝陵。隋炀帝与萧后的合葬墓于 2012 年被发现，并与 2013 年 3 月进行了抢救性挖掘。该合葬墓位于扬州市邗江区西湖镇司徒村。经过考古勘探与发掘，目前在勘探范围内没有发现陵垣、神道、兆沟等陵园迹象，也没有发现相关的陪葬墓。

隋炀帝墓是一个方形的砖室墓，由墓道、甬道、主墓室、东耳室、西耳室五部分组成。墓葬通长 24.48 米，墓道长 19.5 米。底部南高北低，呈缓坡状，墓壁凹凸不齐，墓道底、壁均经火熏烤。甬道位于主墓室南侧中部，东西长 1.72 米、南北宽 0.85 米。墓门平砖封砌与墓道连接处有两道封门。"主墓室近方形，南北长 3.92 米、东西宽 3.84 米，残高 2.76 米。四壁用青砖三顺一丁、一顺一丁砌造，顶部不存，东、西、

---

① 罗西章：《隋文帝陵、祠勘察记》，《考古与文物》1985 年第 6 期。
② 魏徵：《隋书》卷 4《炀帝纪下》，第 93~94 页。
③ 欧阳修：《新唐书》卷 1《高祖纪》，第 11 页。
④ 刘昫等：《旧唐书》卷 1《高祖纪》，第 13 页。
⑤ 李延寿：《北史》卷 14《后妃列传》，第 537 页。

北壁各有一龛，底铺砖呈席纹。主墓室出土十三环蹀躞金玉带、鎏金铜铺首、铜壶、铜碗、铜罐以及隋炀帝墓志。东、西耳室用三顺一丁、一顺一丁砌法砌筑，南北长1.84、东西宽1.8、内高2.58米。"①其中发现的十三环蹀躞金玉带较有代表性，是古代带具系统中最高等级的实物。东耳室出土灰陶罐、陶灯、漆箱等随葬品。西耳室出土了灰陶文吏俑、武士俑、骑马俑、鸟身俑等百余件，部分陶俑为彩绘，较为生动精致。墓志也可部分识读："隋大业十四年太岁……一日帝崩于扬州江都县……扵流珠堂其年八月……西陵荆棘芜……永异苍悟……贞观元年……朔辛……葬炀……。"②东耳室附近发掘出两颗牙齿，一颗为右侧上颌第三臼齿，一颗为右侧下颌第二臼齿，经鉴定齿龄为50岁左右，与炀帝死亡年龄接近。

萧后墓由墓道、甬道、主墓室、东耳室、西耳室组成，墓葬通道长13.6米。"墓道呈南高北低的斜坡状，墓道壁做法特殊，砖壁与土壁相间隔。甬道与墓道间有盗洞，长2米、宽2.05米。墓道东、西两侧各有一壁龛，壁龛内置动物俑。主墓室呈腰鼓形，由前室和后室两部分组成，后室高于前室，为棺床部分。东、西、北壁各有三龛。墓底中部为席纹式铺砖。耳室位于主墓室南部的东、西两侧，券顶，高0.98米、宽0.72米、进深0.68米。西耳室顶部有龙纹砖，室内放置骆驼俑。东耳室结构与西耳室相同，内放置陶灯、陶罐、漆盒等。随葬品有陶器、瓷器、铜器、漆木器、铁器、玉器等600余件（套）。其中陶器均为灰陶，有罐、炉、钵、灯、磨、几等，还有动物和人俑，如牛、马、猪、鸡、骆驼、执盾武士俑、双人首蛇身俑和文吏俑等。铜器有编钟一套16件、编磬一套20件，其他还有凤冠、灯、豆等。瓷器有青釉辟雍砚、三彩小辟雍砚各1件，漆木器有盒、木箱等，玉器有1件白玉璋。萧后墓清理出1具人骨，保存状况较差，牙齿仅存4颗，分别为右侧上颌侧门齿、左侧上颌侧门齿、左侧上颌第二前臼齿、牙根。经鉴定墓主人是一位大于56岁、身高1.5米的老年女性遗骸。"③按《资治通鉴》记载，贞观二十二年（648）三月，"庚子，隋萧后卒，诏复其位号，谥曰愍，使三品护葬，备卤簿仪卫，送至江都，与炀帝合葬"。④炀帝与皇后萧氏的合葬时间也是在贞观二十二年（648）。合葬陵同样是"同茔不同穴"的帝后合葬制。

---

① 南京博物院、扬州市文物考古研究、苏州市考古研究所等：《江苏扬州市曹庄隋炀帝墓》，《考古》2014年第7期。
② 南京博物院、扬州市文物考古研究、苏州市考古研究所等：《江苏扬州市曹庄隋炀帝墓》，《考古》2014年第7期。
③ 南京博物院、扬州市文物考古研究、苏州市考古研究所等：《江苏扬州市曹庄隋炀帝墓》，《考古》2014年第7期。
④ 司马光：《资治通鉴》卷198，第6254页。

隋炀帝与皇后萧氏墓葬是近年来的重要考古发现。在此之前，炀帝陵墓还有扬州邗江区槐泗镇槐二村隋炀帝墓与陕西武功隋炀帝陵两种说法。①由于扬州西湖镇隋炀帝墓仅出土两颗男性牙齿，因此仍有学者对炀帝墓的确切地点持怀疑态度。

隋恭帝杨侑禅位后，被唐高祖李渊封为酅国公。武德二年（619），"五月（杨侑）崩，时年十五"。②他死后，被"追崇为隋帝，谥曰恭"。③因此表明他还享有帝王的尊崇。《旧唐书·太宗纪》记载：贞观十七年（643）六月曾"改葬隋恭帝"，但具体地址不详。1988年文物普查时将位于陕西省咸阳市乾县阳洪乡乳台村南500米左右的一座方冢认定为隋恭帝陵，之前它被认为是乾陵陪葬墓。④该陵为平地起陵，封土是覆斗形，东西宽82米，南北长76米，高15.8米，封土为平夯而成，夯层厚18~20厘米。陵冢无任何地面建筑，周边为农田侵占，遗址封土西边有盗洞。

隋代三位帝王中的两位并没有按照帝王的高规格营造陵墓，但由于古代有"三恪二王后"⑤的宾礼，隋代帝陵在某些时期还是获得唐朝官方的特殊关照。比如唐代君主封赐隋朝后裔世袭享有酅国公的爵位，"其以莒之酅邑，奉隋帝为酅公，行隋正朔，车骑服色，一依旧章"。⑥作为二王后之一，酅国公具有祭祀隋代宗庙的职责。贞观二年（628）八月《制》曰："二王之后，礼数宜崇。寝庙不修，廪饩多阙，非所以追崇先代，式敬国宾，可令所司，量置国官，营立庙宇。"开元三年（715）二月敕文规定："二王后，每年四时享庙牲及祭服祭器，并官给。及帷幄几案有阙，亦官给。主客司四时省问，子孙准同正三品荫。隋后每年给绢三百疋，米粟三百石。"⑦其祭祀的物

---

① 隋炀帝与萧后的合葬墓发现之前，清嘉庆十二年（1807）大学士阮元曾考证扬州邗江区槐泗镇槐二村一处土墩为炀帝墓，特立碑建石。扬州知府伊秉绶隶书撰写"隋炀帝陵"。右边是"大清嘉庆十二年在籍前浙江巡抚阮元建石"，左边是"扬州府知府伊秉绶题"。另外，在陕西武功县也有一处隋炀帝陵，位于武功县武功镇西塬之上，清代乾隆年间的陕西巡抚毕沅曾书有"隋炀帝之陵"的石碑，现已不存，陵冢为圆丘形，底部周长22米，高约3米。
② 魏徵：《隋书》卷5《恭帝纪》，第102页。
③ 刘昫等：《旧唐书》卷1《高祖纪》，第9页。
④ 中国史学会《中国历史学年鉴》编辑部编《中国历史学年鉴》（1989），人民出版社，1990，第378页。
⑤ 三恪二王后是古代重要的政治礼制宾礼之一，又称二王三恪、二宾三恪、二代三恪，或单称三恪、二王后。历代王朝都要封前代后裔爵位，赠予封邑，祭祀宗庙，以示尊敬，并彰显其所承继正统的地位。但三恪二王后具体指代的内容，则说法各异，杜佑在《通典》中介绍了其中的三种说法：一云"二王之前，更立三代之后为三恪"。此据《乐记》武王克商，未及下车，封黄帝、尧、舜之后；及下车，封夏、殷之后。通已用六代之乐。二云"二王之前，但立一代，通二王为三恪"。此据《左传》但云"封胡公以备三恪"，明王者所敬先王有二，更封一代以备三恪。存三恪者，所敬之道不过于三，以通三正。三云"二王之后为一恪，妻之父母为二恪，夷狄之君为三恪"。此据"王有不臣者三"而言之。杜佑：《通典》卷74《礼三十四》，第2029页。
⑥ 杜佑：《通典》卷74《礼三十四》，第2028页。
⑦ 王溥：《唐会要》卷24《二王三恪》，第462页。

品由专门机构负责,这一规定在唐令中亦有记载,① 遂为法律条文加以实施。按照《新唐书》记载:"(典客署)掌二王后介公、酅公之版籍及四夷归化在藩者,朝贡、宴享、送迎皆预焉。"② 典客署是专门管理二王后相关事宜的机构。唐大和五年(831)正月,"酅国公杨元溓奏:臣先祖隋文帝等陵四所。在凤翔一所、扬州两所、京兆府一所。准去年四月九日敕,二王后介国公先祖陵,例每陵每月合给看守丁三人。凤翔府已蒙给丁讫,其京兆府及扬州,未蒙准敕例给,敕旨各令州府,准元敕处分。"③ 大和年间的酅国公杨元溓应是恭帝杨侑(即第一位酅国公)的承继者,具有祭祀隋朝历代先祖的宗庙、帝陵的职责。按照他的说法,隋代帝陵在唐代有四座,一座在凤翔,即隋文帝泰陵;扬州两座则似与炀帝有关;一座在京兆,则与恭帝有关。由此可见,到了唐代,隋朝帝陵在某种程度上也得到了官方的关照。

### (二)唐代帝陵

唐代帝陵数量众多,不仅有 21 位帝王修筑的 20 座帝陵,也有追尊的多座帝王陵墓,因此唐代帝陵更能体现隋唐五代时期帝陵的发展与演变。唐代帝陵不仅包括唐高祖献陵、太宗昭陵、高宗与武则天的乾陵、中宗定陵、睿宗桥陵、玄宗泰陵、肃宗建陵、代宗元陵、德宗崇陵、顺宗丰陵、宪宗景陵、穆宗光陵、敬宗庄陵、文宗章陵、武宗端陵、宣宗贞陵、懿宗简陵、僖宗靖陵、昭宗和陵和哀帝温陵,也包括唐高祖李渊四代祖宣皇帝李熙的建初陵和三代祖光皇帝李天赐的启运陵,④ 二代祖李虎的永康陵,一代祖元皇帝李昞的兴宁陵,孝敬皇帝李弘的恭陵,玄宗兄让皇帝李宪的惠陵等。

除了李熙建初陵、李天赐启运陵、李弘恭陵、唐昭宗和陵、哀帝温陵等外,唐代其余帝陵均位于渭河北岸关中地区。其中尤其能代表唐代帝陵的是唐高祖献陵、太宗昭陵、高宗与武则天的乾陵、中宗定陵、睿宗桥陵、玄宗泰陵、肃宗建陵、代宗元陵、德宗崇陵、顺宗丰陵、宪宗景陵、穆宗光陵、敬宗庄陵、文宗章陵、武宗端陵、宣宗贞陵、懿宗简陵、僖宗靖陵等十九位帝王的十八座帝陵。由于这十八座帝陵从最西的高宗与武则天的乾陵,到最东的唐玄宗泰陵,东西直线距离仅约 142 公里,集中分布于关中地区,又被称为"关中唐十八陵"、"唐十八陵"。

---

① 荣新江、史睿:《俄藏敦煌写本〈唐令〉残卷(Дx.3558)考释》,《敦煌学辑刊》1999 年第 1 期,第 10 页。
② 欧阳修:《新唐书》卷 48《百官志三》,第 1258 页。
③ 王溥:《唐会要》卷 24《二王三恪》,第 462 页。
④ 仪凤二年(677)五月一日,李治追封其祖李熙、李天赐的陵墓分别为建昌陵和延光陵。玄宗李隆基再下诏改二陵为建初陵和启运陵。二陵共茔,合称"唐祖陵"。

唐帝陵按照营建形式，可分为积土为陵和依山为陵两类。积土为陵的方式延续了隋代之前帝陵的构筑方式，以平地深葬、夯筑陵山。此类既包括帝王的献陵、庄陵、端陵、靖陵等，也包括按帝陵修筑的唐祖陵、唐恭陵等。以献陵为例，其墓呈覆斗形，陵高31米，长宽均为100米，陵台位于陵园中部偏东，底边东西长130米，南北长110米，顶东西长30米，南北长10米，陵台高19米。另一类是依山为陵，包括依山势开凿的昭陵、乾陵等十四座。依山为陵是唐代帝陵的重要营造方式，对唐代以后的帝陵营建有重要影响。

### （三）五代帝陵

五代十国时期，群雄并起，其号称为帝者较多，未称帝者也有按帝陵营造陵墓的，因此形制较为复杂。五代帝陵大体分为两种类型：一是五代君主的陵墓，包括后梁高祖宣陵、后唐庄宗雍陵、后唐明宗徽陵、后晋高祖显陵、后汉高祖睿陵、后汉隐帝颖陵、后周太祖嵩陵、后周世宗庆陵、后周恭帝顺陵；二是部分自立为帝或者被追尊为帝的统治者的陵墓，包括前蜀高祖王建永陵与后蜀高祖孟知祥和陵，南唐二陵即：烈祖李昇钦陵和元宗李璟顺陵，后唐李克用的建极陵，后汉烈祖刘隐的德陵，南汉开国皇帝高祖刘䶮的康陵和南汉后主中宗刘晟的昭陵，闽国王审知的宣陵等。另外还有四种情况：一是部分割据势力的统治者虽然未称帝，却以帝陵的规格为自己营造墓穴，如秦王李茂贞夫妇墓等；二是有陵号，但以王侯身份下葬，比如吴越国的钱元瓘墓；①三是曾为帝王，却无陵号，比如后唐闵帝、后唐末帝；四是曾为帝王，但既没有陵号也不知葬于何处，比如后梁末帝、后晋出帝等。以上四类不属于本书帝陵研究的范畴。

五代帝陵的陵园、神道、石刻、玄宫部分延续了唐朝帝陵的样式与布局，但又与唐帝陵有着明显区别：一是没有延续依山为陵的营建方式，多采用积土为陵；二是陵园的面积、墓葬规格远逊于隋唐帝陵；三是墓葬营建与保存北南有别。五代帝陵多分布于河南境内，延续了唐代覆斗形封土；十国的帝陵分布于南方，多延续了南朝陵墓的圆形封土。这些方面与五代时期连年战乱、各地割据的政治环境有着很大关系。五代帝陵的地上建筑基本荡然无存，从残存的遗迹来看，陵墓有陵园、神道、石羊、石马等；十国的帝陵虽然也不乏盗掘，但保存相对较好。

---

① 吴越国虽割据一方，国势强盛，但多数时间向中原王朝称臣纳贡，没有称帝自立。死后均以王礼葬，因此主要文献中都没有记载吴越王的陵号。不过，1996～1997年发掘的吴越国王钱元瓘妃马氏墓中出土的墓志称马氏墓为"康陵"，似吴越国王墓亦应有陵号。

### 表4-1 五代帝陵一览

| 序号 | 国号帝号名讳 | 在位时间（年） | 陵号 | 埋葬地点 |
| --- | --- | --- | --- | --- |
| 1 | 后梁太祖朱温 | 907~912 | 宣陵 | 河南省伊川县白沙乡长岭村 |
| 2 | 后唐庄宗李存勖 | 923~926 | 雍陵（伊陵） | 河南省新安县 |
| 3 | 后唐明宗李嗣源 | 926~933 | 徽陵 | 河南省洛阳市 |
| 4 | 后唐闵帝李从厚 | 934 | 被弑无陵号 | 葬徽陵陵域内 |
| 5 | 后唐末帝李从珂 | 934~936 | 亡国无陵号 | 葬徽陵陵域内 |
| 6 | 后晋高祖石敬瑭 | 936~942 | 显陵 | 河南省宜阳县北12.5公里石陵乡 |
| 7 | 后汉高祖刘知远 | 947~948 | 睿陵 | 河南省禹州市西北30公里柏咀山 |
| 8 | 后汉隐帝刘承祐 | 949~950 | 颍陵 | 河南省禹州市西北睿陵西4公里 |
| 9 | 后周太祖郭威 | 951~954 | 嵩陵 | 河南省新郑市郭店乡周庄村南 |
| 10 | 后周世宗柴荣 | 955~959 | 庆陵 | 河南省新郑市郭店乡陵上村西 |
| 11 | 后周恭帝柴宗训 | 960 | 顺陵 | 河南省新郑市郭店乡陵上村东北 |

### 表4-2 十国帝陵一览

| 序号 | 国号帝陵名讳 | 在位时间（年） | 陵号 | 埋葬地点 |
| --- | --- | --- | --- | --- |
| 1 | 吴景帝杨渥 | 907~908 | 绍陵 | 不详 |
| 2 | 吴宣帝杨隆演 | 909~920 | 肃陵 | 不详 |
| 3 | 吴睿帝杨溥 | 921~937 | 平陵 | 不详 |
| 4 | 前蜀高祖王建 | 907~918 | 永陵 | 四川省成都市西门外三洞桥 |
| 5 | 后蜀高祖孟知祥 | 925~934 | 和陵 | 四川省成都市磨盘山南麓 |
| 6 | 南唐烈祖李昪 | 937~943 | 钦陵 | 江苏省南京市江宁区祖堂山南麓 |
| 7 | 南唐元宗李璟 | 943~961 | 顺陵 | 江苏省南京市江宁区祖堂山南麓 |
| 8 | 南汉烈宗刘隐 | 907~911 | 德陵 | 广东省广州市番禺区新造镇小谷围岛 |
| 9 | 南汉高祖刘龑 | 911~942 | 康陵 | 广东省广州市番禺区新造镇小谷围岛 |
| 10 | 南汉中宗刘晟 | 943~957 | 昭陵 | 广东省广州市东郊石马村 |
| 11 | 吴越钱镠 | 907~931 | 不详 | 浙江省临安市太庙山 |
| 12 | 吴越钱元瓘 | 932~940 | 不详 | 浙江省杭州市玉皇山 |
| 13 | 吴越钱弘佐 | 941~947 | 不详 | 浙江省杭州市玉皇山 |
| 14 | 闽王审知 | 907~925 | 宣陵 | 福建省福州市新店乡莲花峰 |
| 15 | 闽王延钧（鏻） | 926~938 | 不详 | 福建省福州市新店乡莲花峰 |
| 16 | 南平高季兴 | 902~927 | 高陵 | 湖北省荆州市 |

资料来源：张学锋《五代十国帝王陵墓通叙》，《南京博物院集刊》第12期，文物出版社，2011，第76、77页。

## 二 帝陵结构

隋唐五代时期，依山为陵和平地起陵的帝王陵墓，都包括陵墓、陵园等部分。陵就是帝王坟墓的特称，又称"黄堂"。通过墓道通至墓室，墓室又被称为"玄官"，是帝王尸骸的埋葬之处。陵墓之外有内外墙，"内重墙包在陵丘或山峰四周，一般围成方形，每面开一门，依东西南北方位称神门。四门外各建土阙，并设石狮（献陵是石虎）各1对，另在北门外加设石马。正门朱雀门内建有献殿，是祭殿，殿后即陵丘。南门外向南为神道，以最南方的土阙为前导，向北夹神道相对设石柱、翼马、石马、碑、石人、蕃酋君长像等。下宫一般在陵墓的西南方，一般相距五里，个别有十里或更远。下宫为一组宫殿，按生人宫室之制建有朝和寝，各有回廊环绕，其间隔以永巷，宫门称神门，门外列戟。寝宫内设神座，有宫人内侍，按'事死如事生'之制，每日要展衣衾、备盥洗、三时上食，并依朔望和节日上祭。宫内陈设并保存所葬帝后的衣冠用具服玩。下宫规模近三百八十间"。① 这是帝陵的基本情况。

### （一）陵墓

陵墓又包括陵冢和玄宫等。陵冢或称陵体，是陵墓玄宫的保护设施，由封土或山体构成。依山为陵的玄宫在山的南面开凿，经过墓道、甬道进入墓室，墓室中有石椁及其他随葬品。

#### 1. 陵冢

隋唐五代帝陵的陵冢有封土和山体两种，主要是受封土为陵与依山为陵两种营造方式决定的。特别是后者，以自然的山峰作为陵冢。② 依山为陵是唐代帝陵和其他时代陵墓相比最为显著的特点之一。

其中封土为陵的外形一般为覆斗状或者圆状封土，包括隋文帝的泰陵，唐代献陵、庄陵、端陵、靖陵四座帝陵。五代时期梁太祖宣陵、后晋显陵等皆采用积土为冢的方式，前蜀王建的永陵和后蜀孟知祥的和陵封土则为圆形封土。这些帝陵多建于平缓的关中黄土塬以及中原地区的平缓地带，土厚有利于深挖墓穴，积土夯筑。虞世南称此为"高坟厚垅，珍物毕备"。③ 这是沿袭秦汉以来帝陵的旧制。以献陵为例，"封土高19米，东西宽130米，南北宽110米，用土夯筑而成，层次明显，每层一般在

---

① 傅熹年：《中国古代建筑史》第 2 卷，中国建筑工业出版社，2009，第 445~446 页。
② 〔日〕来村多加史：《唐陵选地考》，张建林、姜捷译，载樊英峰主编《乾陵文化研究》，三秦出版社，2005，第 53 页。
③ 刘昫等：《旧唐书》卷 72《虞世南传》，第 2568 页。

15 厘米左右，陵外形似是覆斗状。陵台封土高 19 米，形如覆斗。陵台底东西为 130 米，南北为 110 米，顶部的东西为 30 米，南北为 10 米"。①献陵营建之初，还曾专门讨论陵墓的规模。其中房玄龄认为："汉长陵高九丈，原陵高六丈，今九丈则太崇，三仞则太卑，请依原陵之制。"献陵现存高度与上述记载基本一致。

五代部分帝陵的封土遭到很大损毁，尤其是近年来耕地挤占、房屋建设等，2014 年课题组曾实地考察梁太祖宣陵，宣陵位于河南省洛阳市伊川县。陵墓被民居及工厂包围，现封土东西宽 45 米左右，南北长不足 30 米。

至今尚保持比较完整的有石敬瑭显陵和柴荣的庆陵，外观均呈覆斗状。其中石敬瑭的显陵，高约 20 米，周长约 100 米，坐北向南，保存完好。"从地域及传统上来判断，五代帝陵的封土虽然体量不如唐代帝陵，但外形应该保持着覆斗形这一传统，这一形式在北宋帝陵中得到了继承。"②南方各国的帝王陵墓中很少出现覆斗形封土的情况。"南唐二陵、吴越王陵、闽国王陵基本上都延续了六朝帝陵的传统，多为顺地势依山凿圹，掩埋后留下圆形土堆。位于成都的王建永陵和孟知祥和陵的封土，虽是人工平地堆筑，但也一改汉唐以来帝陵的覆斗形传统，使用圆形封土，王建永陵封土底部还加护了 9 层石条。南汉刘龑康陵同样也没有采用汉唐帝陵覆斗形封土的形式，而

**图 4-1 五代朱温墓**

---

① 刘庆柱、李毓芳：《陕西唐陵调查报告》，《考古学集刊》第 5 集，中国社会科学出版社，1987，第 217 页。
② 张学锋：《五代十国帝王陵墓通叙》，《南京博物院集刊》第 12 期，文物出版社，2011，第 85 页。

是采用了圆形封土和圆形包砖的结构，与前蜀王建永陵和后蜀孟知祥和陵的封土有共通之处。"①南北封土形状存在差异。

唐十八陵中，除了献、庄、端、靖四陵之外的十四个唐陵均为依山为陵，按照对山体的利用形式大体可分两种：一是昭陵型，将高大山体的一部分规划为陵体，以昭陵为主，其后有泰陵、建陵、崇陵、丰陵、景陵、光陵、贞陵、简陵等；二是乾陵型，将独立的山体作为陵体，以乾陵为开端，其后依次有定陵、桥陵、元陵、章陵等。②两者都是从山的南面开凿羡道，并在山体内部修建玄宫。

积土为陵和依山为陵是两种营建方式，一个是夯土为坟，一个是直接依山为坟。其与隋唐之前所说的山陵并非一致。古代山陵又指君主的陵墓，意思是陵墓高大如同山岭，此说源自先秦秦汉。《水经注·渭水三》曾解释山陵："秦名天子冢曰山，汉曰陵，故通曰山陵矣。"贞观九年（635）房玄龄以"护高祖山陵制度，以功加开府仪同三司"。③《虞世南传》载："后高祖崩，有诏山陵制度准汉长陵故事，务从隆厚。"④二文均称堆土为冢的献陵为山陵。⑤但却与依山为陵大不相同，至少在陵体上有着根本差异。

图4-2　昭陵

---

① 张学锋：《五代十国帝王陵墓通叙》，《南京博物院集刊》第12期。
② 〔日〕来村多加史：《唐陵选地考》，张建林、姜捷译，载樊英峰主编《乾陵文化研究》，第53页。
③ 刘昫等：《旧唐书》卷66《房玄龄传》，第2461页。
④ 刘昫等：《旧唐书》卷72《虞世南传》，第2568页。
⑤ 沈睿文：《唐陵的布局：空间与秩序》，第130页。

## 2. 玄宫

依山为陵的陵冢之下是玄宫。《唐会要·陵议》记载昭陵："因九嵕山层峰，凿山南面深七十五丈为玄宫。缘山傍岩架梁为栈道，悬绝百仞，绕山二百三十步始达玄宫门，顶上亦起游殿。文德皇后即玄宫后，有五重石门"。昭陵玄宫有五重石门。"乾陵玄宫，其门以石闭塞，其石缝铸铁以固其中。"①乾陵的玄宫门也以石封闭。

五代时昭陵被盗，温韬等曾进入墓室之中，发现"宫室制度闳丽，不异人间。中为正寝，东西厢列石床，床上石函中为铁匣，悉藏前世图书"。②从中可窥知昭陵玄宫的内部结构。《通典》中录有《大唐元陵仪注》，记载了唐代宗下葬元陵玄宫的情况。下葬时，内官以下从羡道进入，奉迁梓宫（即皇帝的灵柩），置于棺床之上。太尉、礼仪使奉宝册玉币，进入羡道。至玄宫后，太尉奉宝绶入，在宝帐内神座西面跪奠，礼仪使则以谥册跪奠于宝绶之西，又以哀册跪奠于谥册之西，又奉玉币跪奠于神座之东。所以，自东至西依次为玉币、宝绶、谥册、哀册。将作监、少府监入陈明器，白帐弩，素信幡、翣等，分树倚在墙上，大旐置在户内，其跌竿烧掉。明器按照行列依次陈列。最后，"礼生导主节官，帅持节者，引太尉及司空、山陵使、将作监、御史一人监锁闭玄宫，司空复土九锸"。③由此可见，进入玄宫之前，需要过羡道、户，玄宫内部有棺床，玄宫之中设"宝帐"，帐内有神座，神座东摆玉币，西边依次为宝绶、谥册、哀册，陪葬明器依次摆放。当前考古发掘的懿德太子墓全长100余米，由墓道、六个过洞、七个天井、八个小龛、前甬道、后甬道、前墓室、后墓室等八个部分组成。墓室分为前墓室、后墓室，采用明拱。"墓室东、西壁略呈弧形，顶部为穹隆顶，且悬有挂油灯的铁钩一个。在后墓室西部放置大型石棺一具，整个石棺由34块石板构成，长3.75、宽3、高1.87米，顶为庑殿式，刻出脊瓦、滴水、勾头。"④但其为封土墓，与依山为陵的帝陵墓室结构应有所差异。

五代十国时期，南北各个政权的帝王陵墓多是封土为陵，墓室的形制亦有不同。五代帝陵中，晋王李克用的建极陵和柴宗训的顺陵都被发掘。李克用的建极陵是一座斜坡墓道的单室墓，陵冢包括墓道、墓门、甬道和墓室。墓道两侧是一组高约3米的仿木结构砖雕，砖雕做工精美，有门窗、斗拱、额坊、屋檐等。甬道是石

---

① 杜佑：《通典》卷86《礼四十六》，第2349页。
② 欧阳修：《新五代史》卷40《温韬传》，第441页。
③ 杜佑：《通典》卷86《礼四十六》，第2349页。
④ 陕西省博物馆、乾县文教局：《唐懿德太子墓发掘简报》，《考古》1972年第7期。

券式，两侧有浮雕"出行图"和"仪仗图"。墓室停放有棺床，棺床为束腰须弥座式，这一形制与唐代陵墓已有所变化。柴宗训顺陵同样为单室墓，由墓道、甬道和墓室组成。墓室为圆形，穹隆顶，墓室有砖砌的6处灯台。墓室西侧为壁画《武吏端斧图》，甬道东侧为《文吏迎侍图》，墓室的穹隆顶有天象图等。周恭帝顺陵的玄宫使用砖砌，也应是沿袭了后周太祖遗愿。周太祖郭威提倡薄葬，他的嵩陵墓室是将石室改为砖室营建；而且郭威专门提到："陵寝不须用石柱，费人功，只以砖代之。用瓦棺纸衣。"①郭威的墓室中要求不用石柱，这也说明后周之前的帝王陵墓中多建有石柱。例如李克用的墓葬中就建有非常精美的10根石柱，"环墓室四壁出砌方形石柱10根，石柱上浮雕忍冬花纹，其上为斗栱，每组斗栱耍头上立一尊面目狰狞的石雕怪兽，再上为石雕屋檐"。②南唐李昇墓中有柱30根，其中后室8根石柱由整块青石制成。

从目前考古资料看，五代帝陵玄宫中的墓室有单室墓和三室墓等形制。李克用的建极陵与柴宗训的顺陵都是单室墓。不过二陵皆是在特殊的情况下营造的，两人虽都有帝号和陵号，但主要是以王侯身份下葬。李克用墓葬出土的墓志上依然是"晋王墓志"，首行也是"唐故河东节度观察处置等使开府仪同三司守太师兼中书令"。从十国王陵考古发现来看，三墓室较多。王建的永陵为前中后三个墓室，中间墓室较大，停放棺椁。南唐二陵也是前中后三个墓室，其中李昇钦陵前墓室、中墓室左右各有一个侧室，而后室最大，左右开三个侧室，中间停放棺椁。李璟的顺陵规模稍逊，前、中室开一个侧室，后室开两个侧室。类似的还有后蜀孟知祥和陵。但和陵玄宫为横向的三室墓，这种墓室的形制在这一时期较为少见，棺台与其岳父李克用都是须弥座式。五代帝陵的玄宫情况还需更多考古发现加以印证。

**（二）陵园**

除了陵冢之外，隋唐五代帝陵还有巨大的陵园。陵园皆为坐北朝南，地势多北高南低。建筑面积也大小不一，据宋敏求《长安志》记载："昭陵和贞陵周围一百二十里；乾陵周围八十里；泰陵周围七十六里；定、桥、建、元、崇、丰、景、光、庄、章、端、简、靖等十三陵周围四十里；献陵周围二十里。"其中唐陵的陵园皆由陵墙、神道、陪葬墓区以及下宫等组成。③乾陵以后，唐陵多为依山为陵，其形制基本类似。

---

① 薛居正：《旧五代史》卷113《太祖纪》，第1503页。
② 贾兰坡、陶正刚等：《山西考古发掘记事》，中国文史出版社，1999，第175页。
③ 沈睿文：《唐陵的布局：空间与秩序》，第150页。

图4-3 王建墓墓室平面图

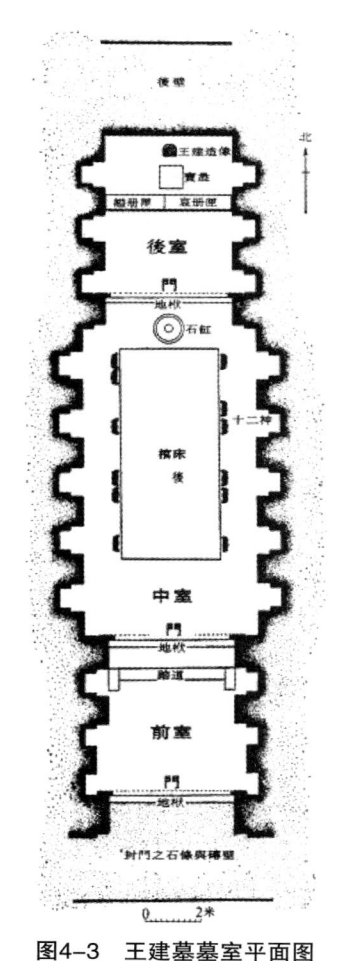

资料来源：冯汉骥《前蜀王建墓发掘报告》，文物出版社，1964，第10页。

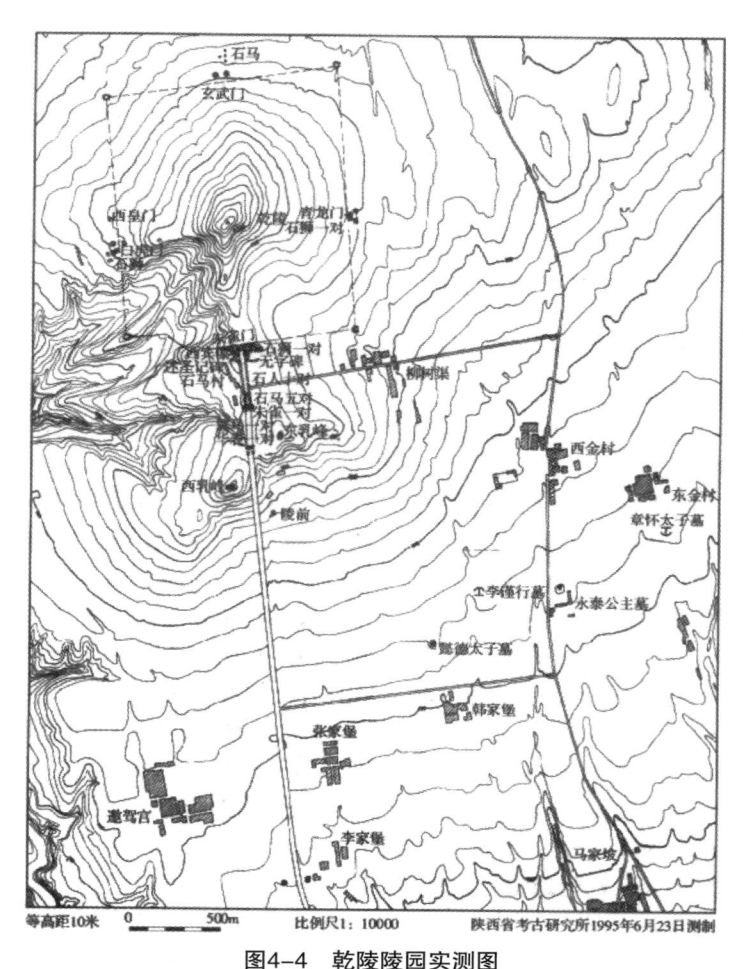

图4-4 乾陵陵园实测图

资料来源：樊英峰主编《乾陵文化研究》，三秦出版社，2007，第31页。

陵冢位于陵区的北部，由近似方形的陵墙围绕而成。陵墙的四隅筑有角阙，上建阁楼，四面陵墙的中央各开一座神门。神门前有双阙和一对石狮。祭祀一般在南面神门献殿举行。南门外向南是神道，神道自南向北依次一般是石柱、鸵鸟、御马（翼马）、石人等石刻，列于神道两侧。陪葬墓一般在帝陵的东南面，依山为陵的玄宫在南面的山腰，下宫在陵园的西南，是皇帝谒陵的行宫以及守陵官署办公之处。积土为陵的帝陵陵园其玄宫选址与陪葬墓的位置有所不同。

五代帝陵陵园与唐宋帝陵相比，营建相对简陋。"五代帝陵多为封土为陵，墓冢用黄土封筑;除梁太祖宣陵外,①其他帝陵地面上不见鹊台、乳台、门阙和角阙等唐宋陵园常见的标志物,推测在当时仅用土墙围护墓冢。后汉高祖刘知远的睿陵陵园四面尚保留四对门狮,距离封土分别在 100 米左右,即陵园每边长不少于 200 米。五代帝陵陵园一般地势平坦,只有后晋高祖石敬瑭的显陵,将神道设于两道土岭之间的低洼处,可能是因地制宜选择陵园的结果。显陵的封土呈覆斗形,底部周长 100 米,高达 20 米。"②一般的帝陵多数建有近似方形的陵墙,陵墙的四面中央辟门,门前有石兽和门阙各一对。

1. 陵垣与神门

唐代陵墙从平面来看近似方形。许多帝陵依山而建,坐北朝南,除了南面陵垣外,其他多按山势走向顺势而筑。从残存的唐陵陵墙可见,其多沿山脉延伸,实际形状并不规则。根据考古勘查情况,唐陵陵墙有两种:"一是基础以石条砌筑,上面再以土夯出墙基,夯土墙基宽约 3 米左右,往上层层缩减墙宽,渐至宽 1.6~2 米左右,墙高则在 5.7~8 米左右。在墙顶端铺板瓦,做成双坡,以利排水,墙身则以白灰涂抹或刷一层朱色浆;二是夯土墙基直接从土坑中竖起,而不用石条砌筑基础,仅在四角以及四门处,由于上有楼阁等建筑物,荷载加大而局部采用石条基础。在墙基下部用砖砌出散水。"③另外,近年来航拍和试掘发现乾陵有内外双重陵墙,现存外城垣夯土基址宽约 2.05~2.2 米,距离内城墙基大约为 220 米。

五代帝陵一般也建有陵垣,但大多残损。其中石敬瑭显陵、刘知远睿陵仍有遗存。后梁太祖朱温宣陵按照之前记载应有陵垣,但最近已被破坏。柴荣庆陵陵园为明代修建。在十国帝王陵墓中,南汉高祖刘䶮康陵经过考古发掘证实陵园四周有夯土的墙垣。其中康陵的北墙保存较好,仍保存部分墙体高于地面 10~50 厘米的夯筑墙基。④南唐陵园的四周也有近方形的陵垣,"周长约 895 米。除北垣外,陵垣多倚所在自然土埂顶部夯土堆筑,基墙宽度不一,两侧未见包砖"。⑤与隋唐相比,五代十国的陵垣规模缩小。不仅与依山为陵的唐陵相比,即便与隋文帝或者唐高祖的封土陵相比也有明显的差距。"这些现象都反映了五代十国帝王陵墓与唐代帝陵规模上的差距,

---

① 《历代山陵考》引《纲鉴》:"后唐庄宗同光元年,欲发梁太祖墓,斫棺焚尸。张全义言朱温虽国之深仇,然其人已死,刑无可加,屠灭其家足以为报,乞免焚刑以存圣恩。唐王从之,但铲其阙室,削其封树而已。"这则史料说明五代的封土帝陵地上部分有门阙及宫室建筑。
② 张志清:《中原文化大典·文物典·陵寝墓葬》下册,中州古籍出版社,2008,第 569 页。
③ 周明:《陕西关中唐十八陵陵寝建筑形制初探》,《文博》1994 年第 1 期。
④ 广州市文物考古研究所:《广州德陵、康陵发掘简报》,《文物》2006 年第 7 期。
⑤ 王志高:《试论南京祖堂山南唐陵园布局及相关问题》,《文物》2015 年第 3 期。

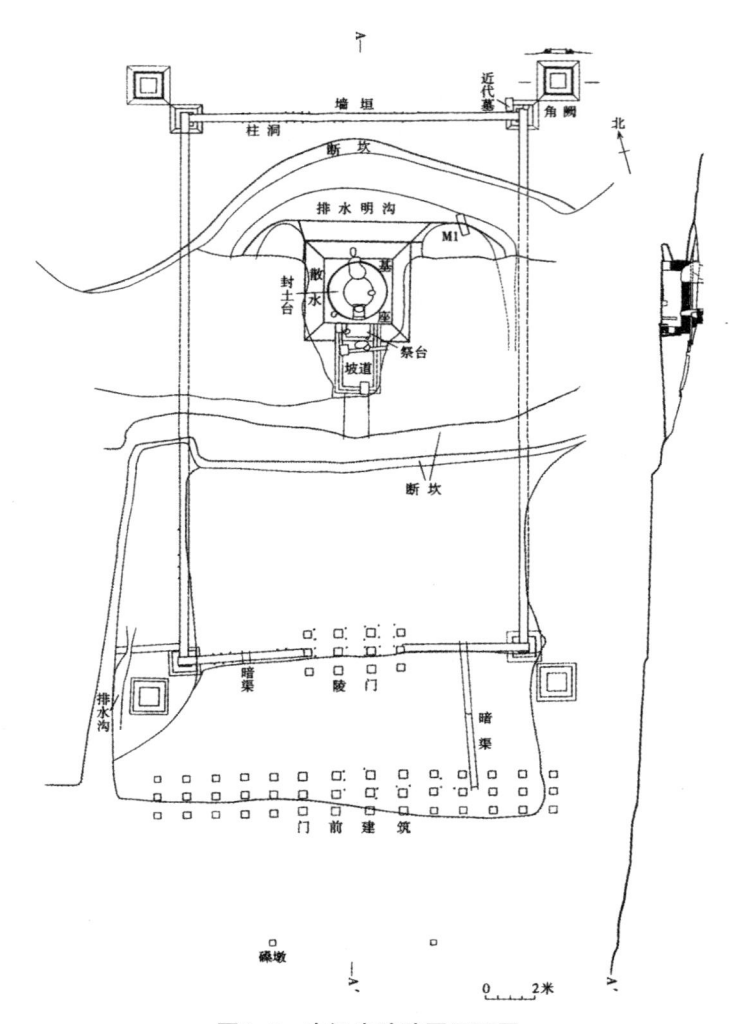

**图4-5　南汉康陵陵园平面图**

资料来源：朱家振等《广州南汉德陵、康陵发掘简报》，《文物》2006年第7期。

但却与北宋帝后陵区中围绕坟冢的'宫城'规模相近，边长通常在200米左右。"[①]这也表明五代是隋唐至宋帝陵演变中的一个过渡时期。

隋唐五代的陵墙四面中央各辟有一座神门，门外一般各有石兽和阙一对。神门称呼起初并不固定，《旧唐书·礼仪五》将献陵南门称为"司马门"，《唐会要》载玄宗谒桥陵的南门为"神武门"。《长安志图》将昭、乾、建等陵南门均称为"朱雀门"。《资治通鉴》曾记载昭陵十四国君长像"刻名列于北司马门内"，北司马门就是昭陵的北门。2002年，陕西省考古研究所发掘清理了昭陵北司马门遗址，其中发掘唐代遗迹

---

① 张学锋：《五代十国帝王陵墓通叙》，《南京博物院集刊》第12期。

的范围南北约86米，东西最宽处61米。

唐陵各门址已大多损毁，从遗址与资料推测一般有阙楼式、过殿式、过洞式、混合式等类型。<sup>①</sup>昭陵北司马门遗址约为殿堂式建筑，"位于阙南部正中，两侧与夯土围墙相连接。门址内西部遗存保存较好，其中最南端的长廊状房址形制基本完整。门址东南的遗迹大部不存。廊房地面为台阶状，每间一台，从北向南逐级升高。以柱础为标准，廊房东西5.35米，一间半宽，南北长23米，共7间。七间廊房放置十四国酋长像和昭陵六骏，其中南部的四间置放十四蕃君长像，南1~3间各置两座，到第四间置一座，而北部三间则各置一六骏石刻。"<sup>②</sup>桥陵的南门址与昭陵北司马门址、崇陵的南门址基址结构相同，也是五间三门的殿堂式门，<sup>③</sup>约为20余米长。

图4-6　昭陵西列戟廊遗址

图4-7　昭陵东列戟廊遗址

唐陵神门之外一般建有石兽和阙各一对。献陵的石兽为石虎，乾陵以后多为石狮。门阙为夯土筑就，平面为三出阙形制。昭陵北门的双阙为东西相对，间距31.5米，下面是东西横长的三出形夯土台，内夯土而外部包砖。乾陵东、西、北门，桥陵南门遗址则是以石为基础的三出阙。

门阙之后是列戟廊房，门前列戟是地位的象征。按《新唐书·百官志》记载"凡戟，庙、社、宫、殿之门二十有四"，昭陵的北司马门遗址双阙后的一对长条形房址推测为列戟廊房。

唐陵墙四角多筑有角阙，角阙之上建有楼阁。近期考古发现，献陵的陵园四角

---

① 周明：《陕西关中唐十八陵陵寝建筑形制初探》，《文博》1994年第1期。
② 陕西省考古研究所、昭陵博物馆：《2002年度唐昭陵北司马门遗址发掘简报》，《考古与文物》2006年第6期。
③ 陕西省考古研究院：《唐睿宗桥陵陵园遗址考古勘探、发掘简报》，《考古与文物》2011年第1期。

有曲尺形的夯土角阙基址。乾陵以后的历代帝陵，其陵墙四角大多置有角阙。"现存的角阙遗址平面多为方形或圆形，残高3至5米左右，最高达10米。根据敦煌壁画所示角阙及懿德太子墓道壁画所示阙楼与城墙的关系；可见唐代角阙墩台应与陵墙等高或略高。"① 五代时期的帝陵陵墙大多损毁，因此是否存在角阙需更多考古发现。但南汉康陵陵墙的四角有阙，且为一大一小的子母阙，"子阙位于内侧，与墙垣相连接，母阙在墙角外侧"②。康陵角阙上部已经损毁，只留方形台阶，应该是具有一定规模的楼阁式建筑。

表4-3 唐陵角阙址尺度统计

单位：米

| 陵名＼阙别 | 东南角阙 | | 西南角阙 | | 东北角阙 | | 西北角阙 | |
|---|---|---|---|---|---|---|---|---|
| | 阙底址大小 | 阙址高 | 阙底址大小 | 阙址高 | 阙底址大小 | 阙址高 | 阙底址大小 | 阙址高 |
| 乾陵 | | 7.5 | | 10 | | 5.1 | | 5.5 |
| 定陵 | | 1.5 | | 1.5 | | | | |
| 桥陵 | 12×12 | 2 | 10×10 | 2.5 | 16×18 | 1.5 | | |
| 建陵 | 底径12 | 2.5 | 底径12 | 3.5 | 底径12.5 | 3 | 14×12 | 3 |
| 景陵 | 20×7 | 4 | 底径15 | 3.5 | | | 底径14 | 5.5 |
| 光陵 | | | 底径12 | 1.5 | | | | |
| 贞陵 | 12×12 | 2 | 底径14 | 3 | 底径14 | 3 | 底径14 | 3 |

资料来源：周明《陕西关中唐十八陵陵寝建筑形制初探》，《文博》1994年第1期。

## 2. 寝宫

寝宫主要是用来举行朝拜、祭献仪式的建筑。这是帝陵的主要地上建筑之一，献殿内陈列供奉有帝王生前遗物，并有守陵人看管。历代帝王祭奠拜谒山陵时都要前往献殿。贞观十三年（639）正月一日，太宗朝于献陵，"……礼毕，改服入于寝宫，亲执馔，阅视高祖及先后服御之物"③。昭陵寝宫遗址位于九嵕山南皇城村东侧。永徽六年（655）正月，高宗谒昭陵，"易服谒寝宫。入寝哭踊，进东阶，西向拜号，久，乃

---

① 周明：《陕西关中唐十八陵陵寝建筑形制初探》，《文博》1994年第1期。
② 广州市文物考古研究所：《广州德陵、康陵发掘简报》，《文物》2006年第7期。
③ 刘昫等：《旧唐书》卷25《礼仪志五》，第972~973页。

荐太牢之馔，加珍羞，拜哭奠馈。阅服御而后辞，行哭出寝北门，御小辇还"。① 昭陵的位置不方便举行较大祭奠仪式，因此，昭陵北司马门内设有祭坛，又建寝殿，寝殿也有帝王遗物，以便拜祭，其遗址在北司马门门址南面。

当前，唐陵的寝宫遗址破坏较为严重。2004 年曾对昭陵寝宫进行了考古发掘，发现其"外周为长方形的宫城城墙，南北 304、东西 238.5 米，夯土城墙厚 2.5 米左右。寝宫北部用一道东西向内城墙隔出南北宽 47.5 米的夹城"。② 昭陵寝宫有南门、北门、夹城门三重门，是一组完整的宫殿建筑。从《新唐书·礼乐志四》中也可印证寝宫的形制，书中记载："皇帝步至寝宫南门，仗卫止。乃入，由东序进殿陛东南位，再拜；升自东阶，北向，再拜，又再拜。"③ 皇帝依次经过南门、东序、殿陛、东阶。东序即东厢房，殿陛是殿前的台阶。所以说除了南门之外，还有东序、殿陛、东阶等。另外还记载："皇后钿钗礼衣，乘舆诣寝宫，先朝妃嫔、大长公主以下从。至北门，降舆，入大次，诣寝殿前西阶之西，妃嫔、公主位于西，司赞位妃嫔东北，皆东向。皇后再拜，在位者皆拜。皇后由西阶入室，诣先帝前再拜，复诣先后前再拜，进省先后服玩，退西厢东向立，进食。皇帝出，乃降西阶位。辞，再拜，妃嫔皆拜。诣大次更衣，皇帝过，乃出寝宫北门，乘车还。"④ 从中可见，寝宫还有北门、西厢房、西阶。结合文献与考古，寝宫是由东西厢房、东西阶、大殿及南北门的一组沿中轴线依次排列的地面建筑。

五代帝陵也应有与祭祀相关的建筑。宋熙宁三年（1070）六月九日，"准诏修葺嵩陵殿宇"。⑤ 这说明后周嵩陵建有殿宇建筑。近年来对部分十国王陵的考古发掘中，也发现陵园内用于祭祀的遗址，比如南汉康陵发现的神龛和祭台，南唐二陵也有东西长约 90 米、南北宽 64～74 米的献殿遗址。可见，其他五代帝陵也应建有此类建筑。

3. 下宫

唐陵下宫一般在陵墓的西南，下宫是陵署官员、宫人等的驻地以及皇帝拜谒陵墓时候的停留场所。一般建在鹊台以内、神道之西，具体的距离各陵依照地形有所不同，一般五里左右。"下宫最初称为寝宫，设置在陵体近旁，具有供陵主灵魂起居

---

① 欧阳修：《新唐书》卷 14《礼乐志四》，第 362 页。
② 张建林：《唐代帝陵陵园形制的发展与演变》，《考古与文物》2013 年第 5 期。
③ 欧阳修：《新唐书》卷 14《礼乐志四》，第 360 页。
④ 欧阳修：《新唐书》卷 14《礼乐志四》，第 361 页。
⑤ 徐松：《宋会要辑稿》第 32 册，中华书局，1957，第 1358 页。

的功能，从乾陵以后离开陵体，演变成为陵台官署意味很浓厚的设施。"①贞元十四年（798），昭陵旧寝宫遭遇野火，宫室焚烧殆尽，被迫迁移至山下，因此称为下宫。这是部分学者的看法。

献陵的下宫遗址位于乳阙西南约1公里处，"仅在四周发现少量夯土基址和大量砖瓦堆积，遗址整体面貌不清楚"。②乾陵以后，下宫一般位于鹊台与乳台之间的西南位置，是一组具有内外两重夯筑城墙的宫城建筑。近年来考古发现部分唐陵的下宫遗址颇具规模，"乾陵下宫面积145000平方米、桥陵下宫面积206515平方米"。③在内外城之间，还有多处建筑的夯土遗址。不过，当前下宫的地面建筑早已荡然无存，但是李攸《宋朝事实》中记载有宋英宗陵的下宫情况："宫有正殿，置龙辇，后置御座。影殿置御容。东幄卧神帛，后置御衣数事。斋殿傍，皆守陵宫人所居，其东有浣濯院，有南厨。厨南陵使廨舍，殿西则使副廨舍。"可见，其应该是由多个建筑组成的建筑群。

五代时期，部分帝陵下宫也沿袭了唐制。据《旧五代史》记载：应顺元年（934）三月建造唐明宗李嗣源徽陵时，曾"以前金吾大将军李肃为左卫上将军，充山陵修奉上下宫都部署"。④这里表明李嗣源的徽陵建有上、下宫。在祖堂山南唐陵园西门外北侧的高台上，有一处东西长约60米、南北宽约50米的建筑基址，"可能与陵园的守护相关，也可能是陵区的下宫遗址"。⑤下宫是陵墓管理人员、帝王祭祀的驻留之地，因此也是陵园的重要建筑之一。不过五代连年战乱，朝代更迭频繁，部分帝陵下宫的具体形制可能也难以尽同。

4. 神道石刻

神道石刻是指通往帝陵道路上的石刻。帝陵陵前开神道，自秦汉即有。《后汉书》："中山简王焉薨，诏大为修冢茔，开神道。"李贤注曰："墓前开道建石材以为神道。"神道两侧列有石柱、石人、石兽等，《封氏闻见记》卷六"羊虎"条所载："秦、汉以来，帝王陵前有石麒麟、石辟邪、石象、石马之属；人臣墓前有石羊、石虎、石人、石柱之属；皆所以表饰坟垄，如生前之象（像）。仪卫耳。国朝因山为陵，太宗葬九嵕山，门前亦立石马。陵后司马门内，又有蕃酋曾侍轩禁者一十四人石象（像），

---

① 〔日〕来村多加史：《唐陵选地考》，张建林、姜捷译，载樊英峰主编《乾陵文化研究》，第56页。
② 张建林：《唐代帝陵陵园形制的发展与演变》，《考古与文物》2013年第5期。
③ 张建林：《唐代帝陵陵园形制的发展与演变》，《考古与文物》2013年第5期。
④ 薛居正：《旧五代史》卷45《唐闵帝纪》，第619页。
⑤ 王志高：《试论南京祖堂山南唐陵园布局及相关问题》，《文物》2015年第3期。

图4-8 贞陵神道

图4-9 建陵石柱

图4-10 贞陵石柱

皆刻其官名。"[1]神道之上石像按照次序排开,唐代有置石碑兽法:"石碑去门十步,石羊去碑七步,石柱去石羊七步,石人去柱七步。"帝陵石刻基本沿着神道左右对称排列,但石刻之间距离不完全按照这一标准。以当前基本保持完好的贞陵右侧石刻为例,石刻间距离在22米左右。

---

[1] 封演撰、赵贞信校注《封氏闻见记校注》,第58页。

神道南端是一对石柱，石柱由柱头、柱身、柱基三部分组成。柱身为八面棱柱，其中泰陵、建陵石柱为两段相接而成。石柱之上有蔓草或者瑞兽等多种纹饰，其中桥陵石柱周身线雕缠枝卷叶纹和天马行空图案，而正南面天马行空图案多达六层，崇陵石柱各棱面则线刻有伎乐飞天和蔓草纹饰；丰陵石柱的棱面阴线刻迦陵频伽、獬豸、凤、花卉、吹笛童子等纹饰。[①]帝陵的柱头多为桃形宝珠或者圆形宝珠，柱基多为覆盆式造型。

唐陵石柱之后依次排列有石兽、石人等石刻雕像。乾陵之前，帝陵的石刻并不固定，例如献陵四门外只有石虎1对，南门有石犀1对。昭陵石刻则颇具规模，在北司马门内有十四国酋长像与昭陵六骏等石像，十四国的酋长石像均为青石制成，石像另有底座，石人双足下的凸形正好固定于底座的方槽之上，石基座的正面刻有突厥颉利可汗左卫大将军阿史那咄苾、突厥突利可汗右卫大将军阿史那什钵苾、突厥乙泌泥孰候利苾可汗右武卫大将军阿史那思摩、突厥答布可汗右卫大将军阿史那社尔、薛延陀真珠毗伽可汗、吐蕃赞甫松赞干布、新罗乐浪郡王金真德、吐谷浑河源郡王乌地也拔勒豆可汗慕容诺曷钵、龟兹王诃黎布失毕、于阗王伏阇信、焉耆王龙突骑支、高昌王左武卫将军麴智勇、林邑王范头利、帝那伏帝国王阿那顺等十四人的名字。不过，昭陵树立石刻的目的与乾陵以后石刻不完全相同，主要原因是高宗"欲阐扬先帝徽烈，乃令匠人琢石，写诸蕃君长，贞观中擒伏归化者形状，而刻其官名……列于陵司马北门内，九嵕山之阴，以旌武功。乃又刻石为常所乘破敌马六匹于阙下也"。[②]这些石刻主要是为了彰显太宗的武功。

乾陵以后，唐陵石刻在规模与形式上有了很大变化，还有象征礼仪的性质。乾陵不仅在四个神门之外列有石狮各一对，北门立有三对石马，还在神道上依次排列有：石柱一对，翼马一对，鸵鸟一对，石马和马夫五对，石人十对，无字碑、述圣记碑各一，六十一宾王像。除了无字碑、述圣纪碑、六十一宾王像外，翼马、鸵鸟、石马、石人等石像都成为唐陵石刻的定制。

另外，乾陵、定陵、桥陵的十对石像为挂剑石人，而到了泰陵以后，十对石像开始有文武之分，一般东为文臣，持笏而立，西为武将，挂剑而立。这十对神道石人也应该是与出行仪仗类似，按"文武官行立班序，通乾观象门外序班，武次于文，至宣政门，文由东门而入，武由西门而入，至阁门亦如之。其退朝，并从宣政西门

---

① 刘向阳：《唐代帝王陵墓》，三秦出版社，2003，第168～244页。
② 王溥：《唐会要》卷20《陵议》，第395、396页。

而出"。①石像的变化受到当时朝仪制度的影响。

除后周帝陵群外，五代帝陵前大多列有石柱、石马、石虎、石羊、石狮和石人等石像。以上石像与唐代帝陵并不完全相同，唐代帝陵的石像中并没有石虎、石羊，而臣子陵墓前有此类石像，按唐代《封氏闻见记》记载："人臣墓前有石羊、石虎、石人、石柱之属，皆所以表饰坟垄，如生前之仪卫耳。"可见，唐代的石虎、石羊均是安置于人臣墓前。而宋代王陵却有石虎、石羊等，五代帝陵的这一变化也为北宋帝陵所沿袭。十国部分帝王陵墓中，也曾发现有石像，如王审知宣陵、南汉昭陵等。

图4-11 贞陵文官、武官石刻

6. 陪葬墓

唐代帝王将一些王公贵戚、佐命功臣的墓建于帝陵周边，以示恩宠。王公、功臣陪葬帝陵旁边，是一种重要礼遇与荣耀。唐陵的陪葬墓主要建于唐前期，其中高祖献陵、太宗昭陵、高宗乾陵较多，玄宗之后的帝陵一般只有几座，甚至没有陪葬墓。

帝陵的陪葬墓主包括两类人，一是子女，二是功臣。子女附葬亲茔是家族墓葬的传统。以功臣陪葬，是仿汉代旧制。其中昭陵是唐陵中陪葬墓最多的帝王陵墓，太宗驾崩之前曾言："自今以后，功臣密戚，及德业佐时者，如有薨亡，宜赐茔地一所。"②所以陪葬者除太宗子女、亲属、功臣之外，还有一些"德业佐时"人等。《唐会要》、《长安志》、《文献通考》、《关中陵墓志》对昭陵的陪葬墓多有记载。《长安志》中记载有166座，根据昭陵文物管理所于1977年对昭陵陪葬墓进行考古调查发现，昭陵有陪葬墓167座，其中可确定墓主姓名、身份和入葬时间的是：韦贵妃墓、燕妃墓、长乐公主墓、段简壁墓、城阳公主墓、新城公主墓、魏徵墓、宇文士及墓、唐俭墓、唐嘉会墓、薛赜墓、遂安公主驸马都尉王大礼墓、杨恭仁墓、高士廉墓、马周墓、房玄龄墓、温彦博墓、李靖墓、裴艺墓、宇文崇嗣墓、彭城夫人墓、褚亮

---

① 王溥：《唐会要》卷25《文武百官朝谒班序》，第483页。
② 王溥：《唐会要》卷21《陪陵名位》，第416页。

墓、孔颖达墓、杜君绰墓、崔敦礼墓、李思摩墓、李福墓、阿史那忠墓、豆卢宽墓、豆卢仁业墓、段志玄墓、张胤墓、李承乾墓、清河公主与驸马程处亮墓、兰陵公主墓、李孟常墓、吴黑闼墓、房仁裕墓、程知节墓、姜遐墓、姜简墓、李震墓、斛斯政则墓、张阿难墓、李勣墓、尉迟敬德墓、周护墓、李冲墓、李贞墓、临川公主墓、郑仁泰墓、薛收墓、契苾氏墓、张士贵墓、陆妃墓、王君愕墓、执失善光墓、牛进达墓、许洛仁墓、安元寿墓和梁敏墓。①

近年来，经过昭陵博物馆的最新调查，陪葬墓又增加至 193 座（含宫人墓），②这说明昭陵的陪葬墓不仅仅是文献所记载的那部分。其他唐陵的陪葬墓情况可参考表 4-4。

图4-12　昭陵62号陪葬墓（房玄龄墓）

---

① 王双怀：《古史新探》，陕西人民出版社，2013，第 195 页。
② 昭陵博物馆：《昭陵文史宝典》，三秦出版社，2008，第 21 页。

表4-4 唐代帝陵陪葬墓数量统计

| 陵墓名称 | 《唐会要》 | 《长安志》 | 《文献通考》 | 《关中陵墓志》 | 其他 | 考古调查数 | 发掘数 |
| --- | --- | --- | --- | --- | --- | --- | --- |
| 高祖献陵 | 25 | 23 | 25 | 25 | 《三原志》23 | 30 | 2 |
| 太宗昭陵 | 155 | 166 | | | 《礼泉志》203 | 193 | 60 |
| 高宗乾陵 | 15 | 6 | 17 | | 《乾州志》41 | 17 | 6 |
| 中宗定陵 | 6 | 6 | | | 《富平志》6 | 6 | 1 |
| 睿宗桥陵 | 7（驸马1） | 6 | 9 | 12 | 《蒲成志》13 | 6 | 1 |
| 玄宗泰陵 | 1 | 1 | 1 | 1 | | 1 | 1 |
| 肃宗建陵 | 1 | 1 | 1 | | | 3 | |
| 顺宗丰陵 | 0 | | 0 | | 《新唐书》1 | 1 | |
| 宪宗景陵 | 4 | 3 | 4 | 3 | | 2 | |
| 穆宗光陵 | 2 | 2 | 2 | 2 | | 1 | |
| 敬宗庄陵 | 1 | 1 | 1 | | | 1 | |
| 文宗章陵 | 0 | 1 | 0 | | 《富平志》1 | 1 | |
| 武宗端陵 | 1 | | 1 | | 《新唐书》1 | 1 | |
| 宣宗贞陵 | 1 | | | 1 | | | |

资料来源：程义《关中地区唐代墓葬研究》，文物出版社，2012，第240、241页。

7. 其他

乾陵以后的陵墓，在南门门阙之外的南面还建有阙台，一组位于神道南端，名为乳台，乳台再向南为鹊台。乾陵"南门向南660米的神道南端现存乳台阙址，阙址东西29～29.6、南北16～16.5米，两阙台间距180米；从乳台阙址向南2700米残存鹊台阙址，据1993年钻探，两阙台间距190米"。[①]乳台、鹊台与门阙相同，均为三出阙。另外，个别陵区还建有为帝王祈福的寺院，如在李克用建极陵陵园中就建有陵寺。

在隋唐帝王陵墓中，皇帝与皇后多为同穴合葬。五代时期，部分帝王陵墓采用异穴合葬。比如王建永陵、闽国王审知宣陵等。宋代以后，帝后开始同茔异穴。

总体而言，这一时期帝王陵墓有如下特点：一是唐代多数帝陵是依山为陵，五代帝陵则多封土为陵；二是陪葬制度，唐代帝陵内辟陪葬区以皇亲勋臣陪葬；三是唐代尤其是乾陵以后的帝陵陵园布局、陵墓石刻等逐渐成为定式。

## 三 帝王陵墓表

最后附录隋唐五代帝王陵墓具体位置、建筑年代、地面建筑、面积规格见表4-5。

---

① 张建林：《唐代帝陵陵园形制的发展与演变》，《考古与文物》2013年第5期。

表4-5　隋唐五代帝陵一览

| 朝代 | 帝号及姓名 | 在位时间 | 葬年 | 营建时间 | 陵号 | 葬地 | 陪葬冢 | 建筑面积 | 原有遗迹 | 现存遗迹 | 建筑形式 |
|---|---|---|---|---|---|---|---|---|---|---|---|
| 隋 | 隋文帝杨坚 | 581~604 | 仁寿四年（604） | 隋仁寿二年（602） | 太陵（清时修葺改为"泰陵"），泰陵、杨陵 | 今陕西杨陵五泉镇王上村、泰村 | | 从残存的陵园基址看，东西长756米，南北宽652米，总面积达49万余平方米，四周还保存有阙陵的基址 | | 园内地面建筑荡然无存，仅留土夯筑成的覆斗形陵冢一座，高27.4米的土冢，陵前有清代镌刻的"隋文帝泰陵"石碑一通 | 封土为陵 |
| | 隋炀帝杨广 | 605~617 | | 贞观元年之前 | | 江苏省扬州市邗江区西湖镇司徒村 | | 墓葬通长24.48米，底部南高北低19.5米。墓道呈缓坡状。墓壁凹凸不齐，壁均经火熏烤。甬道底，位于主墓室南侧中部，东西长1.72米，南北宽0.85米 | | 灰陶文吏俑、武士俑、骑马俑、鸟身俑等 | 方形砖室墓，由墓道、甬道、主墓室、东耳室、西耳室五部分组成 |
| | 隋恭帝杨侑 | 617~618 | 武德二年（619） | | | 陕西省咸阳市乾县阳洪乡乳台底 | | 陵墓东西宽82米，南北长76米，高15.8米，封土为平夯而成，夯层厚18~20厘米。陵冢无任何地面建筑，遗址封土西边有农田侵占，东边有盗洞 | | | 平地起陵，封土为覆斗形 |
| 唐 | 唐高祖李渊 | 618~626 | 贞观九年（635） | 约5个月 | 献陵 | 三原县北20公里处的徐木原上（今徐木乡合23座、秦村东北，秦村北代北代村东及富平县南庄村南） | 《唐会要》记载25座，《长安志》记23座，今调查有67座陪葬墓 | 积土为冢，陵台高19米，陵台底东西130米，如覆斗。南北110米，顶东西30米，南北10米，南北710米。陵园范围东西781米，南北710米。陵园四神墙正对陵台处各辟一门 | 《长安志》记载：献陵园周二十里。陵园四神门，石虎一对，石犀牛一对，神道有石望柱和犀牛各一对。 | 现存石虎5个、华表1对，石犀牛1对、石人3件 | 陵冢为覆斗状 |

· 180 ·

续表

| 朝代 | 帝号及姓名 | 在位时间 | 葬年 | 营建时间 | 陵号 | 葬地 | 陪葬冢 | 建筑面积 | 原有遗迹 | 现存遗迹 | 建筑形式 |
|---|---|---|---|---|---|---|---|---|---|---|---|
| 唐 | 唐太宗李世民 | 627~649 | 贞观十年（636）葬长孙皇后，贞观二十三年（649）葬唐太宗 | 约13年 | 昭陵 | 礼泉县东北22.5公里九嵕山 | 《唐会要》《长安志》记166座，《文献通考》记155座，今调查有193座 | 陵园南北长约15公里，东西宽约10公里，周长60公里。昭陵占地面积200平方公里。昭陵寝殿范围东西53.5米，南北86.5米 | 《长安志》记陵园南北长约15公里，东西宽约10公里，周长60公里。有昭陵六骏。十四蕃酋长石像的部分石座，神门遗址，下宫建筑遗址、石器器皿、陪葬墓 | 寝殿内有大量的唐代砖瓦，祭坛所立的石碑、十四蕃酋像的部分石座、神门遗址，下宫建筑遗址、石器器皿、昭陵六骏、昭陵十四国首长石刻像。 | 依山为陵 |
| | 唐高宗李治、武则天 | 650~683、684~704 | 文明元年（684）葬高宗，神龙二年（706）葬武则天 | 约23年 | 乾陵 | 乾县北门外6公里梁山 | 《唐会要》记16座，《长安志》记17座，今调查有17座 | 据勘测内城总面积240万平方米。陵园基本呈方形，东西北四神墙各长1582、1438、1450和1450米 | 《长安志》记乾陵周围八十里。（门阙台、乳台、石狮、石望柱、鸵鸟、石翼马、仗马和控马者、石人、无字碑、述圣纪碑、蕃臣曾侍轩禁者）、陪葬墓等 | 原有石刻123件，石刻现存111件，内城四门石狮各一对，北门立六马。其余石刻群均列置于陵前神道两侧。自北向南有：六十一王宾像、石人十对、石马和牵马者五对，鸵马一对、翼马一对、石柱一对 | 依山为陵 |
| | 唐中宗李显 | 705~710 | 景云元年（710） | 约5个月 | 定陵 | 富平县北10公里凤凰山 | 《唐会要》记6座，《长安志》记6座，今调查有6座 | 陵园基本呈方形，东西1250米，南北1180米 | 《长安志》记定陵周四十里。《唐会要》卷二十一载：陵陪葬墓八座 | 四神门外有阙台，神道南有乳台和鹊台。陵园南角阙址均残存。陵园东南和西南角阙址仍残存，残高1.5米。石刻（四门石狮、神道石刻、北神门外仗马）、陪葬墓 | 依山为陵 |
| | 唐睿宗李旦 | 710~712 | 开元四年（716） | 4个月 | 桥陵 | 蒲城县西北15公里丰山 | 《唐会要》记7座，《长安志》记6座，今调查有6座 | 陵园周长2800米左右，南墙、西墙全长5080米，东墙全长2640米，北墙全长5080米，东北二神墙因山势变化，走向略有弯曲 | 《长安志》记桥陵周四十里。《唐会要》卷二十一载：桥陵陪葬墓共七座，现军六座 | 石刻（四门石狮、神道石刻、北神门外仗马）、陪葬墓（6座） | 依山为陵 |

续表

| 朝代 | 帝号及姓名 | 在位时间 | 葬年 | 营建时间 | 陵号 | 葬地 | 陪葬冢 | 建筑面积 | 原有遗迹 | 现存遗迹 | 建筑形式 |
|---|---|---|---|---|---|---|---|---|---|---|---|
| 唐 | 唐玄宗李隆基 | 712~756 | 广德元年（763） | 11个月 | 泰陵 | 蒲城县北17.5公里金栗山 | 《唐会要》记载1座，今调查有1座 | 陵园东西1680米，南北1700米。泰陵南2250米为下宫遗址，遗址范围东西250米，南北约200米 | 《长安志》记载：泰陵周围七十六里 | 石刻（石狮、神道石刻、石望柱、翼马、驼鸟、仗马、石人、北神门外仗马），陪葬墓（高力士墓） | 依山为陵 |
| | 唐肃宗李亨 | 756~763 | 广德元年（763） | 11个月 | 建陵 | 礼泉县东北15公里武将山 | 《唐会要》记载1座，今调查有3座 | 献殿遗址范围东西50米，南北50米。陵园四角阙址尚在，东南与西南角阙间距1050米，东北与西北角阙间距879米，东南与东北角阙间距1524米，西南与西北角阙间距1373米 | 《长安志》记载：周围四十里 | 四门石狮、神道石刻、翼马、驼鸟、仗马、石人），陪葬墓（鄂子仪墓） | 依山为陵 |
| | 唐代宗李豫 | 763~779 | 大历十四年（779） | 6个月 | 元陵 | 富平县西北15公里檀山 | 无 | | 《长安志》记载：周围四十里 | 仅有陵园东、西、北门石狮和北神门外仗马残块、石刻（石狮、仗马） | 依山为陵 |
| | 唐德宗李适 | 780~805 | 贞元二十一年（805） | 约9个月 | 崇陵 | 泾阳县西北20公里嵯峨山 | 今调查有43座 | 陵园东西长，南北窄，东西二神门间距2500米，南北二神门间距1670米 | 《长安志》记载：周围四十里 | 石刻（四门石狮、石望柱、神道石刻、驼鸟、翼马、仗马、石人、北神门外控马者） | 依山为陵 |
| | 唐顺宗李诵 | 805 | 元和元年（806） | 约7个月 | 丰陵 | 富平县东北17.5公里金瓮山 | 今调查有1座 | 陵园规模较小，院内建筑遗迹几所存无几 | 《长安志》记载：周围四十里。陵园内城四门外原各置石狮1对；朱雀门外置石人10对，石马5对，驼鸟1对，翼马1对，华表1对；玄武门原置石马3对 | 今朱雀门外残存华表1件，八棱柱状；玄武门外现存石狮1对，高1.75米，仗马2件；白虎门石狮1对 | 依山为陵 |

续表

| 朝代 | 帝号及姓名 | 在位时间 | 葬年 | 营建时间 | 陵号 | 葬地 | 陪葬冢 | 建筑面积 | 原有遗迹 | 现存遗迹 | 建筑形式 |
|---|---|---|---|---|---|---|---|---|---|---|---|
| 唐 | 唐宪宗李纯 | 806~820 | 元和十五年（820） | 约5个月 | 景陵 | 蒲城县东北15公里金炽山 | 《唐会要》记4座，《长安志》记近多座，今调查有2座 | 陵园东南和西北角阙址及西南至东北角阙址间距2400米，南北二门间距2500米，东西二门间距2900米 | 《长安志》记载：周周四十里 | 陵园东南、西南和西北角阙址尚在，东南角阙址位于翔公社村西距500米，角阙址高4米，底长20米，宽7米，三个角阙址附近多唐代砖瓦碎块。（门乳台、鹊台、石刻（石狮、神道石刻、石望柱、翼马、鸵鸟、仗马、石人），陪葬墓（惠昭太子宁、懿安郭后，孝明郑后，王贤妃墓） | 依山为陵 |
| | 唐穆宗李恒 | 821~824 | 长庆四年（824） | 约10个月 | 光陵 | 蒲城县北10公里尧山 | 《唐会要》记2座，今调查有53座 | 陵园南北二神门距2900米，东西二神门距2350米，陵园呈东西窄，南北长 | 《长安志》记载：周围四十里。《唐会要》卷二十一载：光陵陪葬有恭僖太后王氏和贞懿太后肖氏 | 陵园现存西南角阙遗址，底径12米，高1.5米。石刻〔石狮、石望柱、鸵鸟、仗马、石人）、陪葬北神门外仗马〕，陪葬墓（恭僖太后王氏和贞懿太后肖氏），现仅发现一陪葬墓 | 依山为陵 |
| | 唐敬宗李湛 | 825~827 | 大和元年（827） | 7个月 | 庄陵 | 三原县东北15公里太平乡胡村 | 《唐会要》记座，《长安志》记座，已无存 | 庄陵积土为冢，封土呈覆斗形，底部边长57米，高17米，陵园东西431米，南北480米。陵台在陵园内东居中，陵南较北宽47米 | 《长安志》记载：庄陵周围四十里。《唐会要》卷二十一载：庄陵陪葬有怀悼太子普 | 陵园四角阙址除西南角阙被平掉外，其余均在。石刻〔四门石狮、神道石刻（石望柱、翼马各一对，鸵鸟、仗马、石人6个个〕，有小石人像太子普），陪葬墓（怀悼（"蕃酋"石像） | 封土为陵 |

·183·

续表

| 朝代 | 帝号及姓名 | 在位时间 | 葬年 | 营建时间 | 陵号 | 葬地 | 陪葬冢 | 建筑面积 | 原有遗迹 | 现存遗迹 | 建筑形式 |
|---|---|---|---|---|---|---|---|---|---|---|---|
| 唐 | 唐文宗李昂 | 827~840 | 开成五年（840） | 约7个月 | 章陵 | 富平县西北10公里天乳山 | 《长安志》载仅有1座 | 陵园四角阙址现残存东南、西南和东北角阙址，西南角阙址840米、东北至东南角阙址832米 | 《长安志》记载：周围四十里 | 章陵石刻均被破坏，残存石狮、挂剑石人、华表、蕃酋像等 | 依山为陵 |
| 唐 | 唐武宗李炎 | 841~846 | 会昌六年（846） | 约5个月 | 端陵 | 三原县东北15公里神泉乡腾张村 | 《唐会要》、《长安志》记1座 | 端陵积土为冢，陵园东西540米，南北593米。陵台底东西58米，南北60米，高15米 | 《长安志》记载：周围四十里。《唐书·后妃列传》载："武氏帝贤妃王氏，宣帝已崩，即自经幄下……茔端陵之柏城。" | 陵园四个角阙址被平掉，但东南、西南和西北三个角阙址遗迹尚可看出。石刻［门狮1个、神道石刻（石望柱1个、翼马和仗马各2个、石人4个、驼鸟1个）］未发现陪葬墓 | 封土为陵 |
| 唐 | 唐宣宗李忱 | 847~859 | 咸通元年（860） | 约6个月 | 贞陵 | 泾阳县西北30公里仲山 | 《唐会要》记1座 | 陵园东南和西南二角阙址相距1600米，南神门东西居中；东南和东北二角阙址相距2800米，东南神门南北神门中；东北角阙址西距北神门1600米，西北角阙址东距北神门1200米；西北与西南二角阙址相距2500米。南北二神门相距3300米，东西二神门相距1950米 | 《长安志》记载：贞陵周围一百二十里其余十三陵周围均四十里 | 乳台、鹊台、下宫遗址。石刻［四门石狮、神道石刻（石望柱、翼马、驼马、仗马、石人）北神门外仗马］ | 依山为陵 |
| 唐 | 唐懿宗李漼 | 860~873 | 乾符元年（874） | 约7个月 | 简陵 | 富平县西北18公里紫金山 | 无 | | 《长安志》记载：周围四十里 | 石刻［四门石狮、神道石马、仗马和石人各2个、"蕃民"石像）、小石人（"蕃民"石像）（3个）北神门外仗马］ | 依山为陵 |

续表

| 朝代 | 帝号及姓名 | 在位时间 | 葬年 | 营建时间 | 陵号 | 葬地 | 陪葬冢 | 建筑面积 | 原有遗迹 | 现存遗迹 | 建筑形式 |
|---|---|---|---|---|---|---|---|---|---|---|---|
| 唐 | 唐僖宗李儇 | 874~888 | 文德元年（888） | 约7个月 | 靖陵 | 乾县东北7.5公里鸡子堆 | 无 | 积土为冢，陵园方形，边长480米。陵台为覆斗形，底呈方形，边长40米，高8.6米，顶部也是方形，边长8米。陵台距南神墙236米，距北神墙176米 | 《长安志》记载：陵园周四十里 | 陵园现存东北、西北和西南角阙址。石刻（门狮、神道石刻）石望柱、翼马、仗马和石人 | |
| 唐 | 唐昭宗李晔 | 889~904 | | | 和陵 | 河南渑池 | | | | | |
| 唐 | 唐哀帝李柷 | 905~907 | | | 温陵 | 山东菏泽 | | | | | |
| 后梁 | 后梁太祖朱温 | 907~912 | 乾化二年（912） | | 宣陵 | 河南省伊川县白沙乡常岭村东北高台地 | | 陵园坐北面南，地势南高北低。墓冢南北长100米，东西宽100米，占地约10亩。陵墙遗址东西南北各长100米，封土南北宽35米，南北宽33米，高20米，面积1155平方米 | 1996年前墓冢封土高13米，南北长33米，东西宽35米。神道长约250米，神道上有石人、石马、石羊、石猴、石狮等石像生 | 现在墓冢封土东西长30米，南北宽25米，残高10米。封土前有深约3米的竖洞。现仅存石翁仲和石羊各一件 | |
| 后梁 | 后梁末帝朱友贞 | 913~923 | 龙德三年（923） | | | 河南洛阳 | | | | | |
| 后唐 | 后唐太祖李克用 | | | | 建极陵 | 山西省代县阳明堡镇七里铺村北 | | 陵寝坐北朝南 | 封土原高10，周长60余米 | 墓室为圆角方形，石券隆顶。直径9.7米，底砌须弥座棺床。出土墓志彩绘石雕门窗，壁饰铭和部分遗物。地面尚存石羊两件和"晋王李克用墓"石碑一通 | |

续表

| 朝代 | 帝号及姓名 | 在位时间 | 葬年 | 营建时间 | 陵号 | 葬地 | 陪葬墓 | 建筑面积 | 原有遗迹 | 现存遗迹 | 建筑形式 |
|---|---|---|---|---|---|---|---|---|---|---|---|
| 后唐 | 后唐庄宗李存勖 | 923~926 | 同光四年（926） | | 雍陵（伊陵） | 河南新安县西沃乡下坂岭村映仗沟 | | 原墓冢高大，墓园面积6000平方米 | | 清代石碑"庄宗陵"，封土不明显，不见石刻仪仗踪迹 | |
| | 后唐明宗李嗣源 | 926~933 | 长兴四年（933） | | 徽陵 | 河南洛阳孟津县送庄乡送庄村东南 | | 现存冢高12米，周长约180米 | | | |
| | 后唐闵帝李从厚 | 934 | 应顺元年（934） | | 无陵号 | 葬于徽陵陵城内 | | | | | |
| | 后唐末帝李从珂 | 934~936 | 清泰三年（936） | | 无陵号 | 葬于徽陵陵城内 | | | | | |
| 后晋 | 后晋高祖石敬瑭 | 936~942 | 天福七年（942） | | 显陵 | 河南省宜阳县城北12.5公里的石陵村西 | | 陵园坐北朝南，现存封土呈覆斗形，底部周长100米，高20米。封土前为神道，神道石刻之间相距25米 | 原有石象生9对和1对石虎，石望柱2件，多埋在地下 | 原有石象生9对和1对石虎，呈蹲姿，高1.3米。"晋高祖之陵"墓碑 | |
| | 后晋出帝石重贵 | 942~946 | 北宋乾德二年（964） | | | | | | | | |
| 后汉 | 后汉高祖刘知远 | 947~948 | | | 睿陵 | 河南省禹州市西北30公里的枯嘴山之阳 | | 陵园呈南北向，现存封土周长60米，高8米 | | 陵园封土四面各100米处均有一对石狮 | |

第四章 墓葬形制

续表

| 朝代 | 帝号及姓名 | 在位时间 | 葬年 | 营建时间 | 陵号 | 葬地 | 陪葬冢 | 建筑面积 | 原有遗迹 | 现存遗迹 | 建筑形式 |
|---|---|---|---|---|---|---|---|---|---|---|---|
| 后汉 | 后汉隐帝刘承祐 | 949~950 | 乾祐三年（950） | | 颍陵 | | | | | | |
| 后周 | 后周太祖郭威 | 951~954 | | | 嵩陵 | 河南省新郑市郭店乡南1公里的周庄村南 | | 墓冢周长103米，高约9米 | 石碑一通 | 石碑现已无存 | |
| 后周 | 后周世宗柴荣 | 955~959 | | 洪武三年（1370）重建 | 庆陵 | 河南新郑市郭店乡北约1公里的陵上村之西 | | 坐北朝南，陵园平面呈正方形，每边长200米，四周砖墙高约2米。陵园南门高约4米，宽约3米，神道长80米。墓冢呈覆斗形，周长105米，高约15米 | | 现存明清御制祭文碑44通，多半已半截埋入土中，另有9通散在陵上村 | |
| 后周 | 后周恭帝柴宗训 | 960 | | | 顺陵 | 河南新郑郭店乡陵上村东北约200米处 | | 墓冢周长40米，高约4米。墓室平面呈圆形，直径6.2米，高约7米，穹隆顶，空间巨大 | | 甬道东侧和墓室西壁的壁画各1幅 | |

资料来源：王双怀：《古史新探》，陕西人民出版社，2013，第187~193页；张学锋：《五代十国帝王陵墓通叙》，《南京博物院集刊（12）》，文物出版社，2011；刘向阳：《唐代帝王陵墓》，三秦出版社，2003。

## 第二节　贵族大臣墓葬

隋唐五代时期的贵族大臣墓葬与庶民墓葬有着较为明显的区别，从隋代开始，王公大臣按品级实行葬礼，不同的品级其墓葬面积、坟高、随葬品多少、石刻数量等都有着相对明确的规定。

### 一　殡葬定制

隋朝初年，隋文帝对上自王公，下至庶民的丧制进行了规范。据《隋书·礼仪志》："其丧纪，上自王公，下逮庶人，著令皆为定制，无相差越。正一品薨，则鸿胪卿监护丧事，司仪令示礼制。二品已上，则鸿胪丞监护，司仪丞示礼制。五品已上薨、卒，及三品已上有期亲已上丧，并掌仪一人示礼制。官人在职丧，听敛以朝服，有封者，敛以冕服，未有官者，白帢单衣。妇人有官品者，亦以其服敛。棺内不得置金银珠玉。诸重，一品悬鬲六，五品已上四，六品已下二。辒车，三品已上油幰、朱丝络网、施襈，两箱画龙，幰竿诸末垂六旒苏。七品已上油幰，施襈，两箱画云气，垂四旒苏。八品已下，达于庶人，鳖甲车，无幰襈旒苏画饰。执绋，一品五十人，三品已上四十人，四品三十人，并布帻布深衣。三品已上四引、四披、六铎、六翣。五品已上二引、二披、四铎、四翣。九品已上二铎、二翣。四品已上用方相，七品已上用魌头。在京师葬者，去城七里外。三品已上立碑，螭首龟趺。趺上高不得过九尺。七品已上立碣，高四尺。圭首方趺。若隐沦道素，孝义著闻者，虽无爵，奏，听立碣。"① 按照《隋代·礼仪志》的记载，法定丧礼的条款任何人不能违背。

各个品级的官员死后，需要不同等级的官员进行丧事监护、申明礼制。正一品官员在亡故后，由鸿胪卿亲自监督丧事的办理，司仪令来申明礼制。二品以上的官员亡故，由鸿胪丞来监督丧事，司仪丞申明礼制。五品以上的官员亡故，以及三品以上官员有一周年以上的丧服，都要由掌仪一人前往申明礼制。在职官员不幸死于任职期间，可以穿着朝服入殓。如果死者有封爵，可以冕服入殓。如果死者没有官职，可以以白帢帽单衣入殓。如果妇女有官品，可以其官服入殓。棺内不许放置金银珠玉。

逝者品级不同，享有丧事的受祭木、灵车的装饰也不相同。按照规定，一品官员

---

① 魏徵:《隋书》卷5《恭帝纪》，第156、157页。

家的受祭木上悬挂六翣，五品以上的官员可悬挂四翣，六品以下则悬挂两翣。灵车分三品以上、七品以上与八品以下三个等级。三品以上的官员灵车可油漆车帷，朱丝的马络头，车帷可以有缘饰，车厢两边画龙，车帷竿的尖上垂挂有六旒的流苏。七品以上官员灵车油漆车帷，车帷有缘饰，车厢两边只能画云气，车帷竿的尖上垂挂的流苏减为四旒。八品以下至普通百姓，其灵车不再有车帷、缘饰、流苏、绘画等。

参与丧事的人数、仪式要按照官品而定。灵柩执绋的人数，一品为五十人，三品以上是四十人，四品为三十人，只能是布帻布深衣。三品以上官员用四引、四披、六铎、六翣。五品以上用二引、二披、四铎、四翣。九品以上用二铎、二翣。四品以上官员可用纸扎方相（驱除鬼魅的神灵），七品以上官员只能用驱鬼扮神的面具。京城周边埋葬逝者，须距京城七里之外，方可安葬。三品以上官员立碑，碑额可用螭龙形，碑座龟形。但底座以上高不得超过九尺。七品以上官员立碣碑，只可有四尺高，形制为圭首方座。如果是大德隐士、行孝重义但无爵无位之人，经过申奏同意后，亦可为其立碑树德。

唐代以后，以上殡葬规定有所调整，部分内容更加详细，制度方面亦有增删。首先百官死亡后的称呼按照品级不同分为三种，"凡百官身亡，三品已上称薨，五品已上称卒，六品以下达于庶人称死也"。①其次，按照品级对坟墓占地面积以及尺寸高度等都做了严格规定，以显示死者地位差异，展现出森严的社会等级制度。按《大唐开元礼》记载：

> 百官葬墓田：凡百官墓田：一品，方九十步，坟高一丈八尺；二品，方八十步，坟高一丈六尺；三品，方七十步，坟高一丈四尺；四品，方六十步，坟高一丈二尺；五品，方五十步，坟高一丈；六品已下，方二十步，坟不得过八尺。其域及四隅四品已上筑阙，五品已上立土堠，余皆封茔而已。

唐《丧葬令》的百官墓田与《大唐开元礼》记载完全相同，表明唐代墓制不仅仅是礼仪的规范，也是律令的要求。墓葬的规模、尺寸在玄宗前、后期仍有所变化。开元二十九年（741），依照简葬的原则，原有的墓地尺寸、坟高等，"于旧数内递减"，坟高一品至三品各减二尺，四至及六品以下各减一尺，庶人为四尺。"其墓田，一品

---

① 杜佑：《通典》卷108《开元礼纂类三·杂制》，第2811页。

茔地，先方九十步，今减至七十步；坟先高一丈八尺，减至一丈六尺。二品先方八十步，减至六十步；坟先高一丈六尺，减至一丈四尺。三品墓田先方七十步，减至五十步；坟先高一丈四尺，减至一丈二尺。其四品墓田先方六十步，减至四十步；坟高一丈二尺，减至一丈一尺。五品墓田先方五十步，减至三十步；坟先高一丈，减至九尺。六品以下墓田，先方二十步，减至十五步；坟高八尺，减至七尺。其庶人先无步数，请方七步，坟四尺。"①一至三品的墓地各减二十步，四至五品各减十步，六品以下减少五步，普通百姓墓地方圆七步。郭子仪死后赠太师，为正一品，并陪葬建陵。按照"旧令一品坟高丈八，而诏特加十尺"。②此处就是在"坟高丈八"的基础上"特加十尺"，也表明该时期有所谓新令和旧令之别。

另外，碑碣石兽、方相蘴竿等方面亦有规定："碑碣石兽。五品已上立碑，螭首龟趺，高不得过九尺。七品已上立碑，圭首，方趺，趺上高四尺。其兽等，三品已上六事，五品已上四事。方相蘴竿。凡四品已上用方相，七品已上用魌头，五品已上蘴竿九尺，六品已上长六尺。"③与隋代相比，增加了石刻等规定。

墓中陪葬的明器也有着严格的数量和尺寸的差异，"三品以上九十事，五品以上六十事，九品以上四十事。四神驼马及人不得尺余，音乐卤簿不过七寸。三品以上帐高六尺，方五尺；女子等不过三十人，长八寸；园宅方五尺，奴婢等不过二十人，长四寸。五品以上，帐高五尺五寸，方四尺五寸；音乐仆从二十五人，长七寸五分；园宅方四尺，奴婢十六人，长三寸。六品以下，帐高五尺，方四尺，音乐仆从二十人，长七寸；园宅方三尺，奴婢十二人，长二寸。若三品以上优厚料，则有三梁帐蚊幬，妇人梳洗帐，并准式。"④至开元二十九年（741）规定，以上各等级均减少二十件，并规定庶民限用十五件。"三品以上明器，先是九十事，请减至七十事；五品以上先是七十事，请减至四十事；九品以上先是四十事，请减至二十事；庶人先无文，请限十五事。皆以素瓦为之，不得用木及金、银、铜、锡，其衣不得用罗锦绣画。其下帐不得有珍禽奇兽，鱼龙化生。其园宅不得广作院宇，多列侍从。其輬车不得用金银花、结彩为龙凤及垂流苏、画云气，其别敕优厚官供者，准本品数十分加三等，不得别为华饰。"⑤

唐代中期以后，品级规定逐渐松弛。为了使各类人等知晓禁令，宪宗元和六年

---

① 王溥：《唐会要》卷38《服纪下·葬》，第693~694页。
② 刘昫等：《旧唐书》卷120《郭子仪传》，第3466页。
③ 杜佑：《通典》卷108《开元礼纂类三·杂制》，第2811~2812页。
④ 杜佑：《通典》卷108《开元礼纂类三·杂制》，2812页。
⑤ 王溥：《唐会要》卷38《服纪下·葬》，第693页。

（811）十二月以前，刑部尚书兼京兆尹郑元修详定品官殡葬的规定，重发明制，将丧葬条件明示所司。其中，"三品以上，明器九十事，四神、十二时在内，园宅方五尺，下帐高方三尺，共置五十舁，挽三十六人，輴车用开辙车，油幰、朱丝网络，两厢画龙，幰竿末请用流苏四，披六，铎左右各八，黼翣二，黻翣一，画翣二，士皆布帻深衣，輴车志石车，任画云气，不得置幰竿、额带等。方相车除载方相外，及魂车除幰网裙帘外，不得更别加装饰，并用合辙车。纛竿九尺，不得安火珠，贴金银、立鸟兽旗旛等。五品以上，明器六十事，四神、十二时在内，园宅方四尺，下帐高方二尺，共置三十舁，减志石车，幰竿减四尺，流苏减二十道，带减一重，披、引、铎、翣各减二，挽歌一十六人，并无朱丝网络，方相用魌头车，纛竿减一尺，魂车准前。九品以上，明器四十事，四神、十二时在内，园宅方三尺，下帐高方一尺，共置一十舁，减輴车、輴车、幰竿减三尺，流苏减一十五道，披、引、铎、翣各减二，带减一重，挽歌十人，纛竿减一尺，帏额、魌头、魂车准前。以前明器，并用瓦木为之，四神不得过一尺，余人物等不得过七寸，并不得用金银雕镂，帖毛发装饰。其散、试官，但取散官次第，如散官品卑者，即据试官品第。五品以上，递降一等。六品以下，依本官制度。内侍省品秩高，各随本秩。有章服者，紫同三品，绯同五品以上，绿及应官并同九品以上。命妇及文武官母、妻，无邑号命妇，各准本品；如夫、子官高，听从夫、子；无邑号者，各准夫、子品。輴车准令合用绿及紫色。有品荫家子孙未有官品者，三品以上降三等，五品以上降二等，九品以上降一等，所用品荫。以祖父为曰升降。庶人明器一十五事，共置三舁，丧车用合辙车，幰竿减三尺，流苏减十道，带减一重，帏额、魌头车、魂车准前，挽歌、铎、翣、四神、十二时各仪请不置。所造明器，并令用瓦，不得过七寸"。①

武宗会昌元年（841）十一月"御史台奏请条流京城文武百官及庶人丧葬事"，"三品以上，輴用阔辙车，方相、魂车、志石车，并须合辙；油幰、流苏等任准令式；挽歌三十六人；六铎、六翣；明器并用木为之，不得过一百事，数内四神不得过一尺五寸，余人物等不得过一尺，舁止七十舁。内外官同。五品以上，輴车及方相、魂车等同三品，不得置志石车；其油幰等任准令式；挽歌十六人；四铎、四翣；明器不得过七十事，数内四神不得过一尺二寸，余人物等不得过八寸，舁止五十舁。内外官同。九品以上，輴车、魂车等并同合辙车，其方相、魌头并不得用楯车及志石车；其輴车除油幰、流苏等各准令式外，不得用缯彩结络兼银器装饰；挽歌一十人；一铎、二翣；

---

① 王溥：《唐会要》卷38《服纪下·葬》，第695~696页。

明器不得过五十事，四神不得过一尺，余人物不得过七寸，舁止三十舁。内外官同。散试官等，任于阶官之中取最高品，第五品以上递降一等，六品以下依令品。有品荫家子孙未有官者，用三品以上荫者降三等，用五品以上荫者降二等，用八品以上荫者降一等，用九品者不降。仍并须是祖父母荫。内外官同。工商百姓诸色人吏无官者。诸军人无职掌者，丧车魌头同用合辙车；丧车不用油幰、流苏等饰；兼不得以缯彩结络及金银饰；挽歌、铎、翣，并不得置；丧车之前不得以鞍马为仪；其明器任以瓦木为之，不得过二十五事，四神十二时并在内，每事不得过七寸，舁十舁"。两次的规定均为了确立殡葬的等级礼法，基本内容与开元二十九年（741）以前的相同，个别品官殡葬明器的件数略有增减。

比较隋唐臣庶墓制，碑碣制度基本相同，《开元礼》增加了坟茔尺寸、石兽等不同规制。开元二十九年（741），又下令降低标准，元和六年（811）、会昌元年（841）各做了重申及修订。

表4-6 唐代臣庶墓葬规制

| | | 一品 | 二品 | 三品 | 四品 | 五品 | 六品以下 | 庶人 |
|---|---|---|---|---|---|---|---|---|
| 茔方（步） | 开元礼 | 90 | 80 | 70 | 60 | 50 | 20 | |
| | 开元二十九年敕 | 70 | 60 | 50 | 50 | 40 | 15 | 7 |
| 坟高（尺） | 开元礼 | 18 | 16 | 14 | 12 | 10 | 8 | |
| | 开元二十九年敕 | 16 | 14 | 12 | 11 | 9 | 7 | 4 |
| 明器（件） | 开元礼 | | | | 90 | 60 | 40 | |
| | 开元二十九年敕 | | | | 70 | 40 | 20 | 15 |
| 石兽（对） | 开元礼 | 二品以上六事（对） | | | 五品以上四事（对） | | | |
| 碑碣 | 开元礼 唐会要 | 五品以上立碑，螭首龟趺，趺上高不过九尺 | | | | | 七品以上立碣，圭首方趺，趺上高四尺 | |

资料来源：傅熹年《中国古代建筑史》第2卷，第451页。

帝陵陪葬墓一般是皇帝的子女、亲属、重臣的墓葬，其规定与以上有所差异。开元四年（716）宋璟建议："准令，一品合陪陵葬者，坟高三丈以上，四丈以下。"[①] 陪葬墓的规格要稍高于同等级的贵族墓葬，体现出其特殊地位。

隋唐时期，臣庶墓葬的品级差异实际体现了当时社会的等级差异。《开元礼》规定一品官员的墓方90步、坟高是18尺，二品以上石兽为6对，五品以上可以立碑等。开元二十九年（741），虽然有所调整，但按照墓方70步、坟高16尺计算，"比平民

---

① 王溥：《唐会要》卷38《服纪下·葬》，第693页。

（庶人）的茔园大100倍，坟高大4倍"。①至于墓葬内部，诸如明器等差异同样非常明显。唐代中后期，又多次重申墓葬规制，一方面有倡行简葬的因素；另一方面也不能忽视其强化等级观念、维护统治秩序的根本目的。

五代十国时期，各地割据势力群雄并起，朝代更迭频繁，律法对王公贵族、大臣与平民墓葬的约束也就显得相对不再严格，尤其是各地割据势力为自己营建的陵墓规模、直逼五代帝王。比如秦王李茂贞夫妇之墓，"夫人墓由封土、墓道、端门、墓门、甬道、庭院、前室、后甬道以及后室等几部分组成，全长57.1米。墓道为斜坡土圹式，砖砌仿木结构建筑的门楼。院庭整体平面作长方形，带有东西耳室。前室由长方形主室及东、西耳室构成，主室四壁均以石条堆砌而成。后室由八面体的穹隆顶主室及东、西、北耳室构成。端门、庭院及后甬道清理出的彩绘浮雕砖共72块，构成完整图案37幅。内容有妇人启门图、乘凤驾鹤西游图、二人抬轿图、八人抬轿图、汉人牵马图、胡人牵驼图、鸳鸯牡丹图等，乐队人物有舞蹈、抱拍板、击正鼓、拍毛员鼓、击鸡篓鼓、擂大鼓、操笛、乐舞指挥、拍板、弹琵琶、击羯鼓、敲磬、吹笙、吹箫、乐舞指挥者等。出土遗物丰富，有墓内建筑构件、陶瓷器、石柱及柱龛造像等。李茂贞墓位于夫人墓东北20米处。现存部分夯筑覆斗形封土，墓葬由墓道、封门、甬道墓室四部分组成。为一座长斜坡墓道单石室墓，坐北朝南，总长50.7米。斜坡墓道南窄北宽，甬道为拱券顶，墓室平面呈长方形，为直壁拱顶形石室。亦出土了经幢石刻、陶瓷器等遗物。神道位于两座墓葬的正南方，宽12米。原神道东西两侧各有石造像一排，面向神道。造像均选用灰色石灰岩雕琢而成，人物造像均于脚下凿留圆柱状短榫，下有带榫孔的长方形石座。西侧现存造像14尊，其中武官3、文官2、马与控马官2（组）、狮子4、羊3、华表1。均面向东方。造像间南北相距10米"。②可见，这一时期的墓葬形制在某种程度上更多地受到政治与社会背景的影响。丧葬礼法、律令对葬事的约束力降低。

## 二 墓葬形制

隋唐五代的王公墓葬、臣庶墓葬近年来发掘较多，包括章怀太子李贤墓、懿德太子李重润墓、节愍太子李重俊墓、永泰公主墓、惠庄太子李㧑墓、唐嗣虢王李邕

---

① 傅熹年：《中国古代建筑史》第2卷，第451页。
② 陕西省考古研究院隋唐考古研究部：《陕西南北朝隋唐及宋元明清考古五十年综述》，《考古与文物》2008年第6期。

墓、新城长公主墓等贵族墓地，以及唐长安城郊隋唐墓、偃师杏园唐墓、三门峡市庙底沟唐墓、吴忠地区 120 座唐代砖室墓，五代时期的王处直墓、冯晖墓、李茂贞夫妇墓等。隋唐五代墓葬的形制不仅和等级制度相关，也与地域差异、时代背景密切联系。

### （一）隋代墓葬

隋代自公元 581 年建立，至 618 年灭亡，仅有 37 年，因此隋代墓葬相对较少。自 20 世纪 50 年代以来，各地陆续发现部分隋代王公大臣墓葬，例如张盛墓、李静训墓、姬威墓等，其中张盛墓中发现白瓷，而在李静训墓中发现了精美的金银器、玻璃器以及瓷器、铜器等随葬品。之后又陆续发掘了李和、宋忻、吕武、段威、罗达、独孤罗、李椿、郑平、宋循、吕武、王干、田德元、徐敏行等隋代墓葬，其中李和墓 1964 年发掘于陕西省三原县双盛村，由地上封土、一对石羊和地下墓室组成。墓室由墓道、过洞、天井、甬道、封门、墓室六部分组成，有陶俑、石质封门一套、墓志一盒、石棺一具，为带天井斜坡墓道单室土坑墓。另外在河南洛阳、安阳和湖南、湖北等地区还发掘了许多小型墓葬。近年来，隋代墓葬也有一些考古发现，如山东济南发现的吕道贵墓，吕道贵为隋文帝从舅，按出土墓志记载："仪同三司济南郡守吕道贵墓铭，公讳道贵，字希玄，祖称东平人，上古神农之苗裔，大隋今帝一从舅也。"他是在隋开皇十二年（592）二月八日与前妻张氏葬于历城（山东济南）西南宝公山北。西安市长安区发现有秦州刺史韦协墓，墓葬出土有"隋故使持节柱国秦州诸军事秦州刺史韦公墓志"，天井及墓室北壁下部、西壁南角和东壁南角均保存有壁画，其中天井壁画绘有列戟、仪仗图，墓室壁画绘有内侍、侍女等人物图像。2005 年在西安潼关高桥税村发掘的隋代壁画墓是当前发现的规模最大、最为重要的王公墓葬，但该墓被盗掘，出土有线刻石棺和陶俑、陶器、陶模型等丰富的随葬器物，其中壁画尤为重要。

隋墓分布在全国部分地区，主要发现于黄河中下游的关中地区。"关中地区已发掘的 90 余座隋墓中，除一座砖室墓、一座竖穴土坑墓外，其余均为土洞墓。"刘呆运根据墓葬构筑的方式和特点，以 37 座纪年墓为主，并结合无纪年墓葬的资料，将隋代墓葬分为三大类：第一类是砖室墓。此类较少，主要有潼关税村壁画墓一座。第二类是土洞墓。这是隋代墓葬的主体，分为双室土洞和单室土洞墓。隋代的双室土洞墓有王士良和董氏墓、侯子钦墓、刘方仁墓、宋忻夫妇墓、段威夫妇墓、鹿基诞墓等。第三类是竖穴土坑墓。此类墓葬由斜坡墓道和长方形竖穴墓室组成，目前仅发现李静训墓一座。这是对皇族贵族的一种特殊埋葬方式。① 其中潼关税村壁画墓在隋代墓葬中非常有特色，该墓为长斜坡墓道、多天井、带壁龛的单室砖墓。墓室平面呈"甲"字形，坐北朝南，由墓道、过洞（7个）、天井（6个）、壁龛（4个）、砖券甬道（位于第7过洞与墓室之间）、墓室（单式砖券）构成，墓葬水平全长63.8米，墓底距地表深16.6米。随葬品250件，包括武士俑2件，镇墓兽2件，骑马俑48件，立俑11件，小冠俑38件，持盾俑17件，劳作俑3件，鸡鸭猪等动物俑40件，陶器13件等，还有配饰、金银器、水晶串珠、琉璃珠、铁刀、泥质冥币（20余枚）、琉璃器、骨器等。

**图4-13 潼关税村壁画墓出土金带銙**
资料来源：刘呆运等《陕西潼关税村隋代壁画墓发掘简报》，《文物》2008年第5期。

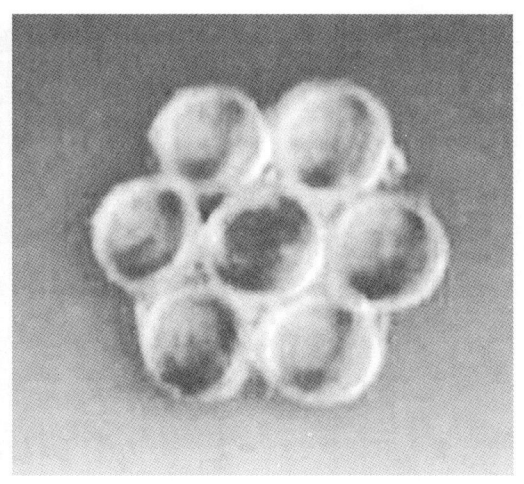

**图4-14 潼关税村壁画墓出土小金花**
资料来源：刘呆运等《陕西潼关税村隋代壁画墓发掘简报》，《文物》2008年第5期。

李静训墓、李和墓、段威墓、姬威墓、独孤罗墓、李椿墓、李敬族墓、宋忻墓、罗达墓等是隋代墓葬考古中较为重要的发现。齐东方先生将这些墓葬大体分为三类。其中李静训墓、李和墓、段威墓规模最大，三座墓都以石棺或石椁作为葬具，可视为一类。李静训是皇室成员，李静训外祖母是隋文帝长女、周宣帝皇后杨丽华。李和祖辈也是贵族，按墓志所言："祖俨，大将军、秦河凉三州牧、河南王。父辩，镇西大将军、河州刺史、陇西公。"死后，"有诏赠使持节、司徒公、徐兖邳沂海泗六州诸军事、徐州刺史"，他的墓室中有石棺，地上有石羊一对。段威为北周开府仪同三司，相当于正一品，志石四边侧为十二生肖动物原型纹饰。其次是姬威墓、独孤罗墓和李椿墓，

---

① 刘呆运：《关中地区隋代墓葬形制研究》，《考古与文物》2012年第4期。

再次为李敬族墓、宋忻墓、罗达墓。以上三组墓葬为高官墓,"墓葬形制基本都是平面方形、长方形的土洞墓,与北朝晚期墓葬基本相同。而墓室尺寸、墓内设施的不同安排则表示等级,有石棺床、石门而无石棺椁与等级身份有关,但是否用砖建墓与等级关系不大。砖室墓发现于河南、山东,河北和山西,品官几乎都是砖墓,西安地区无论墓主地位如何,隋代极少用砖室墓,而发现于安阳的地位略低的张盛墓,郑平墓为单室砖墓。这些地区较多地继承了东魏北齐制度,因各人的地位略有不同而出现的墓葬区别比较清楚。北朝时期已经出现但尚不多的墓道带天井的墓,隋代开始多起来。李和墓有五个天井,姬威墓的天井多达七个,这可能与李和墓时代较早而姬威墓时代较晚有关。同时,李静训墓则是五天井的土洞墓,因此,大型墓葬是否有天井也无定制,长墓道、多天井的墓出现在北魏时期,唐代最盛,隋代正是作为过渡时期"。[1]除此之外,部分隋代墓葬也确实体现出独特的风格,比如山东省嘉祥县英山徐敏行夫妻合葬墓,发掘于1976年2月,是一座椭圆形砖砌单墓室,这一形制渊源自南朝。"但两墓墓门左右绘持剑武士有北周风格,而徐敏行墓所出武士俑、镇墓兽、骑马武士俑、陶马等均承北齐样式。"[2]类似的还有徐之范墓。北方地区隋墓的随葬器物有特定的摆放方式。

### (二)唐代墓葬

唐代前期、中期、后期的墓葬形制存在差异,贵族与大臣的墓葬多采用方形或长方形单室墓葬,地下墓葬分为墓道、过洞、天井、小龛、墓门、甬道、墓室七个部分。按照其生前的地位,地上封土与地下墓穴规模、墓道尺寸、天井小龛数量等均有差异。齐东方先生认为:"以墓葬平面形状、建筑质料、尺寸、墓内设施、随葬品数量为依据,可归纳出双室砖墓、双室土洞墓、单室方形砖墓、单室方形土洞墓、单室方形或长方形土洞墓、刀形土洞墓等不同的类型。"其他学者亦有相关的分类,不同类别主要受其生前社会地位的影响。

唐代王公大臣的墓葬主要分布在关中及洛阳一带,其中昭陵等部分帝陵旁边的陪葬墓较有代表性。昭陵陪葬的贵族与大臣墓葬有上百座。大体分为四种类型:一是依山为墓,其数量较少,仅有新城公主墓等个别墓葬;二是覆斗形墓葬,且墓葬之前有石刻,主要有长乐公主和城阳公主墓等,表明其地位较高;三是圆锥形墓葬,这类陪葬墓较多,大量分布在昭陵四周;四是像山形,以李靖墓为代表,墓像铁山、积石山,墓前有石人、石虎、石羊、石碑,这种特殊形状的墓葬封土,用以彰显重臣的特殊恩遇。

---

[1] 齐东方:《隋唐考古》,文物出版社,2002,第63~64页。
[2] 齐东方:《隋唐考古》,第75页。

陪葬墓主一般为诸王、公主、妃嫔以及大臣。据记载献陵有陪葬墓25座，其中诸王墓16座，大臣墓6座，墓主包括："楚国太妃万氏、馆陶公主、河间王孝恭、襄邑王神符、清河王诞、韩王元嘉、彭王元则、道王元庆、郑王元懿、虢王凤、酆王元亨、徐王元礼、滕王元婴、邓王元裕、鲁王元夔、霍王元轨、江王元祥、密王元晓、并州总管张纶、荣国公樊兴、平原郡公王长楷、谭国公丘和、巢国公钱九陇、刑部尚书刘德威和刑部尚书沈叔安。另外，还有房陵公主墓。"① 昭陵共有陪葬墓上百座。乾陵共有陪葬墓17座，其中废太子2座、王3座、公主4座。定陵陪葬墓有15座，而《唐会要》记为6座，皆为皇族墓。桥陵按《唐会要》记载为7座，其中太子3座、公主3座，另有李思训墓一座。泰陵陪葬墓只有高力士墓。建陵有3座陪葬墓，包括郭子仪、李怀让等。崇陵据说有43墓，尚不确切，亦无资料可查。光陵据说有53墓，《唐会要》仅记2座。晚唐时期，除端、章2陵各有1座墓外，其余各陵均未有陪葬墓。② 因此，陪葬墓主要出现在唐代前期，中后期以后减少，且主要为王公贵族陪葬，大臣陪葬墓的数量逐渐较少。陪陵大臣的墓葬形制另有规定，《唐会要》载开元四年（716）宋璟议王守一葬事表："准令，一品合陪陵葬者，坟高三丈以上，四丈以下。"③ 可见，唐《丧葬令》中对陪陵葬者有明确规定，其墓葬规格高于普通墓葬。

表4-7 唐代王公大臣墓残存石刻一览

| 墓主 | 葬年 | 官品/身份 | 碑首 | 碑座 | 石狮 | 翼马 | 石人 | 石虎 | 石羊 | 石柱 | 陪陵 |
|---|---|---|---|---|---|---|---|---|---|---|---|
| 李寿 | 630 | 正一品 | | | | | 1 | 2 | 2 | 2 | 否 |
| 李丽质 | 643 | 长乐公主 | 六螭 | 龟趺 | | | 2 | 2 | 2 | 1 | 昭陵 |
| 尉迟敬德 | 658 | 正一品 | 六螭 | 方趺 | | | | | | | 昭陵 |
| 李氏 | 663 | 新城公主 | 六螭 | 龟趺 | | | 2 | 2 | 2 | 2 | 昭陵 |
| 郑仁泰 | 664 | 正二品 | | | | | | 3 | 3 | | 昭陵 |
| 韦珪 | 667 | 贵妃 | | | | | | 2 | 2 | 2 | 昭陵 |
| 李勣 | 669 | 从一品 | 六螭 | | | | 2 | 3 | 3 | | 昭陵 |
| 李孟姜 | 682 | 临川公主 | | | | | | | 2 | 1 | 昭陵 |
| 李重润 | 705 | 懿德太子 | | | 2 | | 2 | | | 2 | 乾陵 |
| 李仙蕙 | 706 | 永泰公主 | | | 2 | | 2 | | | 2 | 乾陵 |
| 李重俊 | 710 | 节愍太子 | | | 2 | | 2 | | | 1 | 桥陵 |
| 李贤 | 711 | 章怀太子 | | | | | | | 2 | 2 | 乾陵 |
| 李㧑 | 724 | 惠庄太子 | | | 2 | | | | | | 桥陵 |
| 李宪 | 741 | 让皇帝 | | | 2 | 1 | | | | 1 | 惠陵 |

资料来源：程义：《关中地区唐代墓葬研究》，文物出版社，2012，第40页。

---

① 程义：《关中地区唐代墓葬研究》，第234页。
② 韩养民：《风水与陵葬》，三秦出版社，2003，第13页；程义：《关中地区唐代墓葬研究》，第240、241页。
③ 王溥：《唐会要》卷38《服纪下·葬》，第693页。

从规格形制就可以将帝陵、王墓及一般士庶墓葬区分开。帝陵分为封土为陵和依山为陵，其中王公墓葬除了极个别外，多数是积土为陵。在积土为陵的帝陵中，封土为覆斗形，其外置陵园，四角有角阙，四面辟门，门前有阙和石狮。陵垣南面朱雀门内有献殿，朱雀门外有神道，夹道立石柱、翼马、石马、石人、石碑等，另外还有下宫等。

王墓的封土也是覆斗形，外有方形陵园，"四角建角阙，一般只南面开门，门外建双阙（个别也开北门并建阙），神道设在南门之内，直抵封土前，和帝陵设在南门之外不同。夹道有石柱、石羊、石虎、石人、石碑，但没有石狮、翼马、石马等，那些是帝陵独有。王墓的封土之前也没有殿宇。武氏顺陵的原建置和昭陵的长乐公主、城阳公主墓等都属此类"。[1] 王墓之中也有特殊情况，可以分为两类：其一是号墓为陵，即主体属于王墓而部分属于帝陵，主要包括懿德太子李重润墓等。其封土作覆斗形，只南面开一门阙，属于王制，阙前有石狮，神道在南门之外，又属于帝陵的形制。号墓为陵是一种始于唐中宗时代的丧葬制度，一般认为其存在较短且极为特殊，墓主葬制的提高有着一定的政治意蕴，主要表现在两个方面：一是墓葬号为陵不称墓；二是墓主的墓葬规格和随葬品按照皇帝等级安排。但近年来已经发掘了"号墓为陵"的懿德太子墓，比较其与已发掘的让皇帝李宪的惠陵以及章怀太子、节愍太子、惠庄太子、惠昭太子四座太子墓，就会发现"号墓为陵"的墓葬规格、墓室结构、陵前石刻、陵园规格虽类似或高于太子陵制，却远逊于帝陵，甚至也无法与享有帝号和陵号的孝敬皇帝李弘陵墓相比。[2] 按照《旧唐书》记载："伏寻陵之称谓，本属皇王及储君等。"[3] 从永泰公主以后，太子墓葬也有被称之为陵的记载，比如庄恪太子的陵墓便被称为"庄恪陵，礼也。"[4] 卢粲曾说永泰公主号墓为陵，原因是"永泰公主承恩特葬"。因此号墓为陵只是帝王的政治需要或者表示特殊恩宠的一种形式。其二是部分属王制而部分属帝制。比如让皇帝李宪的惠陵，其陵园设置、石刻群种类组合及个体数目、随葬品陶俑组合规格、墓内壁画题材设置上均与帝陵相当，而封土形制、葬具方面使用了追赠太子或号墓为陵者等级，墓内玉质册文的出土又符合追赠太子各墓葬级别，

---

[1] 傅熹年：《中国古代建筑史》第2卷，第452~455页。
[2] 陈成国：《中国礼制史·隋唐五代卷》，湖南教育出版社，1998，第166页；王小蒙：《从新发现的唐太子墓看太子陵制度问题》，《考古与文物》2005年第4期；程义：《关中地区唐代墓葬研究》，第328页。
[3] 刘昫等：《旧唐书》卷189《卢粲传》，第4973页。
[4] 宋敏求：《唐大诏令集》卷130，第132页。

而墓室数量规格却属于亲王一级。①在玄宗赐皇帝号时，李宪家人曾坚辞不受，因此其级别也未至帝陵级别。总之，王公贵族的墓葬一般会按照相关的礼法规定置墓，但受政治、社会等背景的影响也存在一些特殊情况。

近年来发现的王公大臣墓葬有：尉迟敬德夫妇、郑仁泰、安元寿、康文通、李重俊、苏君（苏定方）、房陵公主、契苾明、李重润、李仙蕙、韦泂、李仁、李贤、阿史那怀道、李寿、长乐公主、张士贵、新城公主、李爽、李勣、李凤、阿史那忠、元师奖、李贞、鲜于庭诲、惠庄太子、韦慎名、刘濬、李宪、张去奢、张去逸、高力士、张仲晖、杨玄略、张叔遵、姚存古、李升荣、高克从、阎知诚、司马睿、董务忠、独孤思贞、独孤思敬、独孤思敬妻杨氏、金乡县主夫妇、李承乾、史思礼、章令信、董楷、李文贞、罗观照、韦氏昭容、王守言、吴守忠、曹惠林夫妇、李文政、范孟荣、师知礼、李良、吴卓、元翰、路复源、何楚章、唐思礼等。这些贵族或大臣墓葬的"封土多为圆锥形，封土前无殿宇，神道直抵其前，夹道有石柱、羊、虎、人和碑。这些墓地上部分多遭破坏，其茔城门、墙情况尚有待探查，但石人兽设在墙内则是可以肯定的。近年在陕西西安及其附近发掘的大量唐墓，都是在封土下建方形墓室，前接隧道和露天斜坡羡道通到地面，和隋代墓制相同。只是由于经济发展，墓室加大，多用砖衬砌，墓道加长而已。这些墓一般有一个墓室，用砖衬砌的四壁多向外凸，上部逐层内收聚拢，形成攒尖顶，墓室前方接一水平短甬道，甬道上装木或石制墓门。甬道前即斜行升至地面的通道，下段为隧道，上段为露天开挖的羡道。隧道上有数个竖井，通到地面。竖井现称之为'天井'，它的出现原是为了可以从多处同时开挖隧道，成为墓制一部分后，又被赋予一定的象征意义。已发现的唐代王和公主墓，凡以礼下葬的，多有前后两个墓室，中间连以短甬道，现称'后甬道'，而把墓室前一段平隧道称'前甬道'。自前甬道起，墓室用砖衬砌，是墓的主体。前面的土羡道和土隧道、天井在下葬后即回填夯实。墓内多绘有壁画，一般规律是在羡道（露天斜坡墓道）两侧画青龙白虎和仪仗队、墓主出行图等。隧道入口处前壁在门洞上方画楼阁和阙，初唐的李寿墓、韦贵妃墓门楼画为二层，懿德太子墓、韦泂墓门楼画为单层。表示是阴宅的入口。隧道被天井分割成若干段，现称各段为'过洞'。每一过洞的两侧壁都画壁柱、阑额，顶上画天花板，表示这部分是建筑内部。天井的四壁也画柱子和阑额，但在东西侧壁上又画棨戟和车乘等，表示天井部分是由前后进房屋和

---

① 陕西省考古研究所编著《唐李宪墓发掘报告》，科学出版社，2005，第260页。

东西回廊围成的庭院，画有戟或车的，则表示它后面的一个过洞仍是一重门。砖砌的前甬道设有门，甬道两侧也画壁柱、阑额，顶上画天花板，表现的是门屋和入门后的廊子。前后墓室内部也都画壁柱、阑额和斗栱，斗栱比前面所绘加大加繁，表现的是前堂后寝。除太宗韦贵妃昭陵陪葬墓之前室顶部画为庑殿形式外，大多数墓室顶不画藻井天花而画天象图及金乌等，是汉以来墓室的传统，和表现建筑无关。前后墓室间的后甬道上有门，两壁也画壁柱和阑额，但顶上不画天花而画云鹤，以云鹤来表示天空，显示这部分是由廊庑围成的庭院"。① 另外，墓葬壁画的建筑内容也是墓主等级的体现之一。个别王公墓葬之所，还会建造祠堂，据《旧唐书·李吉甫传》：元和七年（812），"京兆尹元义方奏：'永昌公主准礼令起祠堂，请其制度'。初贞元中，义阳、义章二公主咸于墓所造祠堂一百二十间，费钞数万；及永昌之制，上令（元）义方减旧制之半。（李）吉甫奏曰：'……臣以祠堂之设，礼典无文，德宗皇帝恩出一时，事因习俗，当时人间不无窃议。……今者，依义阳公主起祠堂，臣恐不如量置墓户，以充守奉'"。② 这说明从德宗时起，公主墓前曾建有祠堂，至宪宗元和七年（812）止，实行了20年左右。时间虽然较短，但似乎与民间祠堂风气相关。另据《旧唐书·德宗诸子传》载，德宗第五子肃王详四岁死，德宗"下令起坟墓，诏如西域法，议层砖造塔"，③为大臣谏止。建中四年（783）德宗出逃时，长女唐安公主死于城固，德宗命造一砖塔为墓。同书《安金藏传》说神龙初年安金藏葬母，"躬造石坟石塔"都是其例。④这些在王公贵族与大臣的墓葬中并不多见。

### 三 贵族大臣墓葬表

隋唐五代考古发掘中，发现了一些较为重要的王公贵族与大臣的墓葬。下面对其营建规格、墓室结构、壁画浮雕、随葬品、墓志墓碑等进行总结，附隋唐五代时期重要贵族大臣墓葬一览表，按时间顺序列出这一时期发现的较为重要的贵族、大臣墓葬，主要包括唐代章怀太子李贤墓、懿德太子李重润墓、节愍太子李重俊墓、永泰公主墓、惠庄太子李㧑墓、唐嗣虢王李邕墓、新城长公主墓等，以及五代时期王处直墓、冯晖墓等墓葬，并依照墓葬的位置、埋葬时间、墓室结构、出土遗物等分别列表。

---

① 傅熹年：《中国古代建筑史》第2卷，第452~455页。
② 刘昫等：《旧唐书》卷148《李吉甫传》，第3994页。
③ 刘昫等：《旧唐书》卷150《德宗顺宗诸子传》，第4044页。
④ 傅熹年：《中国古代建筑史》第2卷，第452~455页。

表4-8 隋唐五代部分王公墓葬一览

| 墓主 | 葬年 | 营建时间 | 葬地 | 建筑面积 | 原有遗迹 | 现存遗迹 | 建筑形式 | 墓葬形制 | 随葬器物 | 其他 |
|---|---|---|---|---|---|---|---|---|---|---|
| 唐代章怀太子李贤墓 | 神龙二年(706) | | 乾陵陪葬墓 | 整个墓地约合39亩。墓底部长宽各43米,顶部长宽各11米,高约18米。封土堆南约50米尚有残存佚一对土阙 | 墓周原有围墙,南北长180米,东西宽143米 | 墓茔石刻(石门、石椁)、壁画(五十多组,各使出行图、客使图、仪仗图和青龙图、马)两合 | 封土呈覆斗形,封土底边长43米,顶部边长11米,高约18米。底部堆系夯筑,夯经系至令可见 | 墓由墓道、过洞、天井、甬道、前室和后室组成,全长71米 | 600多件,绝大部分为陶器,陶立俑、伎乐俑、猪、犬、羊、牛等、三彩武士俑、三彩女立俑、文臣俑、镇墓兽(2件)、三彩牵马俑 | |
| 懿德太子李重润墓 | 神龙二年(706) | 未有文献记载 | 乾陵陪葬墓之一。乾县县城西北约3公里 | 整个陵园南北长256.5米,东西宽214米 | | 陵园四角有夯土堆各一,南面有石狮一对,石人两对,石华表一对。唐代方砖、瓦片和壁画残片 | 封土呈覆斗形,南北边长56.7米,东西边宽55米,高17.9米 | 墓全长100.8米,由墓道、六个过洞、七个天井、八个小龛、前甬道、前室、后甬道、后室等部分构成 | 出土各类文物1000余件。壁画(11片)、哀册(40幅)、俑类(三彩和陶俑,陶俑)、生活用具、铜、铁器 | |
| 节愍太子李重俊墓 | 景云元年(710) | | 陕西省富平县宫里乡南陵村刘家堡西北,定陵陪葬墓 | 陵园大体呈南北向长方形,东西宽143米,总面积24310平方米。四面围墙环绕,围墙断面呈"凸"字形,上部墙体宽2米,下部基础宽4米 | | 石狮、石人壁画、墓道、过洞、天井 | 墓为多天井双室砖墓。墓坐北向南,方向为正东西。全墓水平长度为54.25米,底径45米,高12.6米 | 墓为圆丘形,由露天斜坡墓道、三个天井、三个过洞、前后甬道和前后墓室几部分组成 | 石狮、石门,出土文物以各类陶俑为大宗,占总数的70%以上,其余还有陶瓷器、铜器、铁器、玉器等。三彩俑共15件,有三彩马、三彩骆驼、牵马俑、立俑、女侍俑等)、石灯一件、谥册与哀册(出土谥册和哀册103片,146字;哀册59片,212字;另外有12片不知出处) | |

·201·

续表

| 墓主 | 葬年 | 营建时间 | 葬地 | 建筑面积 | 原有遗迹 | 现存遗迹 | 建筑形式 | 墓葬形制 | 随葬物 | 其他 |
|---|---|---|---|---|---|---|---|---|---|---|
| 永泰公主李仙蕙墓 | 神龙二年（706） | | 乾陵陪葬墓，乾县北原 | 全墓南北水平距离87.6米。陵园平面呈矩形，陵园内城南北长363米，东西宽220米 | | 石刻（石狮、武侍、华表1对、翁仲2对、狮1对），三彩器、陶瓷器、灰陶器、壁画 | 封土呈覆斗形，四边各长56米，高14米 | 双墓室。分为墓道、甬道、前室、后室四部分。墓道后部分可细分为墓道口、过洞、天井、小龛等部分 | 俑（陶俑、三彩俑、木俑）、金器（8件）、铜器（鎏金马饰）、铁器（铜钱、30件）、玉器（11件）、锡器（10件） | |
| 惠庄太子李㧑墓 | 开元十二年（724） | | 桥陵陪葬墓，陕西省蒲城县坡头乡桥陵村东 | 陵园内城南北长144.5米，东西宽113.5米 | | 现存封土，石狮一对，城墙、角楼门阙基址 | 封土呈覆斗形。底边长32米，顶部边长4米，高7.5米 | 墓葬坐北朝南，由长斜坡墓道、三个过洞、三个天井、六个壁龛甬道、砖券穹窿顶墓室组成 | 哀册、陶俑、铜、瓷、玉石等重要文物1300余件 | |
| 让皇帝李宪惠陵 | 开元二十九年（741） | | 惠陵蒲城县西北4公里 | 陵园内城南北长252.5米，东西宽217.5米，外城各边长约1000米，内城垣呈长方形，南北约1000米，东西约800米 | 华表、石狮、朱雀各一对，石马五对，石翼马1对，石人十对，石狮。 | 华表1件（已残）长2.31米，残翼马1件（残缺） | 封土呈圆锥形，底座直径约30米，高14米 | | 陶俑、陶器、瓷器、铜器、银、玉、骨、铁器、琉璃料器 | |
| 唐嗣虢王李邕墓 | | | 陕西富平县杜村镇北村西北 | 平面为南北长、东西窄的矩形，遗址面积约377平方米 | | | 原封土为圆锥形，高度现已不明 | 墓葬坐北朝南，方向180°，全长47米，开口见于扰土层表0.5米之下，由斜坡墓道、过洞、天井、前甬道、前室、后甬道、后室8部分组成 | 石质（石门、石棺床、墓志）、陶（陶俑、陶塔式罐）、瓷（瓷盒）、铜质（铜饰片）、铁刀、自墓道南端口至墓后室，皆有壁画 | |

· 202 ·

第四章 墓葬形制

续表

| 墓主 | 葬年 | 营建时间 | 葬地 | 建筑面积 | 原有遗迹 | 现存遗迹 | 建筑形式 | 墓葬形制 | 随葬器物 | 其他 |
|---|---|---|---|---|---|---|---|---|---|---|
| 新城长公主墓 | 龙朔三年（663） | | 礼泉县烟霞乡东坪村北 | | 墓碑一通，石羊、华表、石虎、石人 | | 夯筑封土呈覆斗形，位于证坡顶处，南北长约40米，东西长约42米，封土南侧残高约1.5米 | 墓为长斜坡墓道单砖室墓，坐北朝南，方向193度。由斜坡墓道、过洞、天井、壁龛和甬道、墓室组成，现总长50.8米。墓道、过洞、天井、甬道、墓室四壁及甬道下部和墓室壁面均保存有较大面积的壁画 | 地面石刻现有墓碑、石人等，各种彩绘陶俑、瓷器和陶器，铜器、铁器、小件铜器、铅器，以及零星金箔、水晶、玉石、琉璃器和木器残饰残片等。 | |
| 王处直墓 | | | 河北省曲阳县西燕川村 | | | 封土南北长25~30米，东西宽约25米。十二生肖浮雕 | 整个墓室除后室顶部未绘壁画外，其余各个部位皆绘壁画，面积约100平方米。内容包括男女侍、山水、花鸟、云鹤等，浮雕（前室6件，后室2件） | 该墓坐北朝南，方向159°。由封土、墓道、墓门、甬道、墓室几部分组成，墓门至后室全长12.5米 | 瓷器、铜器、铁器及金银饰件、骨饰、玛瑙饰石器、钱币、墓志 | |

· 203 ·

续表

| 墓主 | 葬年 | 营建时间 | 葬地 | 建筑面积 | 原有遗迹 | 现存遗迹 | 建筑形式 | 墓葬形制 | 随葬器物 | 其他 |
|---|---|---|---|---|---|---|---|---|---|---|
| 冯晖墓 | | | 陕西彬县底店乡前家嘴村 | | | | | 该墓坐北向南,方向185度,由封土、墓道、甬道、墓室五部分组成。南北长44.2米,地平面距墓室底部8米,东西宽16.3米 | 陶器、瓷器、石器、带具、铁器、鎏金铜像、象牙钱币、墓志仿木的彩绘砖雕门楼技法成熟 | |

资料来源:陕西省博物馆、乾县文教局、乾县文物管理局唐墓发掘组:《唐章怀太子墓发掘简报》,《文物》1972年第7期;陕西省博物馆、乾县文教局、乾县文物管理局唐墓发掘组:《唐懿德太子墓发掘简报》,《文物》1972年第7期;陕西省考古研究院:《唐节愍太子墓发掘简报》,《考古与文物》2004年第4期;陕西省考古研究所、蒲城县文体广电局:《唐惠庄太子墓发掘简报》,《考古与文物》1999年第2期;陈安利:《唐十八陵》,中国青年出版社,2001;陕西省考古研究所:《唐永泰公主墓发掘简报》,《文物》1964年第1期;《唐李寿墓发掘报告》,科学出版社,2005;陕西省考古研究院:《唐嗣虢王李邕墓发掘简报》,《文物》2009年第7期;陕西历史博物馆:《唐嗣虢王李邕墓前遗址发掘简报》,《考古与文物》2012年第3期;《唐昭陵新城公主墓发掘简报》,《考古与文物》1997年第3期;河北省文物研究所、保定市文物管理处:《五代王处直墓》,文物出版社,1998;咸阳市文物考古研究所:《五代冯晖墓》,重庆出版社,2001。

# 第三节　平民与下级官员墓葬

隋唐五代时期，平民与下级官员的墓葬数量较多且彼此混葬。随着时间的推移，逐渐形成了具有一定面积的墓葬群。由于时间久远，这些墓葬封土、墓室结构、随葬品、葬具等或遭破坏，或被盗掘，加之缺乏墓志等识别，彼此之间往往难以区分，但与贵族大臣的墓葬相比，平民与下级官员墓葬仍然存在许多特点，因此在此一并论述。

## 一　墓葬概况

近年来，发掘清理了大量隋唐五代时期下层墓葬群。比如河南三门峡庙底沟唐墓群、宁夏吴忠西郊唐墓、河南偃师杏园唐墓、河南洛阳关林唐墓、宁夏固原隋唐墓、河北邯郸唐墓等。以下将近年来考古发掘的几个重要的平民与下级官员墓葬群做简单介绍。

1984～1993年，中国社会科学院考古研究所河南二队在河南偃师杏园村发掘69座唐墓，其中纪年墓37座，仅一座为砖室墓，余均为土洞墓。墓葬的埋葬方向均为坐北朝南，墓道位于墓室南部，无一例外。69座唐墓中，共发现纪年墓37座，占唐墓总数的52%。出土纪年文字砖、石墓志共46方，其中石墓志41方，占全部墓志的89%。"从出土墓志记述中可以看出，这批纪年墓的墓主人官品均不甚高，相当于中级官吏的墓主人有延州刺史宋祯、镮辕府折冲都尉李全礼、贺州刺史李郜等。参照《旧唐书·职官志》、《唐六典》等文献记载，可知他们的官品约为四品、五品。下级官吏墓稍多，有殿中侍御史李郁、宁州录事参军李嗣本、蒲州猗氏县令李景由、密县县令宋思真、寿春霍邱县令郑琇、舒州怀宁县令崔防、祁县县丞李士华、偃师县主簿韦河、庐州录事参军李存等，对照《旧唐书·职官志》、《唐六典》等，他们的官品在六至九品。此外，还发现多座官吏的家室墓葬。"① 杏园唐墓主要埋葬中下级官员及其家族成员。

2003年，吴忠西郊唐墓共清理发掘120座，除3座破坏严重、形制难以分辨外，其余117座虽然墓室中、上部被毁，但平面形制大多保存较完整。这117座墓的共同特征为："均为砖室墓，南北向，除竖穴墓外，均有短斜坡墓道，大多数有短甬道，墓

---

① 中国社会科学院考古研究所编著《偃师杏园唐墓》，第3～4页。

室内砌棺床或挖掘棺床。"① 吴忠西郊挖掘整理的唐墓，"以小型墓为主，无纪年墓；均被盗，随葬品单一，流行一墓多葬，即利用同一墓穴多次葬人"。② 这批墓葬大多是西北地区的平民墓葬。

2002年5月至2003年10月，三门峡市庙底沟遗址共发掘清理101座唐墓。③ 根据墓葬的规模、葬具和随葬品等推测，该墓地应是埋葬平民为主的公共墓地。

2003年至2004年，宁夏文物考古研究所在固原市原州区南塬一带共勘探墓葬49座，其中发掘墓葬43座，④ 主要为隋唐墓葬。其中40座隋唐墓葬中，发现6具白种人遗骸。固原南塬这批隋唐墓葬，"土洞单室墓占发掘墓葬的绝对多数，有38座，规格大都较小。这类墓葬形制的等级，其墓主人身份主要为四品至九品以下的中低级官吏和无品的庶人。……隋唐墓的墓室面积的通用尺寸，一般认为，大致三品以上官员墓室的长、宽为4～5米；五品以上官员墓室的长、宽为3～4米；九品以上官员墓室的长、宽为2.5～3米；墓室长在2.5米以下通常为庶人使用的墓形。以此标准衡量，该墓地的土洞单室墓主要是庶人墓葬，两座砖砌单室墓的墓主等级可能在五品以上"。⑤ 这些墓葬体现了唐代下级官员的墓葬情况。

2013年，河北鸡泽县城东北4公里、魏青村东南130米处发现了唐代墓群，此次共挖掘清理出墓葬64座，其中出土文物为431件（套），所清理墓葬均属于小型墓，墓葬排列有序，墓向一致，形制多样，有的具有明确纪年。部分墓葬有青瓷瓶、白瓷碗、三彩盂、三彩盒和香炉等随葬品。

2014年1月，河南巩义发掘发现的一处墓葬群，共发掘唐墓30座，出土文物100多件（套）。出土文物包括方形瑞兽葡萄镜、安史之乱时期史思明发行的"顺天元宝"铜钱、白瓷枕、白瓷罐、白瓷碗以及镇墓兽、天王俑、侍女俑、动物俑等。以上是近年来，平民与下级官员墓葬发掘的一些情况。

## 二 墓葬形制

隋唐五代时期，下层墓葬的形制从营造方式与构筑材料上可以分为土洞墓室与砖室墓。按照墓道分作斜坡式、竖井式或竖井斜坡式三种。按照墓室的平面可分为刀铲

---

① 宁夏文物考古研究所、吴忠市文物管理所编著《吴忠西郊唐墓》，文物出版社，2006，第291页。
② 宁夏文物考古研究所、吴忠市文物管理所编著《吴忠西郊唐墓》，第305页。
③ 河南省文物考古研究所编著《三门峡庙底沟宋墓葬》，大象出版社，2006。
④ 宁夏文物考古研究所编著《固原南塬汉唐墓地》，文物出版社，2009，第4页。
⑤ 宁夏文物考古研究所编著《固原南塬汉唐墓地》，第122～124页。

形、T形、刀形等。

其一，土洞墓室与砖室墓在不同的墓葬群中的比例并不相同。例如固原市原州区南塬隋唐墓，土洞单室墓占发掘墓葬的绝对多数，有38座，规格大都较小。墓室大多为拱形顶，少数穹隆顶。砖室墓只有两座。①京津唐地区发现的隋唐墓葬共计141座，多数为唐墓。其中平民墓占据了重要部分。"从质地上看，以砖墓为主，占总数的近90%，此外还有土坑墓、土洞墓等。"②2002年11月至2004年1月，洛阳市文物工作队发掘出唐代墓葬共计61座。这61座唐墓包括竖穴土坑墓和土洞墓二种形制，其中竖穴土坑墓5座，其余56座均为土洞墓。③吴忠西郊117座唐墓均为砖室墓。④1996年至1999年间，邯郸市文物保护研究所先后探明并发掘清理了四批计23座唐代小型墓葬。"23座墓全部为砖室结构，坐北朝南，墓壁以单砖错缝平砌和三横一丁砌法为主，墓砖一面饰绳纹，部分小墓以半截砖和石块砌筑；墓顶形式不一，个别以石板封顶；无棺椁等葬具。"⑤因此土洞墓与砖室墓在不同墓地比例也存在差异。

其二，墓室平面形制类型较多，其中刀型墓为主。虽然对于墓室平面有着不同的分类方法，但同一墓葬群中出现多种墓室平面形制，也表明平民墓葬结构的多样性。例如固原市原州区南塬隋唐墓，墓葬平面形制有铲形、T形、刀形三种。"铲形墓7座。全墓平面似铲形，即墓室似铲头，墓道（含甬道）似铲把。浅竖井斜坡墓道，无天井。依墓室平面形状特点分两式。T形墓，仅2座。该型的墓室与墓道构成T形，墓室为横长方形，东西长、南北较窄。浅竖井斜坡墓道，处墓室南壁偏东部或偏西侧，无天井。墓向偏东，大体南北向；墓总长5米余；墓室面积2平方米左右，墓门前有土坯封门。刀形墓29座。全墓平面形制如刀形，墓室似为刀身，墓道、甬道似为刀柄。这类墓的墓向基本是南北向，墓室处北，墓道在南。墓室多呈梯形，南北向长，北端较窄，南面较宽。墓道主要为斜坡式。洞室墓的广泛使用是该墓地的主要特征。土洞单室墓葬的平面形制以刀形墓为多，铲形墓次之，T形墓最少。刀形墓、铲形墓自初唐至晚唐都有，而斜坡墓道、无龛的中小型刀形、铲形单室土洞墓依刊布的一些中原一带的唐墓发掘材料，一般主要还是盛行于初唐、盛唐时期。直背刀形墓流行于中唐以后，折背刀形墓约在武宗会昌前后出现并逐渐流行。晚唐时出现了阶梯式

---

① 宁夏文物考古研究所编著《固原南塬汉唐墓地》，第122～123页。
② 王乐：《试论京津唐地区隋唐墓葬》，《中原文物》2005年第6期。
③ 宁夏文物考古研究所编著《固原南塬汉唐墓地》，第4页。
④ 宁夏文物考古研究所、吴忠市文物管理所编著《吴忠西郊唐墓》，第291页。
⑤ 邯郸市文物保护研究所：《邯郸城区唐代墓群发掘简报》，《文物春秋》2004年第6期。

墓。"① 京津唐地区发现的 141 座隋唐墓葬，墓室平面形状可分为方形及近方形墓、长方形墓、弧方形墓、圆形墓、棺形墓、舟形墓、马蹄形墓、六角形墓等多种样式。② 下层民众的墓葬平面形制多样，但多为刀形墓或者铲形墓。

### 三　墓葬特点

隋唐五代时期，下级官员与庶民墓葬数量众多，墓室结构形式不一，葬具较为简陋，随葬品繁杂，但类型多相似。

一是墓葬数量众多，墓地使用时间较长。近年来，发掘的这类墓地墓葬数量都较多，比如吴忠西郊发掘唐墓 120 座，河南三门峡庙底沟唐墓群多达 101 座、河南偃师杏园唐墓为 69 座、洛阳关林唐墓有 61 座等。京津唐地区发现的隋唐墓葬共计 141 座，③ 平民墓葬占据了重要部分。以上墓地使用时间也较长，杏园唐墓纪年墓 37 座，"埋葬年代最早的一座纪年墓为李守一墓，下葬于武则天长寿三年（公元 694 年）。埋葬年代最晚的一座为李杼墓，下葬于僖宗中和二年（公元 882 年）。另外的 32 座墓葬没有出土纪年资料，从墓葬形制及出土器物排比情况看，有两座墓可能稍早于武则天长寿三年，其余 30 座与纪年墓的埋葬时期大体相当。依据墓葬形制和随葬器物等方面的演变轨迹，特别是以 37 座纪年墓的排比资料为基础，杏园 69 座唐墓可分为四个时期，即初唐期、盛唐期、中唐期和晚唐期。初唐期包括唐代初年至高宗时期，年代范围约从 7 世纪前期至中晚期，共约 60 年。杏园墓地中发现 2 座年代大约相当于高宗时期的墓葬。盛唐期的年代范围从公元 7 世纪晚期至 8 世纪 40 年代，历经武则天、中宗、睿宗至玄宗开元年后期，共 50 余年。这一时期的墓葬共 22 座。中唐时期的年代范围从 8 世纪 40 年代后段至九世纪初，历经玄宗开元后期、天宝时期至代宗、德宗时期，大约六七十年，墓葬共 16 座。晚唐期从 9 世纪初至 10 世纪初，历经宪宗、穆宗到唐末僖宗，历经百年，墓葬共 29 座"。④ 吴忠西郊唐墓同样经历了较长的历史时期。根据墓葬形制和主要随葬品形制，可以将西郊墓葬分为二期。第一期是盛唐时期，墓室平面为方形、弧边方形和弧边倒梯形。第二期是中、晚唐时期，墓葬形制除延续第一期的形制外，墓葬中还出土 1 枚辽前期千秋万岁铜钱，以及出土陶壶明显明

---

① 宁夏文物考古研究所编著《固原南塬汉唐墓地》，第 122～123 页。
② 王乐：《试论京津唐地区隋唐墓葬》，《中原文物》2005 年第 6 期。
③ 王乐：《试论京津唐地区隋唐墓葬》，《中原文物》2005 年第 6 期。
④ 中国社会科学院考古研究所编著《偃师杏园唐墓》，第 3 页。

器化，且墓葬结构均为刀把形，说明第二期的下限可能到五代时期。①平民或者下级官员的墓葬地有些是家族墓葬或者公共墓地，因此墓地往往历经数代人。

二是墓葬群中的墓室形制存在差别。例如凤翔县翟家寺村发掘清理隋唐墓葬8座。根据墓道形制不同可分为两种类型：竖井墓道洞室墓和长斜坡墓道洞室墓。其中长斜坡墓道洞室墓，共6座，一般由墓道、封门、墓室三部分组成。二是竖井墓道洞室墓，共2座，由墓道、封门、墓室三部分组成。墓道均位于墓室南端。②邯郸市文物保护研究所发掘清理了四批计23座唐代小型墓葬。根据形制的不同，大体上可以分作三型：一类由近方形墓室和甬道、墓道三部分组成，室内有不规则形砖台，其中除3座为曲尺形外，另10座全部为倒"凹"字形。全部为夫妇合葬，共13座。二类由长条形墓室和墓道两部分组成。其中三座规模略大，砌筑稍讲究，另三座墓室低矮狭小，墓门、墓道仅具象征意义。除一座为夫妻合葬墓外，余均为单人葬。三类为长条形竖井式墓室，无封门和墓道。墓室狭小简陋，墓壁多自底部或上半部逐层内收，封顶有的平铺条砖或石板，有的用砖对顶成"人"字形，共4座，均为单人葬。③墓室、葬具的差异一方面与墓主的条件有关，另一方面由于墓地持续时间较长，不同时代的墓葬也有着不同的形制。

三是葬式多样，仰身直肢为主，葬具简单。吴忠唐墓能辨识清楚的葬式有仰身直肢、俯姿和卧姿三种。仰身直肢25例，俯姿3例，卧姿1例。说明吴忠西郊唐墓的葬式以仰身直肢为主，俯姿和卧姿较少。吴忠西郊唐墓未见棺木，但部分墓室中出土棺钉，这部分墓葬应有棺木等葬具。据统计，出土棺钉的墓有25座，占120座墓葬的20%稍多，未出土棺钉的墓占近80%，说明吴忠西郊唐墓未用棺木等葬具的墓占大多数。另外，有的棺钉上段锈结着横向朽木，下段锈结着竖向朽木。横向朽木较薄，未有超过4厘米者，由于横向朽木是棺板厚度的反映，说明当时的棺板较薄。④洛阳关林唐墓61座墓中有棺床的2座，残存有木棺痕迹的53座。木棺均已朽，木棺灰处大部分残留有锈蚀的铁棺钉、铁环。根据棺灰痕迹和铁棺钉位置判断，木棺为头宽足窄。棺木大部分直接置于墓室地上或棺床上，少数木棺底部四角垫有砖块。⑤可

---

① 宁夏文物考古研究所、吴忠市文物管理所编著《吴忠西郊唐墓》，第303、309页。
② 陕西省考古研究院、宝鸡先秦陵园博物馆、宝鸡市考古研究所凤翔县博物馆等：《凤翔翟家寺隋唐墓葬发掘简报》，《文博》2013年第1期。
③ 邯郸市文物保护研究所：《邯郸城区唐代墓群发掘简报》，《文物春秋》2004年第6期。
④ 宁夏文物考古研究所、吴忠市文物管理所编著《吴忠西郊唐墓》，第309页。
⑤ 洛阳市文物工作队：《洛阳关林镇唐墓发掘报告》，《考古学报》2008年第4期。

见棺木等葬具在不同的墓地中使用比例也不相同。

四是单人葬或合葬因地而异。宁夏吴忠西郊发掘的85座唐墓中,"合葬墓占59座,单人葬26座,说明合葬是吴忠西郊唐墓的主要习俗。59座合葬墓中,2人合葬39座,3人以上合葬20座"。① 但在洛阳关林唐代墓葬中,单人葬55座,双人葬1座,迁葬1座。双人葬为两人同用一棺,一具骨架保存完好,应为原葬;另一具骨架位于旁侧,已散乱且保存较差,从发掘出的现象推测该骨架应为二次葬,系迁移后与棺内另一骨架一起合葬。② 平民及下级官员墓葬中的单人葬或双人葬的情况,还需要深入分析。

五是随葬品种类繁杂,数量与墓葬规格相关。比如偃师杏园唐墓多数保存完整,未曾盗掘,"随葬器物的品类十分庞杂,约可分为十三类,计陶俑614件、陶器123件、三彩81件、瓷器136件、铜器213件(其中包括铜镜59面)、金银器46件、铁器71件、铅器4件、玉石骨角蚌器196件、象牙器1件、漆器24件、墓志46方、货币645枚"。③ 此次发掘清理随葬品达2200件,杏园唐墓的墓主多为中下层官员,因此墓葬规格稍高,数量较多。同样,凤翔翟家寺隋唐墓葬出土随葬品多置于墓室,但数量较少,包括塔式罐座、陶罐、陶双耳罐、陶灯、铜带钩等,其中多座墓室的墓主手臂处或者腿部位置置有铜钱1枚。其中出土随葬品较多的墓葬也不过14件,天王俑1件置于墓室东侧近口部,镇墓兽1件置于墓室中部近口部,陶俑8件置于墓室中部偏东,陶骆驼1件置于墓室中部,陶马2件置于墓室东侧,陶罐1件置于墓室中部偏北。④ 1996~1999年,邯郸市文物保护研究所发掘清理了四批计23座唐代小型墓葬。这些墓葬墓室简单,有部分随葬的陶器、漆器及日常生活用品,个别墓葬有墓志、铜器等。⑤ 吴忠西郊唐墓随葬品以陶器为主,其次有瓷器、铜镜、铜带饰、铜钱、铜合页、玉雕、铁剪、铁刀、骨梳、骨饰件、漆器等。其中漆器均残朽,仅存残迹。⑥ 总体来讲,随葬品数量较少,当然可能与盗掘有关。根据墓葬的大小,随葬品数量有明显不同。洛阳关林唐墓随葬品超过30件的墓葬有3座,20至30件的有4座,10至20件的有7座,10件以下的有34座,无随葬品的墓葬有13座。随葬品可分为俑

---

① 宁夏文物考古研究所、吴忠市文物管理所编著《吴忠西郊唐墓》,第309页。
② 洛阳市文物工作队:《洛阳关林镇唐墓发掘报告》,《考古学报》2008年第4期。
③ 中国社会科学院考古研究所编著《偃师杏园唐墓》,第4~5页。
④ 陕西省考古研究院、宝鸡先秦陵园博物馆、宝鸡市考古研究所、凤翔县博物馆等:《凤翔翟家寺隋唐墓葬发掘简报》,《文博》2013年第1期。
⑤ 邯郸市文物保护研究所:《邯郸城区唐代墓群发掘简报》,《文物春秋》2004年第6期。
⑥ 宁夏文物考古研究所、吴忠市文物管理所编著《吴忠西郊唐墓》,第296页。

类、陶瓷器（含厨房明器）、日常生活用品等。随葬品中的镇墓兽、武士俑、天王俑均放置在墓门口或墓室内正对墓门处，其他俑类较集中放置在木棺外侧或其近旁。棺木为南北向放置的墓葬，俑类集中放置在墓室东部；棺木为东西向横置的墓葬，俑类集中放置在棺木的南部靠近墓门处。各种俑类放置较杂乱无明显规律。日常生活用品一般都放置在棺木内，如铜、银钗，铜、铁镜，铁剪放置在头部，饰品等放置在骨架上或其两侧。陶、瓷罐大都放置在墓室内四角。墓志放置在墓门内中部。[1]可见，各类随葬品的种类繁多。

图4-15　唐塔式铜盒
洛阳博物馆藏。

隋唐五代的平民与下级官员墓葬已经发现多处，与王公墓葬相比，墓葬总体而言表现出以下特点。一是数量较多，但墓葬结构、葬具随葬品等差异明显。部分墓葬墓道、墓室、封土、墓志、随葬品、棺椁等齐全，但多数墓葬结构较为简陋，一般仅有墓道和墓室，部分甚至仅为土坑墓、土洞墓。二是随葬品的数量往往与墓葬规格有关，应是受墓主生前地位以及财产的影响。三是平民与下级官员墓葬多葬于公共墓地，下级官员与平民墓葬混葬，因年代久远缺乏墓志等标识，彼此之间难以区分。四是不同地区的墓葬形制存在差异，但这需辩证分析，因为下层墓葬数量众多，某个地区或者某个时期发掘的墓葬并不能代表隋唐五代平民墓葬的整体特点。

---

[1] 洛阳市文物工作队：《洛阳关林镇唐墓发掘报告》，《考古学报》2008年第4期。

# 第五章
# 葬具与随葬品

隋唐五代时期出现了生产、销售丧事用品并提供丧事服务的专门机构——凶肆。在隋唐五代墓葬考古中也发现了大量的随葬品，包括镇墓神物、镇墓券、陶俑、唐三彩瓷器、金属器等。

## 第一节　凶肆

隋唐五代时期，虽然统治者提倡薄葬，但厚葬观念在社会上比较流行。墓葬中，都或多或少陪葬一些物品，即使是平民墓葬，亦不例外。加之隋唐五代时期的丧葬程序与仪式较多，因此出现了专门从事丧葬服务的行业。比如纸钱的造办中就有专门的凿钱人。

此外，许多工匠亦以雕刻墓碑等为生。一部分工匠甚至将自己的姓名刻于墓碑等石刻之末。以便对石刻的质量负责，这一点也是延续了先秦以来的旧有传统。《礼记·月令》记载，"孟冬之月……是月也，命工师效功，陈祭器……必功致为上，物勒工名，以考其诚。功有不当，必行其罪，以穷其情"。

高超的刻工凭借精湛技艺可以获得丰厚的报酬。《唐嵩岳会善寺救戒坛院临坛大律德塔铭》载："门人惟峰、遍澄等……遂乃召以良匠，罄以衣资，卜于名山，崇兹塔庙。"《刘府君（明德）墓志铭》也载："次子进晨，咸有怀橘之孝……大价召于良工，葬土殷丰，重遗酬于招匠。"可见，丧主多选择良匠为逝者营造塔铭、雕刻墓志。

以墓志制作为例，一般而言，其涉及墓志撰写、墓志誊写、题额、雕刻等一系列程序。因此，墓志撰者、书人、题额者、刻工在墓志制作过程中互相配合，逐渐形成固定的团队以及稳定的技术分工。① 例如咸通八年（867）萧弘愈墓志记："处士京兆杜逢篆。朝议郎守檀州司马何遂撰。朝议郎行左春坊宫门丞牛季环书。玉册官陈从谏刻。"② 墓志制作分工明确。

当然，刻工技术比较好的人，也可以为官府征用。按《唐故孙府君墓志铭并序》载："公乐安公之后也。祖讳进，父讳济。公讳继和，蕴乎聪敏，善勒碑铭，内侍省使钦其妙能，遂乃上闻，授本司局。"③ 孙继和因为雕刻技术精湛，被征召供职内侍省，负责雕刻内廷下层人士逝后的碑铭。孙继和父亲孙济，其名字也出现在当地的墓志铭之中，表明雕刻工艺基本上是父子相传。石匠周胡儿亦与之类似。"君讳胡儿，字胡儿，京兆鄠县人也。祖兴，父世昌，君即世昌府君之子也。且列土分堰，四人名业；躬亲筴刊，力以代耕；雕镂悦身，工巧自乐。室如悬磬，王事相仍，供职不堪，流君洛邑。"④ 可见，周胡儿的四个儿子都继承父业，以雕刻为生。由于官府报酬低下，不能养家，只好迁徙洛阳。至洛阳后，他们缺乏其他谋生技艺，仍继续以刻工为业。

隋唐五代时期，在人口集中的地方，丧葬的社会化程度比较高，出现了各种丧事用品的造办。《唐会要》卷三八《葬》记载："会昌元年十一月，御史台奏……伏乞圣恩，宣下京兆府，令准此条流，宣示一切供作行人，散榜城市，及诸城门，令知所守。如有违犯，先罪供造行人贾售之罪。庶其明器，并用瓦木，永无僭差。"⑤ 根据不同官位的等级，规定丧葬用品的数量与规格。这个规定一方面是针对当时社会上流行厚葬以及僭越之葬的限制，另一方面也是从源头上打击生产、出售丧葬用品者的违律行为。其中文中所提及的"供作行人"就是专门从事丧事用品生产者。

会昌六年（846）又重申了该规定："以前刑部尚书兼京兆尹郑元修，详定品官葬给，素有章程。岁月滋深，名数差异，使人知禁，须重发明制，庶可经久。伏以丧葬条件，明示所司，如五作及工匠之徒，捉搦之后，自合准前后敕文科绳，所司不得更之。丧孝之家，妄有捉搦，只坐工人，亦不得句留，令过时日。"⑥ 这里的

---

① 刘儒：《唐代墓志刻工三题》，《中南大学学报》（社会科学版）2013年第4期。
② 周绍良、赵超编《唐代墓志汇编续集》，第1067~1068页。
③ 王连龙：《唐代刻工孙继和墓志》，《文献》2011年第3期。
④ 赵振华：《唐代石工墓志和石匠生涯——以石工周胡儿、孙继和墓志为中心》，《唐史论丛》2012年第1期。
⑤ 王溥：《唐会要》卷38《服纪下·葬》，第697页。
⑥ 王溥：《唐会要》卷38《服纪下·葬》，第699页。

"工匠之徒"应该是从事丧事用品生产的匠人,而"工人"的身份也表明其人具有生产丧事用品的手艺。

从以上可知,在隋唐五代时期,丧事用品生产的社会化程度已经很高。由于丧事用品种类颇多,单独购买颇为不便,因此隋唐五代时期出现了生产销售丧事用品并提供丧事服务的专门机构——凶肆。

棺材是凶肆中不可缺少的丧事用品。《玉泉子》记载一则趣闻:"苗甝以进士及第,困居洛中有年矣,不堪其穷……初,甝尝自外游归,途遇疾甚,不堪登降。忽见舁棺而过者,以其价贱,即僦之,寝息其中。既至洛东门,舁者不知其中有人。"苗甝外出游玩,途中生病,躺在棺材中被拉回洛阳城内。被运棺材似是运到洛阳城供出售的。《清异录》卷下《布漆山》中记载五代时期:"天成、开运以来,俗尚巨棺,有停之中寝,人立两边不相见者,凶肆号:'布漆山'。"① 此外,凶肆中也有出售方相等物,《太平广记》卷二六〇《姓房人》中载:"唐有姓房人,好矜门地,但有姓房为官,必认云亲属。知识疾其如此,乃谓之曰:'丰邑公相(丰邑坊在上都是凶肆,出方相也)是君何亲?'曰:'是姓某乙再从伯父。'人大笑曰:'君既是方相侄儿,只堪吓鬼。'"② 这两个例子表明,凶肆在当时专门提供丧葬用品。

关于凶肆的经营活动,唐代传奇小说《李娃传》中有比较详细的描述。荥阳公的儿子病重之后,旅店店主怕他一病不起,于是"徙之于凶肆之中"。凶肆中的人对他的遭遇很同情,对他精心照料,他的病情逐渐好转。从此,"凶肆日假之令执穗帷,获其直以自给"。每天让他做丧服和灵帐,挣钱养活自己。病愈后,他每次听到挽歌,就感叹自己不如死去的人,内心十分悲伤。他开始学唱挽歌,很快掌握了挽歌的歌唱技巧,长安地区无人出其右。起初,这一带办丧事的两家店铺,为争夺生意展开激烈竞争。"其东肆车舆皆奇丽,殆不敌,唯哀挽劣焉。"东面店铺主人知道公子挽歌唱得好,"乃醵钱二万索顾焉。其党耆旧,公较其所能者,阴教新声,而相赞和。累旬,人莫知之"。不久,东西两个店铺的主人打赌:"我欲各阅所佣之器于天门街,以较优劣,不胜者,罚直五万,以备酒馔之用,可乎?"双方答应。"乃邀立符契,署以保证,然后阅之。"从中可以看到,凶肆有专门生产丧事用品的人,也提供丧事活动的车舆,还培训并提供在丧事活动中唱挽歌的人。凶肆行业的竞争也是非常激烈。

唐后期到五代,凶肆除了提供丧事服务之外,还要监督丧事是否符合朝廷规定。

---

① 陶谷:《清异录》卷下《布漆山》,上海古籍出版社,2012。
② 李昉:《太平广记》卷260《姓房人》,第305页。

后唐长兴二年（931）的《请申定官民丧葬仪制奏》："今台司准敕，追到两市葬作行人白望李温等四十七人，责得状称：一件，于梁开平年中，应京城海例不以高例，及庶人使锦绣车舆，并是行人自将状于台巡判押。一件至同光三年中，有敕著断锦绣使常式素车舆。其舆稍有力百姓之家，十二人至八人，魂车虚丧车小舆子不定人数；或是贫下，四人至两……今台司按葬作行人李温等通到状，并于令内及天成四年六月敕内详稳便丧置定制……以上每有丧葬，行人具所供行李单状，申知台巡，不使别给判状。如所供赁不依状内，及逾制度，仍委两巡御史勒驱使官与金吾司并门司所由，同加觉察。如有违犯，追勘行人。请依天成二年六月三十日敕文，行人徒二年，丧葬之家即不问罪者。"①李温等四十七人被有关部门追责，是因为他们在提供丧事用品之中有僭越行为，所以有司进行重新规定，要求凶肆的经营者，每次有人在其凶肆购买丧事用品或要求其提供丧事服务，都要报告。如果丧家丧事用品超过等级规定，管理部门将依法查处。如果瞒报，凶肆主人要判两年徒刑，但丧葬之家不问罪。可见，到了五代时期，凶肆在监督丧事活动中负有很重要的责任，朝廷将僭越丧事活动等级的源头控制在买卖上，而且卖方负有全责。

## 第二节　棺椁

棺椁是丧葬中的重要用品。在传统社会，棺椁的使用有明显的等级差别，不同等级的人使用棺椁的材质、棺材的长度与厚度、椁的数量各不相同。

隋唐五代时期，丧葬中棺椁等级色彩逐渐消退，目前考古发现棺椁的长度与官阶并不一致，②反映出等级色彩相对淡化。虽然唐代规定"其棺椁皆不得雕镂彩画、施户牖栏槛，棺内又不得有金宝珠玉"。③但墓葬中发现棺椁表面涂油漆以及彩绘的不少。对棺椁的大小，不同时代有不同的要求，五代时期流行巨大棺椁，其高度要超过一人身高。

隋唐五代时期，棺椁材质中松树和桐树占多数。史书记载："无品者，敛以松棺五钉，葬以辁车，给三人。"④另如："桐棺瓦器，朕所慕之，况在今晨，勿欺大

---

① 阙名：《请申定官民丧葬仪制奏》，《全唐文》卷971，第10076页。
② 程义：《关中唐代墓葬初步研究》，第78页。
③ 杜佑：《通典》卷85《礼四十五》，第2299页。
④ 欧阳修：《新唐书》卷47《百官志二》，第1223页。

图5-1　唐代石棺

夜。"① 由于松木还是比较昂贵，普通人的棺椁多采用楸松柏，楸尤受欢迎，如《四时纂要》二月"移楸"条中就说："堪为棺材，更胜松柏。"当然，即使是松棺和桐棺，也还是普通人的葬具。

棺椁除了木制之外，还有石制。隋朝可以使用石制棺椁，李穆在开皇六年（586）卒后，"赐以石椁、前后部羽葆鼓吹、辒辌车"。② 唐朝时期，明令不准使用石制棺椁："大唐制，诸葬不得以石为棺椁及石室。"③ 但在实际丧事活动中，不少皇族与权贵仍然使用石制棺椁。程义将唐代石制棺椁分为两种类型：一种是仿木棺椁形式；另外一种是仿宫殿式，又称房形棺椁。一般把唐代的棺椁形制分为两期，在唐中宗以前，石制棺椁形制不一，有棺形、歇山形、硬山形，但没有庑殿形，棺椁的形制与墓主身份一致；唐中宗至唐玄宗开元年间，为后期阶段，这阶段石制棺椁形制统一，均为庑殿顶。使用者身份差距较大，有陪陵改葬者、有事出特制者，也有得宠的宦官。不过，开元二十九年（741）之后，石制棺椁没有发现，反映出开元二十五年（737）的节葬令的确起到了效果。④

隋唐五代时期，还有一种棺椁，即装舍利的棺椁，这种棺椁虽然不是棺椁的主流，但也是按照现实中的棺椁形制打造的。三国时期，江南吴国就供奉佛祖舍利，隋唐时期，大规模供奉佛祖舍利出现。因此也就有了安置舍利的容器。隋朝到唐初，

---

① 李儇：《遗诏》，《全唐文》卷88，第920页。
② 魏徵：《隋书》卷37《李穆传》，第1119页。
③ 杜佑：《通典》卷85《礼四十五》，第2299页。
④ 程义：《关中地区唐代墓葬研究》，第99页。

图5-2　五代王建棺床侧刻24幅乐伎像

安放舍利的容器有多种形式，如陶罐、石函等。通常是石函内安置多重容器，由内至外是玻璃瓶、铜函、石函，舍利函造型是中国式盝顶盖方函。唐高宗时期迎法门寺佛骨舍利时，由皇后武则天首创以贵金属制作的微型中国式葬具棺、椁为容器，其定制大约中断于唐武宗会昌灭法时。此后唐宣宗复法至唐亡，除仍沿用金棺银椁外，更新兴以小新塔器为容器，常在多重宝函中最内置盛舍利的小型塔器。唐以后，随着佛教的世俗化，舍利容器的形貌也突破原有规制，呈现出多样化趋势。①总之，舍利棺椁也是棺椁的一种特殊形式。

此外，为了显示节俭，周太祖郭威临死之前，下诏："使以瓦棺、纸衣而敛。将葬，开棺示人，既葬，刻石以告后世，毋作下宫，毋置守陵妾。"瓦棺，实际上是陶棺，大型陶棺制作成本高，普通人家难以负担，但对帝王而言，还是比较节俭。至于是否真的用瓦棺而葬，不得而知；但周太祖墓前没有石雕，的确比较节俭。

## 第三节　随葬品

事死如生，是中国社会的丧葬传统。由于相信死者死后会进入另一个世界，这个世界与现实世界相似，因此，在丧葬过程中，会有大量的陪葬品，即所谓的明器。明器，是供死者灵魂在阴间使用的墓中随葬品，一般多为日常生活用品。明器一词出自《礼记·檀弓上》："之死而致死之，不仁而不可为也。之死而致生之，不知而不可为也。是故竹不成用，瓦不成味，木不成斫，琴瑟张而不平，竽笙备而不和，有钟磬而无簨虡。其曰明器，神明之也。"②明器是专为陪葬而制作的器具。

---

① 杨泓：《中国隋唐时期佛教舍利容器》，《中国历史文物》2004年第4期。
② 孙希旦：《礼记集解》，第216页。

## 一 明器制度与陪葬品

隋唐五代时期，明器制度更加成熟与完善。首先，在中央机构中，有专门负责明器的部门。《隋书·百官志》："尚书省……祠部统祠部、掌祠部医药，死丧赠赐等事。"①"将作监改大监、少监为大匠、少匠，丞加为从六品。统左右校及甄官署。"②"甄官署，又别领石窟丞。"③在隋朝，祠部和石窟丞两个部门负责丧葬之事，但是否负责明器生产，不得而知。到了唐五代，相关规定比较清楚，《旧唐书》卷四四《职官志三》记载："武器署……凡大祭祀大朝会及巡幸，则纳于武库，供其卤簿。若王公百官婚葬之礼，应给卤簿，亦供之。左校署……左校令掌供营构梓匠。凡宫室乐悬簨虡，兵仗器械，丧葬所须，皆供之。甄官署……甄官令掌供琢石陶土之事。凡石磬碑碣、石人兽马、碾硙砖瓦、瓶缶之器、丧葬明器，皆供之。"④《唐六典》卷二三《将作都水监》中明确地说："左校署……丧仪谓棺椁、明器之属。"⑤可见，明器由甄官署负责，但有时候武器署和左校署也会负责特定的明器供应。

隋唐五代时期已经比较明确规定丧葬所用的明器数量。《唐六典》卷二三《将作都水监》记载："甄官署……甄官令掌供琢石、陶土之事；丞为之贰。凡石作之类，有石磬、石人、石兽、石柱、碑碣、碾硙，出有方土，用有物宜。凡砖瓦之作，瓶缶之器，大小高下，各有程准。凡丧葬则供其明器之属，（别敕葬者供，余并私备）。三品以上九十事，五品以上六十事，九品以上四十事。当圹、当野、祖明、地轴、诞马、偶人。其高各一尺；其余音声队与僮仆之属，威仪、服玩，各视生之品秩所有，以瓦、木为之，其长率七寸。"⑥

不过，王公贵族经常违反这些规定。太极元年（712），左司郎中唐绍上疏说："臣闻王公已下，送终明器等物，具标甲令，品秩高下，各有节文……近者王公百官，竞为厚葬，偶人像马，雕饰如生，徒以眩耀路人，本不因心致礼。更相扇慕，破产倾资，风俗流行，遂下兼士庶。若无禁制，奢侈日增。望诸王公已下，送葬明器，皆依令式，并陈于墓所，不得衢路行。"⑦所以，唐朝多次申定丧葬所用明器的数量，《唐

---

① 魏徵：《隋书》卷27《百官志中》，第752～753页。
② 魏徵：《隋书》卷28《百官志下》，第799页。
③ 魏徵：《隋书》卷27《百官志中》，第757页。
④ 刘昫等：《旧唐书》卷44《职官志三》，第1880、1896页。
⑤ 李林甫等：《唐六典》卷23《将作都水监》，陈仲夫点校，第595页。
⑥ 李林甫等：《唐六典》卷23《将作都水监》，陈仲夫点校，第597页。
⑦ 刘昫等：《旧唐书》卷45《舆服志》，第1958页。

六典》卷三八《丧》中记载，开元二十九年（741）规定："三品以上明器，先是九十事，请减至七十事。五品以上，先是七十事，请减至四十事。九品以上，先是四十事，请减至二十事。庶人先无文，请限十五事。皆以素瓦为之。"①贞元六年（790）规定："流文武官及庶人丧葬。三品以上，明器九十事……五品以上，明器六十事……九品以上，明器四十事……以前明器，并用瓦木为之。"②会昌元年（841）御史台奏，请条流京城文武百官及庶人丧葬事："三品以上……明器并用木为之，不得过一百事……五品以上……明器不得过七十事……九品以上……明器不得过五十事。"③当然，这些明器的大小尺寸，也有严格的限制。

五代时期，继承了唐代的做法。《五代会要·丧葬上》记载，后唐天成元年（926）规定："凡明器等，三品已上，不得过九十事。五品已上，不得过六十事。九品已上，不得过四十事。当广地轴诞驰马及执役人，高不得过一尺……所用仍以木瓦为之，不得过七尺及别加画饰。"④

图5-3　唐代金银器

洛阳博物馆藏。

---

① 王溥：《唐会要》卷38《服纪下·葬》，第693页。
② 王溥：《唐会要》卷38《服纪下·葬》，第695页。
③ 王溥：《唐会要》卷38《服纪下·葬》，第697页。
④ 王溥：《五代会要·丧葬上》，中华书局，1985，第100页。

图5-4　唐代出土绞胎瓷盏
洛阳博物馆藏。

图5-5　唐代出土绞胎玉碗
洛阳博物馆藏。

明器是阴间所用生活物品，主要是陶或瓷等制成。除了陶器、瓷器之外，隋唐五代时期金银陪葬品也是比较多见的，虞世南遗言要求："明器所须，皆以瓦木，合于礼文，一不得用金银铜铁。使万代子孙，并皆遵奉，一通藏之宗庙，岂不美乎！"[①] 李勣遗言要求："又见人多埋金玉，亦不须尔。惟以布装露车，载我棺柩，棺中敛以常服，惟加朝服一副，死倘有知，望著此奉见先帝。明器惟作马五六匹，下帐用幔布为顶，白纱为裙，其中著十个木人，示依古礼刍灵之义，此外一物不用。"[②]《通典》卷四五《棺椁制》明确规定："棺内又不得有金宝珠玉。"[③]

在实际生活中，这种情况往往难以实现，社会上层尤其是皇族的墓葬，往往超过规定。永泰公主李仙蕙墓出土陪葬明器近1400件，懿德太子李重润墓出土器物约千件，章怀太子墓出土器物600余件。这些出土文物中，数量最多的明器为陶俑，永泰公主墓出土约700多件。[④] 至于一般有品位的官员，墓葬考古发现墓中的明器和唐朝明文规定的数量亦相距甚远。据葬于高宗麟德元年（664）官居二品的郑仁泰墓的发掘材料统计，墓中没有被盗的俑残留超过400件，此外还有大量的唐三彩。[⑤] 葬于总章元年（668）、官居三品的李爽墓，仅残存骑马俑，男俑以及女俑数量就超过了300

---

① 刘昫等：《旧唐书》卷72《虞世南传》，第2569页。
② 刘昫等：《旧唐书》卷67《李勣传》，第2489页。
③ 杜佑：《通典》卷85《礼四十五》，第2299页。
④ 廖彩梁：《乾陵稽古》，黄山书社，1986，第34～42页。
⑤ 陕西省博物馆礼泉县文教局唐墓发掘组等：《唐郑仁泰墓发掘简报》，《文物》1972年第7期。

图5-6 隋唐墓葬随葬品

河南博物院藏。

图5-7 军士俑

河南博物院藏。

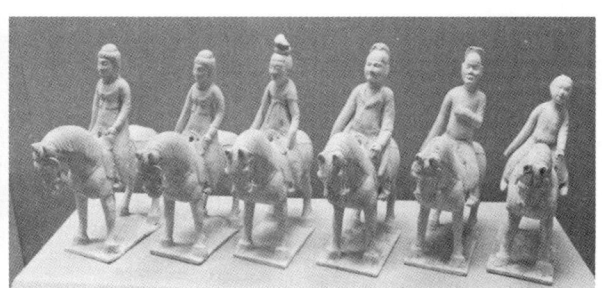

图5-8 仕女、宦官俑

河南博物院藏。

件,[①]都远远超过法律条文上所谓的"九十事"。

随葬品中,死者生前喜爱之物与日常用品比较常见。李世民生前喜欢王羲之等人的书法,所以其陵墓中随葬的书法作品比较多,"床上石函中为铁匣,悉藏前世图书,钟、王笔迹,纸墨如新,韬悉取之,遂传人间。"[②]周太祖郭威要求薄葬,但"又使葬

---

① 陕西省文物管理委员会:《西安羊头镇唐李爽墓的发掘》,《文物》1959年第3期。
② 欧阳修:《新五代史》卷40《温韬传》,第441页。

其平生所服衮冕、通天冠、绛纱袍各二，其一于京师，其一于澶州；又葬其剑、甲各二，其一于河中，其一于大名者"。① 郭威的随葬品，衣服都是平时所穿戴的；宝剑和盔甲符合其武将的身份，也是生前钟爱之物。普通老百姓的随葬品中，除了普通明器如碗罐之外，多随葬镰刀之类的生产工具。洛阳涧西区 40 座隋唐平民墓葬中，有 14 座墓葬出土农具镰刀。②

隋唐五代的陪葬品有强烈的时代特点，平民墓葬中的随葬品比魏晋南北朝要丰富。平民墓葬中或多或少都有明器，质量比较高，而魏晋南北朝时期明器较少而且质量比较低。魏晋南北朝时期很少陪葬农具，而隋唐五代墓中铁制农具比较丰富。③ 这反映出隋唐五代时期社会经济有了一定的发展。此外，隋唐五代时期明器处于过渡时期，这一时期的明器多是世俗生活用品，也有宗教性物品，如镇墓兽等。隋唐五代之前，明器主要是世俗生活用品；而隋唐五代后，明器多为宗教性用品。此外，隋唐五代时期明器还有其时代特征，安史之乱前，经济比较发达时期，明器比较多，陶马等高大；安史之乱后，经济衰退，墓葬中明器逐渐减少，随葬的陶器规格变小。

除此之外，隋唐五代时期宗教逐渐影响了民间的丧葬习俗，在墓葬考古中发现了大量与佛教、道教相关的随葬品。

## 二 宗教信仰与随葬品

墓葬中与佛教相关的随葬品主要有经咒、天王俑，墓侧立有经幢，个别贵族墓葬中有飞天、云中车马等壁画。墓葬中的道教葬品主要有镇墓石、买地券、十二生肖俑等，其中十二生肖俑在隋唐五代墓葬中较为常见。

### （一）经咒类陪葬品

佛教信徒认为在墓葬中陪葬经书，会给死者带来好报。姚崇临终遗言反映出社会上的这种风气："且五帝之时，父不葬子，兄不哭弟，言其致仁寿、无夭横也。三王之代，国祚延长，人用休息，其人臣则彭祖、老聃之类，皆享遐龄。当此之时，未有佛教，岂抄经铸像之力，设斋施佛之功耶……惑于凡僧，仍将喻品，用为实录，抄经写像，破业倾家，乃至施身亦无所吝，可谓大惑也。亦有缘亡人造像，名为追福，方便之教，虽则多端，功德须自发心，旁助宁应获报？递相欺诳，浸成风俗，损耗生人，

---

① 欧阳修：《新五代史》卷 40《李茂贞传》，第 442 页。
② 蒋若是：《一九五五年洛阳涧西区北朝及隋唐墓葬发掘报告》，《考古学报》1959 年第 2 期。
③ 蒋若是：《一九五五年洛阳涧西区北朝及隋唐墓葬发掘报告》，《考古学报》1959 年第 2 期。

无益亡者。假有通才达识,亦为时俗所拘。如来普慈,意存利物,损众生之不足,厚豪僧之有余,必不然矣。且死者是常,古来不免,所造经像,何所施为?"①但姚崇的批判没能阻止这一风气的盛行。

隋唐五代时期,社会上流行比较广的是《金刚经》、《仁王经》以及《心经》,这些经典文字不多,有利于传抄诵读。②然而墓葬中出土最多的是汉文或梵文的陀罗尼经咒,目前各地出土墓葬中发现陪葬此经书的墓葬有7个。③为什么社会上流行《金刚经》等三部佛经,而墓葬中却陪葬陀罗尼经咒呢?这与经文内容有关。

陀罗尼经咒在唐代就被翻译成汉文,即《佛说随求即得大自在陀罗尼神咒经》,这部佛经强调:"若有暂闻此陀罗尼者,彼诸善男子善女人,所有一切罪障悉得消灭。若能诵持者,当知是人即是金刚之身,火不能烧。"④即如果听别人讲过这本佛经,他的一切罪恶都会消除。如果诵读或者拥有这本经书,会成为金刚之身。但这本经书中最重要的信仰还在于,如果死者用此经典陪葬,他的一切罪恶也会消除,"得生于三十三天"。经书记载一个例子,有一僧人病后,"有一婆罗门优婆塞,闻其叫声即往诣彼病苾刍所,起大悲愍。即为书此随求大明王陀罗尼,系于颈下,苦恼皆息,便即命终生无间狱,其苾刍尸殡在塔中,其陀罗尼带于身上。因其苾刍才入地狱,诸受罪者所有苦痛,悉得停息,咸皆安乐,阿鼻地狱所有猛火,由此陀罗尼威德力故悉皆消灭。……其苾刍承此陀罗尼威力。罪障消灭得生三十三天。因号此天为先身随求天子。大梵当知此陀罗尼有大威力。汝当受持书写读诵依法佩带,常得远离一切苦恼一切恶趣,不被电雹伤害云何得知"。由于死者陪葬这本经书有利于消除生前罪恶,因此在隋唐五代,墓葬中多发现此经书。

受到经文的影响,出土的陀

图5-9 五代雕版印刷经卷
洛阳博物馆藏。

---

① 刘昫等:《旧唐书》卷96《姚崇传》,第3028页。
② 徐连达:《唐代文化史》,复旦大学出版社,2003,第380~381页。
③ 霍巍:《唐宋墓葬出土的陀罗尼经咒及其民间信仰》,《考古》2011年第5期。
④ 宝思惟译《佛说随求即得大自在陀罗尼神咒经》,《大正新修大藏经》第20册,第637页。

罗尼经咒一般置于死者颈部或臂部，或所附的银盒、铜盒当中，个别情况是附于死者的颚托中。这与经文中的典故所描述的相似。出土的陀罗尼经咒有手写本，也有雕版印刷本。有个人奉养，也有寺院施舍，甚至有商人专门雕版印刷之后出售。

### （二）经幢

经幢是周身刻有经文的石柱，通常是八角形，也有六角形和四角形，偶尔也见圆柱形。经幢在唐代佛教徒中最先使用，其后道教徒也有自己的经幢。不过，目前保存最多的是佛教经幢。佛教经幢一般以刻《佛顶尊胜陀罗尼经》最多，所以又称陀罗尼经幢，或称为尊胜幢。经幢一般立在寺庙与墓侧居多，也有立放入墓中的。

图5-10　唐代石幢经文
洛阳博物馆藏。

经幢出现，一方面是因为隋唐五代以来地狱思想的流行，使人们对死后进入地狱比较恐惧。隋唐五代以来，三阶教、净土宗在教义上都宣传地狱的恐怖，经幢可以免除地狱之苦。晚唐之后，十王信仰的流行，加重了人们对死亡者的救赎心理，经幢在寺庙中也大量出现。[①]

《佛顶尊胜陀罗尼经》强调了破地狱的功能，是尊胜经幢出现在丧葬中的主要原因。《佛顶尊胜陀罗尼经》强调："佛告天帝，若人能书写此陀罗尼，安高幢上，或安高山或安楼上，乃至安置窣堵波中……于幢等上或见或与相近，其影映身，或风吹陀罗尼，上幢等上尘落在身上。天帝彼诸众生所有罪业，应堕恶道地狱畜生阎罗王界饿鬼界阿修罗身恶道之苦，皆悉不受亦不为罪垢染污。"[②]即人们见到或者书写陀罗尼经，或者把这些佛经放在高竿、高山、高楼乃至于墓中，只要经幢的影子映在身上，或者经幢上的尘埃飘到人身上，就会消除所有罪业，不堕入地狱，免受各种折磨。

为了使死者可以随时受到经幢尘埃或影子的保佑，唐中期时，有人在墓侧立经幢。比如《唐观心寺禅律故尼大德坟前尊胜石幢记》中说："罗尊胜，诸佛秘门。破诸地狱，能离垢尘。建资幢赞，用济幽魂。巍巍不朽，万古千春。"明确说到经幢对于破诸地狱的功能。

---

① 刘淑芬：《灭罪与度亡：佛顶尊胜陀罗尼经幢之研究》，上海古籍出版社，2007，第163~168页。
② 佛陀波利译《佛顶尊胜陀罗尼经》，《大正新修大藏经》第19册，第351页。

## （三）壁画与陶俑中的佛教文化

隋唐五代墓葬中反映佛教的壁画并不多见，出行图等反映日常生活的壁画则较多，仕女、游玩、乐舞是常见的题材，体现了事死如生的丧葬观念。壁画反映了世俗生活的方方面面，宗教观念比较淡薄。①只有李寿墓、长乐公主墓和李宪墓等个别墓葬壁画中绘有飞天、云中车马等直接与升仙和佛教极乐世界有关的图像。②佛教宣扬的西方净土极乐世界，没有痛苦，只有极度欢乐。敦煌壁画《西方净土变》就是根据《阿弥陀经》绘制的，反映出佛家信徒在极乐世界中观赏歌舞乐队的表演。在唐代墓中，有不少乐舞图像的壁画，关中地区唐墓中有壁画的有100多座，乐舞壁画有22座，占到五分之一。比如韦贵妃墓、燕妃墓、李勣墓、剡国大公主墓、苏思勖墓等。墓室中出现乐舞图，是佛教信仰中极乐世界的一种体现。③前蜀永陵石棺床中有二十四伎乐石刻，表明佛教因素在五代时期壁画和雕刻中也有体现。④

隋唐五代墓葬陪葬品中，天王俑比较常见。天王是佛教中的护法神，天王分别是东方天王持国天、西方天王广目天、南方天王增长天、北方天王多闻天。佛教信仰中，四大天王占有极其重要的地位，他们护法护世，使世界远离灾难，众生安居乐业。

南北朝的石窟中便出现了天王图像及造像。用于陪葬的镇墓俑在北朝与隋朝也已出现，不过北朝及隋代通常是身穿裲裆或披挂甲胄、拄剑按盾、身体直立，面貌如常人，是完全写实的武士形象，通常称之为"武士俑"。唐朝时期，随着佛教经典的翻译，天王形象在中国逐渐固定。唐不空和尚翻译出《北方毗沙门天王随军护法真言》，对天王的形象进行了刻画："七宝庄严衣甲，左手执戟槊，右手托腰上，其神脚下作二夜叉鬼，身并作黑色。其毗沙门面，作甚可畏形恶眼视一切鬼神势。"⑤在唐朝初年，天王形象已经是"双目圆睁，神情狰狞，孔武有力；铠甲的肩部出现兽首含臂，身体扭曲，一手置腰间，一手高举，不再执兵器；一脚抬起，双脚踩踏夜叉"。⑥

由于天王可以驱鬼，唐高宗时期，墓葬之中开始出现天王俑。其身份也不再局限为佛教的护法神，而成为墓主的保护神，使墓主免受地下妖魔鬼怪的威胁，保护墓主在地下世界的安宁。唐中期之后，天王俑在墓葬中出现的频率比较多，特别是关中与

---

① 王世平：《唐代壁画的文化意义》，载陕西博物馆编《唐墓壁画国际学术研讨会论文集》，三秦出版社，2003。
② 李新明：《唐代壁画墓中的宇宙图像》，载陕西博物馆编《唐墓壁画国际学术研讨会论文集》，第133页。
③ 程旭、王霞：《论唐墓壁画中反映的宗教问题》，《兰州大学学报》（社会科学版）2013年第1期。
④ 迟乃鹏：《王建墓棺床石刻乐伎弄佛曲说探证》，《四川文物》1997年第3期。
⑤ 不空译《北方毗沙门天王随军护法真言》，《大正新修大藏经》第21册，第225页。
⑥ 张建林：《唐代丧葬习俗中佛教因素的考古学考察》，《唐代历史文化研究》，三秦出版社，2005，第243页。

中原地区的贵族墓葬中天王俑比较常见。

天王俑面部造型多有胡人相,"天王的面目多表现为鼓目、狮鼻、阔口、硕额、虬髯,其眉骨与颧骨皆高突,具有明显的中亚及西亚人种的特征"[①]。晚唐时期,天王俑帽檐外卷,衣饰简化,制作草率;身材比较短小、肥胖,并逐渐在墓葬中消失。

图5-11 唐三彩凤冠天王俑

洛阳博物馆藏。

天王俑出现在墓葬中始于唐高宗时期,安史之乱后,墓葬中逐渐减少。究其原因,一方面与社会动荡不安有关,另一方面与木俑与纸俑出现有关,特别是纸俑的出现,给墓葬明器带来了极大的冲击。纸俑是用纸扎束起来的人形明器,下葬时即放于墓前焚烧掉,表示死者已经能在地下享用。隋唐五代时期,纸明器越来越普遍,除了纸钱之外,方相氏也可以用纸做,而且越大越好;鬼神所用的碗、衣服、鞋子等也可以用纸做。用纸做明器,成本比较低廉。[②]晚唐五代时期,社会比较混乱,民生凋敝,这种廉价的丧葬方式,逐渐在社会上流行,制作成本高昂的天王俑逐渐在墓葬中消失。

---

① 杨洁:《唐代两京地区镇墓天王俑的造型观察》,《从中亚到长安》,上海大学出版社,2011,第218页。
② 陆锡兴:《古代的纸札》,《中国典籍与文化》2007年第4期。

### （四）葬具中的佛教文化色彩

在前蜀永陵和后蜀和陵中，其石棺床带有浓厚的佛教色彩，因为其样式是须弥座式、莲花纹的装饰，并有扶棺的力士。在同一时期的经幢、佛塔以及敦煌石窟中类似的图案比较常见。① 晋王李克用的棺床也为须弥座。

在隋唐五代墓葬中出土了不少灯具。"灯，又称灯明，是佛教六种供具之一，表示六波罗蜜中的智波罗蜜。佛经中多以灯明喻法、智慧，即以光明照破愚痴暗障之意。燃灯作为一种仪式，同涂香、散花、焚香、饮食一样，都是对佛的供养，是僧侣、信徒积累功德的重要方法。佛经中专有《佛说施灯功德经》一卷，讲述施灯供佛的诸多好处。"② 燃灯可以神光破暗，照无间幽冥。

世俗燃灯信仰，在墓葬也有体现。在五代墓葬中，常见出土具有照明功能的遗物。西安郊区隋吕思礼夫妻合葬墓中以及唐安菩墓中有烛台，饰有莲花十二瓣；巩义食品厂唐墓中出土有莲花灯，是典型的佛教用具。前蜀永陵与后蜀和陵均出土有石缸与灯台，福建刘华墓以及吴越地区的水邱氏墓、钱宽墓、康陵等都出土有孤魂台，安徽青阳南唐墓出土有瓷灯，福建晋江永春五代墓葬中出土有陶灯盏，江西周一娘墓中有青瓷下盏。这些墓葬中的灯具应该是佛教中供奉菩萨的六大法器之一的灯明。

山西长治唐墓舍利棺椁门前两侧有站立的侍女，扶风法门寺地宫中出土的舍利棺椁有脚踏莲花的菩萨，反映出墓葬主人的佛教信仰。

### （五）腰坑与镇墓石

腰坑是在墓葬棺材中部开挖的一道小坑，此位置多在死者腰部附近；坑内置放某种物品（比如殉葬物品、燃烧过的纸钱灰烬等），这是古代丧葬的一种形式。墓葬中有腰坑，在新石器时代石家河遗址中就已经出现，商周时期墓葬中普遍有腰坑，战国秦汉时期在不同地域还有遗存，东汉后一度消失。③ 唐代墓葬中，腰坑葬又出现，并一直延续到明代。

唐代出现腰坑的墓葬，比较早的是 1994 年在河南洛阳市北郊邙山南麓发掘的两座墓，墓葬中部凿有一个边长为 0.28 米、深 0.1 米的方坑，坑四角放有生肖俑，坑内有镇墓石。墓葬年代在唐玄宗时期。此外，唐代史思明墓葬也有深井，地点与腰坑相似。五代时期，墓葬中的腰坑也多有发现，但主要集中在东南地区，而且墓主都是社

---

① 沈仲常：《王建、孟知祥墓的棺床为佛座说试证》，《成都文物》1989 年第 4 期。
② 冀志刚：《燃灯与唐五代敦煌民众的佛教信仰》，《首都师范大学学报》（社会科学版）2003 年第 5 期。
③ 王志友：《东周秦汉时期墓葬中的腰坑浅议》，《秦文化论丛》第十辑，三秦出版社，2003，第 278 页。

图5-12　唐豆卢氏墓出土三彩女俑
洛阳博物馆藏。

图5-13　唐三彩镇墓兽
洛阳博物馆藏。

会地位比较高的人。腰坑并非只有一个，有时是多个。腰坑多在棺床上，以长方形为主，内一般无物品。福建永春五代墓比较特殊，有三个腰坑，腰坑内埋入了镇墓兽和跪拜俑。五代时期的腰坑葬，除了东南地区外，湖北与四川也有发现。①

唐末五代腰坑墓的腰坑内多不放置遗物，少数放置跪拜俑、神怪俑等，放置的物品基本可归属于镇墓类物品。腰坑与镇墓兽类物品在墓葬中共同出现，这表明此时期的腰坑葬不是先秦时期腰坑葬的简单重现，而是一种新的文化元素即道教因素在墓葬中出现，反映出了道教文化对葬礼的渗透。②腰坑在唐五代时期只在少数高级墓葬中出现，到宋元之后，腰坑比较普及。

唐朝时期，出土了诸多的镇墓石。其中规格比较高的有唐睿宗李旦墓中出土的一盒镇墓石，共16字，释文为"黄中总炁，统摄无穷，镇星吐辉，流炼神宫"。环绕着秘篆文，还有隶书小字，旋读，共161字，内容如下："中央黄天承元始符命告下中央九垒土府洞极神乡四维诸灵官，今有大唐睿宗大圣真皇帝李旦、昭成（下边）皇后窦氏灭度五仙，托灵玄阴，今于京兆府奉先县界安宫立室，庇形后土，明承正法，安慰抚恤，黄元

---

① 任林平：《唐宋墓葬"腰坑"浅议》，《中国文物报》2011年9月16日，第6版；崔世平、李海群：《唐五代墓葬中的腰坑略论》，《江汉考古》2011年第1期。
② 任林平：《唐宋墓葬"腰坑"浅议》，《中国文物报》2011年9月16日，第6版；崔世平、李海群：《唐五代墓葬中腰坑略论》，《江汉考古》2011年第1期。

哺饴（左侧），流注丰泉，练饰形骸，骨芳肜香，与神同元，亿劫长存，中岳嵩高，明开长夜九幽之府，□睿宗大圣真皇帝魂，沐浴冠带，迁上南宫，供给衣食，长在光明，魔无干犯，一切神灵侍卫安镇如元始明真旧典女青文。"① 武三思墓中也出土了一盒镇墓石，其文字为："南方三炁丹天承元始符命告下南方无极世界土府神乡诸灵官，大唐梁王灭度五仙，托质太阴，今陪顺陵，庇形后土，明承玉文，安慰抚恤，赤灵哺饴，三炁丹池，精光充溢，练饰形骸，骨芳肉香，亿劫不灰，南岳霍山，明开长夜九幽之府，升擢魂神，沐浴冠带，迁上南宫，供给衣食，长在光明，魔无干犯，一切神灵侍卫安镇悉如元始明置旧典女青文。"②

平民的墓中，比较有代表性的是河南偃师南蔡庄发掘的郑炅墓，其中有一盒镇墓石，文字为："其灵冥冥，以此为极，阳覆阴施，大道之侧，五精变化，安魂之德，子孙获吉，诸殃永息，急急如律令。"③ 此外，河南洛阳市北郊邙山南麓龙泉东沟唐墓中也有一盒镇墓石，其文字为："其灵冥冥，以此为拯，阳覆阴施，大道之侧，五精变化，安魂之德，子孙获吉，诸殃永息，急急如律令。"④

镇墓石的原型可以在东汉的墓葬中找到。⑤ 实际上，其应该是由东汉时期的镇墓文和解注文发展而来。东汉墓葬中，出土了一些刻在石、玉、铅或者是瓶、盆、罐上的文字。根据内容，学者将之分为买地券和镇墓文。最初将买地券与镇墓券分为两类者是罗振玉。他在《蒿里遗珍》中提出："以传世诸券考之，殆有二种：一为买之于人，如建初、建宁二券是也；一为买之于鬼神，则术家假托之词。"之所以会出现这种情况，主要与中国的祖先崇拜有关。

祖先崇拜以及"承负"信仰与祭祀密切相关。《论衡·祀义篇》中说："世信祭祀，以为祭祀者必有福，不祭祀者必有祸。是以病作卜祟，祟得修祀，祀毕意解，意解病已，执意以为祭祀之助，勉奉不绝。谓死人有知，鬼神饮食，犹相宾客，宾客悦喜，报主人恩矣。"⑥ 祭祀死去的祖先给后人带来好处，如果不祭祀，祖先的灵魂很快就消散，对生者不再回报。这也表明，即使祖先积累很大的功德，如果不祭祀死去的祖先，祖先也不会降福给生者。⑦

---

① 惠毅：《西安新发现大唐睿宗黄天真文镇墓刻石》，《西北大学学报》2008年第1期。
② 李子春：《唐武三思之镇墓石》，《人文杂志》1958年第2期。
③ 偃师商城博物馆：《河南偃师唐墓发掘报告》，《华夏考古》1995年第1期。
④ 洛阳市文物工作队：《洛阳市北郊唐代墓葬的发掘》，《华夏考古》1996年第1期。
⑤ 刘卫鹏：《五石镇墓说》，《文博》2001年第3期。
⑥ 王充：《论衡校释》，黄晖校，中华书局，1990，第1047页。
⑦ 李文涛：《中古黄河中下游环境、经济与社会变动》，河南大学出版社，2012，第143页。

东汉时期，人们认为非正常死亡的人会变成厉鬼，或者不利于后人。在这种情况之下，产生了镇墓之术，非正常死亡人的墓葬中都会出现这种方术。这种思想随着道教的流行而逐渐扩展。偃师和洛阳墓葬中使用镇墓石的主人，是否非正常死亡不得而知，考虑到是女性，因为生产而死亡在传统时代比较多，从"诸殃永息"中也可以看到是应对非正常死亡的一种方式。

此外，阿史那忠墓葬中出土的镇墓石，也可认为是对非正常死亡者的一种方术。阿史那忠在《新唐书》中有传，据记载："宿卫四十八年，无纤隙，人比之金日䃅。卒，赠镇军大将军，谥曰贞，陪葬昭陵。"如果仅从史书分析，阿史那忠显然是寿终正寝，但如果结合墓志铭，我们可以发现，阿史那忠"暴病遂兴，奄然捐馆"。阿史那忠是暴病而亡，至于是何种疾病，墓志铭中并没有透露，但可知其从得病到死亡时间很短，在古代，这种情况也会引起生者的不安。阿史那忠墓葬的镇墓石文字比较长，仅据一段来分析，"北面：乾，乾天神王，保佑葬后存亡安稳；亥，元曹、殃祸在亥，保佑存亡安稳；壬，壬神王，保佑葬后存亡安稳；子，玉信在子，保佑存亡安稳；癸，丘承（垂）在癸，保佑存亡安稳；丑，青龙、墓鬼在丑，保佑存亡安稳；艮，艮山神王，保佑葬后存亡安稳。"①其东西南三面都有类似的文字。阿史那忠镇墓石虽然和传统的镇墓石有很大不同，而且其涉及的神灵也众多，但镇墓石的作用是一样的，要死者安宁，生者平安。

唐睿宗李旦和武三思他们墓葬中出现镇墓石，可见道教思想在皇族中也流行。隋唐五代时期，虽然镇墓石的形式与内容表现多样，其实质则是一样的，是对非正常死亡者的一种方术，希望用这种方术使死者不至于为厉鬼而危害生者。

### （六）符箓与买地券

隋唐五代时期，墓葬中还发现有买地券。买地券出现在汉代，其来源于巫觋的丧葬活动。②随着道教兴起，买地券越来越多具有了道教色彩，隋朝临湘陶智洪买地券文字为："维大业六年，太岁在庚午，二月癸巳朔，二十一日癸丑斩草。没故道民陶智洪，今居长沙郡临湘县都乡吉阳里。今□巴陵郡湘阴县治下里中东罡（岗）大阳山买地百亩，东至甲乙，南至丙丁，西至庚辛，北至壬癸，中央戊己，东南西北，界域斩草，窆下灵柩，上无沮落，下无罪名，亡人毕命寿尽，当还蒿里。地府□人、蒿里父老、墓卿右秩、左右冢侯、丘承（丞）墓伯、地下二千

---

① 周苗：《唐阿史那忠镇墓石试释》，《文博》2011 年第 1 期。
② 鲁西奇：《汉代买地券的实质、渊源与意义》，《中国史研究》2006 年第 1 期。

[石]、□都武夷王、魂门监司、墓门亭长、山林□□、冥府吏君，今□（故？）用钱万万九千九百九十九文，买东阳山罡（岗），卜其宅兆而安厝之。生属皇天，死属地泉，生死异域，勿使山神土地，五道游军，葬送之日，不得更相鄗（障碍）。天地水三官，元（刻）石为券，张兼（坚）固、李定度，明如奉行！券成之后，勿使里域真官呵问亡人犯座。毕事之后，千年不惊，万年不动，亡人安乐，子孙安稳。四时八节，□许从生人饮食，不得复连生人。女青制地，一如奉行。女青照（诏）下！"①严格意义上说它不是一篇买地券，虽然它有买地券的内容；但在最后又强调"不得复连生人"，可以推断陶智洪可能是非正常死亡，为了防止"冢讼"，所以采取了"解除"的法术。②

  隋朝的买地券，还兼有六朝"冢讼"的特征，但到了唐朝，买地券基本上有了固定的格式。③《地理新书》卷十四"斩草建茔"记载："用铁为地券，文曰：用铁为地券，文曰：某年月日，具官封姓名，以某年月日殁故，龟筮协从，相地袭吉，宜于某州某县某乡某原安厝宅兆，谨用钱九万九千九百九十九贯文，兼五彩信币，买地一段，东西若干步，南北若干步，东至青龙，西至白虎，南至朱雀，北至玄武，内方勾陈，分掌四域，丘丞墓伯、封部界畔，道路将军，齐整阡陌，千秋万岁，永无殃咎。若则干犯呵禁者，将军亭长收付河伯。今以牲牢酒饭，百味香新，共为信契。财地交相分付工匠修造，安厝已后，永保休吉。知见人、岁月、主保人，今日直符、故气邪精不得忏咎。先有居者，永避万里，若违此约，地府主吏自当其祸，主人内外存亡，悉皆安吉。急急如五帝使者女青律令！"④买地券格式形成之后，在社会上比较流行，南宋末年的周密《癸辛杂识·别集》卷下《买地券》中记载："今人造墓，必用买地券，以梓木为之，朱书云：'用钱九万九千九百九十九文，买到某地若干'云云。此村巫风俗如此，殊为可笑。及观元遗山《续夷坚志》载曲阳燕川青阳坝有人起墓，得铁券，刻金字云：'敕葬忠臣王处存，赐钱九万九千九百九十九贯九百九十九文。'此唐哀宗之时，然则此事由来久矣。"《地理新书》中记载的这个格式，与出土的买地券并

---

① 张传玺：《中国历代契约会编考释》，北京大学出版社，1995，第248~250页。
② 姜守诚：《"冢讼"考》，《东方论坛》2010年第5期；高朋：《"冢讼"的内涵及其流变——一种影响到丧葬习俗的道教观念》，《文化遗产》2008年第4期。"冢讼"是基于先人的行为或者死因，对后人的一种处罚，其处罚的表现就是后人死于非命或者厄运连连，要避免这种处罚，就得用解除之术。
③ 隋唐五代时期的买地券，收集比较多的可见张传玺主编《中国历代契约会编考释》，第248~265页；鲁西奇：《隋唐五代买地券丛考》，《文史》2007年第2期；〔美〕韩森：《传统中国日常生活中的协商：中古契约研究》，鲁西奇译，江苏人民出版社，2008，第153~156页。近几年的考古发掘，也出土了不少这一时期的买地券。
④ 王洙编，金毕履道、张谦增补《重校正地理新书》，《续修四库全书》卷14《斩草建茔》，上海古籍出版社，1996。

不完全符合，但基本相同。宋代之后，买地券趋同性大为增加。

　　墓葬时为什么要用买地券呢？韩森认为："主要是人们相信地下的土地所有权属于神，挖地修墓等于侵犯地神的领土，很容易惹怒地神，所以死者家属要为死者向地神购买墓地。……不过各地居民对卖地给他们的神祇身份意见不一，他们并不认同一种买地券文，但基本要素还是要具备的，如价格、方位与四至、死者的姓名等。"①一般来说，买地价格多用钱九万九千九百九十九文；这并不是实际价格，只是一个虚拟价格，所以可能是一种格式。五彩信币，应该是用五种颜色做的纸钱，纸钱在唐五代之后，相当于人间的货币。这个说法在唐代之前的买地券是没有的，反映出了这一时代的特色。丘丞、墓伯在汉代的买地券中就已经出现，主要负责墓葬的守卫，如果有人入侵死者墓地，二者负责将之逮捕，并押送到河伯处处理。

　　死者的墓地除了要用钱购买之外，还得给有关神灵贡献祭品，这样买地才有效。买地之后，还要有"见人、岁月、主保人"，即要有见证人、时间和担保人。这如同人间契约一样，见证人确保契约有效，担保人保证有钱来支付。一般来说，买地券上的见证人与担保人是张坚固、李定度两位冢墓的神仙。契约生效后，死者拥有这片墓地，先前在该地的亡灵要改迁他处，地下的神灵要保证死者乃至生者的安全。"急急如五帝使者女青律令"，女青是道教神灵，主要负责鬼律。意为由女青来监督这个契约的实施。

　　隋唐五代时期的买地券，逐渐去除了东汉至六朝时期具有"冢讼"部分的文字，具有鲜明的时代特色。买地券中又增加了纸钱的内容，与这一时期丧葬习俗一致，格式逐渐固定；另外，道教色彩比较突出，反映出道教因素对丧葬礼仪的渗透。

### （七）十二生肖俑

　　十二生肖俑是隋唐五代时期墓葬中常见的明器。《唐会要》卷三八记载："（元和）六年十二月条流文武官及庶人丧葬。三品以上，明器九十事，四神十二时在内园宅，方五尺……五品以上，明器六十事，四神十二时，在内园宅，方四尺……九品以上明器四十事，四神十二时，在内园宅方三尺……以前明器，并用瓦木为之，四神不得过一尺，余人物等不得过七寸，并不得用金银雕镂。帖毛发装饰……（庶人明器一十五事）挽歌铎翣四神十二时各仪，请不置。所造明器，并令用瓦，不得过七寸。"②十二时即为十二生肖俑。十二生肖俑只有九品以上的官员墓葬才能用。但到了晚唐五代时期，墓葬中僭越现象比较多，富贵之家也有用十二生肖俑的现象。

---

① 〔美〕韩森：《传统中国日常生活中的协商：中古契约研究》，第 148~149 页。
② 王溥：《唐会要》卷 38《服纪下·葬》，第 695 页。

第五章　葬具与随葬品

十二生肖，或称十二（相）属，本是古代占星家用十二种动物记星象、记日、记年的一种方式，同时用来表示人的生年。"先秦时期业已出现十二地支配动物的观念；魏晋南北朝时期，十二生肖用于相属业已流行。"[①]十二生肖俑出现在墓葬中，最早的是北魏时期山东临淄崔氏墓，"残存有六件，灰陶制，各带冕台，衣冠兽首。生肖多以动物原型出现"[②]。隋朝时期，两湖地区墓葬中生肖俑比较常见。到了唐高宗时期，中原地区墓葬中也出现了十二生肖俑。五代时期，墓葬中仍然常见生肖俑。[③]十二生肖俑多为陶制，也有少数瓷质和石制。

纵观隋唐五代，十二陶俑的形象也发生了一定的改变。"隋朝至唐初，为坐姿的兽首人身像。大致在唐高宗、武周时期两湖地区已出现站立的兽首人身着宽袖大袍的十二生肖俑，并逐渐取代了坐姿俑。而在中原地区，大致到了盛唐时期，生肖俑在墓葬随葬品中才常见，且已不见坐姿俑了，大多变成了拱手站立的兽首人身文官俑。"[④]另外，也演变为图像的形式，比如安菩墓棺床上侧刻有十二生肖的图像。

十二生肖陶俑在隋唐五代墓葬中的出现，与道教因素有关。"道教认为十二生肖乃斗星之气，散而为人之命，主管人世生辰岁月，时光轮回，故十二神虽跻身仙界，所尽职责却是人间俗事。李唐为了提高自身的身份地位，自诩为道家先师李耳的后人，大兴道教。这样一来，便为生肖俑在墓葬中的出现，提供了重要的社会基础。"[⑤]宋代以后的墓葬考古中，也发掘有十二生肖俑。

图5-14　三彩十二生肖俑

陕西博物馆藏。

① 林梅村：《十二生肖源流考》，《西域文明：考古、民族、语言和宗教新论》，东方出版社，1995，第111~119页。
② 山东考古研究所：《临淄北朝崔氏墓》，《考古学报》1984年第2期。
③ 张丽华：《十二生肖的起源及墓葬中的十二生肖俑》，《四川文物》2003年第5期。
④ 吴燕武：《中古时期十二生肖形像转变原因探析》，《第三届全国艺术论文集》，2015，第160页。
⑤ 卢昉：《隋至初唐南方墓葬中的生肖俑》，《南方文物》2006年第1期。

# 第六章
# 殡葬文化的交流

隋唐五代是中国古代社会的鼎盛时期，东西方文化之间的交流与融合日益频繁，波斯、天竺、大食等中亚、西亚国家，乃至欧洲文化渐次影响至中原地区。这在近年来的墓葬考古中表现得比较突出。同时，中原的丧葬文化也对突厥、回鹘等周边民族以及日本、新罗等东亚国家产生了深远影响。这体现出隋唐五代时期丧葬文化的独有特点，即交流与融合。

## 第一节 墓葬中的异域文明

隋唐五代时期的墓葬考古中发现了许多带有异域风情的墓葬形式，比如近年来在墓葬中发现的属于波斯、粟特、大食等文化的墓葬或者随葬品，这些带有异域文明的墓葬形态给中原殡葬文化注入了新的内容。

### 一 墓葬与随葬品中的异域文化

隋唐五代时期，中原王朝与中亚的昭武诸国、西亚的萨珊王朝、阿拉伯帝国、拜占庭帝国有着相对密切的交往，其使臣曾多次来到唐朝。近年来，出土了一些带有明显波斯文化、粟特文化、阿拉伯文化特色的墓葬与随葬品。

#### （一）石刻蕃臣

隋唐五代时期墓葬中出现了许多周边民族或者异域文化的人物雕像，最为重要的是昭陵中十四国蕃君像和乾陵的六十一蕃臣像。这些石像人物有些是周边少数民族首领，有些是来自域外的蕃臣或君王。他们服饰、相貌、体形各不相同，有的粗眉大眼，有的小眼细密，有的身穿翻领窄袖长袍，有的则身着三重拖地长袍。

昭陵残存石刻中有一位"身穿袒右短袍的石人，身材比较矮小，袒露右臂，肩搭披帛，腰系拧成绳索状的布带"。①这种独特身形与服饰应该是来自南亚或是东南亚王侯——婆罗门帝那伏帝国王阿那顺和林邑王范头黎中的一位。

昭陵石像多数是来自西北民族的首领，比如薛延陀真珠毗伽可汗、于阗王伏阇信、吐蕃赞甫松赞干布、焉耆王龙突骑支、高昌王左武卫将军麴智勇、龟兹王诃黎布失毕、吐谷浑河源郡王乌地也拔勒豆可汗慕容诺曷钵、突厥颉利可汗左卫大将军阿史那咄苾、突厥突

图6-1 唐高昌王麴智勇石像座
昭陵博物馆藏。

图6-2 唐吐蕃赞府石像座
昭陵博物馆藏。

利可汗右卫大将军阿史那什钵苾、突厥乙渗泥熟候利苾可汗右武卫大将军阿史那思摩、突厥答布可汗右卫大将军阿史那社尔等。按照《旧唐书》记载"其人皆深目高鼻，多须髯。丈夫翦发或辫发"。②昭陵存留的石刻人物也多为卷发或辫发，部分颧骨突起、髭须浓密，符合典型的西北少数民族及中亚民族的特征。

乾陵六十一蕃臣石刻与之类似，这些石刻当今虽然仅残存身躯部分，但依然有三十六位的姓名职位，这三十六位均是来自我国西北及中亚地区的部落首领："故大可汗骠骑大将军、行左卫大将军、昆陵都护阿史那弥射；故骁卫大将军兼龟兹都督龟兹王白素稽；故右武卫将军兼龟兹都督龟兹王白回地罗檄；疏勒王裴夷健密施；康国

---

① 张建林：《唐昭陵十四国蕃君长石像及题名石像座疏证》，《碑林集刊》，第85页。
② 刘昫等：《旧唐书》卷198《西戎传》，第5310页。

王尼涅师师；十姓可汗阿史那斛瑟罗；吐谷浑青海王驸马都尉慕容诺曷钵；右骁卫大将军兼波斯都督波斯王卑路斯；十姓可汗阿史那元庆；吐谷浑乐王徒耶钵；于阗王尉迟璥；吐火罗王子特勒羯达健；故左卫将军兼金徽都督仆固乞突；左威卫将军鹰娑都督鼠尼施处半啜勤德；右领军将军兼千泉都督泥孰俟斤阿悉吉度悉波；故左卫大将军兼燕然大都督葛塞匐；故右卫将军兼洁山都督突骑施傍斯；故左卫将军兼颉利都督拔塞干蓝羡；故左威卫将军兼双河都督摄舍提暾护斯；故左威卫大将军兼匐延都督处木昆屈律啜阿史那盎路；故右金吾卫将军兼俱兰都督阙俟斤阿悉吉那靳；大首领可汗颉利发；石国王子石忽那；故左武卫大将军突厥十姓衙官大首领吐屯社利；波斯大首领南昧；朱俱半国王斯陀勒；左威卫大将军兼坚昆都督结骨蚕匐肤莫贺咄口坚昆；吐蕃使大论悉囊热；吐火罗叶护咄伽十姓大首领阿史那忠节；右金吾卫大将军兼兼大漠都督三姓咽面叶护昆职；默啜使移力贪汗达干；播仙城主何伏帝延；吐蕃大酋长赞婆；默啜使葛暹嗔迭干；龟兹大首领那利自阿力；碎叶州刺史安车鼻施。"①乾陵来自中亚地区的蕃臣石像更多，比如右骁卫大将军兼波斯都督波斯王卑路斯、波斯大首领南昧是波斯人，石国王子石忽那、吐火罗王子特勒羯达健等则是粟特人。这些石像宋代依然较为完整，按赵楷《唐高宗乾陵图记》中说："录其酋长六十一人，各肖其形，镌之琬琰。"②可见，其形象宛然、造型精细。宋代以后，乾陵周边出现了一个传说，"相传翁仲化作精，黄昏下山人不行。踩人田禾食牛豕，强弩射之妖亦死。至今剥落临道旁，大者虎马小者羊"。③传说可能不实，但乾陵石像此时确被损毁，六十一蕃臣像的人身与头部分离，面貌已无从辨识。不过从石像身躯来看，都是身着官服、腰上束带，从饰品、佩带物仍可看出与中原传统文化的差异。

### （二）胡俑

唐代许多陶俑、铜器、壁画中也发现胡人的形象。其中胡人陶俑出土最多，主要在陕西、甘肃、河南、河北、山西等地，其次是宁夏、江苏、湖南、新疆、辽宁，另外黑龙江、吉林、山东、天津、重庆、湖北、云南、四川等地的墓葬中也有零星发现。

胡人多来自我国西北少数民族或者中亚地区，擅长骑马、射箭。因此在墓葬中，骑马俑有不少，有些是简单的骑马俑，有些则制作相当精细，比如永泰公主墓出土的骑马带犬狩猎俑、胡人骑马载物俑、袒身胡人骑马俑，线条流畅、神态逼真。

---

① 师荃荣、袁富民：《唐陵之冠——乾陵》，《乾县政协文史资料》第7辑，2005，第186~187页。
② 曾枣庄、刘琳主编《全宋文》第122册，上海辞书出版社、安徽教育出版社，2006，第246页。
③ 陕西省地方志办公室编《历代咏陕诗词曲集成（古代部分）》（下册），三秦出版社，2007，第294页。

隋唐五代时期，东西方贸易兴盛。尤其是在丝绸之路畅通之时，"西域诸胡往来相继"，而墓葬中也出现了许多胡人与骆驼造型的唐三彩俑、壁画和砖雕等。如郑仁泰墓出土的胡人牵驼三彩俑、洛阳出土的胡人骑驼三彩俑、山西王琛墓西域人骑驼陶俑、山西省太原市斛律彻墓骑驼陶俑等。

其他诸如黑龙江龙泉府遗址铜胡人觐见跪像、山东陵县东方合墓中的青釉胡人抱囊瓶，四川万州冉仁才墓青瓷胡人俑，西安段伯阳墓白瓷胡人头像，新疆吐鲁番阿斯塔那336号唐墓出土的昆仑奴俑，也都是各地较有特色的胡人形象。

唐墓还有许多胡人舞俑、乐俑等，陕西省西安市鲜于庭诲墓的三彩骆驼载乐俑，是唐三彩中的代表作。骆驼昂首直立于长方形平底座上，驼上背毡。架上有乐舞俑五人，中间立一个歌舞男胡俑。

**（三）壁画与浮雕**

在其他壁画、浮雕、砖雕中也有来自域外的艺术形式。虢王李凤陪葬献陵，墓中壁画绘有胡人牵驼图，胡人高鼻深目，左手牵骆驼，骆驼身负重物。章怀太子墓墓道东、西壁上的两幅《客使图》较为引人注目。壁画表现的是墓主接待使臣的情景，画中

**图6-3 唐彩绘胡人骑马带犬狩猎俑**
陕西历史博物馆藏。

**图6-4 唐彩绘胡人骑马载物俑、彩绘袒身胡人骑马俑**
陕西历史博物馆藏。

**图6-5 唐白瓷胡人头、白瓷人形尊**
陕西历史博物馆藏。

图6-6 客使图

前三位是鸿胪寺的三位官员，后三位是三位使臣，其中东壁第四位头顶秃发，浓眉深目、鹰鼻阔嘴，身着紫袍，脚穿黑靴。西壁第六人头戴毡帽，络腮胡，身着绯色长袍，脚穿黑色长靴，同样深目高鼻。有学者推测二人似乎是来自拜占庭、大食的使臣。

  隋唐五代最具有代表性的是虞弘墓出土的具有中亚风格的汉白玉彩绘浮雕。浮雕位于石椁四周，图案多达五十多个。"其中包括祭祀图、宴饮图、乐舞图、射猎图、家居图、行旅图等，图中人物形象均为高鼻、深目、黑发、浓须，人种属于古欧罗巴高加索类型。"[①]虞弘墓椁壁中多次出现头戴王冠的人物形象，有些人物王冠顶部都有日月形装饰，以显示其地位。日本学者称之为日月形冠，是萨珊式王冠的特征之一。在一些绘有萨珊波斯国王头像的银币、浮雕、银盘中均有发现，因此虞弘墓中头戴王冠的图像应当是源自波斯萨珊王冠。[②]该造型在安伽墓的石屏上也有发现。

---

[①] 韩康信、张庆捷：《虞弘墓石椁雕刻人物的种族特征》，《太原隋虞弘墓》，文物出版社，2005，第183、189页。
[②] 张庆捷：《民族汇聚与文明互动：北朝社会的考古学观察》，商务印书馆，2010，第461页。

**图6-7 隋代虞弘汉白玉浮雕**
资料来源:太原市文物考古研究所编、李建生等摄影《隋代虞弘墓》,文物出版社,2005。

虞弘墓图像中不少人物都有头光,如位于东壁北部图案中有一人骑驼射杀狮子。该人有头光,后飘着三条彩带,短发,深目高鼻。①在波斯祆教文化中,这所谓的头光其实是灵光。"根据祆教神话传说,常使人琐罗亚斯德的母亲初生时就浑身发光,他出生时也被灵光环绕"。②由此可见,给某些重要人物和神的头上置以头光,是波斯祆教文化艺术的一个传统特点。波斯古诗中说:"梅赫尔、火光熊熊的阿扎尔、强烈的'凯扬灵光'紧跟在后。"③《扎姆亚德·亚什特》中也讴歌灵光:"我们赞美马兹达创造的'凯扬灵光',那非凡的为人称献的灵光,那圣洁、万能和敏捷的灵光,它凌驾于一切被造物之上"。④灵光在祆教文化中被赋予了非凡的意义。灵光后来演化为祆教文化中通常表示某种神圣化"福运"的法尔恩(Farn)。⑤它不仅惠及神人而且

---

① 山西省考古研究所、太原市考古研究所、太原市晋源区文物旅游局:《太原隋代虞弘墓清理简报》,《文物》2001年第1期。
② 参见 Paula R. Hartz, *Zoroastrianism* (New York: Facts on Fules Inc.,1999), pp. 24-25。转引自杨巨平《虞弘墓祆教文化内涵试探》,《世界宗教研究》2006年第3期。
③ 张鸿年编选《波斯古代诗选》,人民文学出版社,1995,第15~16页。
④ 张鸿年编选《波斯古代诗选》,第21页。
⑤ 魏庆征:《古代伊朗神话》,北岳文艺出版社,1999,第429页。

还惠及普通世人。因此，虞弘墓图像中的头光应是波斯祆教文化因素的反映。

虞弘墓中有多幅人狮搏斗图，其中两幅为人骑骆驼与狮搏斗，一幅为人骑象与狮搏斗，一幅是人狮搏斗图。①狮子并不产自中原，因此这一图像也非中原文化形式。人兽搏斗是西亚地区浮雕的重要主题。早期亚述时期的泥版浮雕中就出现了大量人狮搏斗的场景，尤其是亚述巴尼拔王北殿的《猎狮图》，以长卷的形式展现了亚述巴尼拔王射杀狮子的景象，如引弓、持矛、射箭、纵犬、骑射、车猎、步搏、祭奠等等。亚述灭亡后，近东地区的一些国王贵族依然将猎狮视为重要的活动。亚述的国王猎狮图也在中亚、西亚地区流传下来。古波斯首都波斯波利斯王宫的雕刻也有国王与狮搏斗的雕像，直至5世纪的"萨珊猎狮银盘"中，依然绘有所谓萨珊国王巴拉姆五世与狮搏斗的画面，②实际上也可视为亚述国王猎狮图浮雕的延续。当然也有学者认为在波斯文化艺术中，英勇的帝王与凶猛的野兽搏斗的主题，是为了歌颂国王的权威和勇猛，并且带有浓厚的宗教色彩。③

**图6-8　隋代虞弘汉白玉浮雕**
资料来源：山西省考古研究所、太原市考古研究所、太原市晋源区文物旅游局：《太原隋代虞弘墓清理简报》，《文物》2001年第1期。

**图6-9　亚述人狮搏斗浮雕**
现藏于大英博物馆。

① 山西省考古研究所、太原市考古研究所、太原市晋源区文物旅游局：《太原隋代虞弘墓清理简报》，《文物》2001年第1期，图7~图20。
② 刘晓路：《世界美术精粹品读·东方美术》，人民美术出版，2001，第22页。
③ 从祆教的观念来看，帝王代表着光明、正义之神阿胡拉·玛兹达，狮子则是黑暗、罪恶之神安格拉·曼纽的化身，两者的搏斗是光明与黑暗、正义与邪恶之战。在伊朗古代神话故事中，英雄鲁斯凡迪雅尔的七大业绩之一就是杀死雌雄二狮，其二就是杀死巫婆化作的雄狮。英雄鲁斯塔姆的坐骑曾踢死猛狮，他幼年时就曾刺死过猛狮。图像中出现的勇敢面对狮子的骆驼、象、牛、马和猎犬，被认为是"为了与邪恶的被造者相对立"。所以，人兽搏斗图是波斯祆教文化中善恶两种对立力量激烈斗争的反映。参见魏庆征《古代伊朗神话》，北岳文艺出版社，1999，第238、239、401页。

虞弘墓图像中有三分之一以上的人像肩披长帛，帔帛也是波斯的常见服饰。祆教作为萨珊波斯的国教，崇拜光明与火，因此又被称为拜火教，圣火坛是波斯祆教崇拜圣火的重要器物。与北周时期的安伽、史君、康业一样，虞弘死后石棺上也雕绘着圣火坛。圣火坛旁边各有一位人首鹰身的祭司。①人首鹰身的祭司形象也与祆教创世神话有关。雄鹰是祆教战神巴赫拉姆的化身之一，②灵光（Khvarenah）也曾"化作雄鹰腾空而去"。③因此，雄鹰在波斯祆教信仰中占有非常重要的地位。图中赋予祭司人首鹰身的形象，应是保护圣火、驱除邪恶的意思。在中亚地区的一些墓葬中也常见到这一造型。虞弘墓葬中的图像除了波斯文化因素之外，还有希腊、斯基泰、突厥和粟特的文化因素。④荣新江先生也认为虞弘与北周的安伽、史君等人的墓葬，"虽然利用的是中原传统的斜坡墓道土洞墓以及石椁、石榻的丧葬方式，图像中也有许多表现中国传统建筑、服饰、车马出行的题材和内容，但这些石椁、石榻围屏上的图像，与其他北朝墓葬的壁画、雕刻相比，其主体的色彩、内容无疑是胡人的风情"。⑤但随着萨珊波斯的灭亡，这一墓葬形式在中原地区也逐渐消失了。

另外，宁夏窨子梁墓群也是粟特移民的家族墓葬。1985年发掘有六座墓葬，其中最东面墓葬的两扇石门上，"各刻一身着胡服、翩翩起舞的男子，画面以黑色涂染，十分清晰"。⑥这应是西域较为流行的胡旋舞。

五代时期李茂贞墓中出现了砖雕的《胡人牵驼图》与《胡人持节牵驼图》。两幅砖雕位于庭院西耳室南北壁，均由4块砖按照"田"字形拼接组成。两幅的牵驼者都是胡人形象，面容丰腴圆润，深目高鼻，蓄修剪整齐的桃形络腮胡须。头戴

图6-10　宁夏窨子梁墓群墓门拓片
资料来源：宁夏回族自治区博物馆：《宁夏盐池唐墓发掘简报》，《文物》1988年第9期。

---

① 山西省考古研究所、太原市考古研究所、太原市晋源区文物旅游局：《太原隋代虞弘墓清理简报》，《文物》2001年第1期。
② 〔伊朗〕贾利尔·杜斯特哈赫选编《阿维斯塔：琐罗亚斯德教圣书》，元文琪译，商务印书馆，2005，第249页。
③ 〔伊朗〕贾利尔·杜斯特哈赫选编《阿维斯塔：琐罗亚斯德教圣书》，第271页。
④ 齐东方：《虞弘墓人兽搏斗图像及其文化属性》，《文物》2006年第8期。
⑤ 清华大学历史系、三联书店编辑部合编《清华历史讲堂续编》，三联书店，2008，第172页。
⑥ 宁夏回族自治区博物馆：《宁夏盐池唐墓发掘简报》，《文物》1988年第9期。

图6-11　五代李茂贞墓出土胡人牵骆图、胡人持节牵骆图
资料来源：宝鸡市考古研究所编著《五代李茂贞夫妇墓》，第20~21页。

黑色幞头，身着长袍，腹扎宽巾，腰束抱肚，下着窄腿长裤，足蹬软底包脚尖头草编履。两人以红白色调为主。左手于腰间攥提牵驼的缰绳。骆驼体身棕黄，昂头平视，圆目小耳，曲颈，小短尾，头、颈有修剪整齐的鬃毛，驼背圆丘状隆起，披长圆角方形毯，毯边雕饰一周流苏。① 除了骆驼的步伐不一，人物服饰、方毯的红、白色泽相反，北壁胡人持节外，两幅砖雕造型基本相同。总体来看，色泽简明，人驼步伐统一，动感十足。

### （三）异域动物

唐陵中的石像、陶俑中也有许多产自中亚、西亚甚至北非地区的动物形象。马是中原地区与中亚、西亚、北亚地区交易最多的动物。史书记载西域的康国、安国、吐火罗、大食都曾向唐朝进贡名马。昭陵六骏中的石刻像——特勒骠、什伐赤，也都是来自北方或中亚地区的战马。特勒骠中的"特勒"是突厥官名，不少学者认为该马应是产自周边民族或者域外。另据西方与日本学者考证，什伐赤中的"什伐"是中亚古语中"马"的意思，它是来自中亚地区的马匹。许多唐代王公墓葬中出土有大量的胡人骑马俑，这些陶俑或者唐三彩俑造型精美，马匹高大健硕。

图6-12　唐彩绘釉陶载物俑
陕西历史博物馆藏。

---

① 宝鸡市考古研究所编著《五代李茂贞夫妇墓》，科学出版社，2008，第50页。

骆驼也非中原地区的动物，但驼俑却是唐代墓葬中的常见类型。在四川万州冉仁才墓、云南安宁县小石庄唐墓均发掘有骆驼俑，表明骆驼俑在隋唐墓葬中较为流行。

另按《封氏闻见记》记载，秦汉以来，帝王陵前有石麒麟、石辟邪、石象、石马之属。唐陵中神道上则有鸵鸟一对，四个神门之前立有石狮一对，乾陵之后也成为定制。鸵鸟、狮子并非产自中原地区，都是中亚各国向中原王朝进献的贡物。据史书载：贞观九年（635），"夏四月壬寅，康国献狮子"。[①] "永徽元年，（吐火罗国）献大鸟，高七尺，色黑，足类橐驼，翅而行，日三百里，能噉铁，俗谓鸵鸟。"[②] 开元十年（722），"波斯国遣使献狮子"。[③] 米国进献胡旋女子、璧、狮子。[④] 这些异域的动物也成为陵前仪卫，彰显帝王的威仪。唐陵神道上出现了域外动物的雕像，这也是秦汉以来帝陵石刻的一大变化。

图6-13　建陵石刻鸵鸟　　　　　图6-14　贞陵鸵鸟

图6-15　贞陵石狮　　　　　　图6-16　昭陵六骏之一

---

① 刘昫等：《旧唐书》卷3《太宗纪下》，第45页。
② 欧阳修：《新唐书》卷221下《吐火罗传》，第6252页。
③ 刘昫等：《旧唐书》卷8《玄宗纪下》，第184页。
④ 欧阳修：《新唐书》卷221下《西域传下》，第6247页。

### （四）随葬工艺品

隋唐五代墓葬中还出土带有波斯、粟特、阿拉伯文化特色的玻璃器皿、金银器、陶器等工艺品。墓主大多为中原贵族或者流亡中原的西亚、中亚部落后裔，也有部分商人。另外，部分随葬品也是西亚、中亚民族葬俗的体现，比如口含钱币，有些则是作为墓主生前喜爱之物而随葬的物品。

1. 玻璃器皿

萨珊波斯的玻璃器皿、陶器等工艺品在贵族墓葬中屡有出土。尤其是钠钙玻璃，一般为西亚地区所产。李泰墓曾出土有细颈瓶和绿玻璃杯，这两种玻璃器皿即钠钙玻璃，"细颈瓶残片经化学定量分析，为钠钙玻璃，镁和钾的含量较高，与罗马玻璃成分差别较大，与萨珊玻璃成分较为相似，与8世纪中亚撒马尔干地区玻璃作坊遗址出土的绿色容器残片的成分更为接近，这说明中国的钠钙玻璃可能与中亚的玻璃业有一定的关系"。[①] 李静训墓中也发现了多件玻璃器物，"瓶2件，均绿色，透明，其中1件是折肩平底瓶，高16.3厘米。另1件瓶口椭圆形，底附矮圈足，高12.5厘米。又有绿色玻璃蛋形器2件，玻璃管1件及带盖小缸1件。另外有玻璃小杯2件，半透明，蓝色，高2.5厘米"。[②] 其中矮颈瓶和玻璃小杯都是钠钙玻璃，具有西亚玻璃制作技术的工艺特点。1983年在固原县南郊发掘的北周大将军李贤墓中，出土有波斯萨珊时期的玻璃器，[③] 李贤为李静训曾祖父。加之，李静训墓中还出土了一些波斯的金银器，因此可推知李静训墓中的玻璃器也应来自中亚或者西亚地区。

固原史诃耽墓中也出土有玻璃器。"墓中出土的玻璃器有花瓣形玻璃杯、异形玻璃珠和玻璃花等。其中有3件样品做过化学测试，都是高铅玻璃。最令人惊叹的是，玻璃花花瓣用绿色或黄色的薄玻璃吹制而成，花蕊则用头部粘有玻璃珠的铜丝做成，有的花蕊部贴有镀金的铜片。这种用金属和玻璃组合制成的装饰花，构思非常巧妙，是世界范围内最早的玻璃装饰花。"[④] 史道洛、史铁棒墓中也有类似的玻璃器具出土。

---

① 安家瑶：《玻璃器史话》，中国大百科全书出版社，2000，第111页。
② 唐金裕：《西安西郊隋李静训墓发掘简报》，《考古》1959年第9期。
③ 李贤墓中最引人注目的是几件由中亚、西亚传入中国的舶来品。凸钉装饰玻璃碗，是典型的萨珊朝制品。自20世纪50年代末以来，在伊朗高原西北部吉兰省古墓中，出土了大量这类碗及残片。玻璃碗经科学检验属钙钠玻璃，与萨珊玻璃成分一致。吉兰省等处出土的凸钉装饰玻璃碗或残片，由于土壤腐蚀的关系，表面有一层厚厚的风化层，使玻璃失去原有的光泽，而李贤墓出土的这件玻璃碗则呈绿黄色，风化层很薄，基本上保留了原有玻璃的色泽和光亮度。吉兰省有出土品的年代原报告，推测为萨珊王朝末期，即公元6世纪。李贤墓玻璃碗纪年明确，对确定此类玻璃制品的年代具有标尺作用。参见宁夏回族自治区固原博物馆、中日原州联合考古队编《原州古墓集成》，文物出版社，1999，第17页。
④ 安家瑶：《玻璃器史话》，第108页。

这些玻璃器皿出现在粟特人墓葬中，即便是采用了本土的匠人、原料、样式，但在技术上无疑仍有着西亚工艺技术的痕迹。

隋代时，何稠制作了一种绿瓷的器皿，有学者认为这就是早期的玻璃。据记载，何稠在开皇初年，"授都督，累迁御府监，历太府丞"。他见识广博，"波斯尝献金绵锦袍，组织殊丽。上命稠为之。稠锦既成，逾所献者，上甚悦。时中国久绝琉璃之作，匠人无敢厝意，稠以绿瓷为之，与真不异"。①日本学者桑原骘藏和向达先生曾考证何稠来自西域的何国，何国是昭武九姓之一。也就是说何稠出身于了

图6-17　李静训墓出土玻璃扁壶
资料来源：翟文明：《话说中国》，中国和平出版社，2006，第110页。

解西亚玻璃制作工艺的粟特家庭，"具备了将西亚的玻璃技术与我国传统玻璃技术相结合的条件"。②由于中原地区也可以制造玻璃，因此在一些墓葬中发现的玻璃器皿也可能是本土制作，但在技术上无疑借鉴了西亚、中亚的制作工艺。

2. 金银饰品

李静训墓中还出土了一些来自中亚地区的金银器，发掘简报显示：其中金器有项链1条，由28颗镶有珠宝的金珠构成，上端有扣纽，镶刻有鹿纹的蓝色宝石，下端有宝石、金、玉组成的坠饰，周长23.4厘米；镶有珠宝的金手镯2件；小金戒指2件；金杯1件，高圈足，高5.7厘米，口径5.7厘米。此外有头饰金花等。银器有高足银杯1件，形制与金杯同，高6厘米；又有小碗、盒、小杯、碗、小斧各1件；指甲套10枚；银筷1双，调羹1件。③李静训墓中发现的饰品，根据熊存瑞先生考证，制作地点为中亚地区。

尤其是项链制作精美、结构复杂，分为上、下、左、右四个部分。"左、右各以14个链珠坠成，链珠上各自镶有10颗珍珠，通过金丝做成的金链链接。项链上部饰有5个镶嵌饰，居中的呈圆形，边缘饰金焊珠一周，内嵌深蓝色珠饰，珠饰上凹刻一驯鹿。项链下部是一组垂饰，主要由六件饰物组成。金项链左右两部的链珠

---

① 魏徵：《隋书》卷68《何稠传》，第1596页。
② 安家瑶：《玻璃器史话》，第112~113页。
③ 唐金裕：《西安西郊隋李静训墓发掘简报》，《考古》1959年第9期。

均由 12 个小金环焊接而成。每环外围饰小焊珠一周，大焊珠 5 颗。这种链珠又称多面金珠，在巴基斯坦、印度东部海岸及越南南部海岸均有发现。其原型可溯至希腊迈锡尼文化。多面金珠上所用的焊珠工艺曾盛行于古代两河流域、埃及、希腊等地……蓝色镶嵌珠饰上面凹雕驯鹿的这种凹雕技法应是源自古代两河流域和伊朗高原。……金项链下部的环状垂饰，流行于中亚的印度、阿富汗等地区。金项链上镶嵌的多块青金石一般产于阿富汗巴达克山。"熊存瑞认为："隋李静训金项链的多面金链珠及其焊珠工艺、蓝珠饰上的凹雕工艺、青金石和饰环状珍珠边宝石垂饰等做法均起源于西方；并且与呾叉始罗和阿富汗地区关系较密切。"[①]李静训墓中还出土了镶着珠宝的金手镯两件、小金戒指两件；金杯一件，其形制为高圈足；此外有头饰金花等。银器有高足银杯一件，形制与金杯同，略高于金杯。"又有小碗、盒、小杯、碗、小斧各 1 件。指甲套 10 枚。"[②]其中金手镯为椭圆形，可分为四节，每节两端较宽，嵌着珠宝，各节间以青绿玻璃珠饰相连，"金手镯的形制原出现于北印度"，[③]工艺较为复杂。

宁夏固原史道德墓出土的金属饰品一共 23 件，其中比较重要的是 11 件金覆面饰件。根据出土物在头骨上的位置可以大致区别出有金护额饰 1 件、金护眉饰 2 件、铜

图6-18　李静训墓出土金项链　　图6-19　李静训墓出土金手镯

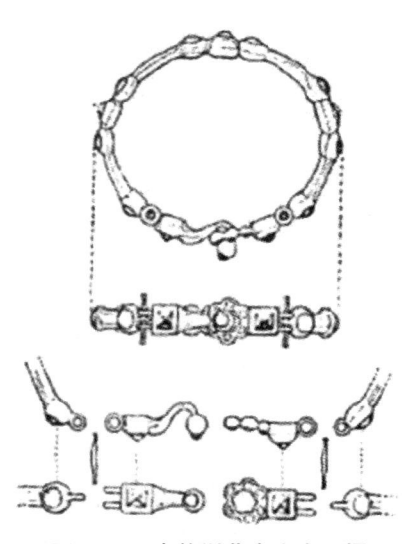

---

① 熊存瑞：《隋李静训墓出土金项链、金手镯的产地问题》，《文物》1987 年第 10 期。
② 唐金裕：《西安西郊隋李静训墓发掘简报》，《考古》1959 年第 9 期。
③ 熊存瑞：《隋李静训墓出土金项链、金手镯的产地问题》，《文物》1987 年第 10 期。

鎏金护眼饰2件、金护鼻饰1件、金护耳饰2件、金护嘴饰1件、金柳叶饰2件、金团花饰1件、圆形金饰1件、金带扣1件、金带饰2件。①史道德墓出土的一副完整的金覆面饰，在唐代是绝无仅有的，造型上与中原地区的饰品有着一定差异，尤其是金团兽面金饰、怪兽图案的圆形金饰。因此，其应该也是外来的金银饰物。

内蒙古地区敖汉旗发现了一批银器和金带饰。墓葬一出土银器5件。银执壶1件，壶柄部和口缘相接处饰一鎏金人头像，深目高鼻，有八字胡须，短发向后梳；扁圆腹；高圈足外侈，圈足底边有一匝联珠纹。鎏金银盘1件，有圈足，盘心为捶雕一猞猁状兽纹，盘口和兽纹鎏金。椭圆银杯1件，小银壶1件，银勺1件。墓葬二出土金带饰99件，银镯1件，小银环1件，玛瑙珠2件，鎏金铜盒1件，此外还有鎏金铜饰。錾花金带饰9件，錾出突起的卷云纹，背面有铜底托，用金质铆钉铆合。錾花透雕金带饰25件；小花瓣金饰34件，大小不尽相同，有錾刻出突起的忍冬花瓣型，有铸成的忍冬花瓣形，有的背部有一钉，平头有一口，有的似小带子头。此外，有金带扣2件，小型金带扣5件，及金钎子和环型金铆钉饰等。还有鎏金铜盒盖，上有捶击凸起草花纹。②夏鼐先生认为其中的带柄银扁执壶具有萨珊式银执壶的特征。

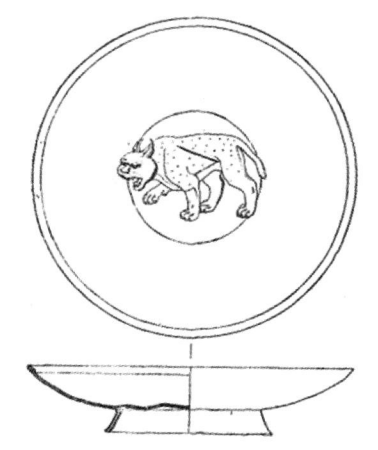

图6-20 敖汉旗李家营子出土鎏金银盘 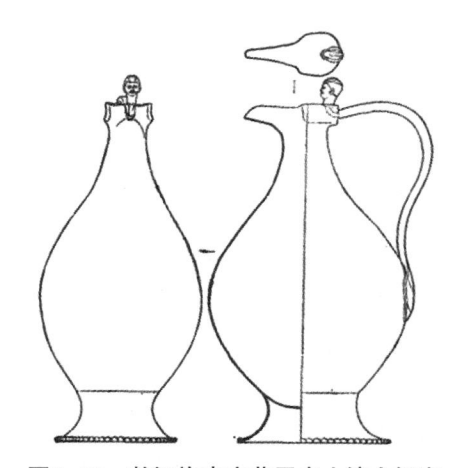    图6-21 敖汉旗李家营子出土鎏金银壶

3. 伊斯兰釉陶器

随着阿拉伯帝国的崛起，阿拉伯商人也将其陶器带到了中国。福建省福州市郊

---

① 宁夏固原博物馆：《宁夏固原唐史道德墓清理简报》，《文物》1985年第11期。
② 敖汉旗文化馆：《敖汉旗李家营子出土的金银器》，《考古》1978年第2期。

区五代刘华墓发掘有三件伊斯兰孔雀蓝釉陶器。[①]三件陶瓶"釉厚晶莹,瓶内彩色青灰。橙红胎,质松。器形基本一致,敛口,广腹,小底,状如橄榄"。其中又分为两种不同形式:有两件肩颈部附三耳,外腹壁贴塑三组幡幢状的纹饰,下腹部有一道粗绳状的贴塑纹。另外一种为颈肩附四耳,腹壁环贴四道粗绳状的纹饰。这三件陶瓶放置在墓的前室。[②]墓主刘华为闽国第三位国主王延钧之妻,又是南汉国主刘隐的次女。"三件陶罐的器形、釉色和腹部贴饰的纹饰,都与在伊朗发现的9至10世纪所谓伊斯兰式样的釉陶罐相同。"[③]该类伊斯兰釉陶罐在我国广州、扬州等沿海地区均有发现。

图6-22 刘华墓出土波斯釉陶器
资料来源:中国国家博物馆编《中华文明〈古代中国陈列〉文物精萃》,中国社会科学出版社,2010,第616页。

### (五)金银币

隋唐五代时期的随葬品中出现了来自拜占庭帝国、波斯萨珊以及阿拉伯的金币、银币。其中拜占庭帝国钱币多为金币,萨珊王朝的钱币多为银币,阿拉伯帝国钱币为金币,该时期也有仿造萨珊银币。这些金银币一般为墓主口含或者手握,放置在墓中,是其丧葬习俗的一种表现。

1. 拜占庭金币

拜占庭金币和萨珊银币都是由正面图案、反面图案和铭文构成,正面图案均是皇帝或国王的半身像,拜占庭皇帝头上的王冠都缀满各色宝石,而萨珊国王的王冠富

---

① 陈存洗先生将其称之为波斯陶器;但马文宽先生认为将这种釉陶器称为"波斯陶"、"西亚釉陶"等欠妥,因其时波斯萨珊王朝早已灭亡而进入了伊斯兰时期,指出"西亚釉陶"代表的时代颇为长久而不能表明这种陶器的时代和艺术特点,并将其定名为伊斯兰陶器。汪勃结合中国唐代中晚期至五代出土的孔雀蓝釉陶器的特征,将这类物定名为"西亚伊斯兰孔雀蓝釉陶器",此名虽显烦琐,却能较为明确地反映出这种釉陶器原产地区、时代、族属、釉色等特点。为简略起见,亦可称之为"伊斯兰釉陶器"或"孔雀蓝釉陶器"。伊斯兰釉陶器原产地以今伊朗、伊拉克、叙利亚为中心,都属于西亚;而通过海路贸易流散到非洲东海岸和亚洲环印度洋、太平洋沿海地带的孔雀蓝釉陶器均为外来,且伊斯兰世界的范围较为广阔,故其名称还是突出其原产地域"西亚"较为恰当。中国出土的伊斯兰陶器,所属时期是唐代中晚期至五代,此时西亚已进入伊斯兰大食帝国时代,波斯帝国已成为历史。虽然波斯民族及波斯文化源远流长,中国、日本的古代文献中有将波斯萨珊王朝亡国之后来自该地区的人依然称为"波斯人"的现象,但从时代上来看确已进入大食时代。因此,在其名称中加入"伊斯兰"更能突出其时代和艺术特点。参见汪勃《再谈中国出土唐代中晚期至五代的西亚伊斯兰孔雀蓝釉陶器》,《考古》2012年第3期。
② 福建省博物馆:《五代闽国刘华墓发掘报告》,《文物》1975年第1期。
③ 冉万里:《汉唐考古学讲稿》,三秦出版社,2008,第306页。

丽堂皇，各个国王的王冠样式都不相同。在不同的时期内其图案也会有一些细微的变化。拜占庭金币背面的图案在不同时代也不一样，曾先后以胜利女神、天使、君士坦丁堡的城标作为图案；而萨珊银币背面的图案则通常是袄教祭火坛，祭坛左右各有祭司一人相对而立，图案外以圆圈框住。这两种钱币的图案在很大程度上反映了两个国家的宗教信仰和各自的文化特色。

图6-23　唐拜占庭帝国钱币
陕西历史博物馆藏。

隋唐五代时期的中原墓葬中，出土拜占庭金币的墓葬共有六个，包括陕西独孤罗墓、陕西土门村二号墓、陕西贺若厥墓、陕西西安唐墓（仿制品）、陕西商洛隋墓、河南安菩墓，①这些墓葬出土的金币数量很少，均是一枚。这六个墓葬中有一半可以确定其墓主的身份十分显贵。根据独孤罗的墓志文可以看出，独孤罗曾是隋朝使持节、大将军、凉州总管诸军事、凉州刺史、赵国德公，还是"今皇后之长兄"，②因此他的身份既是高官又是贵族，无比尊贵。贺若厥为独孤罗之妻，其地位也极其显赫。而安菩墓的主人，其身份是唐朝的定远将军，"其先安国大首领"。③可以看出，拜占庭金币在中国的上层社会是被当成随葬品来陪伴逝者。

表6-1　隋唐五代墓葬中出土的拜占庭金币

| 编号 | 时间 | 地点 | 铸造时间 | 数量 | 附录 |
| --- | --- | --- | --- | --- | --- |
| 1 | 1897 | 新疆和田 | 君士坦丁五世（741~775） | 1 | |
| 2 | 1905 | 新疆和田 | 一枚可能为查士丁尼一世（527~565）金币仿制品，其他两枚年代不清 | 3 | 瑞典探险家斯文·赫定掠走 |
| 3 | 1915 | 新疆阿斯塔那 | 一枚为查士丁尼一世（527~565）金币，其他两枚为查士丁尼一世仿制品 | 3 | 均含在死者口中，被斯坦因掠走 |
| 4 | 1931 | 河南洛阳 | 仿制品 | 1 | 托伦多皇家安大略博物馆获得 |
| 5 | 1945 | 甘肃武威康阿达墓 | 年代不清 | | |

① 罗丰：《中国境内发现的拜占庭金币》，《新疆钱币》，中国钱币学会丝绸之路货币研讨会专刊，2004，第95页。
② 韩理洲辑校编年《全隋文补遗》，三秦出版社，2004，第171页。
③ 周绍良、赵超编《唐代墓志汇编》，第1104页。

续表

| 编号 | 时间 | 地点 | 铸造时间 | 数量 | 附录 |
|---|---|---|---|---|---|
| 6 | 1953 | 陕西咸阳 | 查士丁二世（565~578） | 1 | 直径2.1厘米，重4.4克，入葬时间距铸造时间约为35~22年 |
| 7 | 1956 | 陕西西安土门村唐墓 | 希拉克略一世（610~641）仿制品，铸造于7世纪中叶的中亚地区 | 1 | 直径2.15厘米，重4.1克，入葬于唐高宗或武后时期即7世纪后半叶 |
| 8 | 1966~1969 | 新疆吐鲁番阿斯塔那-哈拉和卓古墓群 | 一枚为仿制品，一枚年代不详（发掘者未做鉴定） | 2 | 均含在死者口中，有人认为一枚为毛里斯（582~602）金币复制品 |
| 9 | 1972 | 新疆阿斯塔那 | 不详 | 1 | 葬于715年，含在死者口中。死者为昭武校尉沙州子亭镇将张公夫人麹娘（麹仙妃），显然为西域人 |
| 10 | 1975 | 新疆吐鲁番以西雅尔和屯 | 仿制品 | 1 | 残损严重，无法鉴定 |
| 11 | 1975~1976 | 河北赞皇县李希宗墓 | 一枚为狄奥多西二世（408~450），另两枚为查士丁查士丁尼叔侄共治时（518~527） | 3 | 一枚直径2.1厘米，重3.6克。另两枚直径分别为1.68、1.7厘米，重分别为2.49、2.6克。其中两枚可能含在死者口中或握在手中。李希宗夫人崔氏葬于576年，这三枚金币可能在此时下葬，距铸造时间应分别为168~126年、58~49年 |
| 12 | 1978 | 河北磁县东魏闾氏墓 | 查士丁尼叔侄共治时 | 1 | |
| 13 | 1978~1979 | 河北磁县东魏邻和公主墓 | 一枚为阿那斯塔修斯一世时，另一枚为查士丁一世（518~527）时 | 2 | 一枚直径1.6厘米，重2.7克；另一枚直径1.8厘米，重3.2克。金币入葬距铸造约为30~20年。金币可能含在死者口中或握在手中 |
| 14 | 1981 | 洛阳龙门唐定运将军安菩墓（709年夫妇合葬） | 福卡斯（602~610） | 1 | 直径2.2厘米，重4.3克。握于死者右手中。周边不甚整齐，正面为一戴王冠、留长须的半身男像，两边有十字架，左边缘铭文为：FOCAS，背面是有翅膀的胜利女神像。按：史道德为唐给事郎兰池正监，死于唐高宗仪凤三年（678）。据其墓志，史道德"先祖建康飞桥人事……远祖因宦来徙平高"，知其为西域史国人 |
| 15 | 1982 | 宁夏固原南郊王涝濡村唐史道德墓 | 似为拜占庭金币仿制品 | 1 | 直径2厘米，重4克。圆形，上边有一穿空，正面图案为一戴冠头像，边缘文字已磨损不清；背面图案似一祭坛。含在死者口中。除金币外，死者头骨上还盖有丝织物覆面，额头、眉、眼、鼻、耳、嘴及左侧太阳穴等处都有金属饰片 |

续表

| 编号 | 时间 | 地点 | 铸造时间 | 数量 | 附录 |
|---|---|---|---|---|---|
| 16 | 1985 | 宁夏固原南郊史索岩墓 | 拜占庭金币仿制品 | 1 | 直径1.9厘米，重0.8克。据描述，金币"边缘有剪痕，单面打押图案，上下均有一圆形穿孔，虽有铭文，但均不清晰，制造粗糙，可能含在死者口中或握在手中。"史索岩死于唐麟德元年（664） |
| 17 | 1986 | 宁夏固原南郊唐史诃耽夫妇墓 | 拜占庭金币仿制品 | 1 | 直径2.3厘米，重2克。含在死者口中。据墓志记载，史诃耽为唐游击将军、虢州刺史、直中书省，乃西域史国之后。死于总章二年（667），其夫人死于咸亨元年（670） |
| 18 | 1986 | 固原南郊史铁棒墓 | 拜占庭金币仿制品 | 1 | 直径2.5厘米，重7克。据墓志记载，史铁棒为唐司驭寺右十七监，"曾祖多思，京师摩诃萨宝、酒泉县令。祖槃陀，皇朝左领军、骠骑将军。"可知史铁棒也是西域粟特人。金币可能含在死者口中或握在手中 |
| 19 | 1988 | 陕西咸阳机场贺若厥墓 | 查士丁二世 | 1 | 直径2厘米，重4.1克。贺若氏葬于鲁武德四年（621）。金币含于死者口中 |
| 20 | 1989 | 西安东郊唐墓 | 拜占庭金币仿制品 | 1 | 墓主于7世纪中叶下葬 |
| 21 | 1995 | 宁夏固原县城南郊唐史道洛墓 | 尚未鉴定 | 1 | |
| 22 | 1996 | 宁夏固原县城西郊北周田弘墓 | 其一为列奥一世时所铸，其一为查士丁与查士丁尼共治时所铸，其他两枚不详 | 4 | |

资料来源：张绪山：《我国境内发现的拜占庭金币及其相关问题》，《西学研究》第1辑，商务印书馆，2003，第55~60页。

2. 萨珊银币

萨珊银币出土较多，大大超过拜占庭金币。可以辨认出埋藏时间的有洛阳北邙山唐墓出土的16枚银币，西安近郊唐墓出土的2枚银币，陕县刘家渠隋刘伟墓出土的2枚银币，西安张家坡隋墓410出土的1枚银币，西安李静训墓出土的1枚银币，山西太原金胜村墓5出土的1枚银币，河南洛阳东郊马沟村133号唐墓出土的1枚银币。[①]

---

① 康柳硕：《中国境内出土发现的波斯萨珊银币》，《新疆钱币》，中国钱币学会丝绸之路货币研讨会专刊，2004，第64~65页。

能够确认墓主身份的只有陕县刘家渠隋刘伟墓和西安李静训墓。虽然在中原地区发现了不少波斯萨珊朝的银币，但其中不乏仿制品。

图6-24　唐萨珊钱币
洛阳博物馆藏。

### 3. 阿拉伯钱币

阿拉伯帝国建立之初，一般采用拜占庭帝国和波斯萨珊的铸币，之后对其进行了仿造，出现了"阿拉伯—拜占庭"式和"阿拉伯—萨珊"式的铸币。直至奥美亚王朝改革币制样式，阿拉伯帝国开始制作独特样式的钱币。这些钱币在唐代流入中国。

1964年，西安市阿房区西窑头村发掘古墓时，发现了金币三枚。这三枚金币均为圆形，无孔。三件金币边轮均不十分圆整，每件两面均有铭文，铭文内容为伊斯兰教经文赞语。① 夏鼐先生对其进行了释读。

正面中央三行："安拉〔真主〕之外无神，他是独一无偶的。"边缘一周："穆罕默德是安拉的使者。安拉以中正的道和真理的教遣派了他，必定使他战胜了其他一切宗教。"背面中央三行："安拉是惟一的。安拉是永劫的。他不生育，也不被生。"边缘一周："以安拉的名义，这第纳尔铸于八十又三年。"②

图6-25　阿拉伯金币铭文拓本（六四190，六四189，六四188）
资料来源：陕西省文物管理委员会：《西安市西窑头村唐墓清理记》，《考古》1965年第8期。

根据夏鼐先生考证，它们同属阿拉伯帝国改变货币形式后的"第纳尔"，是阿拉伯奥梅雅王朝所铸，"这是中国境内出土的最早的伊斯兰铸币，也是唐代遗留下来的唯一的中国和阿拉伯世界交通的实物证据"。③ 发现三枚金币的墓葬曾被盗掘，因此其原来的摆放位置无法确定。但该墓年代，根据墓中劫余的随葬品有"三叠式绘彩红陶罐"和墓室作抹角四方形，推定它属于中唐和晚唐之间。④ 2013年10

---

① 陕西省文物管理委员会：《西安市西窑头村唐墓清理记》，《考古》1965年第8期。
② 夏鼐：《夏鼐文集》（下），社会科学文献出版社，2000，第102～103页。
③ 夏鼐：《夏鼐文集》（下），第104页。
④ 夏鼐：《夏鼐文集》（下），第104页。

月,"河北省涿州市出土了1枚阿拉伯帝国倭马亚王朝金币。……涿州唐墓出土阿拉伯帝国倭马亚王朝金币径18.9、厚1mm,重4.22g",[①]标准也基本同于西安出土的金币。另外,在唐代的墓葬中还发现了一些阿拉伯时期仿造的萨珊银币、拜占庭帝国金币。

4. 金银币在墓葬中的功能

中国自古就有将货币放入墓中随葬的习俗。古人为了表示对死者的孝敬之心,将死者生前拥有身份地位的象征及喜爱之物作为随葬品埋葬于墓中,包括各种器具和珍宝财物、钱币。拜占庭金币和萨珊银币也同其他钱币一样作为随葬品放入墓中。但从出土墓葬的情况来看,金银币在丧葬中的功能不能一概而论,拜占庭金币和萨珊银币作为随葬品的功能主要有以下情况:粟特人、波斯人出现的口含银币等习俗应是其民族葬俗的体现,而在中原上层墓葬中出现则往往是作墓葬的装饰品随葬。

其一,口含手握的丧葬习俗。对这一习俗的来源,当前学者有着不同的看法,日本学者小谷仲男认为这一风俗源起西方,[②]但夏鼐先生认为在殷周时代中国就已经出现墓主口中含货币的风俗,[③]那时的货币是贝。到了秦汉时期,铜钱取代贝,口含铜钱、玉石及饭的现象已经非常普遍了。在广州的汉代古墓中发现了墓主口含一枚五铢钱的情况。[④]《汉书·杨王孙传》记载:"口含玉石,欲化不得,郁为枯腊。"[⑤]隋唐时代口含钱币之风俗被继承下来,许多出土墓葬都可印证,有的是在死者口中放"开元通宝"铜钱,有的是放拜占庭金币(或仿制品),更多的是放萨珊银币。新疆

---

① 王雪农、杨卫东:《涿州唐墓出土阿拉伯帝国倭马亚王朝金币》,《中国钱币》2015年第1期。
② 1969年至1979年,苏联、阿富汗联合考古队在梯利亚泰培发掘著名的"大夏黄金宝藏"遗址,发现多个墓葬墓主手握帕提亚银币;或胸部有佉卢文金币;或者死者口中含有帕提亚银币。在吐普哈纳墓葬中,死者口中含有两枚银币,身上还有两枚。在同一地点的146座小型墓葬中,发现八枚钱币含在死者口中,四枚在胸部,两枚在骨盆处。在卡非尔尼河西侧的吐尔哈尔墓葬中,发现死者口含金币二例,一例头部上方有金币,一例身体上发现钱币。1972年,该河下游墓葬中死者头骨上发现十二枚钱币。在乌兹别克共和国苏尔汗河流比特泰培墓地,几乎所有死者口中都有钱币。小谷仲男:《关于死者口中含币的习俗——汉唐墓葬中的西方要素》,《人文杂志》1993年第1期。
③ 夏鼐先生认为实际上它是受了中国文化西来说的流毒的影响。我国在殷周时代便已有死者口中含贝的风俗,考古学上和文献上都有很多证据。当时贝是作为货币的。秦汉时代,贝被铜钱所取代。将铜钱和饭与珠玉一起含于死者口中,成了秦汉及以后的习俗。广州和辽阳汉墓中都发现过死者口中含一至二枚五铢钱。年代相当于高昌墓地的河南安阳隋唐墓中,据发掘者说,也往往发现死者口中含一两枚铜钱。这种风俗,一直到数十年前在我国有些地区仍旧流行。高昌这种死者口中含钱的习俗当溯源于我国的内地。参见《夏鼐文集》(下),第69页。
④ 广州刘王殿2号汉墓的两位墓主口中各含钱币1枚,见广州市文物管理处汉墓资料。
⑤ 班固:《汉书》卷67《杨王孙传》,第2908页。

吐鲁番阿斯塔那墓葬群中就发现了大量口含萨珊银币的墓葬。① 固原南郊隋唐的粟特人墓地也出土有拜占庭金币仿制品及波斯萨珊金银币，这些金银币均放置于墓主人头部，不过紧邻的固原隋唐南塬墓地发现多座口含钱币的墓葬，但墓主所含的是唐代钱币。② 另外根据随葬衣物疏的记载，其作用是为了开通冥路。③ 因此，虽然这一葬俗起源较为复杂，但口含或手握来自异国的金银币应是中亚、西亚地区民族风俗的体现。

其二，拜占庭金币和萨珊银币是由黄金白银制成，是身份与地位的象征。拜占庭金币、萨珊银币等一般在贵族墓葬中出土，比如隋凉州刺史独孤罗、北周公主的女儿李静训、唐舒国公夫人贺若氏都是隋唐时期官僚贵族，史道德、史道洛、康阿达、安菩、康业、贺若阙等则是"昭武九姓"粟特贵族后裔，李诞是婆罗门贵族后裔。拜占庭金币即便在拜占庭也并非大众的通用货币，因此贵族墓葬中以国外钱币随葬体现墓主人高贵的地位。

其三，钱币也是作为墓主生前的饰品随葬。在一些出土的金银币中有些被穿了一个或者几个小孔。它们应该是墓主生前佩戴的装饰品，死后用于随葬。如前面提到的陕西贺若阙墓中所葬金币就带有穿孔，应该就是这种功能。李静训墓中也出现了"隋五铢5枚，又有波斯萨珊朝银币1枚，系卑路斯（457～483）时所铸，边缘有一小孔，可能作为装饰物佩带者，直径2.6厘米"。④ 这些都是作为墓主生前喜爱的物品随葬于墓中。

5. 其他

在青海地区的都兰吐蕃墓葬的考古中，发现了18种为中亚、西亚所织造的丝织品，占品种总数的14%。这些织锦是具有独特浓厚异域风格的波斯锦，数量较多；其中一件锦上织有巴列维文，"第一行文字意为'王中之王'，第二行文字意为'伟大的、光荣的'，而其另一半现已流散于海外，上面写有波斯王的名字，织锦的年代约在7世纪"。⑤ 这件锦被认为是"目前所发现世界上仅有的一件确证无疑的8世纪波斯文字锦"。⑥ 青海吐蕃墓葬中出土的中亚织锦，不仅表明东西方文化交流的密切，也证实了都兰是丝绸之路的支线——白兰于阗道的重要节点。

---

① 夏鼐：《综述中国出土的波斯萨珊朝银币》，《考古学报》1974年第1期。
② 宁夏文物考古研究所编著《固原南塬汉唐墓地》，第130页。
③ 王永生：《新疆历史货币：东西方货币文化交融的历史考察》，中华书局，2007，第512页。
④ 唐金裕：《西安西郊隋李静训墓发掘简报》，《考古》1959年第9期。
⑤ 霍巍：《吐蕃时代考古新发现及其研究》，科学出版社，2011，第264页。
⑥ 中国社会科学院边疆考古研究中心编《前吐蕃与吐蕃时代》，文物出版社，2013，第293页。

## 二 墓葬所见异域文化形成背景

隋唐五代是一个特殊的历史时期,丝绸之路贯通,往来于中亚、西亚、北亚的人员增多。这一时期,一些中亚部落也出现了世代定居中原的情况。波斯、拜占庭帝国、西域各国与中原王朝也互派使节,互赠礼物,长期交往。

波斯是当时西方大国,自汉代张骞通西域后,一直与中原王朝保持着联系。隋炀帝即位后,曾派使者前往波斯,波斯也派遣使节来中国回赠礼物。按《隋书》载:"炀帝遣云骑尉李昱使通波斯,寻遣使随昱贡方物。"[1] 唐代两国关系更为密切,这一时期许多中亚地区商人、使者,乃至个别贵族都沿着丝绸之路抵达中原,有些甚至移居中国,死后葬于中国。唐高宗咸亨年间,波斯王子卑路斯逃至长安,"高宗甚加恩赐,拜右武卫将军"[2]。卑路斯及其儿子死后都葬在长安。1950年,在太原郊区,发现过波斯萨珊王朝库思老二世的银币与仿波斯式青瓷扁壶[3]。长安、洛阳、扬州、太原等发现过波斯萨珊王朝的银币及其他工艺品。而据隋代的虞弘墓志记载,虞弘就曾出使波斯。此外,还有许多出土资料证明中国与波斯之间存在密切关系。

隋唐东西交通畅通无阻,中国与欧洲国家的交往频繁。位于欧亚大陆交界处的拜占庭帝国与中国也有着文化交流。隋唐时期,一般将拜占庭帝国称为拂菻或大秦,"拂菻国,一名大秦,在西海之上,东南与波斯接,地方万余里,列城四百,邑居连属。其宫宇柱栊,多以水精琉璃为之"[4]。唐太宗贞观十七年(643)拜占庭帝国使臣来华,双方互赠礼品,"拂菻王波多力遣使献赤玻璃、绿金精等物,太宗降玺书答慰,赐以绫绮焉"。高宗以后,由于拜占庭帝国面临新兴的阿拉伯帝国的军事压力,多次遣使或以景教徒为使者来华,"乾封二年,遣使献底也伽。大足元年,复遣使来朝。开元七年正月,其主遣吐火罗大首领献师子、羚羊各二。不数月,又遣大德僧来朝贡"[5]。拜占庭是位于丝绸之路最西端的交通枢纽,而来自中原地区的丝绸也是经过拜占庭帝国转至欧洲。

在东西方交流中,中亚的其他民族也起到了重要作用。昭武诸国是陆上丝绸之路

---

[1] 魏徵:《隋书》卷83《西域传》,第1856~1857页。
[2] 刘昫等:《旧唐书》卷198《西戎传》,第5313页。
[3] 山西省文物管理委员会:《太原南郊金胜村唐墓》,《考古》1959年第9期;夏路、刘永生:《山西省博物馆馆藏文物精华》,山西人民出版社,1999,第110页。
[4] 刘昫等:《旧唐书》卷198《西戎传》,第5313页。
[5] 刘昫等:《旧唐书》卷198《西戎传》,第5314~5315页。

的必经之地，康居为突厥击破后，"枝庶分王，曰安，曰曹，曰石，曰米，曰何，曰火寻，曰戊地，曰史，世谓九姓，皆氏昭武"。史称昭武九姓，隋唐五代时期很多昭武九姓之民前往中原腹地。近年来，墓葬考古中发现了许多来自安、何、史、石、曹等国部众的墓地。昭武诸国与隋唐五代王朝也保持了良好的关系，炀帝即位后，曾"遣侍御史韦节、司隶从事杜行满使于西蕃诸国。至罽宾，得玛瑙杯；王舍城，得佛经；史国，得十舞女、师子皮、火鼠毛而还"。①唐朝则与这些地区联系更加紧密，"从唐高祖武德七年（624）直至唐代宗大历七年（772）的一百四十九年间，史载昭武诸国与中国通好者八十余次"。②昭武诸国多次遣使朝贡。唐高宗击败西突厥以后，西域各国接受唐朝册封。大食灭波斯萨珊后，势力开始向东扩张至中亚。昭武诸国多次向唐朝请援，并向唐朝纳质请封。《旧唐书》载：开元十年（722）五月，"敕诸蕃充质宿卫子弟，并放还国"。③开元十九年（731），"康国王乌勒遣使上表，请封其子咄褐为曹国王，默为米王，并许之"。④西域诸国之人喜好经商，《旧唐书》记载其"善商贾，争分铢之利。男子年二十，即远之旁国，来适中夏，利之所在，无所不到"。近年来学者发现了大量昭武九姓的后裔从事贸易的事例。许多西域商人、家族在利益驱动下，沿丝绸之路东行，有些粟特族群甚至沿途设立据点、长期定居，垄断丝绸之路的贸易。直至公元7世纪，阿拉伯帝国兴起，这一局面才有所改变。

唐代以来均称阿拉伯帝国为大食国。阿拉伯人在统一阿拉伯半岛后，开始一系列的对外征服战争，与控制西域的中原王朝发生矛盾。永徽年间，康国频"遣使告为大食所攻，兼征赋税"。⑤龙朔初年，波斯遭到大食侵略灭亡，"是时天子方遣使者到西域分置州县，以疾陵城为波斯都督府，即拜卑路斯为都督。俄为大食所灭"。⑥波斯萨珊灭亡后，昭武各国频遭侵扰。天宝十三年（754），"东曹国王设阿及安国副王野解及诸胡九国王，并遣上表，请同心击黑衣，辞甚切至"。⑦到了8世纪上半叶，经过怛罗斯之战，唐朝将领高仙芝战败，阿拉伯逐步确立了对中亚地区的统治，并将伊斯兰教传播到东方。中国工匠也有到大食者，"汉匠起作画者，京兆人樊淑、刘泚，

---

① 魏徵：《隋书》卷83《西域传》，第1841页。
② 魏光：《何文哲墓志考略》，《西北史地》1984年第3期。
③ 刘昫等：《旧唐书》卷8《玄宗上》，第183页。
④ 王钦若：《册府元龟》卷964《册封一》，第11345页。
⑤ 王溥：《唐会要》卷99《康国》，第1774页。
⑥ 欧阳修：《新唐书》卷221下《西域传下》，第6259页。
⑦ 王钦若：《册府元龟》卷973《外臣部·助国讨伐》，第11434页上。

织络者，河东人乐儇、吕礼"。①德宗以后，吐蕃势力日渐强大，并攻克长安，德宗接受了大臣李泌建议，"北和回纥，南通云南（南诏），西结大食、天竺"，为此贞元元年（785）四月，杨良瑶出使大食，"赐绯鱼袋，充聘国使于黑衣大食，备判官、内傔，受国信、诏书。"另外阿拉伯商人也通过海、陆贸易往来于中亚、西亚、中国之间，海上丝绸之路逐渐取代陆上丝绸之路成为联系东西方贸易的主要通道。唐末五代时期，墓葬中也出现了阿拉伯伊斯兰文化的随葬品。

## 三 迁入中原后丧葬习俗的本土化

隋唐五代时期，由于战乱以及贸易等原因，大量来自异国的商人、使臣进入中原。他们有来自西方的波斯人、粟特人、阿拉伯人，也有来自东方的日本人、新罗人。仅大唐贞观年间，"户部奏言，中国人自塞外来归及突厥前后降附开四夷为州县者，男女百二十余万口"。②他们有些留葬在中国，在丧葬习俗上既有本民族特色，又融入了中原丧俗的特点。

### （一）远离故土留葬中国

当前发现有一些来自北亚、中亚、东亚国家的墓葬，墓主以来自中亚地区昭武诸国的粟特人和西北的突厥人为主，也包括波斯人、阿拉伯人、日本人、新罗人等。

粟特人墓葬有些是聚族而居的家族墓地。1981年以来，宁夏固原先后发掘清理了多座隋唐墓葬。其中部分墓主是隋唐时期迁徙至该地的粟特人后裔，包括史索岩、史铁棒、史诃耽、史道洛、史射勿、史道德、安娘、康氏等。在其墓志中，史射勿称"其先出自西国"，③西国是指西域；史诃耽提到他的先祖是"史国王之苗裔也"，④史索岩妻安娘墓志称其是"安息王之苗裔也"，⑤史道洛妻康氏也是来自康国。学者考证史射勿、史诃耽、史道洛、史铁棒为子孙关系，史索岩和史道德为叔侄关系。他们是昭武九姓中的史国与安国人后裔。这些墓葬反映了隋唐时期粟特人东迁后定居的情况。墓葬中出土了波斯银币、拜占庭金币、萨珊金币、金覆面、兽头金饰、蓝宝石印章等大量带有中亚风格的文物，也表明了他们与中原人士身份的不同。近年来，固原南塬又发现"六具有西方人种特征的人骨架，是经人骨鉴定而确认的隋唐时期白种人

---

① 杜佑：《通典》卷193《边防九·大食》，第5280页。
② 杜佑：《通典》卷200《边防十六·鬼国》，第5494页。
③ 银川美术馆编《宁夏历代碑刻集》，宁夏人民出版社，2007，第17页。
④ 银川美术馆编《宁夏历代碑刻集》，第31页。
⑤ 银川美术馆编《宁夏历代碑刻集》，第24页。

在内地的重要发现"。① 其具体来自何处现在不得而知，但非常明显他们也是远离故土留葬中国的异域胡人。

安史之乱后，河、陇地区被吐蕃占据，唐朝无暇西顾，丝绸之路断绝。"自天宝以来，安西、北庭奏事及西域使人在长安者，归路既绝，人马皆仰给于鸿胪。礼宾委府、县供之，于度支受直。度支不时付直，长安市肆不胜其弊。"② 有些胡客滞留长安长达四十余年，娶妻生子、购置田宅、举质取利，定居长安不愿返回。当时胡客中有田宅者，就多达四千人。贞元二年（786），大臣李泌计划取消对这些人的衣食供给，遭到胡人的反对，"胡客皆诣政府诉之，（李）泌曰：'此皆从来宰相之过，岂有外国朝贡使者留京师数十年不听归乎！今当假道于回纥，或自海道各遣归国，有不愿归，当于鸿胪自陈，授以职位，给俸禄为唐臣。人生当乘时展用，岂可终身客死邪！'于是胡客无一人愿归者，泌皆分隶神策两军，王子、使者为散兵马使或押牙，余皆为卒，禁旅益壮。鸿胪所给胡客才十余人，岁省度支钱五十万缗，市人皆喜"。③ 可见，当时数量众多的胡人定居长安，并加入到军中效力，直至客死，也不愿意返回。1955年，西安出土了米继芬墓志，米继芬"其先西域米国人也，代为君长，家不乏贤。祖讳伊西，任米国长史。父讳突骑施，远慕皇化，来于王庭，邀质京师，永通国好。……公承袭质子，身处禁军"。米继芬是米国人，祖上作为"质子"来唐。他的职位是"大唐左神策军散副将游骑将军守左武卫大将军同正兼试太常卿上柱国"。1966年，西安曾发掘一座唐墓，墓主何文哲来自何国，也曾担任神策军将军，志文云："公本何国王丕之五代孙，前祖以永徽初，款塞来质，附于王庭。"他们都是粟特人留居中原的后裔，定居并葬在中国。

因为战乱原因，被迫迁移或者定居中国的不仅是粟特人，还有波斯人、百济人。阿拉伯人灭亡波斯后，波斯王子卑路斯逃至长安，"高宗甚加恩赐，拜右武卫将军"。④ 卑路斯及其儿子死后都葬在中国。另一位波斯人阿罗憾也曾在显庆年间出使至中原，被封为"波斯国大酋长、右屯卫将军、上柱国、金城郡开国公"，"又充拂林国诸蕃招慰大使，并于拂林西界立碑……以景云元年（710）四月一日……终于东都之私第也"。⑤ 他曾参与了唐代对西域的开发，最终客死于东都洛阳。

---

① 宁夏文物考古研究所编著《固原南塬汉唐墓地》，第132页。
② 司马光：《资治通鉴》卷232，第7492~7493页。
③ 司马光：《资治通鉴》卷232，第7493页。
④ 刘昫等：《旧唐书》卷198《西戎传》，第5313页。
⑤ 马小鹤：《唐代波斯国大酋长阿罗憾墓志考》，载荣新江、李孝聪主编《中外关系史：新史料与新问题》，科学出版社，2004，第99页。

唐中后期，阿拉伯和波斯穆斯林商人也从海道来到中国从事贸易活动，有些死后葬在中国。20世纪70年代中期，"在海南岛南部的陵水县和三亚市的濒海沙滩地带陆续发现了梅山、干教坡、番岭坡及土福湾等四处古代穆斯林墓葬群。这些墓葬皆为竖穴土坑墓，长1.8～2米，宽0.8～1米，深1.2米左右，无任何葬具和随葬品。死者侧身屈肢，头西北，脚东南，面朝西。每座墓葬的前后各竖石碑一块为标志，墓碑有雕刻碑文图案的一面朝外"。①根据陵水土福湾墓葬群的发掘资料显示：其墓碑都是采用珊瑚石雕刻，墓碑的顶部一般是呈尖锥形、半圆形或"山"字形三类，碑体上为五峰造型。碑上部雕刻弧形放射线衬托心形图案，与碑体上的五峰造型相互映衬。碑的中部刻有一宽32厘米、高6厘米的凹框，"碑上刻圆月、卷云、花朵、生命树等图案。碑文用阿拉伯文或波斯文阳刻，内容大致为墓主姓名、死亡日期，或阿拉伯经文"。②墓葬时间自唐至元，应是从事商业活动的穆斯林的公共墓地。这些墓葬较为独特，"皆用竖穴土坑葬，在头脚两端各竖一珊瑚石碑作墓穴标志，没有封土，属早期的穆斯林葬式"。③墓葬中无葬具、随葬品，体现出伊斯兰教要求的土葬、速葬、从简薄葬等丧葬共性。逝者头西北，脚东南，面朝西，指向圣城麦加，也符合穆斯林的早期丧俗。这些穆斯林墓葬都是简葬，一方面墓主可能都是船员；另一方面符合唐中期杜环游历大食时，对伊斯兰教徒"葬惟从俭"的描述。总之，这些墓葬是海上丝绸之路交流的见证。

图6-26 壁画中的粟特人形象

属于官方往来的部落首领、使臣、留学者等由典客署负责接待，"如疾病死丧，量事给之"。④他们的丧葬费用也由官方承担。日本人井真成死后埋葬于长安万年县，按《赠尚衣奉御井公墓志文并序》："公姓井，字真成。国号日本，才称天纵。故能衔命远邦，驰聘上国。蹈礼乐，袭衣冠；束带立朝，难与俦矣。岂图强学不倦，问道未

---

① 詹长智：《海南历史文化研究集刊》第1卷，海南出版社、三环出版社，2009，第139页。
② 丘富科：《中国文化遗产词典》，文物出版社，2009，第269页。
③ 王静：《海南岛的古墓葬》，《东南考古研究》第3辑，厦门大学出版社，2003，第246页。
④ 刘昫等：《旧唐书》卷44《职官志三》，第1885页。

终；壑遇移舟，隙逢奔驷。以开元廿二年正月□日，乃终于官弟，春秋卅六。皇上哀伤，追崇有典；诏赠尚衣奉御，葬令官给。即以其年二月四日，窆于万年县浐水东原，礼也。呜呼！素车晓引，丹旒行哀；嗟远人兮颓暮日，指穷郊兮悲夜台。其辞曰：寿乃天常，哀兹远方；形既埋于异土，魂庶归于故乡。"他是较为少见的客死于中国的日本人。

### （二）丧葬习俗的逐渐汉化

隋唐时期，来自中亚、西亚、北亚或者东北亚地区的波斯人、粟特人、新罗人来华后，虽然在墓葬中保持有本民族的特色，但中原王朝国力强盛，经济繁荣，文化上具有极强的包容性。因此，这些域外来客的墓葬也不可避免地受到汉文化的濡染。虽然墓志中保留了部分记述故土的字句，甚至有些石棺、石屏的浮雕造型与中原风格截然不同，但这些是特例。随着时间的推移，其墓志、土葬、夫妻合葬等方面经历了选择性吸收中原文化到全面汉化的过程，最终完全融合到中原民族的文化体系中。

1. 对中原丧俗的选择性吸收

中亚、西亚民众东迁来华之前，有本民族自己的丧葬习惯。在进入中原周边地区的初期，还保留部分习俗，同时也对汉族丧葬习俗进行选择性吸收。据《通典》记载，康国的习俗是"国城外别有二百余户，专知丧事。别筑一院，院内养狗，每有人死，即往取尸，置此院内，令狗食之肉尽，收骸骨，埋殡无棺椁"。[①]另外，火葬也比较流行，骨灰装在盛骨瓮中。他们进入中原地区以后则往往部分采用中原葬法，近年来考古发现中亚、波斯的胡人也采用棺椁土葬，且墓葬中也有当时盛行的墓志。比如虞弘墓虽然其石棺浮雕完全是波斯风格，但墓室形制、石棺样式、汉文墓志等与中原葬俗一致。洛阳安菩祖先为安国大首领，他的整座墓葬平面呈凸字形，"由墓道、墓门、甬道和墓室四部分构成，墓室东西两边各有一棺床，棺木已朽，但包砌棺木的石条仍在，是典型的汉族土洞墓。洛阳还出土了几十方粟特人的墓志，其行文、内容与汉族墓志没有大的差别"。[②]这些都是他们对中原葬俗的吸收。

陕西省文物管理委员会于西安市土门村附近发现的唐苏谅妻马氏墓志非常具有代表性，在中西方交流史上有着重要意义。墓志志石的正面上半刻有古波斯文字巴列维文，横书六行，下半为汉文，直书七行。[③]整个墓志以巴列维文为主，汉文墓志为辅，

---

① 杜佑：《通典》卷193《边防九·康居》，第5256页。
② 毛阳光：《隋唐时代洛阳的粟特人》，中州古籍出版社，2006，第256页。
③ 刘迎胜：《唐苏谅妻马氏汉巴列维文墓志再研究》，《考古学报》1990年第3期。

位于下部，这也表明墓主刻意体现本民族特点，但墓志本身却是汉化的表现。墓志的巴列维文部分文字较长，刘迎胜先生结合日本京都大学伊藤义教博士等外国学者研究校正翻译为："此乃已故王族，出身苏谅［家族］之左神策骑兵之长的女儿马昔师，于已故伊嗣俟二四〇年，及唐朝之二六〇年，常胜君王崇高之咸通十五年，（波斯阳历）十二月五日建卯之月于廿六（岁）死去。（愿）其［住］地与阿胡拉·玛兹达及天使们同在极美好的天堂里。祝福。"① 汉文共44个字，内容为："左神策军散兵马使苏谅妻马氏，己巳生，年廿六，于咸通十五年甲午岁二月辛卯建廿八日丁巳申时身亡，故记。"汉文与巴列维文相比内容较为简单，介绍粗略，而巴列维文提到的"阿胡拉·玛兹达（Ahura Mazda）"是祆教的最高神，以此体现出其民族与宗教信仰的信息。在远离故土、留葬中原后，中亚移民在丧葬习俗上一方面保留民族特点，一方面又在经历逐步汉化的过程。唐苏谅妻马氏墓志中汉文与巴列维文合璧墓志便非常明显地表现出这一特点。②

另外从考古发掘与墓志记载来看，部分中亚移民多采用汉唐以来流行的夫妻合葬方式。如安国后裔安菩夫妇合葬墓，安菩于"麟德元年十一月七日，卒于长安金城坊之私第。以其年十二月十一日，旋窆于龙首原南平郊"。安菩妻何氏"以长安四年正月廿日卒于惠和坊私第……景龙三年九月十四日，于长安龙首原南，启发先灵，以其年十月廿六日、于洛州大葬"。③但在通婚方面，多娶本族妇女为妻。固原的史索岩妻安娘墓志载："夫人讳娘，字白，岐州岐阳人，安息王之苗裔也。"④史诃耽妻康氏，"甘州张掖人也。"⑤何弘敬墓志记载：其母为"卫国太夫人康氏"，其妻为"武威安氏，累封燕国、魏国、楚国夫人"。⑥何文哲墓志记载："夫人康氏，皇奉天定难功臣试光禄卿普金之女，有子两人，以贞元十三年六月十九日终于延寿里之私第。公追惟前好，犹乞嘉姻。爰以其年复就亲迎，即前夫人之第三妹也。"⑦即先后娶康氏姐妹为妻。以上几位墓主的妻子其先祖均来自安国、康国等地。除此之外，"还有曹谅与妻安氏，

---

① 陕西省文物管理委员会：《西安发现晚唐祆教徒的汉、婆罗钵文合璧墓志——唐苏谅妻马氏墓志》，《考古》1964年第10期；伊藤义教：《西安出土汉、婆合璧墓志婆文语言学的试释》，《考古学报》1964年第2期；刘迎胜：《唐苏谅妻马氏汉巴列维文墓志再研究》，《考古学报》1990年第3期。
② 刘迎胜：《唐苏谅妻马氏汉巴列维文墓志再研究》，《考古学报》1990年第3期。
③ 洛阳市文物工作队：《洛阳出土历代墓志辑绳》，中国社会科学出版社，1991，第444页。
④ 银川美术馆编《宁夏历代碑刻集》，第24页。
⑤ 银川美术馆编《宁夏历代碑刻集》，第31页。
⑥ 周绍良、赵超主编《唐代墓志汇编续集》，第1059页。
⑦ 卢兆荫：《何文哲墓志考释——兼谈隋唐时期在中国的中亚何国人》，《考古》1986年第9期。

安师与妻康氏，康武通与妻康氏，安神俨与妻史氏，数量很多。"①从墓志看，有些人已融入中原生活，并担任唐朝官职，名字、籍贯甚至不易分辨其族群。仕唐的昭武九姓后裔，虽然在许多方面已经汉化，但仍然保留相互联姻的习俗，这是否与宗教、习俗等相关，还需进一步探讨。

2. 家族墓葬与宗族观念

从考古发现来看，部分移民如固原史氏、洛阳康氏、宁夏窨子梁何氏、百济祢氏均为家族墓地。宁夏窨子梁六座唐墓位于盐池西北约48公里的苏步井乡窨子梁上。其中一座出土墓志显示墓主为武周时期来自西域的何姓都尉，②其余五座墓的墓葬形制、墓室结构都与该墓类似。这六座墓排列有序，显然是同一族属的墓葬。墓中有单人葬、双人葬，还有多人聚葬于一室的现象，其中一座葬尸骨四具，一座尸骨多达十余具。③同一墓葬埋葬多人，在唐墓中并不多见。如果参考同为何国后裔，且是灵州人何弘敬墓志中提到祖上曾率领"部曲八百人迁魏、相、贝三州"，这种多人合葬是其聚族而居的反映。再如《法藏兄弟祖坟题记》载："次西边坟，祖婆康氏，右麟德二年八月亡。祖父俱子，右上元二年五月亡，其年八月葬于洛州河南县龙门乡孙村西一里。父德政合葬记。孙男法藏、阿伻、□□□、惠琳，孙男崇基、万岁。父德政右去垂拱三年七月七日亡。母尹氏，右去长安元年十一月廿九日亡。"此处所言为洛阳康法藏祖坟的埋葬情况。

有些家族在隋唐时期担任官职，具有一定的经济基础，进入中原周边地区以后，通过模仿汉姓，逐渐接受传统宗族观念，强化家族血缘关系，体现了家族生前与死后的血脉联系。从家族墓地发现的墓主姓名来看，其第一代、第二代移民姓氏虽然改变，但名字却依然有着较为强烈的外来痕迹，只是将原来的名字音译为汉字。固原史射勿盘陀，是粟特语Vandak（意为"奴"、"仆"）的音译。④而到了其儿子史长乐、史安乐、史长兴都是汉化姓名，再到其曾孙的姓名史孝忠、史孝义，不仅完全汉化，而且带有明显的传统儒学色彩。同样的例子还有何弘敬、安修仁等。忠、孝、义等类似词汇都是深受儒学思想的影响。

3. 逐渐汉化与民族特点消亡

胡人的多次叛乱，对进入中原地区的粟特人、突厥人等，影响颇大，使他们刻意

---

① 毛阳光:《隋唐时代洛阳的粟特人》，第256页。
② 何姓祖上来自大夏月氏人。从中可见，自称来自大月氏的何姓墓主，祖父为何乙末，父亲为何盘陁，应为西域康国昭武九姓何国中的一支。在另一座墓葬的石门上刻有西域男子胡旋舞的画面，也暗示了墓主的身份。
③ 宁夏回族自治区博物馆:《宁夏盐池唐墓发掘简报》，《文物》1988年第9期。
④ 原州联合考古队编著《唐史道洛墓》，文物出版社，2014，第215页。

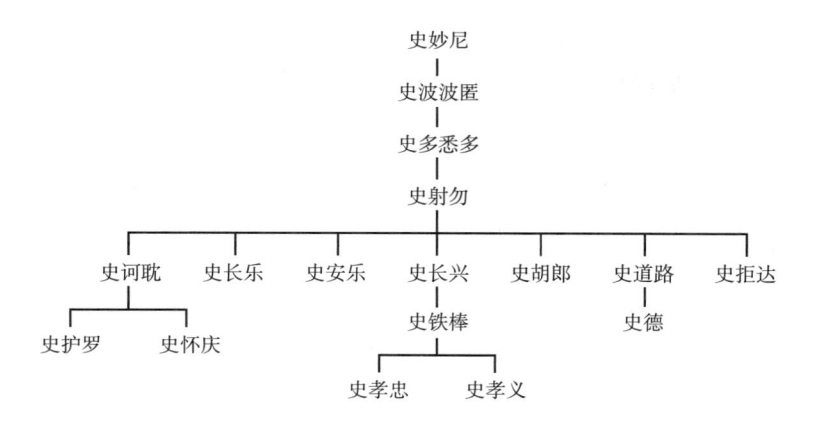

```
                    史妙尼
                      |
                    史波波匿
                      |
                    史多悉多
                      |
                    史射勿
    ┌────┬────┬────┬──┴──┬────┬────┐
  史诃耽 史长乐 史安乐 史长兴 史胡郎 史道路 史拒达
   ┌─┴─┐           |             |
 史护罗 史怀庆    史铁棒         史德
                 ┌─┴─┐
               史孝忠 史孝义
```

图6-27　史射勿家族世系

资料来源：原州联合考古队编著《唐史道洛墓》，第216页。

掩饰身份，加速了接受中原文化的进程。开元九年（721），六胡州民以康待宾为首发动叛乱。①叛乱平定后，政府将其分别安置在河南与江、淮诸州，不久便将他们迁回故地。天宝十四年（755），安禄山、史思明等人发动安史之乱，安、史二人均为突厥与粟特的后裔，其部众中也有大量粟特、突厥、奚人加入。叛乱之前，安禄山招纳了许多胡商，"潜于诸道商胡兴贩，每岁输异方珍货百万数，每商至，则禄山胡服坐重床，烧香列珍宝，令百胡侍左右，群胡罗拜于下。邀福于天。禄山盛陈牲牢，诸巫击鼓、歌舞，至暮而散。遂令群胡于诸道潜市罗帛，及造绯紫袍、金银鱼袋、腰带等百万计，将为逆叛之资，已八九年矣"。②安史之乱致使唐朝政府对胡人产生了排斥的倾向，因此他们也逐渐开始用改变姓氏、郡望等方式刻意掩饰自己胡族的身份和背景。

安史之乱以后，许多迁移自中亚的粟特人在墓志中提到其籍贯、郡望多称来自西北地区的敦煌、酒泉、武威、张掖等地。李鸿宾先生认为："粟特人从中亚进入内地，他们途经河西走廊特别聚集于城镇，有许多就落居在当地，并以此进入内地，后受汉文化籍贯和郡望之影响，他们往往舍弃了中亚旧地之称而采用走廊各地尤其像武威、张掖、凉州这样的名号作为自己（家族）的籍贯。"③因为这些地方是他们路经并聚集的中心，记忆深刻。如《何摩诃墓志》："君讳摩诃，字迦，其先……因官遂居姑臧太平之乡。"④《安令

---

① 司马光：《资治通鉴》卷212，第6745~6746页。
② 姚汝能：《安禄山事迹》，上海古籍出版社，1983，第12页。
③ 李鸿宾：《安菩墓志铭再考——一个胡人家族入居内地的案例分析》，参见杜文玉主编《唐史论丛》第12辑，三秦出版社，2010，第172页。
④ 周绍良、赵超编《唐代墓志汇编》，第670页。

节墓志》说他先人是"武威姑臧人"。①其他如康磨伽、康留买、安延、安神俨等人的墓志均以凉州、姑臧、西州、武威为籍。②对此，荣新江先生曾专门论述唐前后期中亚粟特人的这种变化。③安史之乱导致唐廷对胡人有所排斥，应是原因之一。另外迁移过程中对祖地的遗忘，也并非不可能。史家墓地曾出土多方墓志，但墓志对其先祖官职的表述就有差异，这说明时间久远，后人的记忆并不清晰。所以这些墓志中的说辞，也不能仅仅视为一种避讳，也可能是源于迁徙过程中的遗忘。安金藏生活在安史之乱以前，其父亲安菩墓志记载其祖先为"西域安国大首领"，而安金藏则以京兆长安作为籍贯。

当然这只是少数，荣新江先生研究指出："汉化在安史之乱以前就在入华粟特人中潜移默化地发展着，大多数粟特人对于自身的来历并不讳言，也不愿割舍，彻底不提源自西方的反倒是少数。但安史之乱后，生活在中原的大多数粟特人的墓志有个明显的变化，即讳言出身，他们力图用改变自己的出身和郡望的做法，来与胡人划清界限。"④在墓志中，无论是姓氏、籍贯还是郡望的选择，都鲜明地表现了他们对中原文化的吸收，因此，这些家族在迁入中原后，丧葬中也就体现出家族墓葬的特点。

另外，在河北藩镇中也有不少中亚移民的后裔。五代时期，沙陀族中融合相当一部分来自西域的部族。自称灵武人何进滔，即前文何弘敬的父亲，先祖是隋代胡商，但数代之后，他们完全融入并接受中原的殡葬习俗，当魏博节度使史宪诚死后，作为继任者何进滔"素服临哭，将吏皆入吊"。⑤可见，这些来自西亚、中亚的移民经过长期的融合，在丧葬习俗上其民族特征逐渐淡化。

## 四 墓葬中体现的文化背景

在移民墓葬中，祆教、佛教、儒学等文化因素均有所表现。比如墓主虞弘、马氏都是虔诚的祆教徒，墓志记载：虞弘"年十三，任莫贺弗，衔命波斯、吐谷浑。转莫缘，仍使齐国"，⑥可见虞弘年轻时奉命出使波斯，且于波斯长期驻留，颇为熟悉波斯的习俗与祆教文化。其石棺的浮雕上有祆教祭司与圣火坛图案。唐代苏谅妻马氏墓志

---

① 周绍良、赵超编《唐代墓志汇编》，第1045页。
② 向达：《唐代长安与西域文明》，湖南教育出版社，2010，第14~18页。
③ 荣新江：《中古中国与粟特文明》，三联书店，2014，第96页。
④ 荣新江：《中古中国与粟特文明》，第96页。
⑤ 欧阳修：《新唐书》卷210《何进滔传》，第5937页。
⑥ 罗新、叶炜：《新出魏晋南北朝墓志疏证》，中华书局，2004，第419页。

中同样有着祆教的文化痕迹:"(愿)其[住]地与阿胡拉·玛兹达及天使们同在极美好的天堂里。祝福。"文中所提到的阿胡拉·玛兹达是祆教主神,墓志的巴列维文也说明苏谅及其妻马氏皆为虔诚的祆教信众。

在宗教信仰方面,佛教曾经在粟特地区盛行一时,但在隋唐时代,粟特地区的佛教已经被祆教取而代之。史载粟特人"王及百姓不信佛法,以事火为道"。① 然而进入汉地以后,许多粟特人受到汉地盛行佛教信仰的影响,一方面,仍将祆教作为他们的信仰,保留在生活习惯中,如史道德墓中出土的一件由日、月图形组成的额饰,因为祆教是以日、月为崇拜对象;另一方面,由于世代在汉地延续,也受到佛教思想的影响,史索岩墓中出土有佛教的石幢,他还为子孙起名法僧、德僧、善集等。

入华胡人对儒学也非常尊崇,随着自身学识和修养的提高,他们对儒家伦理道德观甚是遵循。安神俨墓志中提到墓主"仁惠之道,资训自天,孝友之方,无假因习"。② 康元敬墓志称他:"幼闻仁义之训。居心廉慎,口无择言。立性恭俭,郊游以信。不贪荣禄,怡然自安。"③ 这些评价都是儒家思想所推崇的品德。而三从四德、居家和睦、孀居守节等传统观念也成为衡量外来移民女性的品行尺度,④ 如曹谅妻安氏,"温恭□朗,妇顺外融,一醮齐于恭姜,四德谐于孟母。"⑤ 史夫人"女仪无爽,一志贞心,妇礼有功,四德兼备"。⑥ 这些粟特人的祖辈虽然系外来移民,但经过数代的耳濡目染,后辈逐渐接受传统伦理道德和价值观念的影响,融入了中原文化体系中。

总之,东迁的中亚、西亚各民族或多或少地保持着他们原有风尚习俗,但也逐步接受中原文化影响。如固原墓葬中出土的异域风格的文物,像萨珊银币、萨珊银币仿制品、拜占庭金币仿制品、金覆面等,显然是外来的物品,其民族特色在这里有明显的体现;但是从墓室形制、石棺样式、汉文墓志来看,主要还属于中原墓葬文化风格。这些墓葬和随葬品出现在中原墓葬中,见证了东西方之间经济、政治、文化的往来。正是这种文化交流,丰富了中国的墓葬文化和丧葬习俗。

---

① 释迦言:《大慈恩寺三藏法师传》,中华书局,2000,第30页。
② 张乃翥:《龙门石窟与西域文明》,中州古籍出版社,2006,第307页。
③ 周绍良、赵超编《唐代墓志汇编》,第571~572页。
④ 毛阳光:《隋唐时期洛阳的粟特人》,第254页。
⑤ 周绍良、赵超编《唐代墓志汇编》,第136页。
⑥ 周绍良、赵超编《唐代墓志汇编》,第335页。

## 第二节　中原周边地区的丧葬文化

隋唐五代是中国历史上统一多民族国家发展的重要时期，突厥、吐蕃、渤海、南诏等的丧葬文化既有自身特点又不同程度的受中原文化的影响。

### 一　突厥

突厥是隋唐五代时期生活在今阿尔泰山一带的少数民族，以游牧、射猎为主。突厥兴起于 6 世纪中期，并逐渐控制了北方地区。突厥的丧葬习俗保留着北方游牧民族的一些特点，以火葬为主。

突厥的葬俗在《周书·突厥传》中有所记载："死者，停尸于帐，子孙及诸亲属男女，各杀羊马，陈于帐前，祭之。绕帐走马七匝，一诣帐门，以刀劙面，且哭，血泪俱流，如此者七度，乃止。择日，取亡者所乘马及经服用之物，并尸俱焚之，收其余灰，待时而葬。春夏死者，候草木黄落，秋冬死者，候华叶荣茂，然始坎而瘗之。葬之日，亲属设祭，及走马劙面，如初死之仪。葬讫，于墓所立石建标。其石多少，依平生所杀人数。又以祭之羊马头，尽悬挂于标上。"[①]这一段是对突厥丧葬情况较为全面的记述，当前的许多考古资料也印证了突厥的这一习俗。葬日劙面、以马殉葬都是突厥较为常见且原始的丧葬传统，其丧葬习俗也代表了一些北方游牧民族共有的特点。

突厥人的丧葬一般包括停灵、宰杀牲畜作祭品、帐前哭祭、下葬等过程。在逝者死后，遗体应停放于庐帐之内。家人宰杀牲畜准备祭品，将祭品共同摆放到停尸的庐帐前以祭亡灵。"至于祭品种类，一般是马、牛、羊，三牲中又以马为最上品，这些牲畜与突厥人的社会生活密切相关。"[②]这些丧事准备完成后，进行帐前哭祭，这是在北方欧亚游牧民族中较为盛行的葬俗。哭祭者要围绕其帐走马七圈，每次走到帐门时，就要"以刀劙面且哭，血泪俱流"，以刀劙面就是用刀来割划面部，这个过程要进行七次方能结束。哭祭时，以刀劙面、割耳、断发等自残行为被看作其亲属宾客表达悲痛的一种形式。这种行为不仅是突厥丧俗重要环节，也是中古时代北亚、中亚民族丧礼中的重要内容。接着家人要为逝者选择焚骨与下葬的日期。选定日期以后就会

---
① 令狐德棻：《周书》卷 50《突厥传》，中华书局，1971，第 910 页。
② 刘永连：《突厥丧葬风俗研究》，广西师范大学出版社，2012，第 22 页。

取死者所乘之马及曾经使用的物品，与尸体共焚，取骨灰以后再择日下葬。下葬的时间与死者死亡的季节相关。春夏死亡，需要等到草木枯黄时下葬。秋冬死亡的，要等到草木茂盛时下葬。下葬时的仪式与初丧时相似，设祭致哀、走马剺面。下葬后，就要在墓地旁建石，作为标志。"其石多少，依平生所杀人数。又以祭之羊马头，尽悬挂于标上。"①中亚、北亚地区发现了大量的石碑，"古突厥碑文传统的发展在很大程度上与葬仪有关。……（各地）发现大量这种石头，大部分无刻文或刻有非语言的符号（部落印记［tamgha］或动物、武器或其他神秘刻图），少量的带有文字。另外，古代突厥人有唱挽歌（aghyt）的习惯（歌颂死者的功绩）"。②一般人的葬礼，《隋书·突厥传》与《周书》记载颇为相似："停尸帐中，家人亲属多杀牛马而祭之，绕帐号呼，以刀划面，血泪交下，七度而止。于是择日置尸马上而焚之，取灰而葬。表木为茔，立屋其中，图画死者形仪及其生时所经战阵之状。"③《隋书》记载只是将北周时期的"墓前立石标"改为"表木画形"。这一时期也是突厥的兴盛时期，对外征战频仍，丧仪增加了绘制死者形貌与征战的情况。

突厥还有一个奇特的风俗，男女可在丧日寻找伴侣。在下葬之日，"男女咸盛服饰，会于葬所。男有悦爱于女者，归即遣人娉问，其父母多不违也"。④葬日改为相亲之时，这在中原地区不多见。

可汗去世后的仪式更为隆重盛大，会有许多国家、部落的使臣前来赴丧吊祭。"（作为）吊唁者从前面，从日出之方，有莫离荒原人、唐人、吐蕃人、阿瓦尔（apar）人、拂林（purum）人、黠戛斯人、三姓骨利干人、三十姓鞑靼人、契丹人、奚（tatabi）人——这样多的人民前来吊唁。"⑤《毗伽可汗碑》中描述其葬礼上："（唐朝使臣）李佺大将军率五百人来到我（这里），带来了香……金、银无数，带来了葬礼（用的）香烛，并插起了。（还）带来了檀香木。"⑥在哀悼过程中突厥往往会要求客人按照其风俗拜祭，这在史书中亦有记载。

隋唐时期，火葬、殉马、以刀剺面等习俗都被延续下来，《旧唐书·突厥传》记载贞观八年（634），颉利可汗死后，"从其俗礼，焚尸于灞水之东，赠归义王，谥曰

---

① 令狐德棻：《周书》卷50《突厥传》，第910页。
② 耿世民、魏萃一：《古代突厥语语法》，中央民族大学出版社，2010，第384~385页。
③ 魏徵：《隋书》卷84《突厥传》，第1864页。
④ 令狐德棻：《周书》卷50《突厥传》，第910页。
⑤ 刘永连：《突厥丧葬风俗研究》，第25页。
⑥ 耿世民：《古代突厥文碑铭研究》，中央民族大学出版社，2005，第166页。

荒。其旧臣胡禄达官吐谷浑邪自刎以殉"。①这种臣仆殉葬在突厥贵族中是存在的。不少突厥贵族陵墓前还立有石碑,比如著名的突厥碑铭暾欲谷碑、阙特勤碑和毗伽可汗碑等。

突厥的葬法是火葬,先焚尸后葬其灰。在古代中国除了突厥,昭武九姓、回纥、契丹以至羯、氐、羌等许多民族都盛行火葬之法。②开皇二年(582),突厥沙钵略可汗与其弟叶护及潘那可汗率众人十余万,南下寇掠,由于受到阻击,"虏意大沮,明日于战处焚尸,恸哭而去"。③唐太宗平东突厥后,贞观四年(630)九月曾下诏:"突厥种落,往逢灾厉,病疫饥馑,殒丧者多。暴骨中野,前后相属;幽魂靡托,酸奠无所。永言矜悼,有怀隐恻。宜令所司于大业长城以南,分道巡行,但有骸骨之所,酒脯致祭,速为埋瘗,务令周悉,以称朕意焉。"④此处为土葬,但仅仅是太宗收揽突厥民心之举,与突厥民族丧俗的变化无关。

突厥的许多葬俗带有北方游牧民族及西北民族的共性,比如割耳劈面、火葬也是在回鹘、粟特等北方民族与西域各族中盛行的葬俗。割耳劈面是对死者尊敬与哀痛的表现,而西北民族好勇斗狠的民风也促进了这一风气的盛行。割耳、劈面的丧俗并不分族内与族外,只是其族人的一种表达哀伤的方式。东汉耿秉曾任征西将军,因此与匈奴关系密切。他死后,匈奴"举国号苦,或至劈面流血"。⑤匈奴之后,氐羌、契胡、突厥、车师、粟特、铁勒乃至后来的回鹘、蒙古、女真等民族皆有此俗。⑥后突厥的毗伽可汗死后,许多百姓"剪去了头发,划破了耳朵",⑦带着祭品前来致哀。唐太宗死后,"四夷之人入仕于朝及来朝贡者数百人,闻丧皆恸哭,剪发、劈面、割耳,流血洒地"。⑧唐玄宗死后,同样得到西域各国的尊重,"群臣发哀于太极殿。蕃官劈面割耳者四百余人"。⑨耿秉、太宗李世民、玄宗李隆基都是在西北民族中有着重要威望的人物,因此西北各族的蕃官下属为他们割耳、劈面,主要是为了表达尊敬与哀痛。

外族进入突厥、回鹘吊唁也会被要求割耳、劈面。王庆曾出使突厥,恰逢其可汗暴

---

① 刘昫等:《旧唐书》卷194上《突厥上》,第5160页。
② 刘永连:《突厥丧葬风俗研究》,第34页。
③ 魏徵:《隋书》卷53《远奚长儒传》,第1350页。
④ 王钦若:《册府元龟》卷42《帝王部·仁慈》,第453页。
⑤ 范晔:《后汉书》卷19《耿弇传附国子秉传》,第718页。
⑥ 雷闻:《割耳劈面与刺心剖腹——从敦煌158窟北壁涅槃变王子举哀图说起》,《中国典籍文化》2003年第4期。
⑦ 耿世民:《古代突厥文碑铭研究》,第175页。
⑧ 司马光:《资治通鉴》卷199,第6268页。
⑨ 司马光:《资治通鉴》卷222,第7123页。

姐，突厥谓王庆曰："前后使来，逢我国丧者，皆劈面表哀。"①这条史料表明，进入突厥的使臣，如果遇到葬事，也要劈面表哀。突厥西迁后，北方兴起的回鹘亦有在葬礼时劈面的习俗，回鹘的毗伽可汗死后，其臣子曾要求前来和亲的宁国公主为可汗殉葬，宁国公主虽然拒绝殉葬，但"亦依回纥法，劈面大哭"。②玄奘在《大唐西域记》中也有相关的记载："死则焚骸，丧期无数。劈面截耳，断发裂裳。屠杀群畜，祀祭幽魂。吉乃素服，凶则皂衣。"③简洁概括了唐代西北民族丧礼的情况。

在敦煌壁画以及克孜尔壁画中对西北民族的割耳劈面丧俗有着更为直观的描绘，敦煌莫高窟第158窟《各国王子举哀图》的下方四人做号哭状，其中左下角者以刀割鼻，右下角者以剑剖腹，左上角者

图6-28　敦煌莫高窟第158窟：各国王子举哀图
资料来源：王爱和《图说敦煌艺术》，吉林人民出版社，2009，第113页。

以刀割耳，右上角者以双刀剜心。虽然图中是表达对释迦牟尼的虔诚敬仰和痛不欲生的哀悼心情，但可从一个侧面反映唐代西北民族的丧葬风貌。

隋唐以后，随着中西方交流的增多，西北地区葬俗中的劈面、割耳等自残行为，也传至中原地区，形式未变，目的与作用却有了很大变化，一般很少用于葬俗，而是演化为起誓、申述冤情、表达挽留等其他意思。万岁通天元年（696），来俊臣诬陷西部的酋长阿史那斛瑟罗，"诸蕃长诣阙割耳劈面讼冤者数十人"，④通过诸蕃长的申诉，使得阿史那斛瑟罗免遭于难。睿宗时，郭元振奉诏还朝，安西酋长为表达对他的挽留之情，"劈面哭送者，旌节下玉门关，去凉州犹八百里"。⑤玄宗时，安思顺为留河西，

---

① 令狐德棻：《周书》卷33《王庆传》，第576页。
② 刘昫等：《旧唐书》卷195《回纥传》，第5202页。
③ 玄奘撰《大唐西域记》，周国林注译，岳麓书社，1999，第10页。
④ 刘昫等：《旧唐书》卷186上《来俊臣传》，第4840页。
⑤ 欧阳修：《新唐书》卷122《郭元振传》，第4365页。

暗示"群胡割耳剺面请留",①终获留任。太宗时,太子李承乾曾"身作可汗死,使众号哭剺面,奔马环临之"。②这些都是对剺面等自残性葬俗赋予更多的人文内涵。

## 二 吐蕃

吐蕃是6世纪兴起于青藏高原的少数民族地方政权,在唐代与中央政府的关系十分密切。吐蕃主要活动在西藏、青海以及四川、新疆、云南部分地区。吐蕃的葬俗主要以土葬为主,后期随着佛教的兴起天葬的习俗开始盛行。

### (一)墓葬形式

从新石器时代以来,西南藏地的墓葬方式以土葬为主,但墓室多由石板、石块围砌成石室,这与藏地多山、多石的自然条件有关。进入吐蕃时期以后,大型墓葬形制发生了一些变化,早期吐蕃墓葬多为圆形封土丘冢,多为群体墓葬,反映了当时聚族而居的社会生活。

从该时期大中型墓葬的考古发掘来看,平地起坟,墓室四壁由夯土筑成,墓口用石板封盖,之上由封土与石板层层垒叠,其中有些墓葬群有低矮的石垣、石圈与地上建筑遗迹。吐蕃兴起以后,沿袭了以前的石板墓、洞穴墓等类型,但以封土石室墓为主,随葬有石器、陶器、铜器等物品。大、中型墓冢多为方形或梯形封土,有些陵冢边缘以石头砌边框。唐代杜佑《通典》中记载吐蕃"其墓正方,累石为之,状若平头屋"。③吐蕃大中型的墓葬群"主要分布于雅鲁藏布江流域的中、下游地带,从西至东以日喀则、拉萨、山南、林芝地区最为密集。近年来文物普查的结果表明,据不完全统计,新发现的古墓群中,包括有日喀则66处,拉萨63处,山南46处,林芝13处"。④近年来出土发现的吐蕃墓葬多达万座以上,主要有萨迦县吉龙堆墓葬群、萨迦县给白山墓葬群、萨迦县宁山墓葬群、拉孜县查木钦墓葬群、查邬岗墓葬群、洛扎县吉堆墓葬群、山南乃东县红墓山墓葬群、山南乃东县加塞山墓葬群、山南扎囊县斯孔村墓葬群、朗县列山墓葬群、加查县邦达墓葬群、加查县安饶乡诺米墓葬群、曲松县井噶塘墓葬群以及青海的都兰墓葬群等万座以上。

萨迦县吉龙堆吐蕃墓葬群,位于萨迦县雄玛乡吉龙堆村东北面山谷,共有125座墓。拉孜县查木钦墓葬群位于曲玛乡查木钦村北,封土墓135座,殉葬坑28条,并发

---

① 刘昫等:《旧唐书》卷104《高仙芝传》,第3206页。
② 欧阳修:《新唐书》卷80《常山王承乾传》,第3565页。
③ 杜佑:《通典》卷190《边防六·吐蕃》,第5171页。
④ 霍巍:《西藏古代墓葬制度史》,四川人民出版社,1995,第110页。

现有石狮一对、石碑一通，及建筑遗迹。①查邬岗墓葬群，位于拉孜查邬山山脚，总面积达50万平方米左右，中小墓葬约300座、殉马坑数十座，数量较多，但似乎主要以中小墓葬为主。朗县列山墓群，位于林芝朗县金东乡列山，共有封土墓184座，封土以梯形、圆形为主，其中梯形墓葬有153座，圆形有28座，方形与亚字形较少；葬式为屈肢葬；另外还发现有祭祀坑和房屋遗址，以及一个石碑底座。乃东县切尼则木墓群，位于山南乃东县温区切尼则木山东侧的山脚，有80多座墓葬。墨竹工卡县吐蕃古墓群，位于该县同盖、伦布、聂热等村，共发现200余座。都兰吐蕃墓葬群，也称"热水墓群"，位于青海省都兰县热水乡，当前先后发现该时期墓葬上千座。其中发掘出4座大型吐蕃墓葬，墓室都是柏木砖石混筑结构，墓中夹杂有数层柏木。墓室中有殉葬的狗、牛，另外发现织物上有道教的墨书道符，以及8世纪波斯文字锦，另外出土"皮革制品、漆木器、纺织品、彩绘木片、木构件、古藏文木简、彩绘木鸟兽及俑、金银器、铜器、绿松石、陶片等，还出土了一只带皮的动物骨架等"。②王公贵族的墓葬中随葬品种类繁多，包括金银器、铜器、木器、皮具、铁器、玉器等，死者生前所用衣物、坐骑等常用物品也会一并随葬，有时还伴之以牛、羊、狗、马等殉葬。不过，吐蕃一般平民墓葬中的随葬品以陶器为主，金属出土较少，当然也可能有部分被盗掘。

表6-2 吐蕃后期墓葬出土金属器简表

| 墓号 | 墓葬类型 | 出土器物 | 备注 |
| --- | --- | --- | --- |
| 仁布让君村M5 | 石棺墓 | 铜片1、铁剑2 | 另在墓地采集红铜体1 |
| 藏北比如白嘎M1 | 石棺墓 | 铜镞1 | 另从M2出土有铜刀1 |
| 拉萨彭波农场M1 | 偏室洞穴墓 | 铁剑1 | 另出土有铁扣（带扣?）3件，1圆2方，已朽 |
| 拉萨彭波农场M2 | 偏室洞穴墓 | 铜马饰片5、铁环1、铜针1 | |
| 拉萨辛多山嘴墓地 | 偏室洞穴墓 | 铁质小刀、铁制尖状物（镞?）、铁刀柄 | |
| 乃东普努沟IM7 | 封土石室墓 | 铜钵1 | |
| 乃东普努沟VIIM44 | 封土石室墓 | 铁镞1、残铁片 | 铜饰片中有纹饰奇特者 |
| 乃东普努沟IVM7 | 封土石室墓 | 铜饰片1、铜连接片1、铁带扣1、铁片 | |
| 乃东普努沟IM14 | 封土石室墓 | 铜带扣1、铜圆饰片5、残铁片 | |
| 藏北芒森M10 | 封土石室墓 | 残铁块、铜饰片1、铜钮1、铁镞2 | |

资料来源：霍巍：《西藏古代墓葬制度史》，四川人民出版社，1995，第105页。

---

① 四川大学博物馆、西藏自治区文物管理委员会编《南方民族考古》第4辑，四川科学技术出版社，1992，第105页。
② 北京大学考古文博学院、青海省文物考古研究所编著《都兰吐蕃墓》，第143页。

### (二)王陵

据早期藏文资料记载，自第一代赞普聂赤至第七代思赤赞普的历代赞普"握天绳升天而逝"。①《西藏王统记》中也说："天尺（赤）七王之陵，建于虚空界，天神之身，如虹散失，无有尸骸。"②之后的吐蕃王陵高耸壮观，保存至今，后世在介绍吐蕃世系时，往往先介绍王陵。这类早期传说可能只是对吐蕃世系的一种追溯，也表明吐蕃王族最早祖先并没有像后世一样建立起陵墓。

到了止贡赞普时期，才有了吐蕃史上的第一座王陵。据敦煌《止贡赞普传略》记载止贡赞普死后，他的遗骸盛于一有盖能启之铜箧之中，被弃于大江之中央，在江河尾端赛仓地方，沉于江底。臣下之子阿列吉寻找到了止贡赞普的遗骸，与王子聂赤、夏赤在降多拉布山中修建了陵墓。③《西藏王统记》等书中共记载了吐蕃前期二十四代赞普陵，即上二陵、六善陵、中八德陵、下三赞陵等。

止贡赞普（即至贡赞普）与其子布德贡杰（即聂赤）两代赞普，称为上丁二王。二丁之陵墓，建于石岩或草坪之间。布德贡杰之子阿肖列，阿子德肖列，德子提肖列，提子古汝列，古子仲协列，仲子伊肖列，以上为中列六王。"六列墓建岩坪间，坪如虹帐大开展。"伊肖列之子萨朗森德，萨子德楚朗雄赞，德子塞雷朗德，赛子德雷朗，德雷子德雷布，德雷布子德杰布，德杰布子德振赞，以上称为地德八王。"八德之墓河中央，宛如白雪落湖面。"德振赞之子赤赞朗，赤赞朗子赤扎邦赞，赤扎子赤德托赞，此三王称为下赞三王。"三王墓建雪山巅，宛如雪岭笼云雾。"赤德托赞之子，即圣普贤之化身、拉托托日聂协。"王墓建于本乡上，青隆达塘为地名，土堆宛如牛毛帐。"拉托托日聂协之子赤聂汝赞（赤涅桑赞）。"其墓建于邓喀达，无冥器物平铺土。"赤聂之子仲宁得乌。"仲宁王陵在象达，名为圆形活葬墓。"达日宁塞（达日年色），"达日宁塞四十逝，其墓建于邓喀达，位于赤聂汝赞左，无冥器物平铺土。"达日宁塞之子，即朗日松赞。"其陵建放邓喀达，位于赤聂汝赞右。大供冥器墓方形，贡日索喀为其名。"④《西藏王统记》中部分记载有传说的成分，但其所记止贡赞普至朗日松赞共二十四代赞普与敦煌文书中的赞普世系相同，可见这一传说至少从吐蕃赞普世系而言是沿袭自隋唐五代时期。藏文史籍《贤者喜宴》也有类似记载："上二陵位于乱石坡与块石坡会接处"、"六善陵坐落在块石坡与青草坡相汇处"、"八德陵沉入深流"，陵墓位置依次降低，

---

① 巴卧·祖拉陈哇：《〈贤者喜宴〉摘译》，黄颢译，《西藏民族学院学报》1980年第4期。
② 索南坚赞：《西藏王统记》，王沂暖译，西北民族学院研究部，1983，第13页。
③ 王尧、陈践译注《敦煌本吐蕃历史文书》（增订本），民族出版社，1992，第157~158页。
④ 索南坚赞：《西藏王统记》，刘立千译，西藏人民出版社，1985，第36~38页。

"五赞以下均位于青玉"。这仅仅是史书记载中吐蕃前期王陵的位置。

自朗日松赞之后，其子松赞干布统一了吐蕃，吐蕃进入了一个强盛时期。当前在位于山南地区琼结县琼果区宗山西南地的顿卡达和木惹山之间，有数十座高低错落的封土堆，形似"珍珠链状"，后世称为藏王墓。其中9座墓已经基本确定墓主为松赞干布、芒松芒赞、赤德松赞、赤松德赞、赤祖德赞、赤德祖赞、达玛、赤都松芒波结、牟尼赞普等人。

琼结藏王墓群可分为东区、西区，两区占地350多万平方米，东西长约2500米，南北宽约1500米，两区相距约800米。其中在琼结河与木惹山之间的西区陵墓数量较多，保存相对较好，共有13座陵墓；东陵区则共发现有7座陵墓。[①] 按《西藏王统记》、《汉藏史集》等藏文记载，从赤涅桑赞开始，包括达日年色以及两位王妃、朗日松赞、贡松贡赞、赤祖德赞、牟底赞普藏王的陵墓都建在琼结一处名为邓喀达，或译为"顿卡达"、"敦卡达"的地方，东陵区位于东嘎口。有学者认为所谓东嘎口就是顿卡达（邓喀达），因此文献中的藏王顿卡达（邓喀达）陵区应在这里。[②] 东陵区为早期赞普、早逝王子或为意外死亡的赞普陵墓，较西区陵墓封土低矮。

西陵区则是松赞干布以后开始营建的陵区，墓主包括松赞干布、芒松芒赞、赤松德赞、都松芒波支、赤德祖赞、赤德松赞、绛察拉本等吐蕃主要藏王。西陵区的封土相对高大，以山势大体可分为东西两列，西边有几座高土台，似为陵墓或其他建筑。《汉藏史集》说从朗日松赞开始，王陵旁边就有相关的建筑，其"陵墓建有装饰和祭祀的建筑，位置在赤涅桑赞墓的右面"。另外考古发现也表明，周边应该有其他的建筑。

图6-29 琼结藏王墓西陵区

资料来源：中国社会科学院考古研究所编著《藏王陵》，第95页。

---

① 中国社会科学院考古研究所编著《藏王陵》，第11页。
② 霍巍：《试论吐蕃王陵——琼结藏王墓地研究中的几个问题》，四川联合大学西藏考古与历史文化研究中心、西藏自治区文物管理委员会编《西藏考古》第1辑，四川大学出版社，1994，第133页。

表6-3 琼结藏王陵一览

| 编号 | 封土类型 | 风土规模（底长\宽\高）（米） | 陵墓主人 | 陵名 | 陵名释义 |
|---|---|---|---|---|---|
| 西陵区 | | | | | |
| 1 | 方形 | 130\124\18 | 松赞干布 | 穆日穆波 | 紫色穆日山 |
| 2 | 方形 | 148.8\135\15 | 芒松芒赞 | 俄谢塞波 | |
| 3 | 方形 | 92\85\7 | ? | 拉日坚，神山近旁 | 僧格孜坚具狮形墙 |
| 4 | 方形 | 67\66\5 | 赤松德赞 | | |
| 5 | 方形 | 110\91.6\9 | 都松芒波支 | 楚日祖朗 | 神变山顶侧 |
| 6 | 方形 | 136\118\36 | 赤德祖赞 | 拉日祖南 | 神山天顶 |
| 7 | 方形 | 99\89.5\11 | 赤德松赞 | 嘉钦楚日 | 楚山大王陵 |
| 8 | 方形 | 41.9\33\4.8 | ? | | |
| 9 | 方形 | 21.8\19\3 | ? | | |
| 10 | 方形 | 38.2\37\6 | 绛察拉本 | | |
| 11 | 方形? | 34\32.7\2.5 | 牟尼赞布 | 拉日典布 | |
| 12 | 方形? | 36.5\30.9\5 | 朗达玛 | 邦仁科洛坚 | 环形台阶 |
| 13 | 方形? | 130\124\7 | 微松 | 杰乌拉典 | |
| 东陵区 | | | | | |
| 14 | 梯形 | 87\54\76\4.7 | 牟底赞普 | 伽仁典巴 | |
| 15 | 梯形 | 66\58\54-56\? | 朗日松赞 | 贡日索嘎 | 肩胛形雪山 |
| 16 | 方形 | 37.5\29.4\2.5 | 贡松贡赞 | 贡日贡钦 | |
| 17 | ? | 66\48\7 | 赤涅桑赞 | | |
| 18 | ? | 44\28\4 | 仲年德如 | 苏切东波 | 圆形活人墓 |
| 19 | 长方形? | 94.5\46.5\6 | 达日年色 | | |
| 20 | 方形 | 55\54.5\14 | 赤祖德赞 | 赤丁芒日 | |

资料来源：中国社会科学院考古研究所编著《藏王陵》，第165页。

### 1. 地上遗迹

藏王墓在河谷旁边，依山向上分布，陵冢多为方形夯筑的土台，封土由于年久雨水冲刷风蚀而坍塌，但多数墓葬依然高大雄伟。其中位于木惹山山腰上的6号墓是陵区位置最高的一座陵，"海拔3938米。封土顶部南北长83、东西长90米，墓底南北长136、东西长118米，封土现存高度36米。"[①] 该陵区有相对保存较好的墓葬，陵墓北面出土一对石狮。

---

① 中国社会科学院考古研究所编著《藏王陵》，第159页。

第六章　殡葬文化的交流

西陵区多数陵墓夯土之中夹杂青石，以最高的 6 号陵为例，"在封土西侧面可见夯层。夯层采用夹石筑法，上面是一层厚度 2～3 厘米的石板层，然后是厚 70 厘米的土层，接着一层是直径 10 厘米左右的石块堆成的厚 20 厘米的砾石层，再下面又是 70 厘米的土层，土层下面是厚 2～3 厘米的石板层，在 70 厘米厚度的土层里，还均匀夹杂着直径 2～4 厘米的砾石块"。①封土与石板相互垒叠是吐蕃大中型墓葬的特点之一。多数王陵顶部中央有一巨大凹坑，可能是祭祀之处。在发掘的部分墓葬中，有些墓葬顶部可见长方形的土坑，内有肢解后用来祭祀的动物。敦煌藏文经卷P.T.1042 提到："第十一、十三、十七、十九个夜晚，繁星密布的时刻，嫡幼子驾临，从魂像上裁下盾牌大小的一块，放在陵墓的祠堂里，将形形色色的供品置于陵墓顶上。"②由此判断，陵墓顶部的遗迹应是用来盛放祭祀供品的。

图 6-30　藏王陵石狮
资料来源：中国社会科学院考古研究所编著《藏王陵》，第 88 页。

琼结藏王墓西陵区出土有一对石狮、两通石碑。其中石狮位于 6 号墓。石碑两件，一件为赤松德赞记功碑，一件为赤德松赞墓碑。其中赤德松赞墓碑位于西陵区东北方向琼结河右岸、7 号赤德松赞墓陵东侧，"石碑通高 7.18 米，由碑帽、碑身、碑座三部分组成。帽顶宝珠与碑帽、碑帽与碑身、碑身与碑座，皆为榫卯结构连接。碑身高 5.6 米，上端宽 0.78、厚 0.42 米，下端宽 0.94、厚 0.52 米。碑下为龟趺座，高 0.84、长 2.02、宽 1.86 米。碑身正面刻有藏文 59 行，主要内容是追述了先祖的功德，记述了赤德松赞的功绩"。③石碑之上为圆形莲座宝珠，"碑帽底部四角对称浮雕四尊飞天，飞天高发髻，大耳，上身赤裸，双手上举，一条彩带中部飘于头上，两端由肩前绕腋下向后飘扬，腰系绦条，两端向后飘扬；下身着裙，一腿弯曲，一腿向外伸出，赤足"。④这一墓碑从文化交流的角度来看有三点特征：一是从宗教色彩而言，这座石碑的宝珠、飞天及碑文中提到的"大菩提"、"广行福德，昌明圣教之宏恩"等

---

① 中国社会科学院考古研究所编著《藏王陵》，第 159 页。
② 褚俊杰：《吐蕃本教丧葬仪轨研究（续）——敦煌古藏文写卷 P.T.1042 解读》，《中国藏学》1989 年第 4 期。
③ 中国社会科学院考古研究所编著《藏王陵》，第 164 页。
④ 西藏文管会文物普查队：《赤德松赞墓碑清理简报》，《文物》1985 年第 9 期。

都表明石碑主人赤德松赞深受佛教影响。赤德松赞年幼时曾得到佛教僧人保护，继位后极力倡导佛教，翻译佛经、修建寺庙、优待僧人，碑文中所说的"昌明圣教"，就是指的佛教。二是赤德松赞墓碑的部分形制也体现出唐文化的元素，石碑顶部的桃形宝珠，是唐陵石柱柱顶的主要形式；石碑侧雕云龙升天纹饰，其中有中原王朝龙的形象；碑座为龟趺，这在吐蕃较为少见［只有唐蕃会盟碑、列山墓区石碑（仅存龟座）等少数墓葬中存在］，但龟趺碑座却是唐代王公墓葬神道碑的常见形式。三是碑刻中还有日月图案，太阳为双圈中十六角光芒，月亮为圆圈内下弧线，表示月亮的圆缺。日月是波斯萨珊王朝的重要标识，显示吐蕃也与中亚地区联系紧密。都兰吐蕃墓葬中也出土有波斯锦。因为吐蕃独特的地理位置，有利于与唐、波斯、天竺、大食等国家的文化交流。从这通碑刻中可看到不同文化对吐蕃的影响。[①]另外按一些敦煌文书记载，琼结王陵周边地区还分布有一些7至9世纪王公陵墓群，比如文成公主、尺尊公主等陪葬墓可能在其周边。

图6-31　7号陵石碑

2. 地下遗迹

王陵内部的结构没有考古发掘，因此现在不得而知。但后世藏文书中对此却有颇多描述，《西藏王统记》称松赞干布的陵墓：

> 其陵建于琼堡内，
> 广度大约一由旬，
> 墓作方形中网格，
> 烧绫罗纸成为泥，
> 以此塑造法王身，

---

① 霍巍：《吐蕃时代考古新发现及其研究》，第44页。

> 奏诸伎乐车送往，
> 将诸遗体藏墓中，
> 内罗网用珍宝装，
> 殉葬华贵名声著，
> 并闻其内有五殿，
> 四方墓形自此始。①

按此描述，松赞干布的陵墓建于琼结，为方形墓葬。墓室为网格状，内部有五座神殿，赞普的遗体放置在墓室的中央，里面金银珠宝不计其数。许多后世的藏文书如《王统世系明鉴》有着类似的描述：陵墓建在穷波（琼结）地方，其规模大小大约有一由旬。四方墓室内又划分成九格，墓内方格中装满财宝。

图6-32　7号陵石碑座

陵墓名称叫作"内饰陵"。墓内共有五个神殿，四方墓室始建于此。《五部遗教》中说仲年德如的墓内建有九格墓室，"当中有块黑石板，上面画着白头，石板周边有一庹见方，往下挖二庹半时，有檀香门，门上排列着人能抱起的石头，石头下又有石板。除掉这些后便有二十一级阶梯，掌灯后可看到树着两根檀香柱，柱上有一座，座上有一装满朱砂的铜罐，罐中是大王仲年德如的等身像，是用整块金子做成的，还穿着大王的衣服（四周有装满珍宝的容器）"。②网格状墓室在吐蕃墓葬中是存在的，山南加查县邦达墓地中一座墓葬即是用石壁将墓室分割成网状。当前挖掘的许多大墓其墓室顶部也以石板或者檀木作为支撑。另外由于奉行厚葬，死后"所服玩乘马皆瘗"，③因此内部随葬品众多。

### （三）殉葬

吐蕃丧葬中有殉葬习俗，包括人殉与动物殉葬两类。人殉主要出现在史书记载中，考古发现不多。《旧唐书·吐蕃传》记载："其赞普死，以人殉葬。"④《通典》记载

---

① 索南坚赞：《西藏王统记》，刘立千译，第112页。
② 褚俊杰：《吐蕃本教丧葬仪轨研究（续）——敦煌古藏文写卷P.T.1042解读》，《中国藏学》1989年第4期。
③ 欧阳修：《新唐书》卷216上《吐蕃传上》，第6073页。
④ 刘昫等：《旧唐书》卷196上《吐蕃传上》，第5220页。

更为清楚："其臣与君自为友，号曰共命人，其数不过五人。君死之日，共命人皆日夜纵酒，葬日，于脚下针，血尽乃死，便以殉葬。"① 赞普与臣子为同生共死之人，如果赞普死去，其臣子要为其殉葬。《新唐书·吐蕃传》记载相同：吐蕃"君臣自为友，五六人曰共命，君死，皆自杀以殉"。② 亲信之人还会"用刀当脑缝锯，亦有将四尺木，大如指，刺两肋下，死者十有四五，亦殉葬焉"。③ 吐蕃早期的墓葬——卡嘎乡布马村墓地，发现有男性死者的颅骨上留有明显"环锯头骨"的痕迹，当与此有关。除赞普外，一些王公大臣死后，部下也会以死殉葬，以示忠诚。吐蕃名将论钦陵兵溃后自杀，"左右殉而死者百余人"。④ 刘元鼎出使吐蕃时，曾见吐蕃：山多柏，坡皆丘墓，旁作屋，赭涂之，绘白虎，皆房贵人有战功者，生衣其皮，死以旌勇，殉死者瘗其旁。⑤ 殉葬之人就埋在王公墓葬之旁。

动物殉葬更为常见，据《隋书》记载当时女国的葬俗时说，贵人死，"岁初以人祭，或用猕猴"。⑥ 吐蕃所殉葬的动物有牛、马、羊、狗等。考古调查发现，许多吐蕃大中型墓葬区都有祭祀坑，比如萨迦县给白山墓葬群、宁山墓葬群、拉孜县查木钦墓葬群、加查县邦达墓葬群、洛扎县吉堆墓葬群、朗县列山墓葬群以及青海都兰墓葬群。其中洛扎县吉堆墓地 48 座墓葬，有 11 个祭祀坑。在列山墓葬群里，梯形大中型墓葬前多有殉马坑，这些殉马坑数量不一、长短各异，最多有 5 条，最少有 1 条，最长的达 42 米，最短者仅 4 米。其中一条长达 26.5 米、宽 0.9 米、深 1.5 米的殉马坑内有马骨架 9 具，且为活马殉葬。⑦ 都兰血渭一号大墓南面平地上的陪葬坑，也有 5 条陪葬沟和 27 个圆坑，"整个布列范围长 30、宽 50 余米，共殉牛头、牛蹄者 13 座，殉完整狗者 8 座，陪葬沟中殉完整马 87 匹"。⑧ 吐蕃以游牧为主，故殉葬以牛、马、羊居多，尤其是马匹。敦煌本吐蕃历史文书第五篇曾记载赞普与韦氏义策等盟誓时，为酬答义策的忠诚，赞普告诉义策，死后要"杀马百匹以行粮"。⑨ 动物祭祀主要分为以下形式：一是割裂动物肢体殉葬；二是将兽骨置于墓室的耳室；

---

① 杜佑：《通典》卷 190《边防六·吐蕃》，第 5171 页。
② 欧阳修：《新唐书》卷 216 上《吐蕃传上》，第 6073 页。
③ 杜佑：《通典》卷 190《边防六·吐蕃》，第 5171 页。
④ 欧阳修：《新唐书》卷 216《吐蕃上》，第 6080 页。
⑤ 欧阳修：《新唐书》卷 216《吐蕃下》，第 6103 页。
⑥ 魏徵：《隋书》卷 83《女国传》，第 1851 页。
⑦ 西藏文管会文物普查队：《西藏朗县列山墓地殉马坑与坛城形墓试掘简报》，《西藏考古》第 1 辑，第 42 页。
⑧ 许新国：《中国青海省都兰吐蕃墓群的发现、发掘与研究》，《前吐蕃与吐蕃时代》，第 292 页。
⑨ 王尧、陈践译注《敦煌本吐蕃历史文书》（增订本），民族出版社，1992，第 164 页。

图6-33 琼结河畔的松赞干布陵
资料来源：中国社会科学院考古所编著《藏王陵》，第136页。

三是单独作为大墓的陪葬墓；四是以组合遗迹形式出现。①动物殉葬大多都是活牲祭祀。

### （四）葬仪

《旧唐书·吐蕃传》记载："居父母丧，截发，青黛涂面，衣服皆黑，既葬即吉。"②由此可见，吐蕃的葬仪程序简单，没有太多礼仪要求。这应该是平民或者早期的丧葬习俗。按敦煌古藏文P.T.1042所记载的本教丧葬仪轨，其程式还是较为复杂的。从文中可见，该仪轨属于王公贵族，整个过程需三天多的时间。具体包括：

葬仪第一天：上午首先各方致礼，致礼完毕后，在葬地依次排好队列，举行哭丧仪式。大王、尚论（臣）、内侍官、死者亲友、厨师、杂勤、武士、巫师等一一致礼。将死者亲属领至大王面前，献上盔甲，由大王分定权势。母舅向大王献祭，此后甥舅相见，再将宝马、牦牛等剥皮。母舅行供神仪式，之后排好亲人及诸侯邦国所贡物品。哭丧仪式之后，回到王府内的丧宴之地。

下午先举行三瓢酒仪式。供酒时要分别献上牛羊、宝马、供食、小麦酒、葡萄酒等物，并在供第二瓢酒时献上熏烟，供完三瓢酒时献上各种供品。之后上葡萄酒、小麦酒、米酒各一瓢，最后埋藏粮食。其后是"尸魂相合"仪式：将给尸体的供食、给灵魂的供食、尸像和魂像碰三次，以示尸、魂结合。再献上一瓢"相合酒"。接着，

---

① 许新国：《中国青海省都兰吐蕃墓群的发现、发掘与研究》，《前吐蕃与吐蕃时代》，第292页。
② 刘昫等：《旧唐书》卷196上《吐蕃传上》，第5220页。

魂主要左转三圈，每次都要致礼、供酒，转完后，向死者折倒三次长矛致礼。之后按照次序回到墓室。墓室中大王又作分定权势，再由祭司辨认"福马"、"如意牲口"及将来有用的财物、衣物。最后回晚上的丧宴地。在天快黑时，相关的苯教法师要到墓地诵念经文。

葬仪第二天：早上行招魂术。第一遍螺号，苯教法师、处理尸体者及两位厨师等人以蒿和艾薰香对棺材施礼。祈请尸体立起，上供灯、供食、供酒。第二遍螺号，死者亲友、低等的勤杂依次向死者施礼。天亮时，吹奏最后一遍螺号。众人扶正武器。天亮后，随从等内外人等依次致礼，供粮、献酒、供绵羊等。清扫垃圾，铺上粗牛毛地毯，供奉午餐，侍者等候四方，看守门户，至亲等献三瓢酒。再埋藏粮食，向棺材致礼。下午，大王又分定权势，苯教法师对墓穴物品做除鬼法事，御用祭司献上剖割工具，然后去赴晚上的丧宴。晚上迎请苯教大经师，进行献供仪式。

葬仪第三天：早晨举行杀牲、剖刺放血的仪式。吹奏第一遍螺号时，拿来遮庇物和白陶土、寒冰石，射杀乘骑，巫师剖刺放血。打开四方墓室西边入口，墓室顶部铺花毡，牵着"遮庇羊"，拿来供食等。天初亮时，将羊剖解开，将马宰杀，陈于坟场。太阳升起后，奉上点心，用完早餐去往坟场。入坟需要依次进入，先是四个送赗仪者，之后持长矛盾牌者、持斧者、祭司等人，后面是食物、死者塑像等，接着是内侍、亲朋等，还有各种供品。再将魂像安置在墓室门顶。在特定日期由嫡幼子将供品放置在陵墓顶上。接着举行"墓穴厌胜"法术，此后由舅臣举行吊丧仪式，将供品列至灵堂，占卜师献上粮食、羊及贵人衣冠等物，作为对祖先的酬谢品。

王室宗女死后，其仪轨相似，只是死者塑像上的箭要稍长，赎魂的动物要用母的羊羔、鸡和牦牛。[①]经文中还有其他要求：献胎血时要在冬季，举行大葬死后三年举行，具体时间要查看天象，此外还有大葬时的其他相关规定。从敦煌出土的吐蕃《大事纪年》来看，赞普等王室的葬仪中应该还有"停厝"、"剖尸"、"发丧"和"祭祀"等环节。比如《敦煌古藏文历史文书》记载松赞干布死后，他的孙子"于琼瓦祭祀祖墀松赞赞普"。[②]苯教经文中的这套繁杂的葬仪应适用于王公贵族。

---

① 褚俊杰:《吐蕃本教丧葬仪轨研究（续）——敦煌古藏文写卷 P. T. 1042 解读》,《中国藏学》1989 年第 4 期。
② 王尧辑《敦煌古藏文历史文书》, 青海民族学院, 1979, 第 1 页。

表6-4 敦煌吐蕃大事纪年赞普及王妃亡年简表

| 人名 | 亡年 | 发丧 | 停厝 | 祭祀年份 | 其他 |
|---|---|---|---|---|---|
| 赞普松赞干布 | | | 厝赞普祖墀松赞之遗骸于琼瓦灵堂，长期匿丧不报（650） | 于琼瓦祭祀祖墀松赞赞普（651） | |
| 赞普墀芒伦 | 冬，赞普墀芒伦薨于仓邦那（676） | 赞普驻于辗噶尔。为父王发丧（678） | 厝于巴拉木（678） | 祭祀父王赞普之遗体于琼瓦（679） | 隐匿于巴拉木（677） |
| 赞蒙文成公主 | | | | 冬，祭祀赞蒙文成公主（683） | |
| 赞普墀都松 | 冬，赞普牙帐付蛮地，薨（704） | | 厝置于美尔盖之灵堂（705） | 冬，于琼瓦祭祀父王赞普之遗体（706） | |
| 赞普祖母芒邦 | 祖母芒邦薨（706） | | | 秋，祭祀祖母芒邦氏之遗体（707） | |
| 赞蒙可敦 | | | | 春，祭祀祖母赞蒙可敦之遗体（708） | |
| 赞普祖母墀玛类 | 祖母墀玛类薨（712） | 为祖母墀玛类公开发丧（712） | | 冬，于琼瓦祭祀祖母墀玛类之遗体（713） | |
| 赞普母赞玛道 | 母后赞玛道薨（721） | | | 祭祀母后赞玛道之遗体（723） | |
| 王妃拉邦 | 王妃拉邦薨（730） | | | 祭祀王妃拉邦氏之遗体（732） | |
| 王子拉本 | 王子拉本驻于准，猝然薨逝（739） | | | 祭祀赞普王子拉本（741） | |
| 赞蒙金城公主 | 冬，赞蒙金城公主薨逝（739） | | | 祭祀赞蒙金城公主（741） | |
| 赞普母芒蒙 | 母后芒蒙之薨（742） | | | | |
| 王妃墀尊 | | | | 冬，祭祀王妃墀尊之遗体（745） | |

资料来源：王尧辑《敦煌本吐蕃历史文书》（修订本），中央民族学院，1989，第150页。

一般而言，大祭都是死后三年举行。停厝期间，要在专门的灵堂中对尸体作"降魂"、"献祭"等仪式。"剖尸"则可能是对尸体作防腐处理的程序，[1]敦煌古藏文书《赞普传记》中记载：赞普夫妇一旦亡故，则结辫子顶髻，涂丹朱于脸庞，剖解身体，捣碎赞普尸肉，不让它滞留人间，令其吃喝（即向尸体供献食物）。[2]唐代西南其他地区君主死后也有类似处理方式，《通典》记载羊同国："其酋豪死，抉于穴反去其脑，实以

---

[1] 褚俊杰：《吐蕃本教丧葬仪轨研究——敦煌古藏文写卷 P.T. 1042 解读》，《中国藏学》1989 年第 3 期。
[2] 王尧辑《敦煌本吐蕃历史文书》（修订本），第 150 页。

珠玉，剖其五脏，易以黄金，假造金鼻银齿，以人为殉，卜以吉辰，藏诸岩穴，他人莫知其所，多杀牸牛羊马，以充祭祀，葬毕服除。"《隋书》卷八十三"女国"条："贵人死，剥取皮，以金屑和骨肉置于瓶内而埋之。经一年，又以其皮内于铁器埋之。"① 吐蕃王族的"剖尸"是否如此不得而知，而且并非赞普或王室成员的丧仪都要经过这些阶段，松赞干布、赤都松是停厝两年后下葬，而王妃母后之类都没有停厝记录。

### （五）使臣吊丧

松赞干布即位后，迎娶文成公主入藏，双方交流日渐频繁。唐太宗李世民死后，唐朝遣使入吐蕃告丧。松赞干布专门派遣使臣至长安吊祭，"并献金银珠宝十五种，请置太宗灵座之前。高宗嘉之，进封为宾王，赐杂彩三千段。……乃刊石像其形，列昭陵玄阙之下。"② 即是昭陵十六国君王像中的弄赞。

永徽元年（650），松赞干布去世，"高宗为之举哀，遣右武侯将军鲜于臣济持节赍玺书吊祭。"③ 吐蕃与唐之间的这种礼仪交往较为频繁。和平之时，赞普去世或者唐朝皇帝驾崩，一般彼此都会派使臣报丧，接到消息后，对方也会进行哀悼活动，并派使臣前往吊丧。史书中记载颇多：仪凤元年（676），芒松芒赞死，④《册府元龟》记载：调露二年（680），十月，"吐蕃文成公主遣其大臣论塞调傍来告丧，并请和亲，上遣郎将宋令文诣吐蕃会赞普之葬"。⑤ 永隆元年（680），"文成公主薨，遣使者吊祠，又归我陈行焉之丧。"⑥ 弘道元年（683），赞普"祭祀赞蒙文成公主"。⑦ 开元二年（714），吐蕃与唐交战失利，死伤惨重，唐玄宗命"吊祭战亡士，敕州县并瘗吐蕃露骴"。之后，"吐蕃遣宗俄因子到洮水祭战死士，且请和。"⑧ 双方关系略有缓和。天宝末年，赞普赤德祖赞死，"子挲悉笼腊赞嗣，遣使者修好，诏京兆少尹崔光远持节赍册吊祠"。⑨ 贞元二十年（804），德宗在得知吐蕃赞普死讯后，"废朝三日"，并派张荐为工部侍郎、兼御史大夫，充入吐蕃吊祭使。"涉蕃界二千余里，至赤岭东被病，殁于纥壁驿，吐蕃传其柩以归。"⑩ 永贞元年（805），"论乞缕勃藏归金币、马牛助崇陵，有诏陈太

---

① 魏徵：《隋书》卷83《女国传》，第1851页。
② 刘昫等：《旧唐书》卷196《吐蕃传上》，第5222页。
③ 刘昫等：《旧唐书》卷196《吐蕃传上》，第5222页。
④ 《敦煌吐蕃历史文书》记载芒松芒赞死于仪凤元年，由于政局不稳，匿不发丧，并将其父遗体隐匿于"巴拉木"。仪凤三年才为其发丧。调露元年，方于琼结祭祀其父遗体。
⑤ 司马光：《资治通鉴》卷19，第6393页。
⑥ 欧阳修：《新唐书》卷216《吐蕃传上》，第6078页。
⑦ 王尧辑《敦煌本吐蕃历史文书》（修订本），第147页。
⑧ 欧阳修：《新唐书》卷216《吐蕃传上》，第6082页。
⑨ 欧阳修：《新唐书》卷216《吐蕃传上》，第6087页。
⑩ 刘昫等：《旧唐书》卷149《张荐传》，第4024页。

极廷中"。宪宗初,"又以使告顺宗丧,吐蕃亦以论勃藏来"。①赤德松赞死,元和十二年(817),"使者论乞髯来,以右卫将军乌重玭、殿中侍御史段钧吊祭之。可黎可足立为赞普"。②会昌二年(842),赞普死,"论赞热等来告,天子命将作监李璟吊祠"。③

文成公主和金城公主入藏后,吐蕃与唐王朝的文化交流增强,同时也促进了吐蕃地区的经济社会发展。7世纪后期,吐蕃在丝绸之路上扩张,逐渐与唐朝发生冲突。8世纪初期,双方关系有所缓和。赤松德赞为赞普,曰:"我乃有三恨:不知天子丧,不及吊,一也;山陵不及赗,二也;不知舅即位,而发兵攻灵州,入扶、文,侵灌口,三也。"④此处可能仅仅是外交辞令,或是写史之人曲笔逢迎,但在报丧和致丧方面双方来往确实较为频繁。这些也说明唐朝与吐蕃之间除了国家联系之外,似乎也有所谓的甥舅之亲,亲人死后自然应报丧致哀。

**(六)天葬**

吐蕃时代以后,佛教逐渐取代苯教成为宗教的主流,土葬习俗也为天葬等习俗取代。天葬,藏语称为"杜垂杰哇",意为"送尸到葬场",也称"恰多",意即"喂鹫鹰"。⑤天葬在佛教信众中流行。佛教徒重视"施舍"在修行中的作用,尤其是认为"身肉布施,其福乃妙。"⑥以身体作为布施是最高境界。佛经中提及释迦牟尼前世多次以身布施、尸毗王剜眼施鹫等事例。《罗摩衍那》阿逾陀篇第十二章四节写道:

> 一地之主尸昆王答应了,
> 把自己的身躯送给老鹰,
> 后来他真的送给了那只鸟,
> 国王啊,他升到了最高天空。

此类故事随着佛教的传播广为人知,饲之鸟兽的天葬也就成为吐蕃后期的丧葬方式。赤列曲扎曾描述道:"尸体运到天葬场后,要举行葬尸仪式,其程序是:先将尸体置放在尸台上,然后在附近烧起松柏香堆。香堆上撒上三荤(血、肉、脂)、三素(乳、酪、酥)、糌粑,以引'神鹰'到来。而后,天葬师就将尸体割碎喂鹫鹰,以食

---

① 欧阳修:《新唐书》卷216《吐蕃传下》,第6100页。
② 欧阳修:《新唐书》卷216《吐蕃传下》,第6100页。
③ 欧阳修:《新唐书》卷216《吐蕃传下》,第6105页。
④ 欧阳修:《新唐书》卷216《吐蕃传下》,第6092页。
⑤ 冯智:《慈悲与纪念:雪域丧葬面面观雪域丧葬面面观》,青海人民出版社,1998,第83页。
⑥ 慧觉等译撰《贤愚经》,温泽远等注译,花城出版社,1998,第273页。

净为吉祥。"① 相比较而言，天葬礼仪简单。

吐蕃平民的丧葬习俗正史记载不多。由于等级观念的强化，贫富分化加剧，吐蕃又是兼并了周边部族而强大起来的，内部所奉行的丧葬习俗并不完全一致。

### 三 渤海

渤海国是唐朝时期以粟末靺鞨族为主体建立的地方民族政权，它的统治范围主要在东北地区。在大祚荣被唐玄宗封为渤海郡王以后，渤海国与中央政府的关系逐渐密切起来，渤海人的生活习俗也逐渐仿效中原汉族。由于缺乏对靺鞨葬俗的文字记载，只能通过对靺鞨的祖先挹娄、勿吉的记载来推测靺鞨的丧葬观念。《魏书·勿吉传》关于其丧葬习俗记载曰："其父母春夏死，立埋之，冢上作屋，不令雨湿；若秋冬，以其尸捕貂，貂食其肉，多得之。"②勿吉人的丧葬仪式明显因季节不同而有差异，这可能与勿吉人的生活环境有关。"死者其日即葬之于野，交木作小椁，杀猪积其上，以为死者之粮。"③而《旧唐书·靺鞨传》的记载为："死者穿地埋之，以身衬土，无棺敛之具，杀所乘马于尸前设祭。"④这些都表现了其民族独特的丧葬风俗。

近年来，一些渤海国时期重要墓地相继被发掘——敦化六顶山和龙头山渤海墓葬群、黑龙江宁安虹鳟鱼场渤海国墓葬群遗址等，这为进一步深入研究渤海丧葬提供了重要的考古资料。从考古发现来看，按照墓葬材料和墓葬形制的不同可分为：土坑竖穴墓、土石混筑墓、石圹墓、石椁（棺）墓、圹室墓、石室墓、砖墓7类。⑤从时间来看，土坑墓存在于早期渤海墓葬群，持续时间较短。石室封土墓的分布广、数量多，延续时间也较长，是渤海墓葬的主要形式。石圹封土墓早期较多，中后期减少。石棺封土墓多为上层贵族，数量较少。"砖室墓是中后期在王室贵族中新出现的墓葬形制，数量亦少。在埋葬习俗上，合葬及二次葬是渤海的主要埋葬习俗，并认为二次葬人骨是同一家族成员的合葬，并不属于殉葬。"⑥渤海墓葬主要是石室墓，后期的贵族墓葬则受到唐朝墓葬的影响。

---

① 赤列曲扎：《西藏风土志》，西藏人民出版社，1982，第179页。
② 魏收：《魏书》卷100《勿吉传》，第2220页。
③ 杜佑：《通典》卷186《边防二·挹娄》，第5022页。
④ 刘昫等：《旧唐书》卷199下《靺鞨传》，第5358页。
⑤ 王志刚：《渤海墓葬类型研究》，中国考古学会编辑《中国考古学第十二次年会论文集》，文物出版社，2010，第151页。
⑥ 郑永振：《高句丽渤海靺鞨墓葬比较研究》，延边大学出版社，2003，第112~113页。

从丧葬形式来看，渤海也有火葬的习俗。榆树老河深墓地、敦化六顶山墓地、宁安大朱屯墓地、和龙北大营子墓地、东宁大城子墓地等中均有此现象。这种火葬的习俗较为奇特。比如从榆树老河深墓葬现存的木炭痕迹来看，"棺内外经火烧过的红褐色土以及没有被烧过的残存人头骨和肢骨等现象分析，木棺应在葬入点火后，即行填土埋葬，所以木棺被烧成木炭而人骨无烧痕"。这种火葬的方法，"不是置死者入棺后火焚。而是在二次葬基础上进行的"。①这与《隋书》等记载类似。渤海墓葬中深腹罐陶器是较为常见的随葬品，渤海前后期此类陶器存在变化：前期手制，夹砂，"灰褐色或灰色，口沿下有一周附加堆纹；中期变为泥质灰色，以轮制为主，口沿下的堆加堆纹演变为双唇"。②深腹罐自勿吉到渤海具有一定的传承性。

渤海王室贵族墓葬有中原文化的因素。和龙河南屯墓中，出土一批金带具和发饰，其风格与西安唐墓随葬品类似。学者根据文献记载认为墓中金带可能是唐朝赐物。渤海王公贵族墓中的壁画内容亦仿盛唐中原墓葬，以贞孝公主墓为例，"共绘10个侍者和2个卫士。侍者粉面朱唇，体态丰腴匀称，头戴幞头或裹抹额，身着圆领长袍，腰间束带，手捧各类包裹器物。与两京唐墓相比，其风格和技法如出一人之手"。③这也表明一些渤海贵族墓葬中明显带有唐朝印记。另如渤海王大钦茂的二女儿贞惠公主的陵墓甬道出土了两尊石狮，一方墓志。其中两尊石狮，"一尊通高0.64米，用花岗岩雕成，披鬣昂首，张口眦目，前肢直立，后肢蜷屈，蹲坐在石座之上，威武庄严，造型与西安乾陵前的石狮相同，形状略小；另一尊通高0.6米，造型姿态与前者相近，口半张，雕琢稍逊。墓碑系花岗岩制成，呈圭形，高0.9米，宽0.49米，厚0.29米，正面镌刻碑文，碑文周边阴刻蔓草纹，碑首阴刻浅线卷云纹。碑文汉字，楷书，计二十一行，七百二十五

**图6-34 渤海贞惠公主墓出土石狮**
资料来源：魏存成《渤海考古》，文物出版社，2008，第222页。

---

① 魏存成：《高句丽与渤海墓葬之比较》，孙进己、冯永谦、苏天钧主编《中国考古集成·东北卷·两晋至隋唐》三，北京出版社，1997，第109页。
② 魏存成：《高句丽、渤海墓葬之比较》，《中国考古集成·东北卷·两晋至隋唐》二，第110页。
③ 魏存成：《高句丽、渤海墓葬之比较》，《中国考古集成·东北卷·两晋至隋唐》二，第110页。

字,清晰可识者五百字"。① 王禹浪先生认为"贞惠公主的墓制也基本仿照唐朝的昭陵而建"。② 贞孝公主陵墓的墓葬结构和形制较为新颖,墓室为砖砌长方形,"墓内四壁彩绘的人物、甬道、门袱、门额、阶梯式墓道,加之墓顶的方形砖塔,其结构的复杂和技术上的进步,是贞惠墓难以比拟的。它的唐代中原风格最为令人瞩目。尤其是墓砖砌墓室及斜坡形阶梯式墓道,完全符合唐代中原墓葬形制"。③ 总之,从石狮的形制、墓葬的结构,以及是碑文的汉字书写,都充分显示了中原王朝对渤海贵族墓葬的影响。

渤海墓中出土的双系釉陶罐、陶砚、菱花镜等,其样式部分受中原文化的影响。特别是铜镜,其花纹、质地、大小完全与中原唐墓出土的菱花镜相同。④ 另外,刻有汉字的陶器、墓碑和铜铊尾等物品,表明唐朝与渤海的文化交流较为频繁。

## 四 南诏

南诏是我国西南地区的少数民族地方势力,南诏人是现在白族、彝族等少数民族的祖先,其活动范围大致在今云南全境及贵州、四川、西藏东南部及越南北部、老挝北部、缅甸北部等地区,是隋唐五代时期南方的一个重要少数民族。唐玄宗时期南诏归附唐王朝后,其丧葬观念难免受到中原文化的影响。曾经担任过安南经略使的樊绰在其所著《蛮书·蛮夷风俗》中记载了南诏的丧葬礼仪:"西爨及白蛮死后,三日内埋殡,依汉法为墓。稍富室广栽杉松。蒙舍及乌蛮不墓葬,凡死后三日焚尸,其余灰烬,掩以土壤,唯收两耳,南诏家则贮以金瓶,又重以银为函盛之,深藏别室,四时将出祭之。其余家或铜瓶铁瓶盛耳藏之也。"⑤ 从这段史料中可见,南诏中的白蛮死后三天以内土葬,富人也仅仅是在墓周围种植树木;而乌蛮及蒙舍还是传统的火葬,只留两只耳朵装在瓶内供祭祀用,贫富差异可通过所用的瓶的材质窥知一二,并无中原地区烦琐的丧葬礼仪。

隋唐五代时期周边部族丧葬观念的产生,与某一地区或者某一个民族的社会历史变迁密不可分。吐蕃土葬向天葬的转变、突厥剺面截耳的丧葬习俗、渤海贵族墓葬仿唐陵的理念,都是这一时期丧葬观念多样性的表现,也是隋唐时期政治稳

---

① 魏存成:《渤海考古》,文物出版社,2008,第221页、第222页。
② 王禹浪、孙军:《黑龙江流域渤海墓葬的初步研究》,《哈尔滨学院学报》2007年第11期。
③ 王侠:《贞惠公主墓与贞孝公主墓》,《中国考古集成·东北卷·两晋至隋唐》三,第409页。
④ 孙进己、冯永谦、苏天钧主编《东亚文库:中国考古集成·东北卷·两晋至隋唐》三,第419页。
⑤ 樊绰:《蛮书校注》卷8,向达译注,中华书局,1962,第216页。

定、经济繁荣、文化交流频繁社会特征的缩影。周边少数民族内部的丧葬观念有差异主要是由于各阶层受中原王朝先进的汉文化影响程度不同，尤其是本族内部原始奴隶制残余依然很多。处于社会上层的贵族统治阶级由于汉化程度较深，所以一般也容易接受汉化的丧葬观念与殡葬礼仪；而广大的平民阶层由于仍然处于低级的社会生活生产水平条件下，没有财力及地位，所以一般多沿袭本民族的殡葬习俗。

## 五 高句丽

高句丽是古代东北亚的一支民族，生活在东北长白山地区、鸭绿江沿岸。公元前37年，北夫余人朱蒙率部南下，先在卒本川、后迁到国内城建立高句丽国。隋唐初期，高句丽与隋唐王朝多次交战。之后，高宗联合新罗灭掉高句丽。在丧葬方面，高句丽亦受中原丧葬文化影响。学者对这一时期的墓葬有不同的分期，一般而言，高句丽晚期墓葬约在6世纪中期至7世纪初期，属于隋唐时期。

在高句丽古墓中，墓室四壁及藻井上绘有人物、风俗、伎乐、神仙、四象以及各种图案，其中四象图案是重要的内容。四象是中原地区特有的文化形式。所谓四象，又称为四灵，是指青龙、白虎、朱雀、玄武。《礼记·曲礼上》曰："行，前朱鸟（雀）而后玄武，左青龙而右白虎，招摇在上。"孔颖达疏："前南后北，左东右西，朱鸟、玄武、青龙、白虎，四方宿名也。"汉代纬书《尚书考灵曜》云："二十八宿，天元气，万物之精也。故东方角、亢、氐、房、心、尾、箕七宿，其形如龙，曰'左青龙'。南方井、鬼、柳、星、张、翼、轸七宿，其形如鹑鸟，曰'前朱雀'。西方奎、娄、胃、昴、毕、觜、参七宿，其形如虎，曰'右白虎'。北方斗、牛、女、虚、危、室、壁七宿，其形如龟蛇，曰'后玄武'。"后世也将星宿图绘于墓室顶部。

四象在我国各地墓葬中多有表现，而且对周边国家产生影响。四象图像对高句丽墓葬壁画的影响就是这一文化扩散的体现。在高句丽各期古墓壁画中均能找到四象图像，绘有四象图像的壁画墓，年代最早的是集安的莲花墓、舞踊墓和朝鲜的辽东城墓，约在公元4世纪末，即好太王继位前后。年代最晚的是朝鲜牛山里三号墓和真坡里一号墓，已经到了7世纪中叶，高句丽灭亡前夕。[①]从中可见，四象在高句丽墓葬中流传时间较久。

---

① 尹国有：《高句丽壁画研究》，吉林大学出版社，2003，第77页。

表6-5　隋唐时期绘有四象壁画的高句丽墓葬

| 朝鲜境内 | 时间 | 中国境内 | 时间 |
| --- | --- | --- | --- |
| 牛山里一号墓 | 6世纪末 | 四神墓 | 6世纪中 |
| 江西大墓 | 6世纪末 | 五盔坟四号墓 | 6世纪末 |
| 牛山里二号墓葬 | 6世纪末 | 五盔坟五号墓 | 7世纪初 |
| 内里一号墓 | 7世纪初 | | |
| 高山洞一号墓 | 7世纪初 | | |
| 江西中墓 | 7世纪初 | | |
| 牛山里三号墓 | 7世纪中 | | |
| 真理坡一号墓 | 7世纪中 | | |

资料来源：尹国有《高句丽壁画研究》，第75～76页。

墓室壁画中四象图并非是高句丽人创造，而是其接受汉晋文化的结果，这种学习、吸收、效仿也有一个逐步完善的过程。从四象图在高句丽古墓藻井上出现，到最后成为墓室四壁的主要图案，大体经历了三个阶段：开始四象图只是在高句丽壁画墓藻井上出现的，图像很小，也不完全，或只有朱雀，或只有青龙、白虎。如舞踊墓中就只画了一只正被骑士追逐的虎。①玄武接着随之出现。之后四象图案逐渐从藻井转移到墓室的四壁，但在人物画和风俗画中间，位置较小。最后四象图案成为墓室壁画的主要内容。集安的五盔坟四、五号墓，四象图像占据着墓室的四壁，其构图完整、生动形象、造型优美、线条细腻流畅、色彩明艳，绘画技法娴熟。四象图辅以流云、火焰、网纹装饰，使画面更加丰富多彩，增加了威严的气势。②四象图成为高句丽墓葬中较有特色的文化形式。

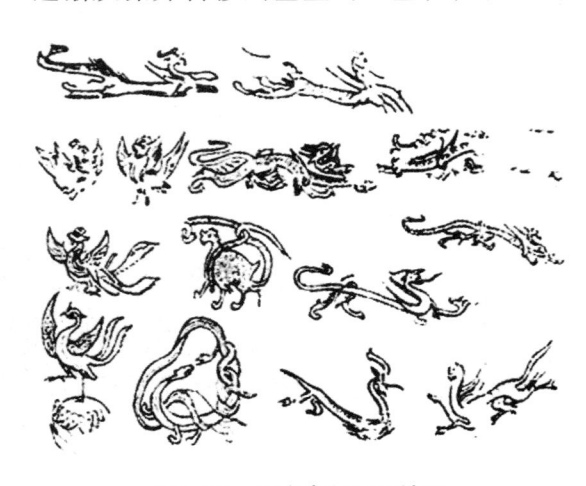

图6-35　集安高句丽四神图

资料来源：尹国有《高句丽壁画研究》，第74页。

四象图逐步从高句丽古墓的藻井

---

① 吉林省文物志编委会：《集安县文物志》，1984，第134页。
② 吉林省文物志编委会：《集安县文物志》，第146页。

进入墓室，再由小变大，直至充满四壁，最终取代了人物风俗画。高句丽墓室壁画中四象内容的出现，是中原文化影响下的产物。

高句丽晚期墓葬大约为6世纪末期至7世纪初期，与隋唐初期的墓葬类似，其亦带南北朝后期遗风。集安的"四神墓、五盔4号、五盔5号。这三座墓皆位于禹山脚下平地上。墓葬的形制皆为方形单室，与中原北朝后期的墓制相同。墓顶为大抹角叠涩。壁画内容与前一期相比，有了较大变化。墓室四壁，四神成为主体，四隅、梁枋和室顶，充满了怪兽、盘龙等恐怖图像和日月神、牛首人等各种古代传说，以及乘龙驾凤的众多伎乐仙人……在绘画的工艺技巧方面，第四期也有明显的改变和发展，它不像前三期，是先在石壁上涂白灰然后作画，而是不涂白灰，把画直接绘在平整的石壁上。至今有的墓各种颜色新鲜如初，可见从染料选用到具体绘制都做了精心考虑。四神墓梁枋侧面描绘的缠枝忍冬，线条流畅，彩色绚丽，是高句丽壁画中难得的发现。这与北朝中后期中原的同类石刻纹饰非常相似。在五盔4号、5号四壁之四神形象下衬托的忍冬网纹图案，与宁夏固原五世纪末北魏漆棺上的绘画有明显的渊源关系。其中，在4号墓的网纹图案中，还绘以各种人物，有的头戴乌纱笼寇。身穿合衽袍，足登墨履，手执团扇；也有的跪坐或趺坐，披发羽衣，或绘八卦，或攻读。这种秀骨清相、潇洒闲逸的姿态和褒衣博带、笼寇大履的打扮，与南朝士大夫无有两样"。[①]高句丽晚期墓葬带有南北朝时期墓葬风格，一方面是对魏晋文化的传承；另一方面由于高句丽与隋、唐之间爆发了连年战争，也致使隋及唐初墓葬形制对其影响反而不如南北朝时期。

## 第三节　异域丧葬中的中原文化

隋唐时期的中国，经济繁荣，文化昌盛，尤其是进入唐朝以后，中原文化影响遍及亚洲，并远达欧洲和非洲。中原器物也作为随葬品出现在了中亚、欧洲和北非的墓葬中。中国传统思想中的五行观、四象文化对东亚丧葬文化产生了重要影响，唐朝的丧葬制度也为日本所模仿。

---

[①] 魏存成：《高句丽考古》，吉林大学出版社，1994，第75~76页。

## 一 北亚、欧洲殡葬与中原文化

隋唐时期是古代王朝的盛世。尤其是唐朝,中国作为一个强大的帝国,以政治统一、经济繁荣、文化昌盛而著称于世。当时作为东西方通道的丝绸之路异常繁荣,国内外水陆交通也非常发达,因此唐朝与亚、非、欧一些国家保持着频繁的友好往来和经济文化交流。唐代诗人曾用"开元太平时,万国贺丰岁",①"梯航万国来,争先贡金帛"②来赞美歌颂唐朝与亚、非、欧几十个国家的友好交往。

### (一)北亚墓葬中的中原文化

突厥与隋唐王朝紧邻,彼此之间有着很密切的交流。1956年在蒙古人民共和国Arhangai省Bugut发现《布古特碑》,它位于突厥时期的墓葬附近。"后经克里亚施托尔内(S. G. Klyashtorny)和列夫谢茨(V. A. Livshits)研究,确定碑的三面刻写的是粟特文。是建于公元580年左右的纪念一突厥贵族的记功碑。"③布古特碑的形制与中国古代螭首龟趺的石碑非常相似,石碑立于龟趺之上,Michael Drompp、Sören Stark等学者均认为碑首的雕像类似中国碑刻形式,即中国龙形的六螭。唐封演《封氏闻见记·碑碣》:"隋氏制,五品以上立碑,螭首龟趺,趺上不得过四尺,载在《丧葬令》。"

突厥、回鹘一些王公贵族陵墓碑刻以及陵园形制借鉴了唐代陵园的布局。突厥的阙特勤与毗伽可汗死后,唐朝派遣使者立祠庙,刻石为像,碑文为突厥与汉文两种文字,因此带有中原文化的印迹。按照《旧唐书·突厥传》记载:开元二十年,"阙特勤死,诏金吾将军张去逸、都官郎中吕向赍玺书入蕃吊祭,并为立碑,上自为碑文,仍立祠庙,刻石为像,四壁画其战阵之状。二十年,小杀为其大臣梅录啜所毒,药发未死,先讨斩梅录啜,尽灭其党。既卒,国人立其子为伊然可汗。诏宗正卿李伶往申吊祭,

图6-36 第一汗国的粟特文布古特碑

---
① 李肱:《省试霓裳羽衣曲》,《全唐诗》卷542,第6260页。
② 王贞白:《长安道》,《全唐诗》卷701,第8058页。
③ 耿世民:《古代突厥文碑铭研究》,第40页。

并册立伊然，为立碑庙，仍令史官起居舍人李融为其碑文"。①1889年，两人的碑文在今蒙古国鄂尔浑河流域和硕柴达木被发现，即《阙特勤碑》、《毗伽可汗碑》。从《阙特勤碑》碑文的记载可见，阙特勤陵墓是由唐朝工匠和画师按照唐朝陵墓的形制建造："我（让建造永久的石碑），我从唐朝皇帝那里请来了画工，让他们装饰了（陵墓）。他们没有拒绝我的请求。他们派来了唐朝皇帝的宫内画匠。我令他们建造了宏伟的建筑物，我让他们在（建筑物）内外都绘上动人的画。我令他们打造了石碑，让他们刻写下了我心中（要说）的话。愿十箭的子孙和外族臣民（Tat）看到这个都知道。我让人建造了永久的石碑。"②碑文中还提到："（从唐朝）来了建造祠庙的工匠、镂刻图纹碑文的石匠。唐朝皇帝的表兄弟（？）张将军来到（指导建造祠庙、绘画及刻凿石碑事宜）。……阙特勤于羊年十七日去世，九月二十七日举行葬礼。祠庙、绘画、碑石于猴年七月二十五日全部竣工。"③《毗伽可汗碑》中也有类似的记载："我（毗伽可汗之子登利可汗）从唐朝皇帝那里请来了全部工匠。他们没有拒绝我的要求，派来了内宫的工匠。我让他们建造了精致的建筑物，并让他们在（建筑物）内外绘制了精美的图画，我让人打制了石碑，我让人刻写了我心中的话。"④可见，阙特勤陵墓是一座由唐朝使臣督建、工匠施工、画师绘画并带有中原风格的陵墓。

《阙特勤碑》与《毗伽可汗碑》之间相距1公里左右，"石碑为大理石制成，上刻古代突厥文和汉文两种文字。《阙特勤碑》建于732年，《毗伽可汗碑》建于735年。《阙特勤碑》正文66行，刻在大、小两块石碑上。大碑刻53行，小碑刻13行，应为碑文的开头部分。其余部分刻在大碑正面及边上。背面为汉文部分。《毗伽可汗碑》80行。很多地方二碑文字雷同。此二碑主要记述第二突厥汗国建立者颉跌利施可汗长子毗伽可汗和次子阙特勤的生平武功。是目前保存较好、字数最多的碑铭，具有极大的史料价值。二碑的突厥文部分都出自其侄药利特勤（YollighTegin）之手。二碑都刻由唐玄宗所写的汉文，但与突厥文部分内容无关"。⑤从碑文可见，突厥可汗"仍有时直接受到中国宇宙论和皇帝是天子的中国思想的影响"，⑥死者逝世和葬

---

① 刘昫等：《旧唐书》卷194《突厥上》，第5177页。
② 耿世民：《古代突厥文碑铭研究》，第120页。
③ 耿世民：《古代突厥文碑铭研究》，第144~145页。
④ 耿世民：《古代突厥文碑铭研究》，第120页。
⑤ 耿世民：《古代突厥文碑铭研究》，第47页。
⑥ 耿世民：《古代突厥文碑铭研究》，第325页。

仪的日期以及碑刻完成日期都用中国传统的十二生肖纪年，中国工匠凿刻的二碑上都有汉文碑文，陵园的设计、石碑的雕刻也都是中国使臣监督。"中国文化的影响仍可从阙、毗二碑上强烈感觉到。这一点在之后的回鹘时代的碑铭中仍继续存在。"① 除此之外，还有汉文的回鹘碑文，比如《哈喇巴勒哈逊（Qara-Balghasun）碑》（即所谓"Orkhon Ⅲ"），"位于'黑城'（蒙古语 Qara-Balghasun）附近，即蒙古回鹘古都 Ordu-Balyq 之遗址，位于鄂尔浑河（不是 Kökchin-Orxon）左岸，即在阙、毗二碑西南 15 公里。它不属于后者的一部分，应改称为哈喇巴勒哈逊碑，用三种语言（汉语、粟特语［回鹘摩尼教徒的宗教用语］和突厥回鹘语）写成"。②《西内乌苏（Shine-Usu）碑》（760），属蒙古回鹘汗国第二可汗磨延啜时代，可惜首尾过于残破。③碑文也是采用十二生肖纪年，从羊年即 743 年开始。

### （二）欧洲、西亚随葬品中的隋唐器物

拜占庭帝国在隋唐五代时期被称为拂菻，地处欧亚大陆的交接处，其首都君士坦丁堡汇聚了东西方的货物和财富。中国的丝绸是拜占庭帝国的传统进口货物，通过它再运往西方各地。可以说，中国的丝绸主要是通过拜占庭帝国传到欧洲各地的。当时的西方上层社会对丝绸的需求量非常大，但是波斯兴起以后完全独占了中国与拜占庭之间的丝绸贸易。隋朝时期，中国与拜占庭之间缺乏直接的贸易联系。《旧唐书·拂菻传》载："隋炀帝常将通拂菻，竟不能致。"④到了唐朝，中国完成了西部边疆的统一，拜占庭帝国开始与唐朝直接贸易往来。《旧唐书·拂菻传》载，拜占庭第一次遣使中国，是在贞观十七年，"拂菻王波多力遣使献赤玻璃、绿金精等物，太宗降玺书答慰，赐以

图6-37 开元七年（719）周昉：蛮夷执贡图

---

① 耿世民：《古代突厥文碑铭研究》，第 325~326 页。
② 耿世民：《古代突厥文碑铭研究》，第 320 页。
③ 耿世民：《古代突厥文碑铭研究》，第 326 页。
④ 刘昫等：《旧唐书》卷 198《拂菻传》，第 5314 页。

绫绮焉"。①其后，大食国强盛，拜占庭帝国开始向大食纳贡并臣属于大食。尽管拜占庭帝国处于大食的入侵下，但仍然频繁遣使中国，"乾封二年，遣使献底也迦。大足元年，复遣使来朝。开元七年正月，其主遣吐火罗首领献狮子、羚羊各二。不数月，又遣大德僧来朝贡"。②这些记载表明双方有着一定的政治联系。

中国的丝绸通过丝绸之路输入拜占庭境内。1967年在高加索山区北部库班河上源之一大拉巴河支流巴勒卡，一地名为莫谢瓦亚·巴勒卡的墓葬中出土了各种丝织品143件。同时，在此墓以东的哈萨乌特墓葬中，亦出土丝织品残片65件。这两座墓中的丝织品年代均属于8、9世纪，当时中国正处于唐朝全盛时期。这些丝织品有百分之二十是产于唐朝的。除了丝织品以外，上述墓葬中还出土了中国绢画和汉文文书。③从中可以看出唐朝与欧洲也有一定的交往。

远在北欧比尔卡（Bjorko）遗址的墓葬中也发现了来自东方的丝绸。比尔卡位于瑞典梅拉伦湖相邻的比尔卡岛，是北欧维京时代重要的商业贸易中心遗址，比尔卡作为一个商贸遗址，是研究9~10世纪波罗的海贸易状况与北欧历史的依据。1993年作为文化遗产列入《世界遗产名录》。比尔卡城遗址位于比约克岛西北部的黑土区，据考证，该城形成于5~9世纪。黑土区的北部、东部和南部，是比尔卡的主要墓地，这里有2000多座坟墓，墓葬物十分丰富。

比尔卡不仅与弗来西亚和西欧有着贸易，还和波罗的海东部地区、伏尔加河地区有交易。在比尔卡的坟墓区，发掘出来自东方的丝绸、玻璃装饰品和诸多奢侈品。坟墓区还发掘出带阿拉伯文字的白银、阿拉伯和莱茵河的玻璃制品、弗来西亚的布和法兰克的武器。其中一件出土于比尔卡一个称作"家乡"（Hemlander）地区第944号墓中的丝织物，年代相当于公元900

图6-38 10世纪的波斯三彩
现藏于大英博物馆。

---

① 刘昫等：《旧唐书》卷198《拂菻传》，第5314页。
② 刘昫等：《旧唐书》卷198《拂菻传》，第5315页。
③ 参见阿·耶鲁萨利姆斯卡娅《丝路上的阿兰世界》，苏联国立埃米塔什博物馆刊《东方文化》，列宁格勒，1978，第151~154页；转引自张广达《西域史地丛稿初编》，上海古籍出版社，1995，第383页。

年前后。安格尼恩·盖杰认为这是一件与"汉代暗花绸"相称的、十分可能具有中国渊源的"暗花"织物标本。"这件非常精致的织物由银质线镶制成一条边缘,银质产生的腐蚀性盐正好起到了保护丝绸的作用。在放大镜之下,我们还能分辨出微弱残存的金色涂料,很可能它是被印上去的。该墓属于一个男子并含有复杂的东方因素,其中包括七颗原来属于东方袷绊上的弹状青铜纽扣。"① 这是中国丝绸到达最西方的实物证据。

另外,唐三彩在某种程度上也受到波斯金银器和釉陶的影响,随着唐王朝的灭亡唐三彩迅速衰落。但海上丝绸之路兴起后,在伊斯兰地区出现了类似的三彩形式,被称之为"波斯三彩",其多为白底多彩绘釉陶和白底多彩撒釉刻纹陶,在9至11世纪的两河流域、伊朗一带流行。

## 二 日本律令对唐朝丧葬制的吸收借鉴

唐朝是古代社会的鼎盛时期,也是传统文化辉煌的阶段。丧葬文化也波及周边地区,尤其是对日本的丧葬制度影响颇深。

日本是中国一衣带水的邻邦,受唐朝文化影响较大。隋朝时期,日本曾派使者来华。据《隋书·倭国传》记载:"开皇二十年,倭王姓阿每,字多利思比孤,号阿辈鸡弥,遣使诣阙。上令所司访其风俗。"②"大业三年,其王多利思比孤遣使朝贡。使者曰:'闻海西菩萨天子重兴佛法,故遣朝拜,兼沙门数十人来学佛法。'"③ 到了唐朝,日本多次派遣遣唐使、学问僧等来华学习唐朝的政治、文化,其中也将唐律东传至日本。日本学者三浦一志说:"就法律文化来说,中国对日本的影响最明显的也是在唐代。唐朝处于中国封建社会的上升时期,在当时世界上是先进、文明的国家,其封建法制为各国统治者所羡慕。唐代长安城也因此成了国际性的大都市。唐代的法律,被称为中国封建法典之楷模,曾随着络绎不绝的使者和留学生传播四方,日本也不例外。"④ 日本派遣唐使多次抵达中国,从舒明天皇二年(630)八月开始到宇多天皇宽平六年(894)九月停止,日本共向唐朝派遣19次遣唐使。⑤ 遣唐使从唐朝带回了唐朝

---

① 〔瑞典〕Ulla, Cyrus-Zetterstrom:《比尔卡出土的一件暗花丝织物》,《丝绸史研究》1991年第1期。
② 魏徵:《隋书》卷81《倭国传》,第1826页。
③ 魏徵:《隋书》卷81《倭国传》,第1827页。
④ 〔日〕三浦一志:《源远流长的日中文化交流》,中国儒学与法律文化研究会编《儒学与法律文化》,复旦大学出版社,1992,第20页。
⑤ 关于遣唐使派遣的次数,国内外学者看法不一,有12、13、14、18、19、20次诸说。此处以木宫泰彦的19次为准。〔日〕藤家礼之助:《日中交流两千年》,张俊彦译,北京大学出版社,1982,第88页;范文澜:《中国通史》第三册,人民出版社,1978,第355页;郭沫若:《出土文物二三事》,人民出版社,1972,第36页;池步洲:《日本遣唐使简史》,上海社会科学院出版社,1983,第14页;王勇:《日本文化:模仿与创新的轨迹》,北京高等教育出版社,2001,第192~193页。

律令制度，日本以唐律为蓝本编撰了《大宝律令》和《养老律令》。而这两部律令中都有丧葬令，日本丧葬令中的内容或多或少都吸收和借鉴了唐朝的丧葬制度。

《日本养老丧葬令》第一条："凡先皇陵，置陵户令守。非陵广令守者，十年一替。兆域内不得葬埋及耕牧樵采。"①陵户负责陵墓的日常安全、打扫和祭祀等。关于守陵户有如下记载："唐高祖葬三原县东，太宗葬醴泉县北……各置守陵五户，每岁春秋二时，委所在长吏，各设一祭。"②"唐玄宗葬奉先县……宣宗葬云阳县，各置守陵两户，每三年一祭。仍并委所在长吏，祀以太牢，以

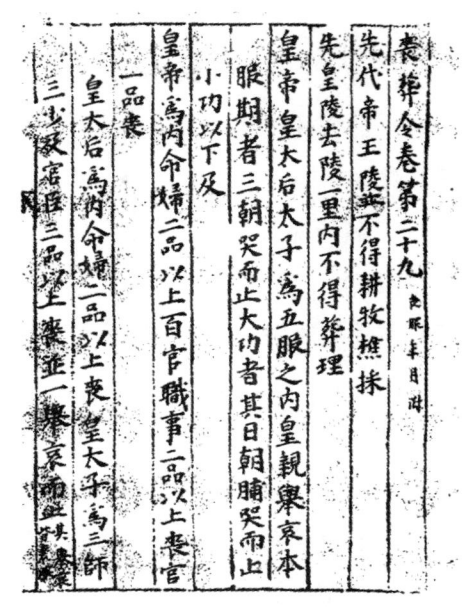

图6-39 天圣令所载丧葬令

羊代。""唐高宗葬奉天县，中宗葬富平县，睿宗葬奉先县，代宗葬富平县，德宗葬云阳县，顺宗葬富平县，穆宗葬奉天县，恭宗葬三原县……懿宗葬富平县，僖宗葬奉天县，昭宗葬缑氏县……常禁樵采。"③唐代高祖、太宗的皇陵各设置守陵五户，每年两祭；玄宗、肃宗、宪宗、宣宗各设置守陵两户，每三年一祭；而高宗、中宗、睿宗等皇陵只是常禁樵采，没有设置守陵户。

《唐六典》卷十四"诸陵署令"条注："凡诸陵，皆置留守，领甲士，与陵令相左右。兆域内禁人无得葬埋，古坟则不毁。"④《日本养老丧葬令》第一条关于守陵制和禁樵采的内容是对唐代守陵制的借鉴。

《日本养老丧葬令》"服锡纻"条规定："凡天皇，为本服二等以上亲丧，服锡纻。为三等以下及诸臣之丧，除帛衣外，通用杂色。"⑤这条规定的来源是《唐六典》卷十八"司仪令"条注："皇帝临臣之丧，一品服锡缞，三品已上总缞，四品已下疑缞。"⑥和《唐令拾遗》中："皇帝临臣之丧，一品服锡缞，三品已上总缞，四品已上疑

---

① 〔日〕仁井田陞：《唐令拾遗》，栗劲等编译，长春出版社，1989，第741页。
② 曾枣庄、刘琳主编《全宋文》第1册，巴蜀书社，1988，第99~100页。
③ 曾枣庄、刘琳主编《全宋文》第1册，第100页。
④ 李林甫等：《唐六典》卷14《太常寺》，陈仲夫点校，第401页。
⑤ 刘俊文、〔日〕池田温主编《中日文化交流史大系》2《法治卷》，浙江人民出版社，1996，第58页。
⑥ 李林甫等：《唐六典》卷18《鸿胪寺》，陈仲夫点校，第507页。

缞。皇太子临吊，三师三少则锡缞，宫臣四品已上总缞，五品已下疑缞。"① 这是唐朝众大臣或东宫官死亡时，对皇帝和皇太子所穿服装的规定。"日本将唐代天子用于臣下死亡的特殊服装——锡纻，改变为天皇用于二等以上亲族的丧服，这是日本基于本国具体国情而对唐令所作的变通。"② 除此之外，还规定"除帛衣外，通用杂色"。《令集解》解释说："帛衣，白练衣也。"③ 天皇服饰的颜色是地位最高的白色，"在日本，白是贵色，白练衣的帛衣是作为天皇服饰的。"④ "服锡纻"条保留了这一习俗，也是基于日本民族风俗对唐令中唐代帝王服色所做的变通。

《日本养老丧葬令》第四条："凡百官在职薨卒，当司分番会丧。亲王及太政大臣、散一位，治部大辅监户丧事。左右大臣及散二位，治部少辅监护。三位，治部丞监护。三位以上及皇亲，皆土部示礼制（内亲王、女王及内命妇亦准此）。"⑤ 护丧是唐代皇帝为了表示对过世臣子的爱护之情，而派遣使者帮助逝者家属或贵戚操办丧事是一种荣耀。唐《丧葬令》第六条载："诸诏丧，大臣一品则鸿胪卿护其丧事，二品则少卿，三品丞一人往，皆命司仪示以制。五品已上薨卒，及三品已上有周已上亲丧者，皆示其礼制。"⑥《唐六典》卷十八"司仪令"条载："凡五品已上薨、卒及三品已上有周已上亲丧者，皆示其礼制焉。"⑦《唐会要》卷三十八《葬》载："旧制，凡诏丧，大臣一品则鸿胪卿护其丧事（二品则少卿，三品丞，人往皆命司仪示以制）。"⑧ 除了官名的称呼不同之外，《日本养老丧葬令》第四条内容与唐护丧的规定几乎一样。

《荀子·大略》载："赗、赙，所以佐生也；赠、襚，所以送死也。送死不及柩尸，吊生不及悲哀，非礼也。"⑨ 可见赗赙指是赠财物给逝者及其家属以助丧事。赗赙之制在唐代已成为常制，"凡职事官薨卒，皆有赗赙。"⑩ 唐朝的《丧葬令》也明确规定了不同级别的官员应得赗赙的标准："诸职事官薨卒，文武一品赗物二百段，粟二百石；二品物一百五十段，粟一百五十石；三品物百段，粟百石；正四品物七十段，粟七十石；从四品物六十段，粟六十石；正五品物五十段，粟五十石；从五品物四十

---

① 〔日〕仁井田陞：《唐令拾遗》，栗劲等编译，第 745 页。
② 刘俊文、〔日〕池田温主编《中日文化交流史大系》2《法治卷》，第 61 页。
③ 刘俊文、〔日〕池田温主编《中日文化交流史大系》2《法治卷》，第 38 页。
④ 刘俊文、〔日〕池田温主编《中日文化交流史大系》2《法治卷》，第 38 页。
⑤ 〔日〕仁井田陞：《唐令拾遗》，栗劲等编译，第 747 页。
⑥ 〔日〕仁井田陞：《唐令拾遗》，栗劲等编译，第 746~747 页。
⑦ 李林甫等：《唐六典》卷 18《鸿胪寺》，陈仲夫点校，第 508 页。
⑧ 王溥：《唐会要》卷 38《服纪下·葬》，第 691 页。
⑨ 王先谦：《荀子集解》，中华书局，1988，第 492 页。
⑩ 白居易、孔传：《白孔六帖》。转引自〔日〕仁井田陞：《唐令拾遗》，栗劲等编译，第 749 页。

段,粟四十石;正六品物三十段,从六品物二十六段,正七品物二十二段,从七品物十八段,正八品物十六段,从八品物十四段,正九品物十二段,从九品物十段(行者守从高)。王及二王后,若散官及以理去官三品以上,全给,五品以上半给。若身没王事,并依职事品给。其别敕赐物者,不在折限。"①自一品到从五品的文武官员均赗赠物和粟,自六品到从九品的文武官员只赗赠物而没有粟。从史料中,可以了解到唐《丧葬令》中所提到的"物"应该是指布帛。如"成德军节度使、检校尚书右仆射王绍鼎卒,赠司空,赙布帛三百段";②于休烈卒,"褒赠尚书左仆射,赗绢百匹、布五十端"③;裴敬彝母卒,"特诏赠以缣帛,仍官造灵舆";④"真德死,帝为举哀,赠开府仪同三司,赐彩段三百"。⑤《日本养老丧葬令》第五条关于赗赠的规定与唐《丧葬令》的条文相似:"凡职事官薨卒赗赠:正从一位绝卅匹,布一百廿端,铁十连;正从二位绝廿五匹,布一百端,铁八连;正从三位绝廿二匹,布八十八端,铁六连;正四位绝十六匹,布六十四端,铁三连;从四位绝十四匹,布五十六端,铁三连;正五位绝十一匹,布四十四端,铁二连;从五位绝十匹,布四十端,铁二连;六位绝四匹,布十六端;七位绝三匹,布十二端;八位绝二匹,布八端;初位绝一匹,布四端。皆依本位给。其散位三位以上三分给二,五位以上给半。太政大臣绝五十匹,布二百端,铁十五连。亲王及左右大臣准一位(无品皆准职事一位),大纳言准二位。若身死王事,皆依职事例。其别敕赐物者,不拘此令。其无位皇亲,准从五位,三分给二(女亦准此),减数不等,从多给。"⑥《日本养老丧葬令》第五条效仿了唐《丧葬令》第八条,按官员官位由高到低的顺序详细规定了与官位相对应的赗赠之物和数量。当然日本对赗赠的规定也有自己的特点。他们将铁作为赗赠之物赠给较高等级的官员。

唐代对百官身亡者的称呼也是有规定的。唐代《丧葬令》第二十三条:"诸百官身亡者,三品以上称薨,五品以上称卒,六品以下达庶人称死。"⑦《日本养老丧葬令》第十五条的内容可以说是将唐《丧葬令》第二十三条照搬了下来,基本没有变化:"凡百官身亡者,亲王及三位以上称薨,五位以上及皇亲称卒,六位以下达于庶人称死。"⑧在对身亡者不同官品的称呼上,日本是完全沿袭唐朝的制度。

---

① 〔日〕仁井田陞:《唐令拾遗》,栗劲等编译,第748~749页。
② 刘昫等:《旧唐书》卷18下《宣宗纪》,第638页。
③ 刘昫等:《旧唐书》卷149《于休烈传》,第4009页。
④ 刘昫等:《旧唐书》卷188《裴敬彝传》,第4924页。
⑤ 欧阳修:《新唐书》卷220《东夷》,第6204页。
⑥ 〔日〕仁井田陞:《唐令拾遗》,栗劲等编译,第750页。
⑦ 〔日〕仁井田陞:《唐令拾遗》,栗劲等编译,第774页。
⑧ 〔日〕仁井田陞:《唐令拾遗》,栗劲等编译,第775页。

# 结　语

　　隋唐五代不仅是中国古代社会发展的重要时期,也是殡葬思想、丧葬习俗承前启后的重要阶段。隋唐五代殡葬思想继承了魏晋南北朝时期重生轻死、贵生乐生的儒道观念,融入生死轮回的佛教思想,凸显了唐代以后儒释道合流的趋势,为宋元三教生死观的融合奠定了基础。在隋唐五代社会,厚葬思想历久弥坚,难以改变。政府虽多次颁行禁止厚葬的诏书,却无法遏制社会厚葬之风的盛行。隋唐五代的所有帝王一方面严禁民间厚葬,一方面却耗资亿万为自己建造巨冢,在墓葬规格、形制方面突出等级差异,彰显帝王的独尊地位。隋唐五代也是阴阳五行理论系统化的成熟时期,在阴阳、五行、六甲、八卦等理论下,厚葬之风与相墓之术并行。由于隋唐五代葬式、葬法的混乱,反对卜葬择墓的理性认识、倡导简葬薄葬的思想开始出现。为统一葬法葬式,首次出现了官修葬书与规范葬事的活动,吕才所撰的《阴阳书》及其对《葬书》的批判就是其中的代表。这次官修葬书虽然未能得到民间认可,但却成为宋代以后官修葬书的基础。同时,归葬中原观念、宗教地狱观念、鬼神观念及边疆少数民族丧葬观念,使隋唐五代时期的丧葬观念具有多样性。这使得隋唐五代的殡葬理念在中国古代丧葬史上具有承前启后的历史地位,影响深远。

　　殡葬礼法制度在秦汉魏晋礼制的基础上,形成了《大唐开元礼》与唐律《丧葬令》等多部官方的规范性文本,为宋元以后殡葬礼仪的规范化起到了重要的作用。这些文本非常明确地规定了不同社会阶层在丧葬制度中的标准,包括仪式的繁简、墓葬形制的大小、随葬品的丰简、守丧时间与丧服的差异。而在敦煌文献中也发现了《吉凶书仪》、《纳赠历》文书等殡葬礼俗的资料,展现了基层社会殡葬吊答词、丧葬互助等重要内容。

从《大唐开元礼》记载的这一时期的丧葬仪式程序来看，基本承自前代，同时受到社会阶层、品级差异的影响，殡葬制度更加系统化、等级化。最烦琐的唐代丧葬奠仪共包括 66 道仪式，改葬则另有 17 种仪式，成为隋唐盛世殡葬文化的标志之一。一般的殡葬仪式多包括初终、招魂、沐浴、袭、饭晗、明旌、小敛、大敛、奠基、启殡、陈器用、送葬、下葬、反哭、虞祭、祔庙等。

作为规范性并带有法律性的文本，《大唐开元礼·凶礼》与唐令《丧葬令》体系庞大、内容繁复、体例严谨，对后世殡葬礼仪的规范化、法制化起到了举足轻重的作用。首先，《大唐开元礼·凶礼》与唐令《丧葬令》中关于殡葬礼仪的规定不仅是对隋唐以前丧葬礼仪的礼法化归纳，也是中古时代礼法完备化的必然要求，尤其是"以礼入法"的理念，以礼法的形式规范了上至王公贵族，下至普通民众必须遵守的殡葬范式。从隋唐五代开始，殡葬礼仪制度从上层的礼法等级变成了整个社会的法礼约束，在中国殡葬礼仪发展史上具有里程碑的意义。其次，与以往的礼典、法典相比较，隋唐五代的殡葬法规与殡葬礼仪内容全面、条理分明。其中，凶礼中与殡葬相关的内容包括五服制度和丧葬程序等，从服丧制度到殡葬仪式，做了详细的规范。这些礼法体例严谨、内容翔实，后世将之称为"一代典制"。最后，殡葬礼法充分体现了等级制度的差异。隋唐五代时期的殡葬礼法化虽然突破了"礼不下庶人"的理念，但突出了等级差异、阶层差异。如开元礼详细规定了皇帝及其亲属、三品以上、四品至五品、六品以下、王公以下民众等社会各阶层的殡葬仪式，依死者生前地位，繁简不一。同时又继承了西周以来的宗法传统，在受丧、丧服上，按照男女、嫡庶、父系母系等亲疏远近进行区分。虽然各个阶层都可以对先人进行祭奠，但随着这一时期殡葬仪式礼法化，等级森严的殡葬制度与礼仪程序更加规范。阶层差异也深刻影响到了殡葬的流程、居丧的礼制、丧葬的规模、墓葬的形制等各个方面。这些不仅是宗法体系在隋唐五代的直接体现，也是专制主义强化自身伦理秩序的必然要求。

隋唐五代殡葬礼仪的一大变化体现在对母系与姻亲丧服等非血缘丧制的重视；而另一巨大变化是武则天在上元元年（674）推行的服叙改革孝母制度，这一改革以尊崇女性，提升女性的社会地位为主要目的，也是"母尊"与"父尊"的一次大论争，孝母制度最终录于《大唐开元礼》中，此后成为定制，宋、元各个王朝皆有承袭。

隋唐五代时期也是多种宗教发展的时期，佛道等传统宗教的生死观念、地域观念、轮回思想逐渐渗入到民间殡葬习俗并影响至今，因此礼法规范的统一与多元宗教的进入成为这一时期殡葬发展的重要特点。在传统的土葬之外，带有宗教色彩的火葬、林葬、石窟葬也屡有记载。卜地择日、堪舆风水已经是丧葬中的重要环节。烧纸钱、做法事成为丧葬中的重要流程。头七烧纸、七七托梦、三年上坟等丧葬习俗在隋唐五代民间广泛流传并延续至今。另外，考古发现了大量带有佛、道宗教及民间信仰因素的随葬品、墓志、壁画。同时，法礼的规范化也渗透进丧俗中，除了《大唐开元礼·凶礼》与《丧葬令》之外，《吉凶书仪》也是反映当时丧葬习俗的重要资料。其中包括："从入棺、吊丧、卜宅、大小殓、启柩、送葬、临圹、掩埋，直到葬后迎神，都有相应的礼仪文字。如吊词，就有吊人父母亡、吊人翁婆亡、吊人伯叔姑兄姊亡、吊人弟妹亡、吊人妻亡、吊人姨舅亡、吊人小孩亡、姑亡吊姑夫、姊妹亡吊姊妹夫、吊人妻父母亡、吊人女婿亡、吊人子在外亡等各种吊答词。"[①]以上也体现出唐宋以后丧葬习俗中的法礼规范与宗教习俗并行发展的趋势。

隋唐五代时期帝王陵墓、贵族墓葬、大臣墓葬以及中下层墓葬的营建规格、墓葬类型、墓室结构、随葬品等均有着相当大的差异，这些差异一方面与当时的社会背景与历史条件相关，另一方面则是受到古代社会等级制度的影响。从隋朝初年就规定了不同品级墓葬的封高、面积、尺寸等，唐朝更是通过各种礼法律令强化这一规范，只是在不同时期具体数字略作调整。其中帝王陵墓无论是陵园布局、陵墓营造、墓室结构、随葬品等都是一般王公贵族墓葬难以企及的，而王公与大臣墓葬则按照品级有着不同的标准，普通平民墓葬则只能根据个人的能力营造简单墓室，随葬普通物品。隋唐五代随葬品与葬具的发展也有着以下趋势与特点：一是纸制冥器逐渐取代绢帛以及金银铜钱；二是生活类随葬品逐渐为宗教类随葬品取代，这属于一个过渡时期。

隋唐时期是中国古代社会的鼎盛时期，中原文化与周边文化之间的融合与交流日益频繁。既有突厥、吐蕃、渤海、南诏等民族，也有波斯、天竺、大食等中亚、西亚国家，及至欧洲文化渐次影响至中原地区，这在近年来的墓葬考古中表现得比较突出。同时，中原王朝的丧葬文化也对日本、新罗等国家地区的墓葬文化与丧葬制度产生了深远影响。这些都体现出隋唐五代时期丧葬文化的特点，即交流与融合。

总之，隋唐五代时期是我国殡葬观念、殡葬制度、丧葬习俗、墓葬形制、殡葬文化等承前启后的历史阶段。同时，殡葬制度的法礼化，依山为陵的帝陵形制，葬具与随葬品中的佛道宗教印迹，都使隋唐五代殡葬既体现出传承的连续性，也展现出时代的独特性。

---

① 荣新江：《敦煌学十八讲》，北京大学出版社，2001，第198页。

# 参考文献

## 一 古籍文献

郑玄注、贾公彦疏《仪礼注疏》,中华书局,1980。

孙希旦:《礼记集解》,中华书局1989。

杨伯峻:《论语译注》,中华书局,1980。

班固:《汉书》,中华书局,1964。

范晔:《后汉书》,中华书局,1965。

沈约:《宋书》,中华书局,1974。

魏收:《魏书》,中华书局,1974。

房玄龄:《晋书》,中华书局,1974。

李百药:《北齐书》,中华书局,1972。

魏徵:《隋书》,中华书局1973。

李延寿:《北史》,中华书局,1974。

李百药:《南史》,中华书局,1975。

令狐德棻:《周书》,中华书局,1971。

刘昫等:《旧唐书》,中华书局,1975。

薛居正:《旧五代史》,中华书局,1976。

欧阳修:《新唐书》,中华书局,1975。

欧阳修:《新五代史》,中华书局,1974。

脱脱：《宋史》，中华书局，1976。

司马光：《资治通鉴》，中华书局，1956。

吴兢：《贞观政要》，上海古籍出版社，1978。

萧嵩：《大唐开元礼》，民族出版社，2000。

李林甫等撰，陈仲夫点校《唐六典》，中华书局，1992。

长孙无忌：《唐律疏仪》，中华书局，1983。

宋敏求：《唐大诏令集》，中华书局，2008。

〔日〕仁井田陞，栗劲等编译《唐令拾遗》，长春出版社，1989。

杜佑：《通典》，中华书局，1988。

王溥：《唐会要》，中华书局，1955。

玄奘撰，周国林注译《大唐西域记》，岳麓社社，1999。

李吉甫：《元和郡县图志》，中华书局，1983。

樊绰撰，向达校注《蛮书校注》，中华书局，1962。

李好问：《长安志图》卷中，光绪十七年思贤讲舍据灵岩山馆本重刊。

顾祖禹：《读史方舆纪要》，商务印书馆，1937。

陈振孙：《直斋书录解题》第1-5册，中华书局，1985。

纪昀总纂《四库全书总目提要》，河北人民出版社，2000。

纪昀总纂《四库全书》，上海书店，1990。

王先谦：《荀子集解》，中华书局，1988。

王夫之：《船山全书》，岳麓书社，1996。

萧吉：《五行大义》，上海书店出版社，2001。

欧阳询：《艺文类聚》，中华书局，1965。

林宝撰，岑仲勉校记，郁贤皓、陶敏整理《元和姓纂》，中华书局，1994。

李昉：《太平御览》，中华书局，1960。

王钦若：《册府元龟》，中华书局，1960。

解缙等：《永乐大典》，中华书局，2012。

封演撰，赵贞信校注《封氏见闻记校注》，中华书局，1958。

刘肃撰，许德楠、李鼎霞点校《大唐新语》，中华书局，1984。

牛僧孺：《玄怪录》，中华书局，2006。

段成式：《酉阳杂俎续集》，中华书局，1981。

孙光宪:《北梦琐言》,中华书局,1960。

李昉:《太平广记》,人民文学出版社,1959。

道宣:《续高僧传》,中华书局,2014。

慧立:《大慈恩寺三藏法师传》,中华书局,2000。

释道世撰,周叔迦、苏晋仁校注《法苑珠林校注》,中华书局,2003。

赞宁:《宋高僧传》,中华书局,1987。

〔日〕高楠顺次郎:《大正新修大藏经》,台北:新文丰出版公司,1960。

《道藏》,文物出版社、上海书店、天津古籍出版社,1998。

王洙编,金毕履道、张谦增补《重校正地理新书》,《续修四库全书》,上海古籍出版社,1996。

韩愈撰,马其昶校注《韩昌黎文集校注》,上海古籍出版社,1998。

柳宗元:《柳河东集》,中华书局,1960。

刘禹锡著,瞿蜕园笺证《刘禹锡集笺证》,上海古籍出版社,1989。

董诰:《全唐文》附《唐文拾遗》,中华书局,1983。

彭定求:《全唐诗》,中华书局,1960。

黄永武:《敦煌宝藏》,台北:新文丰出版公司,1983。

## 二 著作

安家瑶:《玻璃器史话》,中国大百科全书出版社,2000。

宝鸡市考古研究所编《五代李茂贞夫妇墓》,科学出版社,2008。

蔡鸿生:《唐代九姓胡与突厥文化》,中华书局,1998。

陈寅恪:《唐代政治史论述稿》,上海古籍出版社,1982。

程义:《关中地区唐代墓葬研究》,文物出版社,2012。

池步洲:《日本遣唐使简史》,上海社会科学院出版社,1983。

赤列曲扎:《西藏土风志》,西藏人民出版社,1982。

恩格斯:《自然辩证法》,人民出版社,1984。

范文澜:《中国通史》,人民出版社,1978。

冯智:《雪域丧葬面面观》,青海人民出版社,1998。

傅熹年:《中国古代建筑史》,中国建筑工业出版社,2009。

高国藩:《敦煌民俗学》,上海文艺出版社,1986。

耿世民:《古代突厥文碑铭研究》,中央民族大学出版社,2005。

龚方震、晏可佳:《祆教史》,上海社会科学院出版社,1998。

关长龙:《敦煌本堪舆文书研究》,中华书局,2013。

海波:《佛说死亡:死亡学视野中的中国佛教死亡观研究》,陕西人民出版社,2007。

韩理洲辑校编年《全隋文补遗》,三秦出版社,2004。

〔美〕韩森:《传统中国日常生活中的协商:中古契约研究》,鲁西奇译,江苏人民出版社,2008。

何宁:《淮南子集释》,中华书局,1998。

黄永武:《敦煌宝藏》,台北:新文丰出版公司,1983。

黄正建:《敦煌占卜文书与唐五代占卜研究》,学苑出版社,2001。

黄征、张涌泉:《敦煌变文校注》,中华书局,1997。

霍巍:《西藏古代墓葬制度史》,四川人民出版社,1995。

霍巍:《吐蕃时代考古新发现及其研究》,科学出版社,2011。

《集安县文物志》(内部资料),吉林省文物志编委会,1984。

贾兰坡等:《山西考古发掘记事》,中国文史出版社,1999。

〔伊朗〕贾利尔·杜斯特哈赫选编《阿维斯塔琐罗亚斯德教圣书》,元文琪译,商务印书馆,2005。

姜伯勤:《中国祆教艺术史研究》,三联书店,2004。

金身佳:《敦煌写本宅经校注》,民族出版社,2007。

金身佳:《地理新书校理》,湘潭大学出版社,2012。

觉醒:《觉群佛学》,宗教文化出版社,2011。

李长福、李慧燕:《孙思邈养生全书》,社会科学文献出版社,2003。

李鸿宾:《唐朝的北方边地与民族》,宁夏人民出版社,2011。

李文涛:《中古黄河中下游环境、经济与社会变动》,河南大学出版社,2012。

〔英〕李约瑟:《中国科学技术史》,科学出版社,1975。

梁思成:《梁思成文集》,中国建筑工业出版社,1986。

廖彩梁:《乾陵稽古》,黄山书社,1986。

林悟殊:《波斯拜火教与古代中国》,台北:新文丰出版公司,1994。

刘俊文、〔日〕池田温主编《中日文化交流史大系》2《法制卷》,浙江人民出版社，1996。

刘淑芬：《中古的佛教与社会》，上海古籍出版社，2008。

刘淑芬：《灭罪与度亡：佛顶尊胜陀罗尼经幢之研究》，上海古籍出版社，2007。

刘统：《唐代羁縻府研究》，西北大学出版社，1998。

刘晓路：《世界美术精粹品读·东方美术》，人民美术出版社，2001。

刘永连：《突厥丧葬风俗研究》，广西师范大学出版社，2012。

吕思勉：《隋唐五代史》，中华书局，1959。

罗新、叶炜：《新出魏晋南北朝墓志疏证》，中华书局，2004。

洛阳历史文物考古研究所编《河洛文化论丛》，中州古籍出版社，2006。

洛阳市文物工作队：《洛阳出土历代墓志辑绳》，中国社会科学出版社，1991。

马坚译《古兰经》，中国社会科学出版社，2003。

孟凡人：《丝绸之路史话》，中国大百科全书出版社，2000。

穆根来、汶江、黄倬汉译《中国印度见闻录》，中华书局，1983。

〔日〕木宫泰彦：《日中文化交流史》，胡锡年译，商务印书馆，1980。

宁夏文物考古研究所、吴忠市文物管理所编《吴忠西郊唐墓》，文物出版社，2006。

宁夏文物考古研究所编著《固原南塬汉唐墓地》，文物出版社，2009。

齐东方：《隋唐考古》，文物出版社，2002。

冉万里：《汉唐考古学讲稿》，三秦出版社，2007。

饶宗颐：《老子想尔注校证》，上海古籍出版社，1991。

荣新江主编《唐研究》，北京大学出版社，1997。

荣新江：《中古中国与外来文明》，三联书店，2001。

〔日〕三上次男：《陶瓷之路》，李锡经、高喜美译，文物出版社，1984。

山西省考古研究所等：《太原隋虞弘墓》，文物出版社，2005。

陕西博物馆编《唐墓壁画国际学术研讨会论文集》，三秦出版社，2003。

陕西省考古研究所：《唐李宪墓发掘报告》，科学出版社，2005。

沈福伟：《中西文化交流史》，上海人民出版社，2006。

沈睿文：《唐陵的布局：空间与秩序》，北京大学出版社，2009。

太原市文物考古研究所编《隋代虞弘墓》，文物出版社，2005。

唐耕耦、陆宏基：《敦煌社会经济文献真迹释录》第一辑，书目文献出版社，1986。

〔日〕藤家礼之助:《日中交流两千年》,张俊彦译,北京大学出版社,1982。

王建:《王建诗集校注》,王宗堂校注,中州古籍出版社,2006。

王明:《太平经合校》,中华书局,1960。

王明:《抱朴子内篇校释》,中华书局,1986。

王勇:《日本文化:模仿与创新的轨迹》,高等教育出版社,2001。

王永生:《新疆历史货币:东西方货币文化交融的历史考察》,中华书局,2007。

王玉德:《堪舆术研究》,中央编译出版社,2010。

王仲荦:《北周地理志》,中华书局,1980。

魏存成:《渤海考古》,文物出版社,2008。

魏庆征:《古代伊朗神话》,北岳文艺出版社,1999。

吴慧:《中国商业通史》,中国财政经济出版社,2006。

吴丽娱:《终极之典:中古丧葬制度研究》,中华书局,2012。

吴钢主编《全唐文补遗》,三秦出版社,1994。

吴在庆、傅璇琮:《唐五代文学编年史·晚唐卷》,辽海出版社,1998。

西北大学西北历史研究室编《西北历史研究》,三秦出版社,1990。

夏鼐:《夏鼐文集》下,社会科学文献出版社,2000。

夏路、刘永生:《山西省博物馆馆藏文物精华》,山西人民出版社,1999。

向达:《唐代长安与西域文明》,湖南教育出版社,2010。

许凌云:《中国儒学史·隋唐卷》,广东教育出版社,1998。

徐吉军:《中国丧葬史》,江西高校出版社,1998。

徐连达:《唐代文化史》,复旦大学出版社,2003。

徐庭云:《中国社会通史·隋唐五代卷》,山西教育出版社,1996。

姚平:《唐代妇女的生命历程》,上海古籍出版社,2004。

银川美术馆编《宁夏历代碑刻集》,宁夏人民出版社,2007。

余英时:《东汉生死观》,上海古籍出版社,2005。

曾枣庄、刘琳主编《全宋文》第1册,巴蜀书社,1988。

翟文明:《话说中国》,中国和平出版社,2006。

张传玺:《中国历代契约会编考释》,北京大学出版社,1995。

张广达:《西域史地丛稿初编》,上海古籍出版社,1995。

张鸿年编选《波斯古代诗选》,人民文学出版社,1995。

张乃翥:《龙门石窟与西域文明》,中州古籍出版社,2006。

张希舜:《隋唐五代墓志汇编·山西卷》,天津古籍出版社,1991~1992。

张志清:《中原文化大典·文物典·陵寝墓葬》,中州古籍出版社,2008。

张志尧:《草原丝绸之路与中亚文明》,新疆美术摄影出版社,1994。

赵万里:《汉魏南北朝墓志集释》,科学出版社,1956。

郑永振:《高句丽渤海靺鞨墓葬比较研究》,延边大学出版社,2003。

钟敬文:《中国民俗史·隋唐卷》,人民出版社,2008。

中国佛教文化研究所:《增壹阿含经》,宗教文化出版社,1999。

中国国家博物馆编《中华文明〈古代中国陈列〉文物精萃》,中国社会科学出版社,2010。

中国考古学会编辑《中国考古学会第十二次年会论文集》,文物出版社,2010。

中国儒学与法律文化研究会编《儒学与法律文化》,复旦大学出版社,1992。

中国社会科学院历史研究所等编《英藏敦煌文献·汉文佛经以外部分》,四川人民出版社,1994。

中日原州联合考古队编《原州古墓集成》,文物出版社,1999。

周绍良、赵超编《唐代墓志汇编》,上海古籍出版社,1992。

周绍良、赵超主编《唐代墓志汇编续集》,上海古籍出版社,2001。

周振甫:《唐诗宋词元曲全集·全唐诗》,黄山出版社,1999。

## 三 论文

蔡家艺:《沙陀族历史杂探》,《民族研究》2001年第1期。

陈光唐:《河北大名县发现何弘敬墓志》,《考古》1984年第8期。

程越:《从石刻史料看入华粟特人的汉化》,《史学月刊》1994年第1期。

崔世平:《唐五代墓葬中腰坑略论》,《江汉考古》2011年第1期。

福建省博物馆:《五代闽国刘华墓发掘报告》,《文物》1975年第1期。

高朋:《"冢讼"的内涵及其流变——一种影响到丧葬习俗的道教观念》,《文化遗产》2008年第4期。

顾颉刚:《五德终始说下的政治和历史》,《清华学报》第6卷第1期,1930年。

韩国河:《试论汉晋时期合葬礼俗的渊源和发展》,《考古》1999年第10期。

韩兆民、韩孔乐:《宁夏固原唐史道德墓清理简报》,《文物》1985年第11期。

黄正建:《试论唐人的丧葬择日——以敦煌文书为中心》,载刘进宝、高田时雄主编《转型期的敦煌学》,上海古籍出版社,2007。

惠毅:《西安大唐睿宗黄天真文镇墓刻石》,《西北大学学报》2008年第1期。

姜守诚:《"冢讼"考》,《东方论坛》2010年第5期。

金身佳:《敦煌写本葬书中的六甲八卦冢》,《敦煌学辑刊》2005年第2期。

康柳硕:《中国境内出土发现的波斯萨珊银币》,《新疆钱币》2004年第3期。

雷闻:《割耳剺面与刺心剖腹——从敦煌158窟北壁涅盘变王子举哀图说起》,《中国典籍文化》2003年第4期。

李并成:《一批珍贵的历史人物档案——敦煌遗书中的邈真赞》,《档案》1991年第5期。

李鸿宾:《史道德族属及中国境内的昭武九姓》,《中央民族学院学报》1992年第3期。

李文生、杨超杰:《龙门石窟佛教瘗葬形制的新发现——析龙门石窟之瘗穴》,《文物》1995年第9期。

李子春:《唐武三思之镇墓石》,《人文杂志》1958年第2期。

林梅村:《十二生肖源流考》,载《西域文明:考古、民族、语言和宗教新论》,东方出版社,1995。

刘呆运:《关中地区隋代墓葬形制研究》,《考古与文物》2012年第4期。

刘卫鹏:《五石镇墓说》,《文博》2001年第3期。

刘迎胜:《唐苏谅妻马氏汉巴列维文墓志再研究》,《考古学报》1990年第3期。

卢昉:《隋至初唐南方墓葬中的生肖俑》,《南方文物》2006年第1期。

卢兆荫:《何文哲墓志考释—兼谈隋唐时期在中国的中亚何国人》,《考古》1986年第9期。

鲁西奇:《汉代买地券的实质、渊源与意义》,《中国史研究》2006年第1期。

鲁西奇:《隋唐五代买地券丛考》,《文史》2007年第2期。

陆锡兴:《古代的纸札》,《中国典籍与文化》2007年第4期。

陆锡兴:《吐鲁番古墓纸明器研究》,《西域研究》2006年第3期。

罗丰:《中国境内发现的拜占庭金币》,《新疆钱币》2004年第3期。

洛阳市文物工作队:《洛阳市北郊唐代墓葬的发掘》,《华夏考古》1996年第1期。

孟国栋:《墓志的起源与墓志文体的成立》,《浙江大学学报》2013年第1期。

南京市文物保管委员会:《南京戚家山东晋谢鲲墓简报》,《文物》1965年第6期。

倪润安:《敦煌隋唐瘗窟形制的演变及相关问题》,《敦煌研究》2006年第5期。

齐东方:《虞弘墓人兽搏斗图像及其文化属性》,《文物》2006年第8期。

任林平:《唐宋墓葬"腰坑"浅议》,《中国文物报》2011年9月16日,第6版。

山东考古研究所:《临淄北朝崔氏墓》,《考古学报》1984年第2期。

山西省文物管理委员会:《太原南郊金胜村唐墓》,《考古》1959年第9期。

山西省考古研究所、太原市考古研究所、太原市晋源区文物旅游局:《太原隋代虞弘墓清理简报》,《文物》2001年第1期。

陕西省博物馆:《唐郑仁爽墓发掘简报》,《考古》1972年第7期。

陕西省考古研究所:《西安发现的北周安伽墓》,《文物》2001年第1期。

陕西省文物管理委员会:《西安羊头镇唐李爽墓的发掘》,《文物》1959年第3期。

陕西省文物管理委员会:《西安发现晚唐祆教徒的汉、婆罗钵文合璧墓志——唐苏谅妻马氏墓志》,《考古》1964年第10期。

陕西省文物管理委员会:《西安市西窑头村唐墓清理记》,《考古》1965年第8期。

邵明杰:《论入华粟特人流向的完整线索及最终归宿——基于粟特人"回鹘化"所作的考察》,《青海民族研究》2010年第1期。

孙帆:《唐代妇女的服装与化妆》,《文物》1984年第4期。

孙武军:《北朝隋唐入华粟特人死亡观研究——以葬具图像的解读为主》,《考古与文物》2012年第2期。

孙宗贤:《凤翔发现的唐代祆教石棺床及构件相关问题浅析》,《文博》2012年第6期。

唐金裕:《西安西郊隋李静训墓发掘简报》,《考古》1959年第9期。

万军杰:《唐代改嫁再嫁女性丧葬问题讨论》,《天津师范大学学报》2007年第5期。

万军杰:《唐代多娶习俗之下的父亲丧葬形态》,《武汉大学学报》2008年第6期。

汪勃:《再谈中国出土唐代中晚期至五代的西亚伊斯兰孔雀蓝釉陶器》,《考古》2012年第3期。

王禹浪、孙军:《黑龙江流域渤海墓葬的初步研究》,《哈尔滨学院学报》2007年第11期。

王元军:《唐代的翰林待诏及其活动考述》,《美术研究》2003年第3期。

王志友:《东周秦汉时期墓葬中的腰坑浅议》,《秦文化论丛》第10辑,三秦出版社，2003。

霍巍：《唐宋墓葬出土的陀罗尼经咒及其民间信仰》，《考古》2011年第5期。

西安市文物保护考古所：《西安北周凉州萨保史君墓发掘简报》，《文物》2005年第3期。

夏鼐：《中国最近发现的波斯萨珊朝银币》，《考古学报》1957年第2期。

夏鼐：《西安土门村唐墓出土的拜占庭金币》，《考古》1961年第8期。

夏鼐：《综述中国出土的波斯萨珊朝银币》，《考古学报》1974年第1期。

熊存瑞：《金手镯的产地问题》，《文物》1987年第10期。

偃师商城博物馆：《河南偃师唐墓发掘报告》，《华夏考古》1995年第1期。

杨学勇：《三阶教衰亡原因综论》，《世界宗教研究》2010年第5期。

杨泓：《中国隋唐时期佛教舍利容器》，《中国历史与文物》2004年第4期。

杨巨平：《虞弘墓祆教文化因素试谈》，《世界宗教研究》2006年第3期。

姚平：《论唐代的冥婚及其形成的原因》，《学术月刊》2003年第7期。

业露华：《道绰净土思想研究》，《隋唐佛教研究论文集》，三秦出版社，1990。

〔日〕伊藤义教：《西安出土汉、婆合璧墓志婆文语言学的试释》，《考古学报》1964年第2期。

余太山：《鱼国渊源臆说》，《史林》2002年第3期。

赵树龙：《〈道士吉凶仪〉校释及初步研究》，硕士学位论文，首都师范大学，2001。

张广达：《唐代六胡州等地的昭武九姓》，《北京大学学报》1986年第2期。

张丽华：《十二生肖的起源及墓葬中的十二生肖俑》，《四川文物》2003年第5期。

张乃翥：《龙门佛教石窟唐代瘗窟的新发现及其文化意义的探讨》，《考古》1991年第2期。

张庆捷：《〈虞弘墓志〉中的几个问题》，《文物》2001年第3期。

张绪山：《我国境内发现的拜占庭金币及其相关问题》，《西学研究》第1辑，商务印书馆，2003。

张志建：《成玄英的死亡思想初探》，《宗教学研究》2006年第1期。

周苗：《唐阿史那忠镇墓石试释》，《文博》2011年第1期。

# 索 引

**A**

阿拉伯　11，27，28，234，244，247，248，252，253，255，256~259，293

**B**

巴列维文　254，260，261，265

拜占庭　11，14，17，234，238，248~255，257，265，292，293

薄葬　18，28，29，31，32，34，35，38，152，153，167，212，221，259，298

碑刻　12，54，257，261，276，290~292

北亚　11，17，242，255，257，260，266，267，287，290

比尔卡城遗址　293

壁画　10，12，14，15，17，167，172，187，194，195，198~203，222，225，236，237，241，259，269，285，287~290

殡葬从业人员　10

殡葬观念　18，50，52，300

波斯　10，11，15，17，27，234，236，238~245，248，255~261，264，271，276，292~294，300

玻璃器　194，244，245

渤海　11，14，17，97，266，284~286，300

**C**

陈器用　107，114，299

瓷器　11，15，17，93，158，193，194，201，203，210~212，220

**D**

大殓　107，109~114，126~130

大食　11，17，23，234，238，242，248，256，257，259，276，293，300

《大唐开元礼》　10，13，66，67，77，107，119，142，189，298~300

《大唐元陵仪注》　13，86~88，166

《道士吉凶仪》　126~133

地理新书　41，48，49，231

地狱　55~57，60，62，121~124，223，224，298

帝陵　16，17，29，30，79，80，83，88，90，91，155，157，159~164，166~177，179，180，192，196，198，199，243，300

奠祭　107，113，115

雕像　12，15，176，234，240，243，290

吊丧　17，126，280，282，300

都兰　14，254，270，271，276，278，279

阇维　94~96，99

敦煌变文　55~57，62，147

**F**

法事　35，82，120，124，133，280，300

饭唅　17，110

坟高　41，69，72，80，119，153，188~190，192，193，197

风水　2，41~47，63，118，133，136~138，197，300

封门　157，193，194，207，209

佛塔　17，57，125，227

浮雕　10，15，167，193，200，203，237~240，260，264，275

符箓　17，128，132

祔庙　107，117，299

赐赠　13，117

**G**

高句丽　3，284，285，287~289

割耳剺面　268~270

公共墓地　11，14，206，209，211，259

棺床　15，107，158，166，167，185，196，202，206，209，217，225，227，228，233，260

棺椁　17，29，32，50，69，73，98，112，116，131，135，146，167，196，207，211，215~218，220，227，260

归葬　14，52~55，102，136，298

鬼神信仰　62，63

贵族墓地　14，194

**H**

合葬　2，3，13，14，17，134，148~151，156~159，179，196，209，210，227，250，260~262，284

鸿胪卿　78，119，188，296

厚葬　4，13，14，16，28~35，37，38，50，82，133，138，143，152，212，213，218，277，298

胡俑　15，236，237，

回鹘　97，234，268，269，290，292

火葬　17，93~97，105，106，260~268，285，286

**J**

积土为陵　161，165，168，198

《吉凶书仪》　13，150，298

简葬　6，11，35，37，38，189，193，259，298

金银器　12，15，147，194，195，210，219，244，245，247，271，294

经咒类陪葬品　17，222

经幢　17，193，222，224，227

净土　24~26，60，62，121，129，144，224，225

居丧制度　65

**K**

堪舆　38~41，43~47，49，52，133，139，300

窟葬　17，93，102，103，105，106，300

**L**

礼法合一　67，68

林葬　93，97~103，105，106，259，300

临圹　52，300

陵园　34，80，83，85，155~157，161，167~171，173，174，179~187，198，201，202，209，210，290，292，300

陵垣　156，157，169，198

陵冢　156，159，163，166~168，180，270，274

六甲八卦　41，139，140

六十一蕃臣像　231，236

吕才　16，39，40，42，47~52，139，298

## M

买地券　222，229~232

明旌　107，111，113，299

明器　16，30，33，34，73，77，80，91，114，115，119，143，147，166，190~193，211，213，217~220，222，226，232

冥婚　13，14，17，142，148~151

墓道　41，94，115，133，134，156~158，163，166，167，172，180，193~196，199，201~207，209，211，237，241，260，286

墓室　15，17，131，155，157，158，163，166~168，180，185，187，193~196，198~211，225，252，260，262，265，270，271，277，278，280，286~289，300

墓田　31，133，189，190

墓葬规格　156，161，197，198，210，211，298

墓葬类型　155，271，284，300

墓葬群　27，205~207，209，254，259，270，271，278，284

墓葬形制　1，14，17，31，64，69，93，94，155，157，159，193，195~197，201~204，206，208，211，262，270，284，286，289，298，300

墓志　12，14~17，52~55，84，94，95，99，101，102，104，115，136，137，148，149，152~154，158，161，167，177，179，180，185，194，195，200~205，210~213，230，249~251，255~264，265，285，300

## N

奈良三彩　11

南诏　17，97，257，266，286，300

## P

陪葬墓　15，30，153，157，159，167，168，177~184，192，196，197，200~202，276，279

## Q

七日斋　120，121

启殡　87，90，107，113，114，142，299

乾陵　3，79，80，84，134，148，159~161，163，165~169，171，172，174，176，177，179，181，197，201，202，220，234~236，243，285

琼结藏王墓　273，275

《阙特勤碑》　268，291

## R

燃灯　227

人狮搏斗　240

《日本养老丧葬令》　295~297

入棺　11，17，37，109，112，126~128，130，131，285，300

## S

萨珊银币　11，14，248，249，251，253，254，265

三阶教　97，101，102，105，224

三日斋　120，121

丧　服　12，13，29，66，68，69，71，73~77，108，113，115~117，119，130，132，188，214，296，298，299

丧　仪　28，35，64~66，78，82，83，86，126，127，132，133，218，267，279，280，282

丧葬互助　16，298

丧葬令　12，13，67，79，189，197，290，295~300

丧葬习俗　1，12，14，16，18，38，107，222，225，231，232，248，253，257，260，261，264~266，279，284，286，298，300

山陵使　83~88，90~92，166

烧纸钱　17，142，143，145~147，300

神　道　87，137，138，157，161，163，167~169，173~176，179~187，193，198，199，243，276

神　门　163，168~171，176，180~184，243

生死观　16，18，19，22，24，28，55，147，298，299

十二生肖俑　17，222，232，233

十四国蕃君像　234

十王经　10，57，58，60

石　刻　12，15，31，119，161，168，171，174~177，179，181~186，188，190，193，196，197，198，201~203，212，225，234，235，242，243，289

石室封土墓　284

水陆法会　120，123

水　葬　72，106

司仪令　79，119，188，295，296

四　象　287~289

送　葬　17，32，63，87，89，90，107，114，115，131，143，145，218，299，300

粟　特　15，18，234，236，241，244，245，251，253，254，256~260，262~265，268，290，292

随葬品　11，14，16，17，29，119，131，143，155，157，158，163，188，194~196，198，200，205，206，208，210~212，217，221，222，233，234，244，248，249，252，253，257，259，265，271，277，285，292，298，300

T

塔　葬　93，94，96，102，106

唐　律　10，65，67~70，75，294，295，298

唐三彩　10，11，15，17，220，230，248，254，306

唐十八陵　10，11，15，17，212，220，226，228，237，242，294

陶　罐　15，158，210，217，248，252，286

陶　俑　10，15，17，158，194，198，201~203，210，212，220，225，233，236，237，242

天王俑　206，210，211，222，225，226

天　葬　107，270，283，284，286

铜　镜　15，210，286

突　厥　3，17，97，157，176，234，236，241，242，256，257，262，263，266~269，286，290~292，300

土洞墓室　206，207

土　葬　17，93，94，104，106，259，260，268，270，283，286，299

吐　蕃　4，5，14，17，176，235，236，254，257，258，266，267，270~273，275~284，286，300

鸵鸟 168，176，181~184，243

## W

王陵 164，167，173，177，272~276，279

无常钟验 120，122，123

五姓 40~42，48~51，93，138~141

## X

下宫 163，167，168，173，174，181，182，184，198，217

献殿 163，168，172，173，182，198

相墓 39~41，43，45~47，50，93，133~136，298

小殓 17，107，111，112，126~128，300

新罗三彩 11

凶礼 13，65~67，79，88，91，299，300

凶肆 17，212，214，215

玄宫 86，91，156，161，163，165~168

殉葬 227，266，268，271，277~279，284

## Y

焰口施食 10，120，124

养生 20，23，40，45

腰坑 17，227，228

业报轮回 25，55，57，62

伊斯兰教 11，18，26~28，252，256，259

伊斯兰釉陶 247，248

依山为陵 2，138，155，161，163，165~169，179，181~184，198，300

阴间 56~58，120，142，144~147，217，220

阴阳书 16，39，41，42，44，47~49，139，142，298

盂兰盆节 10，120，124~126

逾礼 31，33，34，69，82

虞弘墓 10，14，15，238~241，255，260

玉哀册 15

## Z

葬后迎神 17，300

葬具 14，16~18，133，195，198，205~212，216，217，227，259，300

葬式 14，40，47，49，50，209，259，271，298

葬事 31，38，40，42，47，49，65，77~79，82~84，86，87，90，119，133，142，191，193，197，269，298

葬书 16，38，39，41，42，44，45，47~52，134，139，298

造像 12，37，57，60，193，222，225

择墓之术 17，38，39，50，133，134

昭陵六骏 171，176，181，242，243

甄官署 81，82，218

镇墓券 212，229

镇墓神物 17，212

镇墓石 15，17，222，227~230

镇墓兽 15，195，196，201，206，210，211，228

中原丧葬文化 17，287

诸陵署 79，80，295

砖雕 166，204，237，241，242

砖室墓 14，93，94，157，180，194，196，203，205~207，284

追赠 120，148，198

# 后　记

自 2012 年参与《中国殡葬史》的编撰，浮云流水之间，不觉已过五载。经过多年努力，本卷终于完成，掩卷回眸，亦是感慨万端！

首先要感谢李伯森所长。多年来，李所长以同乡情谊对我扶持关照，信任有加，从工作、生活到为人处世皆直言教诲。记得获悉承担本卷撰写后，我曾因学识浅显、资历不够而有所顾虑，深恐有付他的重托。为打消我的忧虑，李所与我多次促膝长谈，并亲临开封具体指导内容修订，朗朗乡音、侃侃而谈，至今萦绕耳畔。李所长平易近人、坦诚以见的处事原则，严谨细致、思路开阔的工作作风使我受益终生，而对我的鼓励我将永生难忘。

本卷的篇章目录及诸多细节得益于编委会的指导，以及丛书合作者于海广教授、徐吉军研究员、陈华文教授、余新忠教授、路则权副研究员、马金生副研究员等所有学者的反复讨论，能够与陈高华、史金波等前辈先生合作，也是我学术生涯的幸运；在编纂过程中，聆听了杨群、徐思彦、徐兆仁、刘军诸先生的指点，获益匪浅；感谢刘庆柱、高世瑜等先生对本卷提出的修改意见，真知灼见，备受启发；还要感谢一零一研究所的所有工作人员辛勤工作，为本书的编纂打下坚实基础。

在这里特别要感谢马金生博士。十年前于博士生入学考试面试时，两个稚嫩的青年人偶遇，仅一面之缘，却一见如故；三年后，我们又面试同一岗位，再次相逢，但未及相认，便擦肩而过。五年前，我访学北大，未曾想两人的第三次相见，便获金生兄力荐，参与到本书编撰。想来实是命中有缘，缘分既定。知遇之情，不敢稍忘！

本卷的编撰还要感谢整个课题组成员李文涛、王战阔、杨艺帆、刘继刚、郭琳琳的共同努力，尤其是好友李文涛教授。其间，杨艺帆、张楠、刘杨为全文整理做了大

# 后　记

量工作，马屯富、王煜皓、赵玲等同学对全文史料进行了认真核对，贺科伟、徐玉昌搜集整理了大量的资料，在此一并致谢！

还要感谢我的家人，他们给我太多包容与关爱，我却从未为他们做点什么。五年间，在河南大学黄河文明与可持续发展研究中心苗长虹教授、牛建强教授的支持下，我先后访学北京大学、武汉大学以及剑桥李约瑟研究所，学术视野有所提高，但对家人却关心照顾不够，此时此刻我充满了难过与愧疚。

我于殡葬史研究不深，五年间虽勤加磨砺，但草稿仍与初衷相距甚远，于是我对主要章节重新撰写，加重了本卷编辑的工作量，在此致以深深的歉意。虽广泛参考借鉴前人研究成果，内容、引注反复校订，但终究学识有限、能力不足，错漏之处难免，恳请前辈同行批评指正！

本书的编撰让我在生死与问学之间，体悟良多。随着岁月的增长，我已至不惑之年。伴着学识的增加，我却愈发感到提笔难言。不惑而惑，让我倍感困惑。回顾往昔，不觉思绪万千、泪沾衣衫。十载夙志，得之多，失之亦多，唯有放下痴念，平复心绪，淡然处之。谨为小记，以此永铭。

闵祥鹏

2015年7月28日一稿于剑桥李约瑟研究所

2016年6月29日二稿于河南大学金明校区寓所